閻宗臨 的
歐洲文化史論

征服異邦╳種族清洗╳階級革命，文明的開始是戰爭！
自血腥中誕生的歐陸文明傳承史

帕斯卡：「人是會思考的蘆葦。」

從穴居游牧到建起聚落，自野蠻爭鬥到和談妥協……
幾千年來，歐洲大陸上的人們經歷了什麼？
文明的興起與強盛，從何而起？又為何沒落？

史學家閻宗臨透過精妙眼光與犀利文筆，
輕舟過海般穿越時空的限制，
細說歐陸文明的輝煌

閻宗臨 著

目錄

目錄

帕斯卡傳略

參考書舉要

目錄

饒宗頤序

孫子有言：「知己知彼，百戰不殆。不知彼而知己，一勝一負。不知彼不知己，每戰必敗。」此謀攻之要道，知勝之樞機也。治學之道，亦何以異是。西方之言學，其考論吾華文字史事者號曰漢學，以西方之人而熱心究遠東之事，蓋彼欲有知於我，此學之涉於「知彼」者也。

返視吾國人之有志於究心西事者，乃寥若晨星。庸或有之，留學彼邦，略涉藩籬，歸國而後，棄同敝屣，多返而治漢學，稍為「知己」之謀，輒以兼通東西自詡，實則往往兩無所知，其不每戰不敗者幾希？

近世學風，流弊之大，國之不振，非無故而然也。

閻宗臨先生早歲留學瑞士，究心西方傳教士與華交往之史事，國人治學循此途轍者殆如鳳毛麟角。其所造固已出類拔萃，久為士林所推重。抗戰軍興，餘任教（無錫）國專，自桂林播遷蒙山，復徙北流，與先生嘗共事，頗聞其緒論，心儀其人，以為如先生者，真有志於「知彼」之學者也。嗣先生回山西故里，終未能一展所學，憂悴而繼以殂謝，論者深惜之。哲嗣守誠世兄頃來書謂經已勾集先生遺書刊行在即，平生著述，自此可以行世，沾溉後人，為之大喜過望。不揣固陋，略序其耑，為陳「知彼」之學之重要，得先生書以啟迪來學，使人知不能以「知己」為滿足，而無視於「知彼」，則不免流於一勝一負。庶幾欲求操勝算者，不至於南轅而北轍；則吾文之作或為不虛，亦可稍慰先生於地下也乎。

丙子春於香港

齊世榮序

　　閻宗臨先生的文集即將出版，哲嗣閻守誠先生讓我寫篇序言，寫序實不敢當，只能談點拜讀後的領會和感想，以表我對這位前輩學者的敬仰。

　　閻先生治學的範圍很廣，涉及中西交通史、世界古代中世紀史、歐洲史、古籍箋注諸多方面，其中尤以中西交通史的成就最大。《杜赫德的著作及其研究》是閻先生在瑞士佛立堡大學攻讀博士學位時所寫的論文，以此於 1936 年獲瑞士國家文學博士學位。該文史料詳實，多發前人未發之覆，是中國學者系統深入研究 18 世紀法國漢學大家杜赫德（Jean-Baptiste Du Halde, 1674 ～ 1743）的第一篇論文（原文為法文），發表後隨即引起了西方漢學家的重視。閻先生在巴黎、劍橋、梵蒂岡及布魯塞爾等地圖書館辛勤查閱資料，收穫甚豐，內中若干文件為我國學者向所不知。例如在〈清初中西交通若干史實〉一文中，閻先生根據他在羅馬傳信部檔案中發現的資料，弄清了雍正三年（1725 年）教皇本篤十三遣使來華的一些事實。閻先生還在〈從西方典籍所見康熙與耶穌會之關係〉一文的「附錄三」中，抄錄了康熙時傳教士在華購置產業的契約 20 件，頗可注意。尤其需要指出的是：閻先生寫於 1962 年的〈17、18 世紀中國與歐洲的關係〉[001]，是一篇體大思精之作，生前沒有發表，猜想作者對這篇文章十分重視，還要繼續修改。總之，閻先生關於中西交通史，特別是明清時代基督教與中國關係的研究，至今仍有重要參考

　　閻先生於 1937 年回國後，在各大學多次講授希臘史、羅馬史、世界古代中世紀史、歐洲史等課程。在有關圖書資料十分缺乏的情況下，他仍編寫了《歐洲文化史論要》、《近代歐洲文化之研究》、《羅馬史》、《希臘羅馬史稿》、《歐洲史稿》、《世界古代史講稿》等一系列書稿，其中除《歐洲文化史論要》和《近代歐洲文化之研究》外，大多數沒有正式發表。這些書稿所達到的水準，自然不

001　見《閻宗臨史學文集》，1998 年版，第 189 頁。價值，屬於第一流水平。

如中西交通史方面，但由於閻先生對西方歷史和文化的深刻理解，仍不乏一些獨到的見解。例如他認為：「構成中世紀文化的要素，概括地說，首先是希臘、羅馬文化的遺惠，其次為新興民族飛躍的活力，最後而最重要的是基督教對物質與精神的支配。這三種動力的接觸，並非水乳交融，他們互相衝擊，互相排拒，受五六百年時間的鍛鍊始治而為一，產生了一種新的意識與秩序。」他還認為：「文藝復興卻是由 13 世紀文化蛻變出來的。」在《羅馬史》講稿中，他指出：「羅馬的偉大，不在它的武力，而在它的法律。」「恃強淩弱，必然要淘汰的。」

　　古文獻的箋注，是閻先生致力研究的另一個重點。其中《身見錄》是中國第一部歐洲遊記，閻先生於 1937 年在羅馬國立圖書館發現其原稿，拍照帶回，箋注刊布，彌補了中西交通史研究的一個空白點。《北使記》與《西使記》，王國維在《古行記校錄》中雖有校注，但較簡略，閻先生的箋注較王氏為詳，為研究中古中亞史提供了重要史料。

　　閻先生之所以能取得上述成就，得力於他在國學西學兩方面都有深厚的功底，稱得起中西會通，這也是許多老一輩有成就的史學家共有的優點。閻先生留學瑞士 8 年，回國後一直教世界史方面的課程，不但精通法文、英文、拉丁文，而且他的國學修養也很深。

　　例如，他在〈古代波斯及其與中國的關係〉一文中，利用《冊府元龜》摘錄了太安元年（455 年）至大曆六年（771 年）的波斯來華使節，還利用《本草綱目》，摘錄了波斯產物及其輸入之品物。《冊府元龜》這部類書，因其僅採「正史」，不採雜書，曾為前人所輕，但實則有其高的史料價值。史學大師陳垣說，利用它，「可以校史，亦可以補史」。還說：「《冊府元龜》書唐事，多據實錄，按事按年排纂，與《新唐書》等之調弄筆墨者不同，其史料最為忠實。」《本草綱目》是醫藥學寶典，但亦可用以證史。史學大師陳寅恪在〈狐臭與胡臭〉、〈天師道與濱海地域之關係〉等文中，均曾引用《本草綱目》。由此可見，閻先生雖主攻外國史，但引用中國文獻時，也得心應手，甚為到位。當今的中青年應當向

閻先生等老一輩史學家學習，打好基礎，拓寬知識面，然後才能由博返約，達到一流水準，而不可一開始就在很窄的知識範圍內閱讀研究，更不可「速於成書，躁於求名」。

我們還應當學習閻先生對於著作精益求精的態度。他有不少論著已經達到相當高的水準（上述〈17、18 世紀中國與歐洲的關係〉即其中一例），但生前一直未正式發表。明末清初大學者顧炎武對自己的著作持十分嚴格的態度，他的標準是：「其必古人之所未及就，後世之所不可無，而後為之。」閻先生和許多前輩學者都是這樣嚴格要求自己的。

根據閻先生的學養和刻苦精神，他本來有可能達到更高的境界，留下更多的傳世之作。但不幸的是，抗戰時期回國，顛沛流離，以微薄的薪水養活一大家人，無法安心進行學術研究。新中國成立後雖然生活安定，但又有一連串的思想批判運動，兼以地處山西，外文資料奇缺，「巧婦難為無米之炊」。1950 年代末，閻先生曾對山西大學一位教師說：「連《聖經》都見不到，不能讀，還學什麼中世紀史！」拜讀閻先生的文集以後，既對他的大著不勝欽佩，又對他的坎坷遭遇和未盡其才深感惋惜。時值今日，中青年學者比前輩享有優越得多的條件，深望他們刻苦鑽研，做出更多更好的成績。

閻先生是我尊敬的前輩學者，淺學如我，豈敢為他的文集作序，無奈閻守誠先生盛意難違，只得遵命，好在讀者自能品鑑，遠勝於我的介紹。

編者語

　　我的父親閻宗臨逝世後，我曾編過《閻宗臨史學文集》和《傳教士與法國早期漢學》。2004 年，任茂棠、行龍、李書吉編的《閻宗臨先生誕辰百週年紀念文集》除選編了對父親論著的評論、他的學生的回憶及生平事蹟等文章外，還收錄了他的專著《歐洲文化史論要》。即使這樣，父親還有許多論著沒有能出版，如：1944 年在逃難中寫的《羅馬史》，在中山大學時寫的《希臘羅馬史稿》、《歐洲史稿》，新中國成立後寫的《世界古代史講稿》等。因此，我一直有個願望，就是把他所有的論著（包括大量的手稿）編成三本書：即《世界古代中世紀史》、《歐洲史》和《中西交通史》。這樣，父親的全部學術成果，就可以集中保存，不致散失，相信這對今天的研究者，會有所啟迪和助益。如今《閻宗臨作品》三種的出版，使我得以實現多年來的願望，我感到由衷的欣慰。

　　在父親的三本書出版之際，我想談談這個願望的由來。

　　我之所以有這個願望，是因為我深知父親求學的艱難。父親於 1904 年 6 月 18 日出生在山西省五臺縣中座村一個普通農民家庭。

　　中座村是坐落在群山環抱之間的一個小山村，那裡民風純樸，土地貧瘠，當地農民都以土法掘煤為副業。父親從小勞作，種過地，背過煤。他靠半工半讀讀完中學。1924 年，中學畢業後，來到北京。

　　次年，在朋友們幫助下，赴法國勤工儉學，先到巴黎，白天做零工，做過推土工、油漆工、鍋爐工，晚間補習法文。兩年後，遷居里昂，進入杜比茲人造絲工廠，先當勤雜工，不久，被提升為實驗室助理。在當工人時，父親節衣縮食，有了一些積蓄，1929 年進入瑞士佛立堡大學學習。

　　他深知學習的機會來之不易，因此，讀書非常刻苦，每到假期，同學們都到各地休假，他卻留在宿舍繼續苦讀，因而各科成績都非常優秀。

　　父親在校主要學習歐洲古代、中世紀的歷史和文化，因此，就要學拉丁文。雖然由於拉丁文深奧難學，學校規定東方學生可以免修，但父親還是選修了這門

課。經過三年的刻苦學習，在透過碩士學位前的拉丁文考試，他取得了優秀的成績。拉丁文教授對這個東方學生的成績感到十分驚訝，曾問他：「你從哪兒來的這股毅力？」他回答說：「我為了了解西方文化的靈魂。」1933年，父親獲瑞士國家文學碩士學位。由於父親勤奮好學，成績優秀，深得校長、教育學家岱梧教授器重，遂聘他講授中國近代思想史。與此同時，在該校研究院繼續學習，1936年，取得了瑞士國家文學博士學位。父親從一個農村的窮孩子，到完成國外的學業，全靠自己的努力、奮鬥，期間經歷的艱難困苦、坎坷曲折是難以備述的。

我之所以一直有這個願望，還因為我深知父親治學的艱難。抗戰期間，父親先後在山西大學、廣西大學、無錫國學專科學校、昭平中學及桂林師院任教授。抗戰勝利之後，1946年應徵到中山大學任教，並於1948年至1950年任歷史系主任。1950年8月，父親應張友漁、趙宗復的邀請，回故鄉山西大學（山西師範學院）工作，直至1978年10月5日逝世，終年75歲。

回國後，父親踏上了一條艱難的治學之路。父親治學的艱難，一是外在環境的不良影響。戰爭時期，時局不安，社會動盪，我們一家七口人靠父親的薪資維持，生活是清貧的。1944年，日軍侵入廣西，全家輾轉播遷於荔浦、蒙山、昭平一帶，飽嘗顛沛流離之苦。1949年後，生活雖然安定並日趨好轉，但接二連三的政治運動、極左思潮的衝擊以及文化大革命，都對學術研究的環境造成不良的影響。這些是父親這一代人的共同經歷，自不待多言。

二是研究資料的極度缺乏。父親在歐洲期間曾購置大量圖書資料，回國時運至上海，適逢上海戰事，全部毀於戰火，其中有魯迅的書簡、父親翻譯的《米開朗基羅傳》譯稿及羅曼·羅蘭（Romain Rolland, 1866～1944）。在廣西逃難時，又丟失了隨身所帶的書籍。1950～1960年代，我們對國外的學術發展及外文的歷史資料原本就了解、掌握甚少，更何況父親僻處山西，耳目分外閉塞，能見到的外文資料就更少了。儘管他精通拉丁文、法文、英文，日文和德文也都懂一點，有很好的語言能力，可惜幾乎無一點用武之地。1950年代末，他曾對一位

中年教師說：「連《聖經》都見不到，不能讀，還學什麼中世紀史？」表達了他對資料貧乏、禁區重重的憤慨。這種狀況，使父親很難對世界史作深入的研究。我想，他內心一定有「曾經滄海難為水」的感觸，後來才轉向從中國古代史籍中研究中外關係，這也是出於無奈吧。

此外，我還深知父親的論著和手稿保存至今是很艱難的。父親的論著除博士論文在瑞士出版外，其餘大部分發表或寫成於 1949 年之前，尤其是抗日戰爭時期在廣西桂林時。當時出版和發表的論著印刷粗劣，流傳不廣，逐漸鮮為人知。我整理的父親的文稿，絕大部分都是他留下來的，只有很少是我從國家圖書館複印的。父親的這些論著手稿得以保存至今，並不容易，至少經過兩次大的劫難：一次是 1944 年在廣西逃難時，衣物用具丟失殆盡，全家七口人只有一條被子。但不論走到哪里，父親手裡總提著一個小箱子，里面裝著幾本重要的書、講義和文稿。一次是在文革期間，父親的文稿被紅衛兵搶走，父親的精神受到極大的打擊，我才曉得學術就是他的生命。後來，我幾經周折，費盡口舌，才在一個風雪交加的夜晚，將文稿取回。然而，父親寫的中篇小說《大霧》和散文集《夜煙》、《波動》等書籍，卻從此丟失，再也找不回來了。

正因為我深知父親經歷的種種艱難，所以，我常想，父親這些經歷磨難、嘔心瀝血取得的成果，如果再在我手裡湮滅或散失，那就愧對父親在天之靈了。這種責任感就是我的願望的由來。

其實，我編父親的文集，既是一種責任，也是一種緣分。1949 年後，父親的學術思想經歷了從文化史觀到唯物史觀的轉變。回想起來，學術思想的巨大轉變在父親的心靈深處一定留下了困惑。因為他對我們兄弟姐妹選擇科系的建議是明確的：他希望我們學理科，不希望我們學文科，尤其不希望我們學歷史。當我表示想學歷史時，他多次對我說：「學歷史是個無底洞，太難，不如學理科，實際一點。」在父親的影響下，我們兄弟姐妹六人都學了理科。只有我，在地質地理系就讀兩年之後，改「行」學歷史，那是由種種具體原因促成的，父親也無

可奈何，只好認可。1962 年 9 月，我轉到歷史系，當時得上山下鄉，我沒有好好讀書，父親也沒有教導過我，經常告誡我的一句話是「學好外語」。我也沒能做到。但畢竟兄弟姐妹中，只有我的專長是史學，整理父親遺作的任務，就義不容辭地由我承擔，我的兄弟姐妹和親人也把希望寄託在我身上，這算是一種緣分吧！我想，這種緣分里，既有父子之間的親情的責任，也有後學者對前輩學者的學術責任。那些在崎嶇山路上攀登過、在荊棘叢林中開拓過的前輩學者，他們的學術貢獻是不應該被埋沒的。

1998 年《閻宗臨史學文集》出版時，香港中文大學饒宗頤教授欣然作序。饒先生是享有盛譽的國學大師。我把饒先生的序言依然放在卷首，以表達我對先生的崇敬之意，並遙祝先生健康長壽。

齊世榮先生是著名的歷史學家，是中國世界史學科的開拓者之一，也是師範大學歷史系的元老。我到歷史系後，齊先生一直都很關心我，也很支持我整理父親的論著，勖勉有加。現又應我的請求，在百忙中撰寫了序言。我願在此表達誠摯的謝意。

我也願藉此機會向所有關心、支持、幫助過我整理出版父親論著的人們，致以深切的謝意！

閻守誠

近代歐洲文化之研究

自序 [002]

近代歐洲文化的變動，始於 16 世紀，其可注意者有三：個人意識的覺醒，國家思想的發展，追求無窮的進步。

這三種精神，相因相成，有時難以分辨的；輾轉推進，形成所謂「機械文化」，充分表現出歐人思想的特徵：於複雜中求「統一」，施以強而有力的「組織」。

此種文化，使「自然」脫掉神祕的衣服，同時也使「人」失掉正常的概念，即是說：人非萬物之靈，只不過萬物中之一「物」。於是「物競天擇」的理論，遂成為不易的鐵則。這是很殘酷的。

我們看到許多醉人的名詞，如自由與繁榮，流為一種虛幻的術語，實質上只是一種自私的衛護，激亂了人與人、人與物的平衡，其結果便是否認人類原有的理性。我們靜心觀察，近代歐洲昌榮的國家，受機械文化的支配，將「人」解體，形成陰暗的悲劇，這不是科學的錯過，這是文化不以人為基調必有的現象。對此，我們應有一種新的認知。

我根據這種平凡的見解，累承萬仲文兄鼓勵，在《建設研究》發表了這幾篇文章，現在收集起來，題為《近代歐洲文化之研究》，那不是有系統的著述，那只是我平日研究的一部分，而且非常幼稚。

當我寫這些文字時，常想到瑞士佛立堡大學教授岱梧（Prof.E. Dévaud）先生，他教我做人，導我治學，我受了先生天高的恩誼，使我這個苦學生，得以完結自己的學業。古人說，「大恩不言謝」，我只盼不太辜負先生的希望，這本書權當我遙寄恩師的微物。

1941 年 2 月 20 日閻宗臨謹識

---

002 《近代歐洲文化之研究》，1941 年出版。現編入其後發表的《論法國民族及其文化》、《西班牙歷史上的特性》和《巴爾幹的歷史複雜性》。

近代歐洲思想之悲劇

‖一‖

近代歐洲思想的悲劇，是文化失掉重心的象徵，其結果產出不安與不定。生活是思想的反映，而歐洲人的生活上，逐漸減少了智慧與意志的成分，因為最初他們失掉了人與人的和諧，繼後又失掉了人與物的和諧，這是非常可怕的。

一戰後，國際聯盟的成立，似乎是一轉機。從那種慘痛的教訓內，希望戰爭永逝，給人類生活一種新的意義。誰想，為時未及二十年，卻發現這是一座蜃樓，只有它的軀殼，留在寂寞的日內瓦湖畔，供遊人嗟嘆而已。

歐洲的戰爭是無法避免的。不是歐人好戰，乃是戰爭因素日漸增加，使他們必走此艱辛的路途。英法講和平，德蘇又何嘗不講和平呢？現在未捲入戰爭的國家，哪一個敢保證它的和平呢？試看蘇聯和芬蘭，現在也走入那種艱苦的境遇，歷史將來會給它一個正確的說明。

我們不敢預測未來，但是，我們可以探討它的過去，將近代歐洲促成戰爭的原因，尤其是思想上，給其一個簡略的說明。筆者見聞有限，學淺識短，這只是一種觀察和感想而已。

我們想要說明的：

· 近代歐洲的幾種思想，受人憧憬，它為人帶來許多福利，亦帶來許多痛苦，兩相比較，恐怕苦痛超過福利。

· 我們想說明歐洲思想的錯誤，在失掉「人」的正確的觀念，從此演出另一個錯誤，即價值顛倒，人為物役，心為形役。

· 從國家的立場上，我們非常需要機械文明，但它不能替代我們自己的文化。

當經濟恐慌到極點時，瑞士聯邦總統米勒（Eduard Müller, 1848 ～ 1919）先生說：「再三反思，經濟恐慌，仍是一個思想問題，哲學問題。」

‖二‖

　　近代歐洲的悲劇，始於 16 世紀的文藝復興。多少人醉心過這個偉大的時代，把它當作黎明的曙光。米什萊（Jules Michelet, 1798 ～ 1874）在他關於「文藝復興」一文的引言內，指出這個時代的特點有二：人的發現與世界的發現。

　　米什萊認為往日的歐洲，整個地沉在噩夢內，所有的生活，停止了它的行動，籠罩著陰暗的濃霧。人只是抽象的縮影，世界便是地中海的別名，我們只看當時討論印度女子有無靈魂的問題，便知歐人的知識幼稚到何種地步。於是穎出之流，需要衝擊，衝擊中世紀封建的堡壘；需要解放，解放中古教會的鐐鏈。遠如薩沃納（Savona）、伊拉斯謨（Erasme），近代如拉伯雷（Rabelais）、龍薩（Ronsard）等，都是這種運動的代表。這種精神，現在仍然盛行，所以胡塞爾（Edmund Husserl, 1859 ～ 1938）將他對於文藝復興的研究，題為「16 世紀近代化」，寓意是非常深長的。

　　文藝復興的靈魂是人文主義。莫尼埃（P. Monier）說：「人文主義，不只是愛好古代，而且是崇拜古代；不只是了解古代，而且是模仿古代。……這種運動的極點，便是改變『人』的觀念。」這裡，莫尼埃所指的改變人的觀念，係精神與肉體的分離，思想與行為的分離，其結果產生兩種特別的現象：一種是智慧和紀律的崩潰，另一種是靈與肉價值的顛倒。

　　當時文藝復興的人文主義者，是絕對預想不到這種結果的。他們開始只是一種批評，結果卻是一種破壞；他們開始只是一種改造，結果卻是一種革命。

　　在這個大時代的前夕，西方人士的情緒，反映出荒涼、陰暗與悲慘的景象。百年戰爭，政教衝突，天災與瘟疫的流行，人人感到失望與悲觀，生活變成一副可怕的刑具。試看那時的藝術，其重心交集在「死」上，比薩（Pisa）公墓的骷髏之舞（Danse macabre），諾曼第（Nor-mandie）以枯骨與頭顱裝飾門楣，形成一種變態的心理，正像光緒時代，許多王公裝扮乞丐，到什剎海乘涼一樣的。馬勒（E. Malet, 1837 ～ 1908）在中古藝術史中，竭力推重這種愛死的精神。不，

這不是愛死，這實是惡死，「天地之大德日生」，歐洲人何能例外？這只是走到時代崩潰的地步，變態的反映而已。

｜三｜

幾乎這是文化史上的一條定律：當一個時代到崩潰時，有一種特性，使弱者變為更弱，強者變為更強，前者是群眾，後者是少數人。

文藝復興時代，亦是如此。

歐洲的歷史上，沒有再比文藝復興更蓬勃的。我們看到當時許多傑出的人物，正像兵燹後的宮殿，在破瓦頹垣中，聳立著不可撼搖的石柱，支撐著沉默的蒼穹。

這些特殊的人物，如米開朗基羅（Michel-Ange, 1475 ～ 1564），具有海似的心情，晶明的智慧，然而不能見容於當時的社會。當他看自己的周圍，充滿荒涼，寂寞的社會使之窒息。於是反退回來，只好尋找自身，逃避在內心深處，因為人的自身，究竟是無法可走時最後避難的山洞。

也是為這個原因，米開朗基羅題麥地奇（Medicis）墳墓《夜》的雕塑時，說：

看不見，聽不著，
於我是莫大的幸福！
低聲點吧，不要喚醒他。

我們明白米開朗基羅的生活，完全在奮鬥中。這不是消極，這是一種孤獨。

此種愛死與孤獨，推動人文主義，於是人文主義提出人為宇宙中心的原則。人不只為萬物之靈，且為萬能，到哥白尼（Copernicus, 1473 ～ 1543）與伽利略（Galilée, 1564 ～ 1642）出，給予有力的佐證，成為不易的定則。雷諾（Gonzague de Reynold, 1880 ～ 1970）先生說：「人文主義的哲學，不是來自沉思與理智，乃是來自對新發現的一種熱情，一種憧憬。」

這實是一個大時代，新航路與新大陸的發現，希臘羅馬思想的傳播，印刷機的應用，在當時前進者的想像上，攪起了狂激的波濤。

也便在這個時候，智慧的「軸心」移動了，即是說：由深度移至平面。

這樣，構成歐洲中古文化唯一的要素──講求靈魂的完美，逐漸為人蔑視，到 18 世紀，便成了譏笑的資料，伏爾泰（Voltaire, 1694 ～ 1778）便是好的證例。

｜四｜

文藝復興的新時代，為人帶來兩種強烈的動向：需要自由，需要控制物質。這兩種需要，可說是人性的，原不當視為文藝復興的特產。但是，我之所以特別提出，是因為自 16 世紀以後，歷史上從未見過，如此的需要，如彼的白熱化。

需要自由，即是說要斬斷束縛人的鐐鏈，它的範圍非常廣泛，思想、宗教、政治，社會皆在斬絕之內。

最初尋找自由的人，還相信理智的力量，笛卡兒（René Descartes, 1596 ～ 1650）的「我思，故我在」，即是相信理智得到的結論。繼後，理智也發生問題，追問理智是否也是一條鐐鏈？因為構成人性的要素，如本能、情慾、感覺等，當為理智所涉及範圍。為懷疑而分析，因分析而更懷疑，結果，人的完整性，橫遭殘殺，此所謂「個體的自殺」。

個體分解是失掉信心的證明，其心理必為病態的，因為孤獨、失望、不安等情緒，每日腐蝕這種自認為萬能的動物。但是，人不能不生，生不能脫離團體，結果個人成了集體的犧牲，而沉溺在人海裡面。需要自由所得到的是變形的專制。在法國大革命時，多少做自由夢者，反失掉他那點不滿意的自由。現在，德義那種制度下，有幾個可曾達到他們的理想？

另一種傾向是需要控制物質。從南美洲的金子、印度洋的財富運往歐洲後，歐人生活與思想集聚在征服自然與物質進步上。他們認為幸福與繁榮是相同的，富庶與奢侈是一樣的。物質影響到精神，由外形影響到內心，將一切放置在

「新」的上面。因為他們看進步便是「新」的別名，然而他們卻忘掉「新」沒有「真」，是絕對無價值的。

也像羅馬帝國一樣，版圖擴大，財富增加，同時也帶來很壞的結果：平民與貴族的鬥爭，經濟中心轉移在少數人的手中。歐人醉心新奇，時時要征服物質，揭破自然之謎，其結果我們看到享受的欲望擴大，生產過剩使生活遲滯，而最重要的一點，是物質的發達，反使物質變得更為貧乏。

農村破產，經濟恐慌，至少為一部分物質過剩的反映。雷諾先生說：「在豐富的金銀與物產中，我們有餓死的危險。」我們並非反對科學，詛咒生產，我們是說明需要控制物質，人反為物質所控制，這種現象，實在可憐，實在矛盾。

近代的人間特別感到這種苦痛。德國格林德爾（Ernst Günther Gründel, 1903 ～ 1946）說：「從文藝復興到歐戰，也許會被人命為路西法（Lucifer）時代，這不是一個可怕的魔鬼，而是一個落魄的天使，豔麗的妖魔……他在西方人士的心上，有種特殊的力量，似乎永遠登上勝利的征途，其結果，將必有一個劇烈的顛覆。」

‖五‖

近代歐人思想上，人文主義是一朵怒放的春花，好奇、探討、分析、經驗都是最可讚美的果實。它特別樹立起一種風格，與希臘、羅馬、中世紀的文化截然不同。它既不像希臘狂愛肉體的完美，產生出文學與藝術；又不像羅馬追求社會的完美，產生出法律與組織；更不像中世紀，尋覓靈魂的完美，遺留下哲學與建築。它的重心，幾乎交集在所有的工具上，使之實用，同時又特別經濟，其結果產生出「機械」。

機械是近代文化的特徵，它給人類一種強有力的工具，同時也給人類減輕許多苦痛。在 1809 年瓦爾赫倫（Walcheren）遠征中，三萬九千人的軍隊內，有兩萬三千左右病死，而戰死的僅只兩百一十七人。現代的戰爭內，無論設備如何簡陋的國家，其死亡率的比例，絕對不能如此相差太遠。

近代歐洲文化之研究

　　將戰爭的罪惡歸諸科學的發達，那完全是錯誤的。誰也不能否認科學的價值，否認是枉然的！但是問題並不在此。

　　科學可以把人放在生物學內，卻不能將人看做是機械的一部分。事實上，機械每天擴大它的偉力，逐漸支配到人心。不特個體與群眾無分別，便是生理和心理也攪成一團，法西斯的理論，蘇聯文化的特徵，都十足地反映這種現象。他們拚命爭取本能的要求，但是卻甩不脫機械的壓力，因為他們看政治、經濟、文化以至個人的情感都是一副機械，每天在那邊規律地運動。

　　這種狀態下的生活，表現出無可奈何的神氣，因為失掉了生的信仰。近兩百年來，歐洲大多數人士判斷問題，總是脫離不了這三個階段：起初是相對的，無絕對的是非；繼後，任問題隨本能來衝動與顛蕩；最後只是官感的逸樂。所以歐洲最時髦的問題是以性為中心，借科學與衛生的美名，如多克托爾（Doktor）、赫希菲爾德（Hirschfeld）等教授，專門設計，如何增進愛情的幸福，結果那點愛情自然的美妙，完全摧毀了。雷諾先生說：「現代人如果對自己嚴肅，便感到道德孤獨的可怕。」

　　往深處著眼，在人文主義到極點時，便造成人與人的敵視，互相戒懼，互相仇恨，提心吊膽，時時都在防禦中。因而個性為集體所淹沒。這是人與人類的鬥爭，分外艱難，較之人與自然的鬥爭，更為激烈。

　　倘如我們看日本的行為，更明白他們自豪的文化，不過是歐人的一點餘瀋：他們沒有接受歐洲真正的思想與學術，如宗教與藝術，卻只一點小規模的機械，便要發動人與人類的鬥爭，其結果怎麼會不失敗哩？

　　歐洲雖然遭受人文主義過度的荼毒，但因為久遠的傳統力量，尚可補救，而敵人卻不同了。他既缺乏歷史的潛勢力，又沒有歐人那種分析的精神，結果只是盲目的亂動。我們知道一個國家到盲動時，那是智慧、紀律、意志的總崩潰。我們要記住：機械是人用的，不是用人的。這雖是極淺的理論，卻值得銘刻在心頭。

‖六‖

從文藝復興到法國大革命的前夕，經過光榮燦爛的古典主義，外表上現露出壯麗與雄偉的姿態，反映出和平的神色，內部卻是不安與不定，正像橋上的一所建築物，上面雖說莊靜，下面的橋孔內，卻有著奔騰澎湃的洪流。

近百年世界的大變更，無論從哪一方面看，都是受了法國 18 世紀的影響促成的。16 世紀確實提出種種改革，那只是一種意見，未曾深入到群眾的生活與意識里面。到 18 世紀，包括著新舊兩個時代，對於各項問題，也沒有具體的辦法，卻主張徹底的破壞，用一種神祕的思想，刺激群眾的情緒。他們思想上要求自由，知識上發展科學，政治上擁護民眾，原是無可批評，但他們的骨子內，如伏爾泰、霍爾巴哈（Paul-Henri Thiry, baron d'Holbach, 1723 ～ 1789）、孟德斯鳩（Montesquieu, 1689 ～ 1755）等，卻是充滿了失意，不愉快，有時還夾著仇恨。這只看《波斯人信札》、《風俗論》，便可佐證我們的意見。

再進一步，18 世紀的哲人們，有一種共同的精神，即摧毀舊制度的唯一方法，需要大膽的革命，然而他們只能從旁鼓吹，卻不敢去實行，真正法國大革命的主角，沒有一個比較偉大的思想家與文學家。所以大革命發動後，莫爾萊（André Morellet, 1727 ～ 1819）說：「那些鼓吹革命的哲人們，並不願採取激烈的手段，如此去做，更不願在這樣短的時候，便結束了。」等於兒童戲火，只覺好看，卻不曉得它的危害。及至將房屋燒著後，他們在追悔，便是「神也沒有辦法了」。

‖七‖

在這個被人稱為哲學的世紀，理智、情感與經驗，構成基本的重心，它們交相對流，交相衝突。情感與經驗要校正理智的枯澀，因為笛卡兒的思想，逐漸演變，已失掉它原來的面目。我們知道笛卡兒的重要工作，在他對人性的解釋，但是 18 世紀的哲人們，卻由個人問題移到社會問題了。

　　其次，經驗尚未發達到極點，卻在進步的路上邁進，它排斥情感，因為情感憧憬著大自然，呈現出一種飄渺幻變的狀態。這便是為什麼人們不會了解哲人帕斯卡（Blaise Pascal, 1623～1662）的原故。因為帕斯卡主張「心有它的理智，而理智是不會了解的。」他們不只不會了解，反而憎惡他。伏爾泰注解帕斯卡《思想錄》時，字里行間，完全充滿了敵視的態度。

　　實際上，18世紀哲人們所講的人道、寬容、自然、民眾等字內，卻另有一種含義。

　　這種思想的變更，基於社會的要求。殖民地的擴展，重商主義的發達，公然宣布：「一國應犧牲他國以增加本國之財富。」從亞當‧斯密（Adam Smith）《國富論》出（1776），始堅信工業亦是一種富源。因此，18世紀後半期之政治元首，亦與新思潮以一種深厚的同情，如約瑟夫二世（Joseph Ⅱ, 1741～1790）、利奧波德一世（Leopold I, 1640～1705）、葉卡捷琳娜二世（Cathrine Ⅱ, 1729～1796），葡國之約瑟夫五世（Joseph V, 1736～1818），西班牙之卡洛斯二世（Carlos Ⅱ, 1661～1700）等，想實行一種「理性」的政府，即是一種「智慧的統治」。

　　這比文藝復興時的思想，更前進了一步。

　　因為人的觀念改變，原初到世界末日，人須受神的裁判，現在神須受人的裁判了。

‖八‖

　　想像豐富的哲人，受了社會變更的刺激，幻想柏拉圖的烏托邦，耶穌會傳教士描寫的中國，亞士特（Astré）小說中的牧羊人，他們看清楚所要走的路線，一致地要求：

・　平等，比自由更為重要。
・　與人類以同情，不分任何階級。

· 斬絕抽象，一切講求實用。

· 以原始的自然與歷史文化對峙，求最後的大解放。

代表這個思想轉變的人物，恐怕誰也不及盧梭（Jean-Jacques Rousseau, 1712～1768）更恰當的。這位不安、聰明與病態的思想家，給近代一種特殊的力量，每個人直接間接，都受到他的《民約論》（*Contrat Social*）的影響。

《民約論》中開首便提出這個棘手的問題：「人生來是自由的，但是他卻在鐵鏈中。」盧梭對這個問題的解答是：「社會的秩序是神聖的，不是來自自然，乃是來自契約。」所以，人的第一條定律，是保衛自己。「只要還在需要的時候，孩子可以跟父母在一起」。一到成年，便當有絕對個體的自由。

為什麼要如此呢？因為要生活在原始自然狀態之中。然而原始自然狀態，有許多阻礙，有許多威脅，為了防禦，須要大家團結在一起，即是說個人有他自己的意志，同時又須服從整個團體的意志。這樣，自由始可產生。誰要不服從團體的意志，團體可以制裁他，「即是說強迫他自由」（盧梭的話）。

‖九‖

盧梭的思想，一方面表現出個人化，同時又表現出集體化。查本捷（John Charpentier, 1880～1949）寫《盧梭傳》說：「當盧梭從原始狀態論人時，他是一位個人主義者；當他從文化方面論人時，他又成了一個社會主義者。」這可說最中肯的批評。但是，我們在此所要注意的，集體化的影響，既非社會化，又非民族化，乃是法西斯的國家論。自1789年後，《民約論》成為革命志士的聖經，然而這些志士們的做法，比沙皇更為武斷。

《民約論》的骨子里是矛盾的，它主張國家有絕對的自由，它又詛咒人民為國家而失掉自由。但盧梭不覺著這是矛盾，因為他相信斯巴達的來古格士（Ly-curgus），一切都是平等，沒有貧富的階級。其實近代的改革家，如墨索里尼（Benito Mussolini, 1922～1943）、希特勒（Adolf Hitler, 1889～1945）、史達

林（Joseph Stalin, 1878～1953）等，誰能否認不是盧梭的嫡系呢？1791年6月14日，法國革命政府公布：「只有個人的利益，或者只有國家的利益。」

但是，最奇怪的卻是當時崇拜盧梭者，無人感到《民約論》的矛盾，他們認為盧梭是新的，所以是進步的，《民約論》是他的代表作品，只有無條件地接受了。我們不當驚奇這種推理，他們已失掉分析的作用，另有成見存在腦中。因為那時的知識階級，一切都可接受，只除去古典的思想與理論，因為古典便是野蠻的別名。他們否認歷史，同時也否定了人。

‖十‖

盧梭而後，情感與理智的衝突，個人與社會的衝突，日見強烈，形成浪漫主義。普通論浪漫主義者，都覺得只限於文學，一個海涅（René, 1797～1856）與一個維特（Nik Welter, 1871～1951）便夠了。其實浪漫主義的範圍非常廣泛，影響也非常深遠，他深入人心與社會，他沉醉了多少學者與青年。

浪漫主義的出發點是個體，表現個體的是情感。然而，宇宙中最易變的是個體，個體中最易變的又是情感，所以浪漫主義者，無論從哪一方面看，都感到空虛與不安，追求一種幻覺的滿足。因此，他們酷愛自然。

在此，自然的含義完全改變了，這不是人性，也不是客觀的山川，乃是要人擺脫社會，歸真返璞。便是說：人是自然中的一部分，自然既好，人亦當好，而人之所以不好，其錯誤乃在社會。這裡，我們看到《民約論》的影響，同時也明白浪漫主義不能確定，而只能描寫，即是說，這不僅是一種思想，而且還是一種變幻的情緒。

於是，浪漫主義者表現出兩種態度：從空間方面說，須逃脫社會，回到自然的懷抱；從時間方面說，現在是可咒的，須返到原始的時代。為什麼？

從法國大革命後，政治、經濟與文化都起了一種本質的變化，人受到環境的支配，不是人來支配時代，而是時代支配人。在這種反常的狀態中，每個感覺敏銳者，僅只感到一種空虛。他們深信大自然與原始時代，至少可以減輕人與物的

衝突及人與人的衝突,這樣,他們可以溶化在大自然內。

這確是一場美麗的夢,在 1848 年的革命中,波特萊爾(Charles Baudelaire, 1821 ～ 1867)不是抓住槍也想聞一點火藥味嗎?假使我們看這是衝動,則不會了解浪漫主義的心理,他們追逐理想的自然,過一種與眾不同的生活,對自己是極端的個人化,對社會要強烈的革命化。有時,在一個人的生活上,表現出這兩種要求,如拜倫(George Gordon Byron, 6th Baron Byron, 1788 ～ 1824)、拉馬丁(Alphonse de Lamartine, 1790 ～ 1869),都是這類典型的人物。可是這些英雄式的人物,與現實脫離,不只將自己的內心生活撕破,而且將宇宙的統一性也根本否認了,不如是,不足以言天才,更不足以談文化。歌德畢竟是一個特出者,他是一個浪漫主義者,卻沒有中了浪漫主義的毒。他寫給策爾特(Carl Friedrich Zelter, 1758 ～ 1832)說:「每個人有他的聰明與和諧,應當研究他的全體,否則變為死亡的東西。」歌德是針對浪漫主義的錯誤下此批評的。

歐洲的 19 世紀是一個過渡時代,他的政治與社會都表現出不定。因而這個時代的思想具有許多不安。最近史學家莫里奧(P.Moreau)論到浪漫主義時說:「兩種矛盾的傾向占據了這五十年(指 19 世紀前半期),孤獨的高傲與行動的需要,他們連續在一起,表現出個性的特殊,世界的統一,這種矛盾在整個 19 世紀沒有停止過……」

豈止 19 世紀?現在我們仍可以看到這種矛盾。

我們要記著,拿破崙是浪漫主義初期的人物,現在多少歐洲的英雄們,仍做拿破崙的殘夢?只要歐洲跳不出浪漫主義的思想,統一與和平永遠是空的。歐洲人受了機械文化的陶冶,將別人看得太低,有色人種的理論,日耳曼民族獨尊的高調,都是文藝復興以後的回音。

‖十一‖

從這種環境內產生出的思想,有兩種特徵:一種是快,另一種是狹。

無論從哪一方面,歐洲人過著一種競賽的生活,在時間方面,將百年視為一

日，個個有能力者，都有超過時代的野心；在空間方面，每個國家視自己是整個的宇宙，不承認別的國家的存在。快與狹是互為因果的。從機械的發展，歐洲人深信人生、社會等問題，也是一副機械。這副機械的名字：我。

從這個「我」的崇拜中，歐洲人想萬古變為一日，囊括四海。拿破崙說：「兩年之後，我始生存。」因為如有一事未做成，一地未征服時，他是不承認自己的存在的！

這樣，歐洲人常在有限與無限中爭鬥，時時刻刻尋覓客觀的真理，結果是一種主觀的認知，他們深感這種苦痛，但是無可奈何。羅丹（Auguste Rodin, 1840～1917）雕刻夏娃，很可形容出這幕悲劇。許多歐洲人也很明白，但是他們甩不脫快和狹的追求，只好任其矛盾與衝突。衝突具體的表現，便是戰爭。

‖十二‖

我們也在戰爭中，但是，我們的戰爭與歐洲的戰爭性質不同，我們是革命的、自衛的、反侵略的，可是這些解釋，似乎仍道不出它的深度。

支持這次抗戰最偉大的力量，是我們祖先遺留下的文化：人文主義。我們的人文主義，和歐洲文藝復興所產生的完全兩樣。我們的內心含有真「情」，而歐洲的「情」，便有等級與條件了。這個「情」是孟子所說的「赤子之心」，它是我們文化的大動脈。為什麼我們那樣深情地愛山川草木鳥獸呢？為什麼我們會有梅妻鶴子的故事哩？為什麼我們會有豔麗白蛇的傳說哩？獅為百獸之雄，但雕刻在門前，為什麼又說它非常可愛哩？我們每天吃肉，但是要「遠庖廚」，歐洲的人文主義者是絕對不會了解這個的。

我們講「情」，不是理論，而是生活，特別是行為。因之，我們說「我」時，「它」必然存在著。我們視四海為一家，「己所不欲，勿施於人」的訓言，宋襄公的「不鼓不成列」，明太祖的遺詔「非夷狄來侵，不得用兵」，清聖祖諭西洋人，常言「軫念遠人，俯垂矜恤」，這又是歐洲的人文主義者所不會了解的。——歐洲基督教的博愛，原與我們的文化相近，但是自文藝復興以後，歐

洲是反基督教的。

我們畢竟是農業文化的國家，它是慢的，卻是堅固的；它很深，卻不狹；它著重在養，而忽略了知。所以，我們有指南針，不去探險，卻當作堪輿用；我們發明火藥，不製槍炮，卻放煙火。這更是歐洲人不會了解的。

歐洲在 18 世紀時，許多傑出者曾想了解中國，做一種較深刻的研究，他們愛好中國的人文主義，沒有絕對專制的宗教，沒有特殊階級的貴族，更沒有好勇鬥狠的戰爭。他們憧憬著這種富麗的外形，卻不明白何以精神會受意志的限制，何以尊君如神的國家，會說「民為貴，社稷次之，君為輕」。但是，他們卻覺著可愛，偏重複不已地唱：

中國是一塊可愛的地方，它一定會使你喜歡！

辜鴻銘在《中國民族精神》一書中，指出我們精神上的特點有三：純樸、深沉、寬大。德國人有深沉與寬大而缺乏純樸，英國人有純樸與深沉而缺乏寬大，美國人有純樸與寬大而缺乏深沉。比較與中國民族精神相近者，在昔為希臘，在今為法國。但是，他們仍不會了解，為著沒有我們對「情」的深度。

‖ 十三 ‖

蔣百里先生指出：我們的文化有兩種特點，武力取守勢，文化取攻勢。在我們的歷史上，每到一個大轉變的時代，我們犧牲一切衛護民族、禮樂、宗廟、社稷的生命，使之聳立，不至中輟。因為這些都是我們文化的象徵，亦即我們真情的對象，而這個「情」有其使人頭昏的深度。所以，在政治上，我們有興亡鼎革，在文化上卻永遠是一貫的。

這種文化的深度，來自歷史的訓練和實際生活的紀律。當我們提出「持久」戰爭時，國際間同情我們的朋友，有幾個真能相信呢？不是不肯相信，乃是不解我們的深度。現在，三年抵抗暴力的事實，給全世界一個證明。

不妥協，便是我們文化深度的表現，亦即我們的民族意識。這是我們應付世

界幻變唯一的武器。從這裡，我們可看出歐戰和我們抗戰性質的不同。

1940 年 1 月

近代德國的研究

‖ 一 ‖

現代希特勒的做法，有的人驚讚他，有的人恐懼他，有的人又詛咒他。他像是一個超自然的怪物，將世界的公理與契約，完全變作自己的意志。果真希特勒是神嗎？這個誰能相信！我們對他並無點滴同情，我們只想在這篇陋文中，說明德國何以會如此演變，為何會形成這種情勢。從他的結論內，我們可看到中國的將來。希特勒登臺後所演的事實，有許多雖然尚難下一斷定，但有一句話是敢說的：以力服人，必定是失敗。

‖ 二 ‖

世界上的歷史，沒有再比德國更複雜的。因為它的歷史複雜性，常時將觀察者的眼睛矇蔽住了。對於別的國家，一般觀察者的判斷，通常不會錯誤。獨對德國，誰也不敢保證，似乎德國人的行為，別有理智作為根據。

當我們想了解德國民族，首先要記住：這是一個文化發展較遲的民族。原始民族的特徵，仍然活動在德人血管內。相對地說，日耳曼民族文化與拉丁民族相較，至少落後五百年，即是說他少了五個世紀的歷史經驗與智慧紀律的訓練。

一個國家的急激的轉變，常表示其中心的意識尚未形成。歷史的經驗，創造一種生力，以防禦內在與外來的襲擊。文化久遠的國家，到那緊要關頭，它的眼光放在深度，而不在面積，它的思想移在法律，而不在武力。德國並非如此。從表面上看，德國並不年輕，它像到了選擇的時期，心理上有許多矛盾，它所表現的是失望、不幸、不安與衝動。

德國人的思想，當時孤獨著，不斷地自己創造天地，否認客觀的真理。外形上，卻是每天集會，一切要紀律化，他們將精神與實際的生活分離，永遠過著矛盾與雙重生活。

‖三‖

德國所以難了解，因為它是浪漫的，每個思想到它的腦中，便突然演為一種神話。由此而沉入夢內，由夢而變為奇幻的情感。在這種情感上，德國人不會解決任何問題，因為問題層出不窮，輾轉演變，歐戰後，別人形容德國不是一個「問題的」國家嗎？實在說，德國不是一個哲學民族，乃是玄學民族，可是它又特長應用科學、機器、化學品，一切都是堅固實用。然而，人們只是怕它，卻不予以同情。

這種狀態，反映著原始遺留的特質。德國人特別愛森林，正像他們永居在森林內的先民。時而他們感到一種孤獨，自己創造生活與美夢，不斷地徘徊，睜眼所見者，只是神祕的自然，自己逐漸融化在里面。時而集隊成群，調整步伐，他們共同去侵略。因為他們所留戀的，不是土地，而是種族。他們演變為民族、部落，忽然感到一種強烈的欲望，他們也要建立一個帝國。

為了實現這種欲望，他們從文化較古的國家，搶奪進攻，他們深信必須用武力，而這種武力還帶有幾分粗暴與殘酷。

‖四‖

我們並不敢說德國人是一種蠻人，因為這樣觀察，正與希特勒犯了同樣錯誤。我們記著，當日本人在南京殘殺千千萬萬人時，希特勒不是讚揚日本文化嗎？希特勒是一個個體，個體的判斷與批評，我們是不介意的。

我們所要說的，乃是德國人接近原始狀態，在每個民族所感到的衝突，德國人尚未尋找到他的平衡，即是說他尚未完成民族心理的統一，使他的智慧有進展。

　　正如德人自覺很強，不只是身體，而且在物質，他們想借用強力，作為民族生活的基本條件，但是，同時他們感覺著別人瞧不起他們，譏笑他們的笨重。因而，在德國人的心理上，起了一種強烈的反應，即是不如人。他們的高傲，他們的強力，他們的組織，他們的近代化，一切的一切，都是從怕人譏笑出發。

　　因之，德人的一切，交集在「動」上。他們發瘋地侵略，要在直衝的「動」上，以表現自己的偉大。

‖五‖

　　在德國人的面前，每件事實的發生，都成為一種經驗。愛經驗，是因為愛內心的衝動。對於德國人，思想與概念，都是內心衝動的條件，他們要的是力，只有力才能滿足一切活動。

　　在宗教上，德人所要的，不是教律與教義，乃是神祕的經驗；在哲學上，不是體系的理論，乃是直觀的世界。如果抒情詩在德國文學中特別發達，其原因仍在個人化，使力有所發洩。尼采（Friedrich Nietzsche, 1844～1900）哲學中的意志，希特勒的政治行動，可說基點完全在此。

　　德國人意識中的「我」，格外有重量，那裡面除自我以外，尚有上帝、自然、國家、民族、世界各種成分。這一個我是一切的總匯，因而行為成了他們人生的目的。

　　因為「我」，所以要不斷地工作，這方面產生出許多技術人才、組織家與侵略者；因為「我」，所以要尋找根源，一切要超絕，這方面產生了多少哲人、音樂家與詩人。這兩種外形與內心的動態，最足以看出的，便是他們軍事與政治組織，即是黑格爾（Georg W. F. Hegel, 1770～1831）與俾斯麥（Otto von Bismarck, 1815～1898）的混合，亦即德國人誇耀於世界的科學方法。

　　德國人具有這種精神，無論是在哪一方面，必然要一做到底，他們既不管別人的威脅，也不管別人的批評，正如尼采所說：一件事錯到底，便找出對來了。

　　我們這種觀察，並不損傷德國民族的偉大。自從兩世紀以來，德國人卓絕耐

勞的努力，引起其他民族多少的恐懼、羨慕與讚嘆。假如沒有德國，近代文化將
有多少的缺陷。

‖六‖

何處是德人的故鄉？

到處說德文的地方便是他的故鄉。

這個歌曲說明德國人的愛國思想，一方面是種族，另一方面是語言。中國
人，因為生在祖先遺留的土地上，土地的觀念，在我們的意識內，真是到了根深
蒂固的地步。德國人，便不如此，他們血管內有日耳曼民族的成分。

為什麼德國人會將血統觀念賦予如此重要的價值呢？因為德人所居的地
方，既不肥沃，又無自然的邊疆，這個只消打開地圖，便可看出德國自然地理的
缺陷。

只要我們看法國的歷史發展，就更容易明白德國地理的缺點。

法國從黎希留（Duc de Richelieu, 1815～1642）大臣起，經路易十四（Louis
XIV, 1638～1715）與拿破侖，他們對外的政策，在求邊疆的安寧與邊界的安
固，而德國，無確定的邊界，在東西南北，都感到向外發展的必要。自從普法戰
爭之後，德國人竭力在海外尋找殖民地，使自己強到無以復加的地步，利用這種
力量，將不如人的情感確定，以便加強向外的防線，這樣的方式，形成了1914
年的悲劇。

‖七‖

德國還有一種地理的缺點，即沒有中心的地方，以促成國家的統一。我們
看德國的河流，每條都是平行的。他們的城市，沒有重要的分別，正像各個都平
等。這只看德國京都的歷史，時常隨著政治變更，便可看出他的缺點。時而在維
也納（Vienne），時而在法蘭克福（Francfort），時而又在柏林。他們的京都，是

33

以政治為條件，而地理是無足輕重的。這便是為什麼變更首都常要引起不小的內部糾紛。

除語言與種族外，德國人渴望統一，而沒有統一的條件。在它的歷史上，德國不是自相殘殺，使外人得利，便是與外人戰爭，使統一暫時的形成。奧地利與普魯士的爭鬥，便是好的說明。

德國的歷史是很苦痛的，他們不明白昇平，因為它沒有和諧。我們有堯舜時代，有漢唐時代，有康乾時代，但德國有什麼？他們不是忙於內亂，便是忙於外征，這種不斷波動的民族，一切便交集在武力上面。

到 16 世紀，在德國固有的不幸上，更加了一層不幸，即是宗教統一性完全破壞了。宗教將德國截然分作兩半，試問普魯士和奧地利的衝突，還不是新舊教的衝突嗎？

宗教改革，在德國歷史上，是最重要的事實。希特勒明白，因為這是第一次革命，也是第一種國家主義的形式。

‖八‖

在 962 年，奧托一世（Otton I, 912 ～ 973）從羅馬取得皇冠，承繼君士坦丁（Constantin）和查理曼（Charlemagne）兩位大帝，於是有神聖羅馬日耳曼帝國。這個帝國是一堆沙做成的，既是流動，又是柔弱，它的名稱雖是漂亮，實際上卻是名不副實。它既不神聖，又不羅馬，更不帝國。

便是日耳曼一名，亦須加以考慮，因為哈布斯堡（Habsbourg）的出現，這個帝國反表現出斯拉夫和匈牙利的特色。

這個帝國沒有確定的世系，只要是公民，誰也可以做皇帝的。這個帝國沒有確定的邊界，卻想向外發展，到他國侵來時，它又無力來抵抗。到三十年戰爭後，普魯士的出現，始給德國一較確定的形式。

‖九‖

德國的強，由於普魯士，普魯士的形成，雖不敢說由於法國，卻至少是法國贊助成功的。這是歷史的諷刺，也可說是實利政策上必有的結果。當三十年戰爭時，法國政治領袖，如惠實里嶽與馬薩林（Jules Mazarin, 1642～1661），完全贊助霍亨索倫（Hohenzollern）家族，以反抗哈布斯堡。於是，斐迪南二世（Ferdinand II, 1578～1637），只好停止他的工作，締結成《西伐利亞條約》（1648）。

這個條約保證普魯士的存在，從此德國北部有了強有力的國家。不論如何困難，普魯士第一著眼處，便是它的軍隊。紀律、軍械與人數都是這個國家基本的命脈，為著要實現這個「從山到海」的幻夢。因此這個國家，縱使地瘠民貧，忽然變為一強國，而這種致強的原因，完全基建在「意志」。國家是意志的組織，普魯士便是具體的說明，以領導全德國為己任。我們知道黑格爾的思想，亦逃不脫這個範圍。

「何處有意志，何處有出路」。這是普魯士的歷史，亦即現代德國整個的歷史。

由鐵的意志與紀律，普魯士將它的人民改變了。在一世紀前，德國人唱這個高傲的歌曲：

> 我是普魯士人，
> 你曉得我的顏色嗎？
> 白黑的旗飄蕩在我的面前，
> 不論是多事或有快樂的太陽，
> 我是一個普魯士人，
> 我要做一個普魯士人……
> 雷可破山裂石，
> 我嘛，我一點也不恐懼，
> 因為我是一個普魯士人，
> 我要做一個普魯士人。

現在德國復興了，並奧吞捷。恐怕這歌唱得分外起勁。德國是水泥，普魯士是鐵絲，他們因意志而結在一起了。

‖十‖

普魯士是近代德國的製造者。從腓特烈二世（Friedrich II, 1194～1250）起，一方面要瓦解神聖羅馬帝國，另一方面排除奧國，使新德國長成。從此德國走向新的方面，1866 年的戰爭，便是北部統治南部的成功。這是一種革命。

當德國大轉變的時候，他整個的靈魂交集在俾斯麥的身上。這個普魯士氣十足的青年，夢想著實現哲人費希特（Johann Gottlieb Fichte, 1762～1814）的名言：

> 「沒有一個人格高尚者，不想用他的思想與行為，使他的種族達到不可破
> 壞與無窮完美的地步。」

俾斯麥整個的理想，歸納在這句話內，而他一生的工作，即向這兩方面走：憎恨法國，建設統一的德國。這兩層目的，我們知道，俾斯麥都做到了。普法戰爭雖光榮，但更足稱讚的，卻是他對德國的統一。從 1848 年起，因為經濟的關係，德國需要統一。那時候，德國有兩種傾向：一面是自由黨，反神聖同盟的；另一面是保守黨，忠於神聖同盟。俾斯麥的天才，在將這兩種傾向配合，而使普魯士得利。他要使普魯士脫離神聖同盟，排開奧國，領導全德國前進。

俾斯麥明白普魯士的重要，只有普魯士領導著德國，統一始可堅固。俾斯麥的工作，希特勒繼續推進，只不過希特勒更進一步。

‖十一‖

德國統一的基礎，究竟建設在什麼上面？宗教、地理、歷史、政治都不是德國統一的基礎。它的基礎，只有種族與經濟。

德國真正意識的覺醒，是在 18 世紀的後半期，到現在只一百五十多年。近

代史中最重要的時期，沒有再比得上 18 世紀的。他給人一種新的情感與新的思想，便是今日認為最進步者，也跳不出他的範圍。當德國人看他自己的文化時，他不得不承認是外來的。他自己沒有英國想像的文學，也沒有法國精密的思想。他從英國方面，因為同種與同文，他發現了自己。但在法國方面，因為拉丁精神與日耳曼精神的不同，他只學到法國哲學批評的精神。

當德國演進的時候，它竭力吸收古代希臘的文化。這種傾向，不是偶然的，因為他感到與希臘有如許的相同處。希臘從未組成一個國家，他們只有種族與語言的觀念。德國正在找出路時，利用法國批評的精神，憧憬希臘。德國愛希臘的原因，別有所在，他取斯巴達軍隊的紀律，他取雅典美愛的觀念，而這兩種精神又都建立在「動」上。

德人下意識內，有了希臘的成分，他整個民族的動向，便走到種族與語言上面。種族是本體，語言是外形，他們要從這上面找自己的文化，以與拉丁民族來對抗，特別是與法國對抗。因而，德國人找他純粹的種族，沒有受過拉丁文化的薰染，這只有德國的北部了。

當法國學者戈比諾（Arthur de Gobineau, 1816 ～ 1882）、英國學者張伯倫（Houston Stewart Chamberlain, 1855 ～ 1927）主張北方民族的優秀時，德國人感到一種狂喜，即刻將之演為一種神話。不如人的情感，從此亦有抬頭的一日。希特勒對民族的理論，仍是這種情緒的餘波。

‖十二‖

我們知道德國的統一，是由經濟統一促成的。從 1834 年到 1866 年，德國的工業正式建設起來。從此後，德國有三種力量，交相推進，使德國有了經濟帝國主義，結果產生了大戰的悲劇。第一種是俾斯麥利用的國家自由黨，他們深信物質的進步，建設起經濟帝國主義。

其次是社會黨，借用德國的繁榮，使自己的利益與國家的利益連接起來。最後，國家贊助經濟的發展，建設起強大的海陸軍，尋求殖民地。國家在那邊組

織，從 1871 年後，德國的工商業，有特殊驚人的發展，他們將思想與工作，科學與技術，整個地融合在一起，這個動的民族，要以它的意志，來統治世界。

‖十三‖

1914 年的戰爭，在德國是急迫與恐懼的表現。因為在短的時間里，它有一種畸形經濟的發展，它想超過時代，而時代反把它摔下臺去。德國變得窮了，德國沉淪在苦痛里面。

現在我們可看出：在巴黎和會中的大國們，畢竟沒有了解德國的歷史。克里蒙梭（Georges Clemenceau, 1841 ～ 1898）是要將德國置之死地，可是他忘掉普魯士的重要，使之永遠做德國的靈魂。他們只管割地賠款，他們想德國改成共和政體後，逐漸左傾，跟在他們背後遊行，他們卻忘掉普魯士是沒有一敗塗地的，過去狂傲唯力的歷史，永遠活在他的心中。在這次戰後，德國確然處在不定的狀態中，它的人民曾經感到不安與徬徨。但是，在剩餘的微力下，德國人仍然保守他的自信。我們只看它的國家主義與社會的演變，即知道兩種力量，雖說如此薄弱，但他們在尋找一種平衡，成為國家未來的趨向。希特勒創造的納粹黨是看清楚這一點的。

歐戰給予德國人精神上的打擊，是一種精神麻木，一方面與過去的歷史斷絕，另一方面失掉理智作用。1918 年到 1933 年之間，德國整個的精神，便是建設這兩種損失。衝動的愛國主義，想要使戰敗的德國，重新找到他的歷史的重心，但是德國人不能眷戀過去，因為過去給予他們不幸，於是，他們轉望將來。他們對將來起了許多幻夢，因為他們覺著將來的一切，都是新的與動的，我們知道德國人的特質，即在新與動。所以在希特勒未上臺前，德國人確有種陰暗的悲觀。

其次，在歐戰後，德國人在整個的衝動中，所以衝動，是因為它們否認智慧的作用。當智慧失掉作用，意志必然毀滅，為著意志須有清明的目的，始能發揮它的效能。這樣一來，在他們的思想與生活上，幾乎都是兩可的，除了取消《凡

爾賽條約》。也是為此，我們看到英雄思想的進展，團結力量的要求，希特勒是
這個時代的幸運兒，多少希特勒隱埋在時代命運的里頭！

‖十四‖

從興登堡（Paul von Hindenburg；1847～1934）手內，希特勒接受了領導
德國的命運，已經六年了。我們看他所做的事實，如恢復軍備，破壞《羅加諾公
約》，並奧吞捷，無一不是承繼普魯士傳統的精神。他絕不相信和平，因為他看
和平是弱者的表現；他也不相信正義，因為他看正義是一個抽象名詞！他相信
的是武力，是投機，是民族，是為他自己的民族殘殺其他民族。到德國在東歐、
中歐滿足後，那便是殖民地、西歐，最後便是世界。

但是，希特勒有兩個致命傷：一方面是投機，另一方面是想超過時代。因
為投機是一種虛弱的表現，必然要遭遇到失敗的。其次，時代是客觀的，有必守
的法則，拔苗助長，也必然遭遇到失敗的。我們深信有一日會看到事實的證明，
希特勒會倒在他的計算中。

‖十五‖

我們是弱國，但不羨慕德意志。因為它是外強中乾，更因為我們具備的條
件，實在不是德國夢想所及。

從地理方面看，我們有自然的邊界，包含著許多自然區域，每個區域有它的
特殊性，卻又有密切連鎖的關係，它是不能分割的。我們建都，首重地形，政治
是其次的，德國並非如此。如以北平地形言：遼左雲中為夾輔，漠南為外障，而
後俯瞰中原，有鞭策萬里之勢，非德國無定界、無定都所可比較的。

其次我們永遠是個農業國家，我們的先人擇這條路時，正因為土地肥沃，氣
候溫和，宜於我們民族的生存。我們的鄉土觀念、愛地的情感，作我們立國重要
的成分。我們舉兩件事實：任何中國人僑居外國多久，他永遠不會忘掉家庭。我
們不妨這樣說，他是為了家庭，始遠適異鄉的。另一種事實，沒有一個有知識的

中國人肯改變他的國籍的，但是德國人的改變國籍，卻是一件很平常的事情。這些，都是地理條件的給予，亦即我們立國的因素。

大家都知道我們的歷史，它的長久性、獨立性，世界上沒有任何國家能夠比較的。我們並不以此自誇，但是它的潛力很深，給予我們很多經驗。我們的統一，便是我們歷史寶貴的賜予。當我們遇到內亂外患，我們本能的要求，是那賡續歷史的統一性。我們這次抗戰，正如蔣百里先生所說：「是三千年以前種下的種子，經過了種種培養，到現在才正當的發了芽，開了花，而將來還要結著世界上未曾有的美果。」這點，絕非德國人所及，他們歷史上沒有文景，又何嘗有貞觀呢？

我們的物質落後，我們有漢奸與妥協者，可是這不足認為我們文化的破綻。因為這不是我們文化的本身，又何況物質落後是相對的，敗類是有限的。我們的文化是什麼？這是另一問題，但自近百年來，凡是有心的中國人，沒有不求自力更生，補救這兩個缺點。因之，我們時時忘不掉物質建設，利用天然豐富資源、科學發明，以增進我們物質的生活。我們也沒有忘掉心理建設，革除那些陳腐不正確的思想。我們要從苦痛中滋養成堅強民族意識，這是我們的武器，亦是我們的光明。

1939 年 5 月

義大利文化構成論

一

初到義大利的人，必然體驗到兩種強烈的情緒：一種是快愉，來自各種聲色的刺激：深藍的天，晚風送來的鐘聲，如波濤怒號的橄欖樹葉，就像永遠過著假期旅行的生活；另一種是矛盾，這個古老的國家，卻像方入世的青年，凋零遺忘的荒村內，卻有聳入雲霄美麗的教堂，新舊並存，醜美相兼，正像多少不相關的東西，堆砌在一起。倘使再往下分析，即這兩種情緒，逐漸消逝，而發現了一

種富有刺激性的誘惑，似乎我們甩脫自己走入另一境地，從此另一境地內，又發現自己的存在。便是為此，西方諺語中，有「條條大路通羅馬」之語。

根據這種心理現象，我們想討論這個問題：義大利的文化是什麼？如何構成這種文化？我們深知這個問題的廣泛與困難，我們只想寫出自己的觀察與感想，就正於有學之先進，其餘分外的奢望，絲毫沒有的。

‖ 二 ‖

當我們談義大利時，首先要注意的，即義大利是一個半島的國家，將地中海截為兩半，既便吸收古代的文明，又便取得支配海上的權力。凱撒（Gaius Iulius Caesar, B. C. 100 ～ B. C. 44）擊潰迦太基的海軍，龐貝（Pompey, B. C. 106 年～ B. C. 48）於四十日內，掃蕩地中海的海寇，便是好的證例。墨索里尼（Benito Mussolini, 1883 ～ 1945）在米蘭演講時（1936）說：「地中海對別人是一條道路，對我們卻是生命。」

但是，從義大利北部看，陸地亦有同樣的重要性。義大利不只是農業國家，它在北部有倫巴底（Lombardie）與托斯卡尼（Toscane）肥沃的平原。在歷史上，凡侵略義大利者，皆自北來，沿亞爾普斯山山谷，趨波隆那（Bologna），順臺伯（Tibre）河而下，直搗羅馬。因此，羅馬歷史受海陸兩地理情勢支配，構成商業與農業文化，其影響遠非想像所及。

海為義大利文明的基礎，陸為義大利實力的依據，這兩種力量兼相用，交相利，凝結在拉丁姆（Latium）的七座山頭，形成羅馬城領導政治、文化、宗教的地位。這是了解義大利文化的一把鑰匙，沒有它，我們是進不去的。為什麼？

羅馬歷史的起源，便從這七座山頭出發。在交通比較便利的拉丁姆，七座山構成天然防禦的堡壘。由地形的險要，逐漸養育成合作的精神，即羅馬對敵人唯一有效的防禦，乃在克制個人的意志，服從集體的契約。於是，他們樹立的是公平的法律，需要的是強有力的政府。我們不是說羅馬人輕視個性，而是說，受到許多經驗教訓後，羅馬人明白首先要服從，服從國家的紀律。

‖三‖

羅馬成為海陸兩種文化的交點，促成集權政治，這是羅馬帝國強盛的原因之一。倘如人民習於安樂，政治權力衰落，義大利必然成為一種割據的局勢，自476年起至1871年定都羅馬止，義大利沒有統一的歷史，永遠各自對抗，構成一種複雜的局面。

最初，羅馬民族的動向，是集聚所有的力量，尋覓統一，然後給予一種強的統治。這種精神，在現行的法西斯制度下，更充分地表現出來。因為古代羅馬傳統的精神潛力，深入義大利人的心內，無意識地受它支配。

做一個好公民，做一個好士兵，這便是羅馬傳統的精神。代表這種精神的名人，沒有比加圖（W. P. Cato, B. C. 234 ～ B. C. 149）更恰當的。

他自認是一個自由人，每天要準備戰爭，處理大小公務，灌溉家中的田園。因為他強壯的身體，需要動；他認空閒是病人特有的權利，不能充實一日的時間，便是一種不可補救的失敗。所以，凡事要有興趣，克服困難，換取許多實用的經驗。這便是為何加圖反對希臘的文化，他怕希臘文化侵入後，羅馬人失掉質樸的美德，破壞公共的紀律，減少作戰的力量。因此，羅馬人第一著眼處，不是真，而是用，不是義，而是利。

「對現在有用」，是羅馬人思想與行動的說明。拜耳教授（Prof.H. Beer）解釋希臘與羅馬不同處，一為「用是美」，一為「美是用」。實在說，羅馬人不明白什麼是純知，什麼是純美，只看構成羅馬文化中心的宗教，便可捉住它的神髓。

‖四‖

假如以崇拜的神數作標準，羅馬人是最宗教化的。在羅馬帝政時代，廟堂內的神數，約在三萬以上。羅馬懷疑派的哲人柏脫洛納（Petrone）說：「我們有如是多的神靈，碰見神比街上碰見人更為容易。」因為羅馬人的信仰，樹立在個人或單位元的需要上。

在最初，羅馬便成了各種神靈的收容所。這些神來自希臘或伊特拉斯坎（Étrusques），沒有故事，也沒有詩意，正像是一群失業的醫生，來醫治羅馬人的苦痛。這說明羅馬人需要宗教，對神的觀念非常單純，它是實用的，完全失掉想像作用。他們看至尊的朱庇特（Jupiter）不過是一塊石頭，至強的瑪爾斯（Mars）不過是一把寶劍而已。

羅馬人對神沒有「敬重」的情緒，他們以為只「相信」便夠了。倘如神沒有絕對的威力，握著命運的全權，那羅馬人視「相信」也是一種多餘。為此，他們並不探討神的本體，或靈魂的歸宿，他們也沒有教義或倫理的法則。他們所有的儀式，是介乎人和神之間的契約，即是說，每次獻祭，便是互訂合約，祈禱經便是契約上的條文。所以卡米路斯（Camillus）攻陷維伊（Veies）後，將十分之一的勝利品獻給阿波羅（Apollo），其意不是申謝，乃是履行所訂的合約。

‖ 五 ‖

當人和神訂契約時，可以討價還價，也可以應用詭詐的手腕，紐馬（Neuma）王與朱庇特的對話，使人看出羅馬人的精神：

朱：你要給我一顆頭。
紐：很好，我給你園中的一顆蒜頭！
朱：不，我要人的。
紐：那麼，給你加添些頭髮好了。
朱：我是要動的！
紐：那麼再給你加一條小魚罷。

朱庇特沒有辦法，只好接受這種條件。

假使神不如人所請，便是神沒有履行契約，如是，不只契約失效，而且神還得受人詛咒！我們知道日耳曼尼古斯（Germanicus）病時，逼禱諸神，及至死後，凡所受禱祝者，一律加以虛待。在羅馬人眼中，這不是瀆神，這是執行法律，要從此以後，神必須盡他的職務。

這種實際應用，便是羅馬人的精神，一方面訓練出精確的觀察，另一種是堅強的意志。因此，他們的文藝是一種質樸的寫實，謳歌過去的英雄，以刺激現在的群眾。其次，他們著眼處，以社會為前提，道路、水道無一不以福利民眾為原則。他們利用民族的特徵，發明一種很新式的武器：組織。他們永遠是勝利的，他們創造成一種新的文化：意志的文化。

｜六｜

意志文化養成有紀律的民眾、集權的政府，同時也失掉他們的創造性，形成一種拙笨的模仿。羅馬統一，先北而後南；羅馬文化的發展，卻是先南而後北。它的文化，雖含有埃特魯里亞的成分，但與希臘相較，其差真不可計了。所以馬萊（Albert Malet, 1864～1915）說：「在武力上，羅馬征服了希臘，在文化上，希臘卻征服了羅馬。」

相對的說，羅馬是粗陋與拙笨的，他們據有山民的特質：頑強，保守，愛好刺激。當羅馬人無意識地接受了希臘文化時，不在希臘求真的精神，也不在希臘愛美的情緒，而是在使官感痺麻的遊戲，即他們不了解希臘人晶明的智慧，卻沉醉於希臘人天馬無羈的想像。

羅馬人在藝術上所找的是眼睛的舒適，是想像的快樂。所以他們最愛的是神話，是色調，是線條。因為在這些上面，可以任意構造事實，自由地去想像。在羅馬黃金時代，卡圖路斯（Catullus, B. C. 87～B. C. 54）、提布盧斯（Tibullus, B. C. 55～B. C. 19）、奧維德（Ovid, B. C. 43～B. C. 18）等作品中所表現的，是歡愉的酒神與愛神，是枯樹下的祭臺，是牧羊人愛情的對話，是和著蘆笛的歌舞。我們要記著，一個普勞圖斯（Titus Maccius Plautus, B. C. 254～B. C. 184）使人發笑，一個維吉爾（Virgile, B. C. 70～B. C. 19）要人回到田間，那兒有更美麗的色彩。

這種精神說明羅馬人為什麼愛啞劇、滑稽劇和鬥獸，同時拒絕了希臘的悲劇。羅馬人視遊戲為生活之必需，同時使文化起了激烈的變更。到帝國時代，

一年內有一百七十五日過節，充滿了強烈的情慾，粗野的橫蠻，繼後到尼祿（Nero, 37～68）統治時，遊戲腐化為一種殘酷，我們知道在某種情形下，殘酷也是一種快樂。那些無盡野心的政客與武人，視遊戲為德政，奪取民眾的工具。當時羅馬流行的標語：「要和平，須有麵包與遊戲。」（Panem et circenses）而奧古斯都（Augustus, B. C. 63～14）的遺囑上，鬥獸場中殺死三千五百隻野獸，引為無上的光榮。

拜耳教授論到希臘與羅馬文化時，這樣說：「希臘教羅馬人生的快樂，藉藝術、文學與思維刺激起一種快感，因此，娛樂變為生活的需要，而忘掉自己應盡的責任。」為什麼？因為羅馬帝國版圖擴大，得到和平、繁榮與財富，他們要享受，滿足感官的刺激。

‖七‖

遊戲腐蝕了羅馬人好公民與好士兵的特質，他們感到一種陰暗的煩悶，要求內心的生活，解脫外形契約的束縛。因此，對人生、命運、責任等使人頭暈的問題，他們要求有一種新的解釋。他們求之於物質，而物質所賜與的只是一種刺激，一種疲倦；他們求之於宗教，而羅馬宗教是一種商業行為。

希臘的哲人們，如畢達格拉斯（Pythagoras, B. C. 570～B. C. 495）、蘇格拉底、柏拉圖等，確定了真理的存在，良心為判別善惡的標準。及至希臘變為羅馬屬地後，羅馬人在煩悶之餘，有機會在研究、玩味，從此精神生活為之一變。西賽羅（Cicero, B. C. 106～B. C. 43）介紹希臘思想的著述，不是標新立異，實是基於社會深刻的要求。我們再看塞納卡（Seneca, 1～65）的著作，便知道僅靠法律與員警維持人心與社會是不夠的，需要有更永久更堅強的倫理力量。所以他教人輕視財富與姿色，教人忍受苦痛，衛護人類的尊嚴。雖說他犯高傲與自私的病，而樹立良心的權威，卻是不可磨滅的功績。愛比克泰德（Epictetus, 55～135）說：「如果不謳歌真理，老而且跛的我又有什麼用處哩？假如我是一隻黃鶯，我做黃鶯所能做的，既然我是一個理性動物，我就只好謳歌絕對的真理。」

這種理論，指出羅馬文化的新動向，只有少數的知識階級可以了解，可以接受，因為他的出發點是理智，不是情感，他的根據是意味，不是信仰，如以我們流行的術語來解釋，它不「大眾化」！

就在此時，巴勒斯坦出了一位窮人，教人不用高深的學術，便可接近真理。他又教人愛物主在一切以上，愛人如愛自己。因為凡是人，都是兄弟，沒有貧富、貴賤、智愚、主僕、種族等分別。他教人淡泊、安貧、謙虛、溫和、博愛與純潔。這種理論，前此的哲人們從未具體地發揮過，非常簡明與確實，正迎合羅馬帝國所需要的新精神。所以，耶穌死了十二年後，羅馬已有基督教的蹤跡。

基督教給羅馬帝國帶來一種新的文化，補救了那些逸樂、奢侈與肉感的墮落，但是，他與羅馬基本的精神，激起一種強烈的衝突：

一方面，羅馬的帝王，不只是政治領袖，而且還是宗教的領袖，基督教卻教人「是凱撒的還給凱撒，是上帝的還給上帝」，便是說不能用敬神的禮以敬人；另一方面，羅馬是法治的國家，就是說要犧牲個人而為團體，基督教卻教人按著自己的良心，要犧牲現在而換取將來。

因此，基督教傳至羅馬後，不斷地發生流血事件，這是兩種不同的文化衝突，必有的現象，證據是那些屠殺基督教徒的帝王們，除少數人外，多半賢仁，如圖拉真（Trajan, 53～117）、馬可‧奧理略（Marcus Aurelius, 121～180）。結果，羅馬帝國蒼老的枯枝上，忽然抽出新鮮的嫩芽，而基督教的發展，有一瀉千里之勢。二世紀哲人游斯丁（Justin）說：「人家愈摧殘我們，壓迫我們，我們的同志便愈多。」

‖八‖

凡是兩種不同的文化相遇時，有如火石相碰，必然迸出美麗的火花。從476年起，西羅馬雖然滅亡，羅馬帝國偉大的統一、犧牲與公平的精神，仍然縈繞在西方人士的心頭，查理曼帝國的建立（800），神聖羅馬日耳曼帝國的成立（962），都是從這種思想出發的。其次，新興的基督教，自313年起，取得合

法地位，對社會服務，保護弱者，逐漸取得領導文化、政治與經濟的實權。

當基督教與羅馬文化尋覓調和時，從北部湧進一大批文化水準較低的蠻人，特別是日耳曼民族。它帶給古代羅馬一種威脅，也帶進一種新的活力，使那荒蕪的田園，逐漸耕種，歐洲又趨重農業，義大利便成了農業文化的中心。

古羅馬、基督教、日耳曼民族，這便是構成中古文化的基本因素。他們重權力、守秩序、崇階級；他們的理想，要團體內不得毀滅個性，為將來不能放過現在，即是說，他們的目的，在「靈魂的完美」。這種文化是偉大的，蔣百里先生說得好：「近代的人稱中古時代為黑暗時代，這真是商人的瞎說，中古時代有高尚的文化，不過是農業罷了。」

當教皇若望十二世親手造成神聖羅馬日耳曼帝國時，德意志與義大利最感到不幸。因為統一雖說完成，似乎賡續羅馬帝國，但是統治卻不甚容易，唯一的原故，即構成這個帝國的三種原素，不能維持他們的平衡。所以，致衛教衝突，靈肉輕重的鬥爭，民族間的仇怨，不斷地排演出來，產生出許多不必要的犧牲。

不只如此，德國人憧憬羅馬的光榮，時時圖謀向外發展，結果忽略了自己內部的組織，加強封建制度，不得完成統一。在義大利，據有較高的文化，受了歷史的訓練，而反臣屬於日耳曼旗幟之下，失掉自己的獨立，更談不到統一了！義大利的人深感到侮辱與苦痛，萊尼亞諾之戰（1176），將腓特烈（Friedrich I, 1122～1190）擊潰，便是義大利雪恥的先聲。

為了賡續羅馬的統一，德義兩國反失掉自己的統一，這種歷史的諷刺，至今兩國的英雄們仍然是不會了解的。

‖九‖

中世紀後半期，塞爾柱（Seljuk）勃興，引起十字軍的戰爭，久已拋棄的地中海，又恢復了往昔腓尼基、希臘與迦太基的繁榮，當時的經濟生活，由農業轉為商業，而文化逐漸脫離了中世紀的模型。

這種新趨勢，義大利與歐洲任何國家相比，都更感到一種急迫的需要，於

是，那些樂於冒險的義大利人，開始向海外發展，構成經濟的中心。當時義大利較大的市府，取得一種特殊的地位，如威尼斯、米蘭、佛羅倫斯、熱那亞、比薩、那不勒斯等，勾心鬥角，以武力競賽，誇耀各自的富有，在 14、15 世紀，多少驚心動魄的事情排演在義大利藍天之下：威尼斯的公侯（Doge），米蘭的維斯孔蒂（Visconti）與斯福爾紮（Sforza），佛羅倫薩的麥地奇（Medici），教皇波吉亞（Borgia, 1431 ～ 1503），多少流血、陰謀、殘殺表現出他們瘋狂的情慾。在此，義大利處於急變的時期，我們所注意的有二：一、義大利過去的紀律，幾乎完全崩潰，此輩市府領袖，幾乎完全是外人，以殘酷使人畏懼，以豪華使人歆羨。他們尊崇馬基維利（Machiavelli, 1469 ～ 1527）的學術，可以為目的不擇手段，「如果諾言與自己無利或作用已失，則不必踐此諾言也」。波吉亞射殺犯人以取樂，敵人既赦，又復屠殺，當時認為是常事，即是說，如果詭詐可以強盛，詭詐亦是對的。二、個人意識之覺醒，構成文藝復興。自東羅馬滅亡（1453）後，義大利經濟上感到一種危機，他們失掉許多市場，但是古代的文化卻以另一種方式侵入西方，由好古而變為崇拜，由衛道而變為探討與批評。人文主義的代表者佩脫拉克（Francesco Petrarca, 1304 ～ 1374）膽敢批評亞里斯多德：「無疑的我承認亞氏是一個偉人，是一位學者，但是，他仍然是一個人，有不了解的東西，而且還多著哩！」中世紀特殊地敬仰這位希臘大師，藉以佐證基督教的理論，現在不肯盲從，知道他也不過是一個「人」而已。

個人意識的覺醒，是近代文化基本因素之一。義大利出了幾位文藝大師，如薄伽丘（Giovanni Boccaccio, 1313 ～ 1375），塔索（Torquato Tasso, 1544 ～ 1595），達文西（Leonardo da Vinci, 1452 ～ 1519），米開朗基羅（Michelangelo, 1475 ～ 1564），拉斐爾（Raphael, 1483 ～ 1520），但是卻沒有形成國家意識，我們竟可說義大利受了文藝復興之毒，將羅馬與基督教推重的意志與行為毒化了。假如研究義大利自 15 世紀至 19 世紀中葉的歷史，我們將看到他們所講求者，是空虛的美；他們所希圖者，是貪婪的財富；他們所爭取者，是狡猾的外交。因

此，在太平時義大利成為「歐人度蜜月的地方」，在紊亂時，它便是歐洲最重要的戰場，而這時代的文化，我們可說是一種感官的刺激，是一種外形的裝飾。

‖十‖

機械文明與法國大革命發生的大時代，義大利也曾參加過，但是，人們看它不起，嘲笑他們過於浮華、柔弱、取巧以至貪汙。然而，這些弱點還可以用政治上的原因作解釋，最不能原宥的地方，是義大利人沒有國家與民族的意識。儘管義大利富有與藝術化，研究它的人只推崇過去的偉大，20 世紀初英國人批評義大利便是一個證例。

從歐洲方面看，19 世紀是爭取政治自由與民族獨立的時代，法國 1848 年革命之火，燃燒到義大利半島，產生出大政治家加富爾（Camillo Benso Conte di Cavour, 1810 ～ 1861）。他很明白義大利怯弱的愛國心緒，他也明白義大利過去文化的遺留在意志與權威。他利用這種精神，要在那些破瓦頹垣中，建設新的義大利。他的步驟是擁護薩丁尼亞國王，推進義大利統一的工作。

從 1852 年到 1859 年，加富爾有計劃地準備著：一方面加強薩丁尼亞王國的權威，另一方面與法國締結同盟。當時義大利青年愛國分子們鵲起蜂湧，熱情的馬志尼（Giuseppe Mazzini, 1805 ～ 1872）自巴黎去信說：「我是一個共和黨人，我要第一個樹立統一的旌旗：義大利與薩丁尼亞王。」我們知道當時流行的口號是「獨立、統一、薩丁尼亞王室」。薩丁尼亞王不只是權威的象徵，而且是羅馬與基督教正統文化的代表。

加富爾明白法國的重要，他知道拿破崙三世的手中，握著未來義大利的命運，他把法國看做他的第二故鄉，他要求與拿破崙三世會面，結果在普隆比耶爾（Plombieres）小旅店中會見後（1858），加富爾得到基本的東西：軍隊。從此，薩丁尼亞王國取得馬真塔（Magenta）與索爾費里諾（Solferino）的勝利，而奧國只好退出倫巴底外。在 1861 年 3 月，第一次舉行成立義大利政府的典禮。

義大利統一了，但是它的統一卻不像英法，即趕不上時代。它的統一是外形

的。它的一隻足踏 18 世紀的觀念論內，仍然迷戀英雄式的個人主義，如加里波底（Giuseppe Garibaldi, 1807 ～ 1882）；另一隻足要踢開義大利傳統的精神，如加富爾雖擁戴一個君主，卻要說：「假如義大利實行國家外交，對內不採用社會主義是不可能的……」

義大利沒有真正統一，不是加富爾的過錯。自從 18 世紀以來，義大利永遠在分割、紊亂、屈服與侮辱中，加富爾所做，在義大利已是空前的了。在 1860 年 9 月，義大利軍隊經過教皇領地，向那不勒斯（Naples）進發時，普魯士代表抗議，加富爾說：「或許我先做一個榜樣，不久普魯士便會很幸福地來模仿。」這證明加富爾對自己工作的認知，他了解他工作的價值。可是義大利沒有真正統一，這一部分工作留給墨索里尼，同時義大利的文化走入另一種境地。

‖十一‖

整個義大利的歷史，是為統一長期的奮鬥，但是充滿了無政府的狀態，表現一種使人發暈的紊亂。德意志的統一，既沒有羅馬與基督教正統的遺傳，又沒有海陸兼有天然的地理，但是德意志的統一卻很堅固，因為它以普魯士作中心，俾斯麥開始就著重在權威與紀律上。義大利卻不然，加富爾、加里波底等皆感到統一的重要，卻沒有握住義大利民族的中心：強而有力的政府，能夠領導民眾，能夠使民眾敬重，賡續義大利傳統的精神。

從文藝復興後，義大利民族的精神上，引起一種本質的變化，即對美術陶冶的感覺變得分外敏銳。所以在他們的思想與行為上，逐漸失掉那種秩序、平衡、調和、質樸等要素，他們尋找的是刺激、好奇、徘徊、逸樂與修飾。所以，從好的方面看，個個都是天才，我們知道天才永遠是不能合作的，特別是在政治方面。從壞的方面看，個個又都是病人，我們知道病人的心緒，永遠是悲觀的。為此，義大利永遠沉淪在苦痛中，他們並不是不愛國，不了解自己的偉大，只是他們取消不了那種「不如人」的心緒，結果，各持己見，反增加義大利統一的困難。

在 19 世紀中葉，義大利深感到統一的需要，可是他沒有德國的魄力，跳出

時代以外，他們追逐著法國大革命的觀念論，建設一個自由的國家，他們自己歷史的背景卻沒有鄭重地考慮過，加富爾的失敗，可說便在這一點。他想義大利需要統一，統一後的政治自然也便上軌道了。他擁護撒丁國王，做他吸引鐵屑的磁石。他與法國交好，不只可以得到軍隊，並且要將法國整個政治神髓移轉過來。不僅如是，加富爾的時代正是浪漫主義極盛的時候，他們幻想人可給人以滿足的幸福，物質進步便是幸福的保證。他們忘掉人性基本的問題，並非像盧梭那種奇特生動的主張：生來本是善的，只是社會把人弄壞了！

　　法國大革命和浪漫主義給與義大利政治與文化的影響太大了，他們處處與義大利傳統精神對峙，產生出一種矛盾的現象：求統一而趨於崩潰，求富強而反貧弱，求自由而反束縛。我們要記住，義大利歷史上昇平的時候，也少不了兇殘專制的魔王。

1940 年 7 月

俄國革命與其文化

‖一‖

　　無論從哪一方面看，我們須承認 1917 年的俄國革命是近代歷史上最重要事實之一。它的重要性，不只是政治與社會的各項問題，此後得到一種解決的方式；也不只是複雜的國際關係，從此受到使人發暈的震盪。它的重要性，自我們幼稚的見解而言，乃是為文藝復興以來新思想帶來一個總結束。倘使將法國大革命與之相較，真有東山與泰山的差別了！為什麼？

　　俄國大革命是近三百年革命思潮的總結束。假如說文藝復興的革命著重在思想 —— 人文主義，法國革命著重在政治 —— 推倒君主，那麼俄國 1917 年的革命，除思想與政治外，最標新立異的是經濟與社會，即它的理論與事實，不只是較前者極端，而且較前者劇烈，有如西伯利亞起了的一股颶風似的。但是，我們

所要研究的並不在此。

　　當我們讀近代史時，禁不住追問：俄國革命的基本神髓，發軔於文藝復興，孕育於法國 18 世紀的思想，德人馬克思與以一種完整體系的哲學，何以空前未有的革命，不生於別的國家，而獨降臨於俄國？換言之，假如同一種革命，不發生在俄國，而發生在其他的國家，其結果又是不是必然不同？我們在這篇文章內，純粹以研究的立場，試與以一種說明，筆者識短，錯誤自多，深望識者與通人給以一種懇切的指正。

｜二｜

　　雷諾（Gonzague de Reynold, 1880～1970）教授論到俄國革命時，為共產主義下一界說：「共產主義是馬克思的觀念論與俄國民族性的混合。」假使這個解釋正確，有其成立的價值，即我們很容易看出：馬克思的觀念論是普遍的，國際的，因為它是抽象的；俄國的國民性卻是民族的，個別的，因為它是具體的。

　　民族性的構成，有很複雜的因素，巴克（Ernest Barker, 1874～1960）有精確的專論，毋庸我們贅言。但是，我們要指出，在某種意義下，一國民族性是一國文化的結晶，至少是一國文化的反映。所以，研究 1917 年俄國革命的形成，無異研究俄國文化所反映的國民性，便是說，這個問題的探討，仍然歸結到文化上。

　　歷史上能夠完成革命任務的原因，都是以民族性為基礎，發展它最高的效率；歷史上重要革命可否普遍化，那便要看民族性所含的成分而定；中國民族性內含的「情」的成分很重，如「至情」、「人情」、「交情」等，所以法國 18 世紀可以接受中國的思想；拉丁民族性內含「理」的成分很重，表現在法制與組織上，所以文藝復興與法國大革命，能夠引起近三百年各種的變更。我們不敢說這是一種定論，但是我們覺著這是一種頗有根據的意見。準此，我們對上面所提出的問題，試加一種解釋。

‖三‖

當我們讀俄國歷史時，我們覺著它的歷史很短，這是一個年輕的國家，在862年（唐咸通三年），留里克（Rurik, 835～879）由斯堪地納維亞半島來，占領俄國中部和西部，定都於諾夫哥羅德（Novgorod）；在879年（唐乾符六年），奧列格（Oleg）承繼乃兄留里克位，為通商便利起見，遷都基輔（Kiev）。繼後弗拉基米爾一世（Valadimir I, 955～1015）出，在980年（宋太宗太平興國五年），戡定內亂，奉希臘教為國教。此後蒙古侵入，失掉自由，但是俄國歷史建立起來了。

一個國家的歷史短，是很值得注意的。俄國和近代歐洲列強相比，是後起之秀，卻有不可彌補的損失。一方面，它不能與希臘羅馬文化有較深的接觸；另一方面，它少了幾乎近六百年的歷史的訓練，即是說，人生的經驗很淺，內心的紀律很脆弱。

但是，在此我們應當注意處有二：

· 因為歷史發展較遲，缺少傳統的潛勢力，其優點在不為過去積習所蔽，其缺點在徘徊，不知所從，常在選擇之中。

· 因為前述的心理狀態，俄國正像方才入世的青年，好奇，愛新，憎惡過去，幻想未來，永遠在衝動之中。唯其如此，一切較易走極端，常抱著「寧為玉碎，勿為瓦全」的態度。

這便是為何繼法國之後，俄國成了領導革命者。從俄國方面看，他們的革命成功，也許正因為是歷史短的緣故。

‖四‖

當我們研究俄國時，我們要記住這是一個「歐亞」的國家。因為地理的關係，在俄國歷史上，它受到歐亞的影響，宛如海潮一樣，不斷地起伏與進退。烏拉山脈（Oral）橫亙在無垠的曠原內，不能阻止外來的侵入，卻也沒有使俄國加入歐亞的文化生活，歐亞文化的重要交通線，沒有經過俄國境內，只有中世紀的

近代歐洲文化之研究

絲路，繞俄國南端，即是說從中亞細亞至黑海。所以，在中西交通史上，俄國雖處於中間的地位，卻沒有發生重大的影響。那時候，真正傳播東西文化者，是拜占庭，小亞細亞口岸如阿卡（Acre）、敘利亞、紅海以及西班牙。

在俄國歷史發展時，它所了解的亞洲，不是文質彬彬的中國，也不是幽深潛思的印度，乃是逐水草的匈奴民族，馳騁原野的蒙古。蒙古帶給俄國的影響很深，不只是俄國受到兩百多年的統治，嘗到暴力的兇殘，最重要的是力的憑依，而此種力不是靜的，乃是動的。

不只如此，到俄國成為一強國時，自克里米亞戰爭後，逐漸向中亞細亞發展，有四十年之久（1845～1885）始完成這種工作。關於這事，布洛赫（Ernst Bloch, 1885～1977）分析得很透徹，他說：「許多俄國人的心目中，沙皇應當是成吉思汗、帖木兒蒙古帝國侵略的承繼者，擁有中亞。」我們不論俄國向中亞的發展，我們只說蒙古給俄國人留下不可拔除的影響。

也如受到亞洲文化的影響，俄國所受歐洲的文化很淺。在彼得大帝（Pierre le Grand, 1672～1725）前，它所接觸到的歐洲文化，不是希臘與羅馬文化，也不是中世紀的基督教，乃是衰落時的東羅馬文化。由此，俄國民族性上，受到兩種影響：一種是過度的忍耐，壓抑自己接受任何的苦痛；另一種是意識的覺醒，不是國家的，而是含有神祕性的宗教的。

所以俄國介乎歐亞之間，它卻是遊離與孤獨的，一切反折到自身，形成一種戒懼，所以它有組織極機密的偵探。在另一方面，我們雖不敢說俄國是孤陋寡聞，而缺少切磋思索的機會，卻是無人否認的事實。它之成為歐亞文化交通的樞紐，那已是西伯利亞鐵路完成後的事實了。

此處，我們要附帶說一點：當俄國受蒙古統治時，他們民族原始的活力，逐漸轉為一種消極的抵抗，伊凡一世（Ivan I, 1288～1340）雖貴為國王，須任蒙古帝國徵收稅務的官吏。這是一種阿Q的美德，並無損於英雄的本色；但是我們要指出：這種精神，影響以後俄國的政治很深，能夠忍受時，一切都是「服從」，到無法忍受時，便是「暴動」。

｜五｜

我們研究俄國近代史，須要注意它的民眾的組成，百分之九十是農民。在 1857 年的統計，六千一百萬居民，卻有五千萬是農人。這些農民大半無知，卻質樸，有一種強烈「愛地」的情感。他們認土地是生存的唯一理由，生養妻兒最後的憑依，他們不肯移動，株守著祖遺的土地，也如其他國度的農民一樣，唯一的希望，便是增加自己的田產，擴大「所有權」，借此滿足他們內心的要求。

這種需要土地的情感，具有兩種不同的方式：

第一種是集體的，即是個人自覺力量薄弱，不能保衛自己的所有，須借團體的力量，始能防衛。因之他們的生活，習於團體的生活，他們的社會組織，又多是集體的組織。但是從此個人的意識，逐漸降低，沒有歐人那樣堅強；而對「人」的觀念，亦沒有歐人那樣超絕，因為歐人看人是超社會的，以有靈魂故。

第二種是遊離的。俄國地廣，到處是無盡的草原與荒原，景色永遠不變，給人一種單調的苦悶，長而無盡的深冬，深厚寂寞的冰雪，夜長，氣候很冷，沒有野外社會的集體生活，向西南走，始有較肥沃的園地。春天忽然來到，熱而短，醉人的春陽，亂歌的春鳥，處處給人一種刺激，一種懷思，感覺到生的可貴，今日的可戀，無形中需要逃脫、遠遊、戰爭、侵略，占有那繁花遍開的大地。波特萊爾《惡之華》中的一首詩，很可形容出這種心境：

在秋天微溫的晚上，
我深閉著眼睛，
吸到了你熱奶的香味，
看到幸福的海岸，延長著，
深睡在陽光遲滯照耀之中。
你的香味領我走向美妙的地方，
我看到海岸邊充滿了桅杆與風帆。

‖六‖

因為俄國的民族是新興的，又因為它受了拜占庭的文化，所以它常在幻想與做夢，由此而養成別種特質：神祕。自俄羅斯建國以來，受自然環境的支配，荒原、冰雪、奇冷與奇熱，同時又受宗教的薰陶，講求精神的價值，俄國民眾過度地發展內心生活，《罪與罰》、《前夜》、《紅字》等作品，充分表現這種彩色。所以俄國的基督教，沒有羅馬教的紀律，但是，卻有救世自任的決心，講求靈性的完美。他們自認是神聖的，他們的目的在苦痛，遇必要時，還要致命。他們相信靈魂的不滅，真正的幸福，便在自救與救人。托爾斯泰（Leo Tolstoy, 1828 ～ 1910）便是這種人物。

自 1917 年後，俄人視宗教為封建的遺留、阻止進步的核心，而實際上，只能脫去宗教的儀式，其本質依然存在的。我們說此，因為一種精神生活，不能受政治與武力的支配，幾百年來的宗教，何能斷然斬絕；次之，凡是一種宗教，必然超絕，既然超絕，必然神祕，這又是俄國民族性上所有的特點。

為此，在俄國思想的演變史上，我們看到一特質：凡由外介紹來的哲學體系、政治理論、社會思想，立刻無條件地接受，化為一種宗教，予以一種絕對的價值；他們重直覺而輕推理，他們有討論的精神，而缺少批評的態度；到思想變為行動時，立刻即擴大成一種宣傳。

從另一方面研究，俄國民族性上表現出實用的精神，也如初期的羅馬人一樣，在哲學、美術與科學之前，他們首先追求的不是真和美，而是用。格雷納德（Fernand Grenard, 1866 ～ 1942）說：「俄人探討理論，其目的乃在行動，他們著重現實，深信證明、較量與計算。由此產生出對統計的嗜好，將一切列為數目，計成百分，似乎感到一種滿足與把握。」

我們不要視神祕與實用是一種矛盾。將理想與現實配在一起，是農人的特質，誰曾見過一個真正的農人，不做幻夢哩？雞生卵，卵買豬，豬換牛……拉封丹（La Fontaine, 1621 ～ 1695）的這個寓言，並非取笑農人的貪欲，而是對農人心

理的一種解剖。所以俄國人民看自然是無盡的資源，世界是偉大的試驗室，他們對一切的態度是實利，沒有歷史的訓練，也不眷戀歷史與過去，所以他們自認是「新的」、「前進的」，正像是沙漠內新起的商旅隊。雷諾教授引用一段話，能佐證這種態度：「取消家庭與社會的關係，推翻傳統的習慣，所可留存者，只有不能為青年偉力所摧毀的東西。即是說，凡不能支持青年偉力的襲擊者，只好任之風化，因為他本身便失掉存在的意義。」

｜七｜

過去俄國接受歐洲的文化是模仿的、移植的。它很明白自己文化的落後，也明白歐洲文化的重要，更明白需要這種文化，但是，它不愛它的原因，自然有民族自尊的心理，俄國不全是歐洲國家，而最重要處，恐怕是民族性的不同，反映出對人的觀念，對社會組織的衝突。托爾斯泰的女兒遊歐時，他要她到巴黎拜謁廟堂，其目的除鑑賞藝術外，在加強她希臘教的生活。

俄國與歐洲文化發生關係時，每個階段都表現出「不遇時」，幾乎是命定的悲劇。俄國接受基督教，是從拜占庭的手中轉過去的，它含有希臘文化崩潰時的成分，失掉本質，而著重在玄妙的探討與枝節的理論。東羅馬既未予以健全的文化，反而阻礙它與拉丁文化接近，結果使俄國孤獨，由此而與人類社會隔離得更遠。

一個民族是不能孤立的。在東方，俄國人只感覺到蒙古人的苦痛；因地理關係，俄國不得不向西南與西北發展，俄國和歐洲接觸，是從伊凡三世（Ivan III，1462～1505）開始的。這是一個善於應付環境的國王，虔誠與狡詐是他整個歷史的說明。莫爾達維亞（Moldovei）大公說：「伊凡是一個怪人，他常住在家內，卻能戰勝他的敵人；而我呢，每天過著馬上的生活，卻不能保護自己的土地。」

伊凡三世一生的工作，我們可歸納到這三點：

- 統一俄羅斯，取得諾夫哥羅德（Novgorod）、特維爾（Tver）及索日河（Sozh）以東之地。
- 推翻蒙古的統治（1480），毀滅薩萊城（Sarai）（1502）。
- 傾向歐洲。

伊凡三世的親歐政策，很受他皇后蘇菲亞（Sophia Paleologue, 1455 ～ 1503）的影響，這是末代東羅馬帝國皇帝的姪女，長在羅馬，曾經呼吸了文藝復興初期的空氣。她聰明，善應付環境，能了解文學與美術的價值，特別是技術的應用。所以，她到俄國時，帶去一群義大利人和希臘人，那裡邊有學者、工程師、軍火匠⋯⋯帶給俄國嶄新的局面。

因為俄國的歷史雖短，而徘徊的時間卻長。從此後，俄國的政治有一種新的動向，即自認是東羅馬帝國的承繼者。他們取巴列奧略（Palaiologos）的雙頭鷹作為俄國王室的徽章，並非是偶然。其次，俄國的精神，亦有一種新的轉機，當他們看到巍峨的教堂，壯麗的王宮，就明白了科學的重要，這時候，雖是一種接觸，但是卻為 18 世紀的彼得大帝開了一條坦闊的道路。

‖八‖

因為要整個歐化，因為要在波羅的海與黑海開兩個窗戶，彼得大帝（Peter I, 1682 ～ 1725）憑著他旅歐的經驗和戰敗查理十二的功績，要將這半東方的俄羅斯，立於歐洲列強之林。他成功，但並非俄國真正的幸福。

彼得大帝確是一個天才的領袖，但是他的天才中含有一種蠻性，過度的自信，過度的求速，正好像俄國整個的歷史，要他一個人來完結。他的儀表非常莊嚴，聖西門（Saint-Simon, 1675 ～ 1755）1717 年會見他後，為我們留下精確的記述：「身體很高大，長得很漂亮，稍微瘦一點；臉圓，額寬，美的眉毛，鼻微低，但低得合度，唇厚，臉棕色，黑而美的眼睛，生動，放出強烈的光芒；當他留心的時候，他表現莊嚴與溫和的氣概，否則非常可怕與兇猛⋯⋯」

彼得大帝不只有健強的體格，還有堅強的意志，不怕困難，不休息，永遠無

晝夜地工作。這些都是構成他偉大事業的條件，但是最足稱讚的——似乎很少人提到——是他敏銳的直覺，能夠把握住俄國人民的靈魂。他明白俄國民族受了蒙古影響後，其特質乃在他們的流動性與團結力。但是，這種流動性，假如沒有確定的中心或堅強的組織來維繫，其結果必成為民族的一種弱點。蒙古帝國的崩潰，原因雖多，而這實是主要原因之一。反之，假如有一集權的勢力，其性質又固定，組織成一種機動的軍隊，不只可以統治此種游牧民族，而且可以擴展領地，蒙古帝國的成功如此，俄國又何能例外？我們知道在火車未運用之前，俄國侵略最有效的方法，即在哥薩克（Cossacks）流動性的軍隊。

但是，除了驚讚彼得大帝豐功偉績，我們要注意他歐化的時期正是歐洲文化起了本質變化的 18 世紀，便是說機械與組織。俄國模仿瑞典的政治，採取德國的軍制，建立許多專門學校，培植技術人才，彼得大帝做了表面上應做的事，而俄國的精神卻依然沒有革新。當時法國駐俄大使筆記中說：「俄國的改革，僅只學到歐洲文化的那層表皮，揭去那層表皮，俄國的精神、情感與性格仍然與從前一樣……」

沒有顧慮到固有文化的重要，這不是彼得大帝的錯過，因為 18 世紀的思想家，對過去採取一種譏笑的態度，彼得大帝受了這種暗示，不自覺地跟著走；次之，當時經濟擴大範圍，各國爭奪殖民地與市場，彼得大帝夢想意外的繁榮與致富，全力交集在知識上，那時的哲人們視知識是人最後的目的，本身便具有特殊的價值，所以他們看研究過去與精神探討，都是一種奢侈與多餘；最後，凡是改革者，都走極端，他們的思想與行動上，拒絕調和、折衷的精神。

‖九‖

在 1547 年，伊凡四世（Ivan IV, 1530～1584）開始有沙皇的尊稱，這在俄國歷史上是一件很重要的事實。從此俄國實行專制制度，一直至尼古拉二世（Nicholas II, 1868～1918）。伊凡四世是迷信武力的，他組織起機密院，他取消了「人民土地私有權」，真有點視人民如草芥，所以人送他一個綽號：恐怖伊

凡（Ivan the Terrible）。繼後彼得大帝用武力強迫歐化，開創辦公制度，以國家名義，便可執行一切，人民不得參預政治，也沒有法律的保障。

這種沙皇的專制，產生了極壞的影響，在個人意識覺醒的時候，俄國人民反走向奴化的道路，他們沒有意志，要習於貧窮，忍受淫威。一切新生的力量，轉向內部隱藏，發生憎恨。到了人民不能忍受時，立刻便演成一種急變與暴動。

其次，因為沙皇自視崇高，有如飛在高空、不辨大地，結果沙皇與民眾關係疏離，自己孤立起來。俄國原就孤立，而政治元首又在孤立中孤立，社會為何不產生急變而加速它的崩潰呢？格雷納德看得非常深刻：「沙皇統治著無限的空虛，只有用他自己來填補。」

沙皇制是一種靜的體制，在太平時候，它所有的只是衙門、軍隊與員警。在世界急轉驟變的時候，它不能應付環境，又何況俄國流動的民族性，而農民沒有得到最低的要求：土地權。我們要記住：

俄國歷史上最棘手與最重要的問題是土地問題。亞歷山大二世（Alexander II, 1818 ～ 1881）看到這個問題的嚴重性，結果仍只得出片面的解決方法。

事實非常明顯，彼得大帝改革俄國時，將歷史截為兩段，精神與物質逐漸失掉了平衡。許多人稱讚俄國的繁榮，優裕的生活，然而它反增加了內部的矛盾，中產階級的消逝。彼得大帝種下革命的因素，其繼承者更無特殊能力，不了解人民的需要，而只想追逐歐洲的列強，那時候俄國最羨慕法國，它的人民期待著法國大革命的成功。因為他們也在反抗保守與傳統的暴力，憧憬著一種新的理想。拉季舍夫（Alexander Radishchev, 1749 ～ 1802）刊行的《從聖彼得堡到莫斯科的遊記》（1790）中，處處讚揚法國的思想，法國的自由，以及聯邦政治。

‖十‖

近代俄國史是一部革命史，其複雜遠在人們想像以外。文藝復興以後的新思潮，俄國不加考慮地接受了。新思想是一支箭，俄國是一隻弓，箭在弦上，大有一觸即發之勢。所以那種動人的變更，一幕一幕排演在面前，一直到 1917 年。

現在，我們試以一種簡略的總結，藉此知道這種根本的改變並非偶然的。

拿破崙的對手亞歷山大一世（Alexander I, 1777 ～ 1825）自認是共和黨，他主張的立憲與擁護的自由，都是很脆弱的。

1825 年軍隊的暴動，完全抄襲法國過激黨的故智。

尼古拉一世對政治上起了某種反感，在位三十年（1825 ～ 1855），一切措施，都是反歐洲的。他要保衛「神聖的俄國」，將之與歐洲隔離而孤獨起來。

便在此時，受浪漫主義的影響與推移，俄國文學上放開豔麗的奇花。這些花開在嚴寒的北國，也開在每個俄國人民的心上，悲觀、陰暗、沉悶，表現斯拉夫民族特有的個性，他們眷戀國土，他們同情苦人，而間接便暴露俄國當時的虐政。如果戈理（Nikolai Gogol, 1809 ～ 1852）的《死魂靈》（1842），杜斯妥也夫斯基（Fyodor Dostoevsky, 1821 ～ 1881）的《窮人》（1845），屠格涅夫（Ivan Turgenev, 1818 ～ 1883）的《獵人筆記》（1852）。

這時，法國的社會主義、德國的哲學思潮逐漸被引介進俄國，俄國民族意識覺醒，轉成一種革命的潛力，產生祕密結社。於是提出一種新的口號：「到民間去。」這些革命分子，深知民眾的重要，沒有民眾，便是沒有武器，因為一切最後的目的是為了民眾的。更進一步，他們提出具體的口號：「土地與自由。」

亞歷山大二世即位後，較前開明，赫爾岑（Alexander Herzen, 1812 ～ 1870）給他一封公開信說：「……你身上沒有一點血跡，你心上沒有一點悔痛，我們期待著你的人心……你要把土地還給農民，因為土地是屬於他們的……你要把奴隸的恥辱，洗刷乾淨……」於是解放農奴，在 1861 年 2 月 19 日下詔，其要點有三：一、農奴取得國民資格，隸於政府；二、農奴所用的房屋與器具，歸農奴享有；三、給農奴土地，使他們可以維持生活。當時農奴有句流行的話：「陛下，我們的脊背是屬於你的，而土地卻是屬於我們的。」

第二次「土地與自由」的結社（1876），虛無黨與恐怖黨出現。

巴枯寧（Mikhaïl Bakounine, 1814 ～ 1876）在 1873 與 1874 之間，加強了「到民間去」的口號，這時候由政治革命轉為社會革命。

　　這是一驚心動魄的時代，參加革命者瘋狂似的捲來，在 1878 年 2 月，一位貴族女子查蘇利奇（Vera Zasulich, 1849 ～ 1919）暗殺特雷波夫將軍（Fyodor Trepov, 1809 ～ 1889），引起歐洲人士的同情，與革命黨一種新的力量。

　　從此後，革命勢力蔓延，急傾直下：亞歷山大二世被暗殺（1881）、亞歷山大三世（Alexander III, 1845 ～ 1894）即位後的高壓政策、馬克思學術的影響、工人解放同盟（1895）、列寧出現、倫敦會議（1903）、日俄戰爭後的革命、第一次世界大戰、俄國大革命（1917）。

‖十一‖

　　1917 年，從 3 月至 11 月的期間，俄國經過各種階段的革命，由資產階級民主革命到社會主義革命。即是說由李沃夫（Georgy Lvov, 1861 ～ 1925）到克倫斯基（Alexander Kerensky, 1881 ～ 1970），由克倫斯基到列寧。

　　列寧是一位天才的領導者，他能把握住俄國問題的核心，完結這種將近百年的紊亂，獨樹一幟，予新舊一種清算。他明白俄國人民所求者是和平與土地，如果人民達到目的，至少人民便站在中立同情的地位，正像法國大革命時一樣。

　　不僅如是，列寧所以成功的原因，乃在大膽與方法，因之，以極少的人數，能夠統治廣大的土地。一方面，他們握住國家生命的中心，如工業區、交通線；另一方面滿足人民火急的要求：和平與土地。

　　許多人評論，俄國是一個農業國家，樹立馬克思的制度，是一種矛盾，因為馬克思所論到的是普羅階級，而不是農民，農民最基本的要求，是土地所有權。列寧是一位實際行動者，他非常謹慎，同時又很現實，雖把所有權取消，卻給農民土地耕種。

　　俄國接受了這種新的政治，現代史上樹立起新的姿態。

‖十二‖

我們的結論如次：

- 俄國大革命，自思想言，它結束了文藝復興；自政治言，它是法國大革命的尾聲，它是近三百年來的總結束。
- 1917 年革命，自理論言，含有國際性，以馬克思的觀念論故；自事實言，它是國家的，它解決了俄國急切的需要，他表現出俄國的國民性：組織、武力、機動、技術、宣傳。
- 俄國歷史，特別是從彼得大帝以後，有兩種暗潮爭鬥，拒歐與親歐，這次革命是拒歐潮流的勝利。
- 這次革命是反資本主義的。

總之，俄國需要如此，便形成此種史實，以此回答我們開始所提出的問題。

═══ 英國文化之特質 ═══

‖一‖

這次歐戰發生後，希特勒閃電式的做法，橫掃了多少國家！只有英國，仍在那兒防禦與抵抗。無論戰爭的意義如何，無論將來的結果如何，這種特立獨行、不屈不撓的精神，是當為人驚讚的。

我們驚讚它，因為它像海濱孤立的一座燈塔。

燈塔是偉大的孤獨者，在萬物深睡後，它始出來，不怕風雨襲擊，鼓起大無畏的精神，不斷地在黑暗內創造光明，在危險中尋找安全。

我們這種說法是想形容英國奮鬥的精神，這種精神來自久遠歷史的訓練，亦即英國文化的結晶。在歐洲的國家中，英國是最難了解的，中世紀的人咒罵他，說它是個野蠻的國家；18 世紀的人讚美它，說它又是自由的象徵。英國成了一

個啞謎，現在仍是毀譽相半，好像它的位置是在別個星體上的。

西方人每論到東方時，當以神祕來形容，東方人論到西方時，又何嘗不以神祕作解釋呢？筆者學識有限，試想揭去這層神祕衣服，針對英國文化與民族性進行粗略的說明，可是我們要記住：英國人是最難了解的。

‖二‖

英國難以被了解的原因，首先是它那種社會化的個人主義，表現出種種矛盾與衝突。自個人教育言，英人著重在個性的發展，每個「我」內，含有強烈的戰鬥性，自主、不退讓，達到統治其他的目的；自社會教育言，他們啟發合作的精神，使企業有強大的組織，每個人都有為團體犧牲的決心。

此處我們所提及的個人主義，不是一種自私自利，如法國哲人帕斯卡（Blaise Pascal, 1623 ～ 1662）所恨的 —— 帕斯卡說：「我是可憎恨的。」——英國的個人主義是自我飽和的發展，依據意志的強力，訓練成責任的情感。這種特質，沒有屏絕人性內所含的社會性，但是它像倫敦的濃霧，將社會性整個地籠罩住了。

愛默生（Ralph Emerson, 1803 ～ 1882）說：「與一個英國人旅行，我們以為他是聾子，他不和你握手，他不注視你，每個英國人正像是一座孤島。」愛默生的話，並非是一種侮辱或刻薄，我們知道羅素（John Russell, 1st Earl Russell, 1792 ～ 1878）與皮爾（Sir Robert Peel, 2nd Baronet, 1788 ～ 1850）在下院共事多年，而兩人從無私人來往。蒲特米（Émile Boutmy, 1835 ～ 1906）認這種現象，是膽怯與冷漠的混合。此說自有其成立的理由，但最重要處，恐怕是受了島嶼的影響，養成一種孤獨的癖性。

不列顛孤立海外，帶給英國民族精神上一種很重要的影響，這種孤獨的地形，我們可看出兩種作用：一方面，英國民族同化得很快，產生出民族共同的典型；另一方面，因為渡海交通的困難，缺少與其他民族接觸的機會，不易混雜，減少了社會性。卡萊爾（Thomas Carlyle, 1795 ～ 1881）說：「英國人是些啞子。」

這種說法雖未免過分，卻含有幾分真理。

我們沒有精確的記載，說明健康的諾地（Nordic）人如何來至三島，與其他民族發生何種關係，但是，自凱撒（Julius Caesar, B. C. 100 ～ B. C. 44）兩次渡海後（最後一次在西元前 54 年），不列顛與世界正式發生關係，受到羅馬文化的影響。羅馬人去後，文化的潛力猶存，卻非常脆弱，有如空中遨遊的紙鳶。證據是在查理曼時代，英國與大陸的關係，完全係商業的。當時英商沒有商業道德，既要走私，又要摻假，這位大帝不得已須訴諸武力。

這種孤獨，始終未使英國與其他國家建立起正常的關係，自 1066 年，諾曼人侵入英土後，我們看到滋養成英法長久的鬥爭，到 15 世紀，軍旅司令紀錄內，猶稱：「英國為北海之星，本該轉運貨物，以有易無，誰知卻剽劫商船，使各國不得寧靜。」

‖三‖

英國海岸線甚長，孤立海中，或為一種天然的屏障，外敵難以襲擊，在法國戰敗後，英國政治領袖說：希特勒要遇到空前的強敵：海。

英國的歷史，整個受海的支配，自亨利八世（Henry VIII, 1491 ～ 1547）後，英人轉移意志到海上，那時候普遍的要求，是向海上發展，巴克（Barker）說：「英之向海上發展，乃其意向所及，非命中注定的。」當英國取得制海權後，三島便高枕無憂了。

其次，費爾格里夫（James Fairgrieve, 1870 ～ 1953）指出潮汐對於英國的影響，自漢堡至比斯開灣沿岸潮汐漲落，每日兩次，洗去河口的沉澱。終年四季，可以繞船舶最難通行處，出入於海，有自曠海入河口的利益，貨物因此而深入內地，特別是在中世紀。

海與海岸線帶給英國兩種重要的影響：一、英國受海的保護，對外敵戒懼較少，不必每日提心吊膽，有如近代的德法，因而它可用所有的力量，注視內部，使全島統一，政治集中，成為歐洲第一個中央集權的國家；二、交通便利，

逐漸使商業繁榮，英商可自海外取得財富，由是而更增加海上的發展，雷利（Sir Walter Raleigh, 1552 ～ 1618）與德瑞克（Sir Francis Drake, 1540 ～ 1596）都是海上的英雄。1558 年，西班牙的無敵艦隊（Armada Invencible）毀在伊麗莎白女皇（Elizabeth I, 1533 ～ 1603）的素手中時，一世紀後，英國便開始掠取大洋的霸權。

不僅如此，繼孟德斯鳩之後，泰納（Hippolyte Taine, 1828 ～ 1893）在他的《英國文學史》中，也指出英人愛好自由，係受了海的影響，正如同希臘似的。

「自由人是愛海的」，波特萊爾已在他不朽的詩中讚美過；並且有人解釋雪萊（Percy Bysshe Shelley, 1792 ～ 1822）詩的音韻，宛若大海的波濤，我們知道這是一位自由主義者，他曾證明上帝的不存在，他曾陶醉過高德文（William Godwin, 1756 ～ 1836）的社會理論。但是，我們不能據此便下整個絕對的肯定。

為什麼？第一，英國的自由制度，確是來自個人主義，這並不減少它的光榮，這只是一種保障個人與團體的利益，而非憧憬自由的理想，或重視自由的價值。在歐洲，英國是第一個反抗君主的國家，1215 年的《大憲章》六十三條，大半又是為了商業的繁榮，反對任意的徵稅。

第二，英國要維持大陸的均衡，不願有永久的同盟，因為，它的目的是商業的自由，它最忌世界的統治權落在一人的手中，所以，它所持的態度，是模棱，是反覆，是變更，因此，英國傳統的外交政策是「沒有百世的朋友，也沒有百世的仇人」。菲力浦二世（Philip II, 1527 ～ 1598）、拿破崙一世（Napoléon Bonaparte, 1769 ～ 1821）、威廉二世（Wilhelm II, 1859 ～ 1941）、希特勒都曾領教過英國的這種自由風氣。

我們所以提此之故，因為島國人民傾向自由，無意識中受到海的影響，但是不能視為絕對的，柏拉圖曾說過：「海可養成商人，海可養成雙重人格與虛偽的性情。」我們也只能以「可養成」作解釋，不能視之為必然的作用。

｜四｜

希臘古代的地理學家斯特拉波（Strabo, B. C. 63～24），論到英國的氣候時說：「不列顛的氣候，雨多雪少，空中滿布了濃霧，每日所見的日光，僅三四小時而已。」古今論英國民族性者，都重視氣候的因素。

潮溼、寒冷、銀灰色的天，常使感覺麻痺，增加了北國人民的憂悶。中世紀編年史家傅華薩（Jean Froissart, 1337～1405）論到古薩克遜人時說：「按照他們的習慣，薩克遜人很悲哀地遊戲。」不只古時如此，彭因（Bain）論到英人時，也說：「便是英人的歡慰中，也含有說不出的悲哀。」

這種氣候的影響，使英人向內心發展，沒有拉丁民族眷戀美景的狂熱，但也不像德人那樣悲觀。英國產不出享樂的愛比克泰德（Epictetus, 55～135），卻也產生不出苦悶的叔本華（Arthur Schopenhauer, 1788～1860），因為英國的民族，以應用為主，基建在行為上。

英國的氣候是一種長久刺激。這種刺激的反應，表現出兩種作用：一、感覺與想像受了這種氣候的訓練，神經變得遲緩，感受性亦失掉敏銳的強度。飄渺的玄想，幻變的美夢，在英人視之，都是一種多餘，一種病態，將拜倫與拉馬丁的詩相較，便知英法感覺的不同。二、從另一方面看，英國人特別培植生活力，野外的遊戲，孤獨的旅行，都是增強魄力，俾應付現實的困難。他們不願沉醉在自然的懷內，卻也不願詛咒人生的苦痛，他們的目的，在生活的舒適，養成一種工作的習慣、儲蓄的美德、持久的恆心。

為此，亨廷頓（Ellsworth Huntington, 1876～1947）教授論到英國氣候與文化關係時，結論認為，「英國的氣候雖為英人所憎恨，然實為最良好的氣候，對身體有益，刺激精力，鼓勵工作」。

更進一步，雖然英國的大霧矇蔽了現實，使線條與色調減少了亮點，卻養成一種行為，要思想與行動都著落在地上，他們對一切的要求交集在準確與現實，即是說不存僥倖的心理，事事反求諸身，從此予生活以意義，並且得一種樂觀與

滿足，在此「好」與「用」是沒有分別的，正等於英國的個人主義，不排除社會性似的。

次之，英國氣候變化不定，巴克認為激起帶有笑容的憤怒，此種憤怒是善意的。我們無法批評這種解釋的價值，但英人善於忍受憂鬱的煩惱（Spleen），卻是為人所公認的。這不是怯弱，這是一種柔性的抵抗，福伊雷（Alfred Fouillée, 1838～1912）論到英人的性格時，說：「通常英人是沉靜的，並且含有幾分遲鈍；但是，既到激動後，英人的情慾有特殊的力量。」

｜五｜

英國人有創造的趣味，有斯堪地納人的冒險，但他們卻受了日耳曼的意志說，一切著重在行動上，時時追求實現。英國人並不重視含有抽象性的理論，因為他們視理論是事實的開始。當抽象的理論不能實現，其錯過由於理論的不健全，而含有神祕性故，伯克（Burke, 1729～1797）說：「我憎惡抽象，一直到這個字的音調。」

當英人講求事實時，他的方法是以嚴肅的態度，集中注意力，冷靜的觀察，精密的分析，要見微知著——培根（Francis Bacon, 1st Viscount St Alban, 1561～1626）便是如此。這種態度，來自英人的實用主義，因為他們不相信抽象的真理，便是說，真理由現實啟露出來的。

從這種觀點出發，英人所重的是意志，形成一種特立獨行的性格，因而強力、持久、計劃、自信、不妥協等變為倫理的標準，雨果（Victor Hugo, 1802～1885）詠歌海員時，稱其具有「銀灰色的意志」，這句話很可做英國文化史的別名。

意志的對像是善，它的價值是在行為，英人在孤獨的島上，冷酷的氣候中，原只將意志視為一種方法，以求衛護生存，結果意志變為一種目的，正像那裡邊藏有深厚的幸福。丁尼生（Alfred Tennyson, 1st Baron Tennyson, 1809～1892）說：「借意志的力量，要努力、探討、搜求與絕不讓步。」

意志發展的結果，便成了「我」的崇拜，「我」非常有力，非常嚴肅，既不像尼采的超人，因為尼采視人是萬能的；也不像巴雷斯（Maurice Barrès, 1862 ～ 1923）的衝動，因為亞羅兩省淪陷後，「我」成了逋逃的地方。英人講的「我」，如白朗寧（Robert Browning, 1812 ～ 1889）的「騎像與雕像」，乃是在譴責理想與現實不能調和，即是說：「我」是宇宙的縮影，而這個縮影是實有的。

從這種精神出發，英人愛動，到處要觀察，要訪問，其目的乃在實利。為此，他們能建立日不落的帝國。我們知道愈動愈想動，盈餘愈多，愈想求實利，結果產生出一種無盡的欲望，永無止境的開拓。

英國典型的人物，乃是忍受苦痛，不能玩弄人生，所以他們人生的原則，乃是利物濟人，而這個人內，人己並存，遇必要時，先己而後人的。從好的方面看，意志的奮鬥，養成冷若冰霜的態度，權利與義務，劃分得非常清楚，所謂紳士的作風，處處表現相敬；從壞的方面看，形成一種自私與驕傲，多少人曾經指責過英人的這種缺點。孟德斯鳩說：「法國人不能在英國交到一個朋友，因為英人不能互相自愛，如何能愛外國人呢？」哲人彌爾（John Stuart Mill, 1806 ～ 1873）論到他同國人時也說：「每個英人的做法，正像戒懼仇人似的。」

‖六‖

康得（Immanuel Kant, 1724 ～ 1804）論到英國人時，曾說：「英人缺少法人社會性的優點。」英人不善社交，卻能合作，這種精神不是來自情感，而是來自需要，因為他們明白團體的力量與合作的利益。福伊雷解釋英國家庭時，指出親屬關係較為疏遠，而真正的朋友，乃是自己自由選擇出來的。

團體不得摧毀個性，集體要保證各自的利益，這是英國政治演變的脈絡。自從諾曼人渡海峽後，我們看到爭取自由的方式，乃是城市與王室的鬥爭，鬥爭的結果，須具體寫出，成為一種不可變更的契約，便是在玫瑰戰爭時，雖為內戰，實以商業利益為主因，帝王的權威是無足輕重的。為此，英國王室世系，只要保障臣屬的利益，其來歷可以不問，我看到諾曼、安茹（Angevin）、蘭卡斯

特（Lancastre）、都鐸（Tudor）、斯圖亞特（Stuart）、奧蘭治（Orange）、漢諾威（Hanovre），正像是古廟內的那些羅漢，只要能賜福，便可予以祀禮的。

這在法律方面，表現得分外明白。在 15 世紀時，英國法學家福特斯丘（Sir John Fortescue, 1394 ～ 1479）將英國法與羅馬法對峙，前者著重集體的意志，尊重個人；後者以帝王為歸宿，犧牲個人。英國的法理，特別看重經濟，很少有自然法，而幾乎都是法則。所以，政府如欲犧牲個人利益，便要阻礙進步，不能進步，便不能繁榮，因而他們需要自由的政治，縱使他們非常敬重英皇。

從精神生活方面看，新教的勝利，表現出個人意識的覺醒，亦即英人爭取自由的成功。英國民族習於內心的反省，精神上帶著憂悶與黯淡，深感到事物的虛幻，而想藉著客觀的律例，進入另一個世界，所以英國人的宗教情感特別發達，卻是別具一種風格。這在莫爾（Thomas More, 1478 ～ 1535）與紐曼（Newman）的作品中，可得到證明。德國的宗教情感，很容易流為空泛的神祕；法國的宗教情感，又多衝動的好惡；唯獨英國，著重倫理的成分，按照各自內心的需要，個人直接來同上帝對話。

假如我們說得更具體一點，英國人的宗教精神，也如其他一樣，是一種維持個人與社會必需的工具，它的價值在應用：一方面它保存舊教的儀式，另一方面採納新教的理論，英國的宗教是新舊教之間的連接線，它們需要集體的生活，但是在這個集體內須尊重個人的獨立與自由。為此，德人批評英人說：「每個英人可做無神論者，但必須有一個無神論的教會。」丁尼生說：

……在朋友與仇人前面，

這塊地方上，每個人可說自己的心意。

‖七‖

勒龐（Gustave Le Bon, 1841 ～ 1931）將英人比諸羅馬人是非常正確的，不只是他們愛好現實，不只是尊重政府的組織，最相似處，乃是這兩個民族有共同的精神：相信自己的實力與偉大。泰納深深了解英國，他說：「在英人的心目

中，只有他們的文化是合理的，別的宗教與倫理都是錯誤的。」

　　假如我們從歷史方面看，英國史是一部「生存競爭」的歷史，這種奮鬥是英人的活力，每個英人的意識上，深刻著兩種概念：自己是最個人化的，自己的國家也是最個人化的。所以，在英國利益發生問題時，內部的矛盾即刻取消，團結為一，準備做任何犧牲，因而倫理的原則，也只歸納為一：英國利益為上。福伊雷論到此時，他說：「在政治上，沒有一個民族比英人更冷酷、有方法、更頑強的，沒有一個民族比英國更輕視情感的。」

　　在 13 世紀前，英國人過著一種粗野的生活，土匪、姦淫、賭博、酒醉等缺點，英國一樣具備，為何在短的期間內，他們會搖身一變與前不同哩？

　　解釋這個問題的因素很多，歸納回來，仍然是一個文化的轉變，即是說由農業文化轉為商業文化。英法百年戰爭（1337 ～ 1453）共經一百一十六年，雖有六十一年的休戰，而兩國人民仍然過著戰爭的生活。這種空前的長期戰爭，不能僅視為爭奪法國的王位，它的動力，繼十字軍之後，是在中古世紀農業文化的總崩潰，那種采邑制度、家族主義、保守與儲蓄的習慣，都是構成農業文化的基調，於今一變為自由市府、個人主義、契約與信用了。貞德（Jeanne d'Arc, 1412 ～ 1431）之死（1431），在法國是國家意識的覺醒；在英國卻是拋棄了大陸政策，轉向海洋方面去了。換句話說，從整個英國歷史看，貞德之死是由農業文化轉入商業文化的劃分線。

　　英國文化的轉變，起於百年戰爭之末，形成於伊麗莎白時代，到 18 世紀，英國的商業文化取得絕對的勝利，所以，雷諾教授說：「一直到 18 世紀，英國是一個農業國家。」巴克也說：「在此大轉變以前（指 1760 年），英格蘭尚為一農業國家，耕種五穀，養羊產毛……及至伊麗莎白時代，英國於農業與游牧之外，新增三種其他職業：紡織、漁業與海外貿易……」

　　從這一方面看，英國人保守與自由，個人與團體，冒險與穩重，種種矛盾的地方，除地理與環境外，這種由農業文化轉為商業文化實是一重大的原因。

‖八‖

國家意識、自由主義是近代文化的特徵，由此而產生社會與經濟革命，英國是最先發動的。

當英國還在農業時代，其資源是穀類與綿羊。這種含有詩意的動物 —— 羅傑斯（Thorold Rogers, 1823～1890）稱之為「英國農業的基礎」 —— 便成了英國工業發展的原動力。到伊麗莎白時代，海軍與殖民地的突飛猛進，利用荷蘭沒落的時機，擊碎了西班牙與法蘭西的實力，英國不只是海上的霸王，而且執經濟的牛耳，那時候較大的銀行已經粗具雛形了。

商人、工業界、銀行構成英國社會的基礎，今後英國的政治便在這些資產階級領導下演變。在法國大革命前，英國已實行過它的革命，第一次是克倫威爾（Cromwell）的共和（1642），第二次是奧蘭治的君主立憲（1688），從此後，英皇的意志不是絕對的。英國這兩次艱辛的奮鬥，價值非常重大：一方面要保障內部的統一，能夠領導作戰；另一方面可以衛護自由，使生活日趨「繁榮」。這種深遠眼光，來自英人實事求是的精神，他們絕不肯沉淪在抽象的理論內，忽視了當前的利益，這也便是為什麼兩次革命後，君主仍然屹立不動。

到 1760 年時，因為增加生產效率，開始發明機械，最可注意的，起始的發明者，並非學者與教授，而是些無名的工人，正如曼圖（Paul Mantoux, 1877～1956）所說：「英國工業革命，乃是將一個實際問題，利用自然的聰明、老練的習慣以及工業的需要所構成的。」

這種變更的結果，其重大出乎人意料以外，只就曼徹斯特一城言，在 13 世紀只是一個村莊；繼成為棉花的中心，在 1790 年已有五萬居民；又過十一年（1801），忽然便增到九萬五千，幾乎增加了一半。以後的繁榮，更使人不可想像，在 1897 年 6 月，維多利亞（Queen Victoria, 1819～1901）舉行六十週年即位大慶，許多統計證明女皇即位後的繁榮，在 1836 年國家的收入約五千兩百五十萬金鎊，至 1896 年，已增至一萬一千兩百萬金鎊。這種特殊繁榮的結

果，必然引到農村破產、工人失業的地步，英國成了社會主義的發祥地，並不是沒有理由的，但我們所要研究的不在此。

英國所以能維持他們的繁榮，在於他們辨別現實、善計算與他們積蓄的能力。納爾遜（Vice Admiral Horatio Nelson, 1st Viscount Nelson, 1758 ～ 1805）說：「沒有錢財是我不能原諒的罪惡。」史密斯（Sydney Smith, 1771 ～ 1845）也說：「英國最憎惡的是貧窮。」這種批評，觸目皆是，遠在四百年前佛脫斯古便說：「假如一個窮英國人，看到你的錢財，可以用武力取得，他一定會搶奪過來的。」

‖九‖

孤獨存在仙境內的魔術箱，
在險惡大海的浪花上揭開了。

英國的這兩句詩，很可為它的海軍史的題籤。從克倫威爾頒布《航海條例》後，英國商務向外發展，遂與大陸各強國衝突，時而法荷聯盟抗英，時而英荷同盟拒法，到 18 世紀後半葉，英國已握有海上霸權。

為什麼英國會建立龐大的海軍呢？我們只看費爾格里夫的解釋，便知不是偶然的。「不列顛之海軍，不獨有一種海軍歷史的傳統，且有在海上運用及節省能力的傳統，英國人所學得之海上戰術，較它任何敵人所得者為多……在 1653 年之六十年間，在該時存在狀況之下，產生新海戰原則，凡使用其戰鬥力最為經濟者，勝利即歸為所有」。

又，「在美國獨立之戰中，當法國進攻英國時，英之艦隊，出於習慣，仍選順風站，而法國則反是。此種可以作為特徵之行動，其差別並非偶然的：一部分為過去經驗之結果：英之海上居民，比較熟諳海戰及海戰之原理……就軍事之意言，海面並無陣地（Position）。不列顛之海上居民有豐富之經驗，已知悉此一事實。結果彼等出於自覺與不自覺，深知最好之防守即為進攻；攻擊的對象，不在敵人海岸，而在於無論何處發現之敵人艦隊，因唯有憑藉艦隊，始得攻擊。彼等深知，開始所使用之能力愈多，則最後所節省之能力亦愈甚……」

費氏解釋英國的海軍特點，每字每句含義甚深，這便是為何它能維持日不落的領土，操縱世界的經濟。近代英國的文化是商業的，它的戰爭，又都是由商業而起，戰爭既起，又繁榮了商業。

自我們農業國家看，這自然是可惋惜的，但是，在現代機械文化發展下，商業已成了戰爭的別名，為什麼英國不將它的龐大的盈餘去擴充它的海軍呢？

‖十‖

海軍是英國的命脈，如果希特勒不擊破英國的海軍，一切是徒然的，我們試舉歷史上的一個證例。

從奧什（Lazare Hoche, 1768～1797）死後（1797年9月），拿破崙親任征英總司令，利用義大利被侵後的新局面，先渡海征埃及。征埃及的策略，不是拿氏發明，哲人萊布尼茲（Gottfried Wilhelm Leibniz, 1646～1716）早已向路易十四提出，借此斷絕英印的聯絡，正像將一條長蛇斬為兩段。

拿破崙是很重視這個計畫的。他向他的摯友布利納（Baurienne）說：「現在，任何人沒有這樣博大的計畫，需要我來塑造一個榜樣。……我明白，假如停下，即我的威嚴不久便消逝，……這個小小的歐洲，做不出大的事業，要到東方去，偉大的光榮都是從東方來的……」

從1797到1811，拿破崙永遠在那兒幻想與做夢。

帶著兩員猛將 —— 克萊貝爾（Jean-Baptiste Kléber, 1753～1800）與狄賽（Louis Charles Antoine Desaix, 1768～1800） —— 於1798年5月19日，拿破崙由土倫（Toulon）出發，當時人們說：「這是往樂園去的。」節節勝利，正像風捲殘雲似的。

直至是年8月1日，法海軍逃脫搜尋，納爾遜帶領一艦隊，相遇於阿布基爾灣（Aboukir Bay），於兩小時內，即將法國海軍全部殲滅，將拿破崙的計畫摧毀，困居在埃及。

拿破崙畢竟是英雄，他說：「我們沒有戰艦了。好像古人一樣，或者死在此

地，或者衝出去……這種情形，正使我們做想不到的偉大事業……這正是表現我們特點的時候，我們須自己有辦法……也許命運要我們改變東方的面色……」終於，拿破崙逃走了（1799 年 8 月 22 日），但是，他的計畫卻完全失敗了。

當拿破崙促成的武裝中立失敗後，在 1805 年，英法戰事又起，這次拿破崙的計畫，要渡海直搗英國，塞古爾伯爵（Louis Philippe, comte de Ségur, 1753 ～ 1830）在回憶錄中記載著這次事實的演變：「縱使是冒險，可是軍艦急待這次計畫的實現。在拿破崙，沒有一件事情是不可能的。……皇帝更為不能忍耐。下車後，只限四個鐘頭上船，人馬隨時都齊備了！皇帝說：英國的命運來到了，我們要報五百年前的冤仇，那時候英人曾到巴黎，而今如何？在一夜間，我們要到英倫！」

這個夢非常有吸引力，可惜法國海軍被毀後，雖說祕密建造，終於為英國封鎖，一方面無集中的機會，另一方面無訓練的習慣，而頑強的納爾遜負封鎖的責任，兩年未曾離過旗艦。當時法國主力艦，係維爾納夫（Pierre-Charles-Jean-Baptiste-Silvestre de Villeneuve, 1763 ～ 1806）指揮，雖說勇敢，卻不堅定，自幽禁在加的斯（Cadix）後，使拿破崙震怒，於失望之餘，維爾納夫決心不顧危險，沖過直布羅陀海峽。誰想納爾遜久伏以待，在六個小時內，將法國海軍整個毀滅在特拉法加（Trafalgar），計法艦共三十三艘，十八艘被擊沉了。從此後英國取得海上絕對的霸權，成了拿破崙致命的創傷。

歷史也許是不會重演的，但是，歐戰方酣的今日，常使人聯想到這些過去的史實。

‖十一‖

繁榮的商業、廣闊的殖民地、雄厚的資本、頑強熟練的海軍，這都是薩克遜人特質。在精神方面，因為受了環境的影響，進取中要保守，個人在團體中發展，在實事中尋找理想，這不是矛盾，這是從經驗內得來的教訓，逐漸形成一種傳統的習慣，我們在它的文學與哲學內看得非常明白。

近代歐洲文化之研究

大體上說，英國的文學質樸而嚴肅，單純而深刻，因為它是內心的、分析的，更因為是實際生活的表現，所以缺少人性普遍描述，反著重個性化。

個人主義的文學，倘使是真的藝術作品，無不將自我看做世界，其孤獨與沉默，使人感到悲哀。可是我們要知道，在人與人之間有孤獨與沉默的可能，在人與自然和人與命運之間，卻不能漠然置之，這便是為什麼薩克遜人視快樂如鳥飛，深信人也要返歸到塵灰里面去的。所以英國文學中最發達的是抒情詩，是悲劇，而這兩者的出發點又完全是個人的。莎士比亞便是好的證例。

莎士比亞與歌德不同。歌德劇中人物，表現一種性格的演變，它是哲學的，即是說它有一種理想；至於莎士比亞，他完全著重心理，將性格與行為連接在一起，表現實際的生活。為此，英國的詩人愛義大利波吉亞（Borgia）、麥地奇（Medici）、埃斯特（Este）等時代，因為他們的罪惡、愛情以及流血都反映出人的面目，英國人的精神上得到一種滿足。

這種實際的精神與藝術相反，特別是與音樂相反。我們知道英國是音樂不發達的國家，巴克說：「任憑如何解釋，音樂失傳，不啻英民族失一寶物……其影響所及，足使吾人易生厭煩之心，足使吾人凡事不感興味，且使吾人在藝術成就上，不為其他民族所推崇……」

同樣的精神，在哲學上英國創造成實驗主義。一個培根，一個米勒，都精細地觀察，豐富地收集，小心地分類，他們以一種冷靜的頭腦研究，逐漸體系化，結果形成史賓塞（Spencer）的進化論。

假使德國產生進化論的學術，它必然是形而上的，即是說先有正反合的原則，然後再探討事實的證例。英國的出發點首在現象的配合，而這些現象只是一種精神的直感，正如柏克萊（George Berkeley, 1685～1753）所說，「Esse est Percipi」（直感是實有），柏氏的哲學首先是心理的，然後始是形而上的，所以實體的存在由於心，心之所求乃是環境的賜予，那便構成達爾文物競天擇的理論！

在倫理方面，仍是以個人主義出發，每個人尋找他的需要，這種需要的最高者為幸福，而幸福須同心協力始能構成，因而又歸結到團體，但團體不得同化個人。

從英國文學與哲學上看，仍是一個「應用」，一個團體的個人主義。英國文化的結晶是「意志」，所以在古時軍旗上，薩克遜人寫著「我要」（I Will）兩字。

1940 年 12 月

論法國民族及其文化

‖ 一 ‖

19 世紀末，法國史學家勒南（Joseph Ernest Renan, 1823 ～ 1892）論到當時的悲觀思潮，向德魯萊德（Paul Déroulède, 1846 ～ 1914）沉痛地說：「青年，法國正在彌留的時候，請你不要攪擾他呵！」看到法國現在遭遇的種種，誰能不聯想起勒南的話，為之嘆息呢？

即使我們不如是想，深信法國仍有它光明的前途，但是，在這種劇烈轉變中，遭遇到最大的危機，這是不可否認的。當波蘭受第三次瓜分時，伯克以諷刺的語調說：「看了歐洲的地圖，我們發現一塊很大的空白，那便是法蘭西所占據的地方。」

自從法國這次屈服後，沉默忍受未有的苦痛，宛若已不存在，誰能說伯克的話不是法國今日的寫照呢？只怕真正的法國人也有這種說不出的感覺吧！便是為此，在今日論法國民族與文化，覺著更有意義，我們試想說明：何以那樣優秀的民族與文化，竟會沉淪到這樣悽慘的境地。

‖ 二 ‖

說明法國文化的所以，是非常困難的。它具有幻變莫測的形式，又有豐富複雜的內容。它有精密邏輯的智慧，可是這種邏輯的方式，深受直覺的力量所支

配，因此帕斯卡說：「心有它的理智，而理智是不會了解的。」笛卡兒是善於分析者，他樹立起懷疑的精神，一涉及信仰，便不允許加以批評了。假使我們想到細菌學家巴斯德（Louis Pasteur, 1822～1895）。他的生活何等虔誠，在他神祕的宗教情緒中，不只不能阻礙他科學的發明，而且予以強而有力的贊助。法國真是米什萊所謂「老而更老，新而更新」的國家。

法國民族天才中絕對不會產生哥白尼（Nicolaus Copernicus, 1473～1543）與伽利略（Galileo Galilei, 1564～1624），並不是法國文化落後，乃是它的文化中心，別有所在。基佐（François Pierre Guillaume Guizot, 1787～1874）在《法國文化史》中說：「法國文化的神髓，端在發展社會與智慧……」社會是普遍與外形的條件，智慧乃是人的別名。就我們的觀察言，法國民族的精神，便在發展人性中的社會性而將之藝術化。

歐洲歷史上，有一幕不可遺忘的劇，是法德兩國最大的偉人相遇：拿破崙與歌德。這幕劇是象徵的，兩個民族的代表，徹底明白了它們的不同，而又猜中它們深藏心中的相似的祕密。拿破崙向詩人說：「歌德先生，你是一個人！」

對於「你是一個人」一語，多少人曾辯論過它的含義。有人看這句讚言，係形容歌德的儀表，等於說何等的相貌。但是，我們不作如是解釋，拿破崙的讚揚歌德，乃是看歌德是一個人類的天才，象徵莊嚴偉大的力，從那上面，拿破崙發現了自己民族的缺陷與偉大。歌德善於啟發藝術的坦路，創造卓絕的美，向拿破崙皇帝洩露出靈魂的祕密。

歌德生在德法怨恨之間，他了解法國文化的價值，在 1827 年寫道：「對於法國人們，我們沒有任何掛念。他們在世界上占有高貴的位置，而精神從未窒息過。」歌德愛法國，正因為法國愛歌德。從詩人身上，法國人發現了希臘羅馬的遺痕，地中海不朽的空氣，藝術化的人類精神，那樣普遍，那樣均衡，正是法國所追求而與其他民族所不同的。哥提耶（Théophile Gautier, 1811～1872）讚美歌德說：「在橫蠻的炮聲中，歌德做了西方的天神，藝術呼吸到清鮮的蒼苔。」這正是哥提耶對他自己文化的讚詠。

‖三‖

就歐洲民族而論，法國人沒有英國人堅強的意志，沒有義大利人敏銳的感覺，沒有德國人過度的忍耐，可是他有清晰的頭腦，善於生活，最了解人性的需要。我們不妨這樣說：法國民族精神，最使人注意的，是他們的社會性。凱撒在《高盧戰記》（De Bello Gallico）中，形容高盧人「愛說話，愛吃酒，喜歡結交朋友，卻非常勇敢……」法國產有許多的美酒，成了他們生命的象徵，它是愉快時生命的活力，所以民眾現在仍唱：

朋友們，坐在圓桌旁，
告我說這酒如何……

它又是苦痛時的一種麻醉，波特萊爾不是說：「呵，苦痛的瓶子，呵，偉大的沉靜！」所以，富蘭克林（Benjamin Franklin, 1706 ～ 1790）說：「法國是最善於生活的一個國家。」

因為社會性發達，所以法國人最怕醜陋與橫蠻，處處要施一種「技巧」，形成一種禮貌，以維持人與人的和諧。只要看他們的歌臺舞榭，沙龍酒館，便在一般生活中的社會生活，又如何發達呢？法國產香水最好，衣裝最多，鬥角勾心，並不是一種肉的逸樂，而是要它變作一件藝術作品，施以一種精細的修飾。當詩人舍尼埃（André Chénier, 1762 ～ 1794）詠達蘭多少女（La Jeune Tarantine）不幸時，他所追悔者，乃是「美的香水沒有灑在她的髮上」。

將自己作為一件藝術作品，著重外形，要線條色調與自己配合，發生一種和諧的節奏，使人鑑賞，從別人的心目中，反映出自己的形象，這是如何美妙的快樂。正如泰伊斯（Thais）對著鏡中的影子說：

「你告我，我是否是很美的！」

法國人怕醜，卻愛滑稽，柏格森（Henri Bergson, 1859 ～ 1941）在《笑的研究》內，指出滑稽是笑的因素，含有高度的社會性。法國文學不善於幽默，卻

善於滑稽，從拉伯雷（Rabelais）小說中哄堂大笑攻擊社會，經莫里哀（Molière, 1622～1673）戲劇的刻畫，一直到佛朗士（Anatole France, 1844～1924）輕鬆的譏刺，無處不與反社會性者作戰，他們不允許社會上有孤癖與奇特的現象。

法國人也有衝動，如繆塞（Alfred de Musset, 1810～1857）的詩；法國人也有冷酷，如拉布呂耶爾（Jean de La Bruyère, 1645～1696）的散文。但是這兩種情緒與英國人有本質的不同，他們的出發點是社會，衝動與冷酷是一種方式，證據是他們將自己常作為滑稽的對象，都德（Alphonse Daudet, 1840～1897）在《小東西》中，便是這種態度具體的表現。

福伊雷論到法國社會性時說，「我們不能孤獨地思想，也不能孤獨地生活」，像主張超人的尼采與自比天神的希特勒，法國人不但不能理解，簡直視為一種滑稽。

‖ 四 ‖

羅曼‧羅蘭論歌德時說：「我愛，故我在。」羅曼‧羅蘭語此，在表現他人生的理想，他認為愛的價值遠在真的以上，因為他所著重的是行為與生活。從這方面，我們又看到法國民族的特點，端在心理分析，解割人心。

路易十四時代的文物，交集在「人」上，伏爾泰指出這個時代的特徵，在「各個藝人能夠捉住自然的美點」。因為美是愛的對象，它有種強力，使人不能不受它的約束。正如波特萊爾詩中說：

呵，凡人，我很美，像石塊的幻夢。

但是，我們要注意，自然不是山川草木鳥獸，而是指人心以及人與人的關係。莫里哀、拉辛（Jean Racine, 1639～1699）的戲劇中自然是人心的分析，便是拉封丹的寓言內所談的猿猴、秋蟬、烏鴉等，又何嘗不是當時人物的寫照呢？塞維涅夫人（Madame de Sévigné, 1626～1696），看完拉辛名劇《以斯帖記》（*Esther*）後，敘述她的印象說：「一切都是質樸、天真、美妙與生動……」

由博須埃（Jacques-Bénigne Bossuet, 1627～1704）的宣道，到路易士（Pierre Louÿs, 1870～1925）肉感的描寫，美的價值雖不等，可是他們認美是生命，卻又是一樣的。這便是為何發熱的貝璣（Charles Pierre Péguy, 1873～1914）讚揚女哲人希帕提亞（Hypatie, 350～415），因為在 2 世紀時，一神論者要摧毀希臘的雕像，她要以生命來衛護沉默的美，在貝璣視為最偉大的，其價值與蘇格拉底的死是相等的。

審美的觀念，深植在法國人的心理中。巴雷斯（Maurice Barrès, 1862～1923）愛這兩句話：「不要破壞，不要損傷。」這讓他在走出勒南的書房後，如何的感到法國靈魂的所在，因為美不是抽象的，更不是神祕的，它是生活的秩序，情緒的和諧。

伏爾泰論「趣味」時說：「刺激起美的情緒。」中古騎士的氣度，18 世紀沙龍的健談，都表現趣味的追求，發現了比美更美的「風韻」。假使我們讀拉辛的《伊菲萊涅亞》（Iphigénie）或《昂朵馬格》（Andromaque），即我們明白在使人入神的風韻中，排絕了個人的觀念，完全是人性的美化。

但是，我們不要忘掉這是藝術，法國人雖善於了解人心，使之美化，可是他們不全是藝術的天才。近兩百年來，這種精神的動向，腐蝕了生命的活力，他們只貪圖官感的刺激，使內心紀律崩潰，因為由刺激所產生的情緒，幻變不定，其結果便是留下空的軀殼。試問《茶花女》（La Dame aux camélias）的價值，究竟何在，生怕除好奇與消遣外，我們看不到其他的意義。

┃五┃

法國民族精神的另一種特點，是邏輯的精神，基建在理智上，以分析為出發點。也是由數學觀點，笛卡兒肯定「我思故我在」的結論。

帕斯卡分析人類精神，一種是精細的，另一種是幾何的。所以，對於事物的態度，英法完全不同：英國人事事要觀察，法國人事事要推理，將之普遍與抽象化。便是在語言上，亦可看出他的不同。里瓦羅（Antoine de Rivarol, 1753～

1801）論法文時說：「法文語句的構造，須按照自然的秩序，必須要清楚……不清晰不是法文……要學法文，須要曉得排列字句，有如學初級幾何，明白點與線……」

布瓦洛（Nicolas Boileau-Despréaux, 1636 ～ 1711）說，「每個字要有它的位置」，它須按照自然序位，不能有絲毫的紊亂，有如凡爾賽宮殿，無處不表現對稱與均衡。

18 世紀思想，所以能風靡全歐，實有賴於數學精神的贊助。純理性主義無非是數學精神與人文思想的配合。我們看伏爾泰與狄德羅等的精神，完全著重在普遍上，使每個人的智慧可以接受，而把複雜的情緒與艱辛的生活，歸納到幾個抽象的原則內。

盧梭在《民約論》中，仍是幸福的普遍，要求自由與平等。他並不覺著這幾種美德是互相排擠的。實在說，普遍的自由，等於沒有自由，個性隨之消滅。倘使真能獲得自由，即平等必然隨之消逝。他們利用邏輯的方法，將人性與社會問題，混在一起，結果使個人與社會脫節。福伊雷這種微妙的詭辯，解釋法國沒有個人主義，認為以自由反抗集體規律者，仍然是社會的。

福伊雷沒有考慮浪漫主義的本質，便有了他的個人主義。雨果的「苦人們」，固然含有濃厚社會主義的色彩，可是他的本質仍是個自由主義者。只要看他對拿破崙的態度，讀他的《克倫威爾序言》，便可證明他所幻想的是解放。

法國理性的發展，第一個重要的結果，便在於認為人類是整個的；第二個結果，是提出要對人類有廣大的同情。羅蘭夫人說得好：

「我覺著我的靈魂是國際的……亞歷山大希望侵略別的地方，而我只希望愛他們。」我們知道，美國獨立，法國曾予以有力的贊助，米涅（François Mignet, 1796 ～ 1884）在《富蘭克林傳》中說：「為了完成偉大的目的，法國不怕參加長期的戰事。」

‖六‖

在歐洲國家中，法國統一最早，組織亦較為完密。自西羅馬滅亡後，法國民族意識，已粗具雛形，克洛維（Clovis）便是一個代表。可是，法國構成真正的國家，在歐洲舞臺上發生積極作用，實始於卡佩王朝（987），前此無所謂法蘭西國的。

卡佩王朝的君主，深諳法國的使命，他們採取農人的政策，視土地為生命，得寸進尺，不惜任何手段，以得到土地。在另一方面，此時正處於封建割據時代，他們以婚姻政策，設法加強皇族權力，造成一個集權的國家。

遠在古希臘羅馬時代，法國是一條甬道，由馬賽至大不列顛，商人絡繹不絕。這使高盧的文化與經濟起了很大的變化。自羅馬帝國滅亡後，法國成了各民族競爭的舞臺，451 年阿提拉（Attila, 406～453）進襲巴黎；723 年普瓦捷（Poitiera）戰爭，使薩拉森人不得北上；885 年諾曼人圍攻巴黎。這些事實使法國人民族意識覺醒，接受了基督教博愛的思想，同時也接受了羅馬政治的組織，而這兩種文化，又都是贊助中央集權，尊重權力與紀律的。自是而後，羅馬帝國所遺留的道路，破壞不堪應用，國內交通，須假內河航行，巴黎道成了法國的中心，猶羅馬城之於羅馬帝國。

從地理上看，歐洲所有的國家中，法國是得天獨厚的。就邊疆論，除東部外，其他三面非常明確，因而法國歷史的發展，一方面爭取自然的邊疆，另一方面著重在民族的團結，地理因素構成了強大的向心力。托克維爾（Alexis de Tocqueville, 1805～1859）論法國統一時說：「法國是整個的，居中支配全國，在一人指導下，可以處理國中所有的事務。」

法國中央集權的形成，也與其經濟條件相關聯。它有肥沃的低地與平原，因地中海故，氣候溫和，雨量充足，樹立起農業的基礎，沒有向外擴張的必要。它的最大恐懼，在防禦外敵的侵入，因而它需要自然的邊疆，更需要集權的政府。法國的基礎，以中產階級與農民為中心，腓力二世利用平民，樹立王權，以抵抗

英國的侵略；路易九世虔奉基督教，喜保守，愛正義，代表精神的勝利，產生了13世紀獨特的文化。士林哲學，哥德式的建築，《羅蘭之歌》，小說《崔斯坦》（*Tristan*），帶給全歐洲很深的影響。路易九世死（1270）後，無名詩人寫道：「王政消逝，正義永葬，名王之死，平民又將向誰泣訴？」

這是法國政治最修明的時候，它很了解自己，也如我們中國，武力採取守勢，文化採取攻勢。所以，在法國歷史上，如果破壞它的中央集權，或發動侵略政策，即將來的結果必然是悽慘的。

｜七｜

自新航路與新大陸發現後，荷蘭與西班牙崛起，向海上擴張，法國介乎兩國之間，隔海與英相對，它的國策起了質的變化。這種變化，基於政策難以確定。西臨大洋，法國常思顛覆荷西海上霸權，締造一帝國，以掠獲殖民地，其發展的結果，必然與英國發生劇烈的衝突。那方面，東邊無確定界限，受羅馬往昔侵略的影響，常起控制歐洲大陸的野心，結果須與奧、德爭雄，形成德法世仇。自法蘭索瓦一世（François I, 1494～1547）以後，法國近三百年歷史，常在選擇與嘗試中：時而向海出發，時而進襲大陸。法國人的社會性，國際化的語言，給法國人一種強烈的刺激，創造出許多幻夢。倘如不得已而失敗，又回到傳統政策上，自給自食，以養國力。我們看黎希留對奧國的策略，柯爾貝（Jean-Baptiste Colbert, 1619～1683）海上的經營，都有驚人的成功，從它的歷史上看，也許是一種不幸。拿破崙一世與三世，徒有雄才大略，亦不能推翻自然決定的命運。

並非我們誇大，歐洲的國家中，沒有一個可以成為帝國的。假如有的話，那不是自然環境的使然，乃是由於人力所為，他們可以「獨霸」一時，卻不能「一匡天下」。便是羅馬帝國，它也只是基建在平等法律上的一個國際聯盟而已！法國自然環境，比其他國家為優，可是絕對不能與中國和美國並論。如果分析它歷史上最光榮的時代，我們看到路易九世的成功，由於基督教正義的精神；路易十四的偉大，乃在古典派代表的秩序；拿破崙一世的聲威，在乎善於運用大革命

刺激起的情緒。

法國受環境的刺激和情感的衝動，要用意志滿足它的幻想，重建羅馬帝國，開拓日不落的殖民地，結果完全失敗，成為悲劇中典型的人物。從歷史上看，法國這次慘敗，仍是受了「青蛙變牛」的餘毒，而在地中海邊做夢的政治家，永遠不會覺醒。

泰納為一嚴謹的史學家，對此亦持緘默。他們太相信智慧與衝動，每次悲劇產生後，如丹東（Georges Danton, 1759 ～ 1794）在國民會議中說：

「先生們，為了克服困難，我們要大膽，還要大膽，永遠要大膽，法國便救出來了。」這是普魯士圍攻凡爾登後，丹東提出的對策。

我們深信法國仍有它光明的前途，在它最光明的時候，我們又深信不會有奧古斯都，也不會有維多利亞，它所有的是重農學派的方案，保存卡佩王朝傳統的精神。

詩人維尼（Alfred de Vigny, 1797 ～ 1863）詠摩西時說：「主呵，我孤獨地活著！」孤獨是一種反省的機會，是測量靈魂深度的標尺，是一種永久的沉默。

但是，這都是違犯法國人的社會性的。就連內心生活最深的帕斯卡，不是吶喊：永久沉默使我怕得很！

｜八｜

凱撒《高盧戰記》中，指出高盧人愛好新奇，法國人想像非常發達，新奇是一種美妙的感覺。18 世紀思想推崇物質無窮的進步，痛恨舊制度的專橫，要建立自由與平等的理論，產生了大革命，他們犯了兩種錯誤：第一是將政治問題與社會問題混而為一，破壞重於建設；第二，中央集權政治瓦解，使法國歷史脫節。拿破崙是個行動家，他認識現實，在 1812 年向議會中說：「不顧民心的要求，歷史的教訓，要用幽暗玄虛的觀念論支配政治，法國所有的不幸，便是從此產生的。」這些話有它的價值，我們不能以人廢言，但是在斷頭臺樹立起的時候，血染了他們的眼睛，耳中只聽到歌聲，又有誰會想念這種言論呢？

史學家彼蘭（Piaenne）論法國大革命時，很深刻地說：「法國革命有類宗教改革，它是一種普遍情感與思想的表現，從本質上看，兩者並非民族的作品。法國革命不是拉丁人特殊的現象，猶宗教改革不是日耳曼的。普遍的傾向，普遍的原則，革命者有清醒的意識。原當銜接傳統的過去，卻偏要斬斷，引為無上光榮，以創造新時代。並非只限於法國人，可以演用於一切的人們，但是在法國實現後，國家的特徵，逐漸變為國際的特徵……」

因為國際環境關係，法國須將革命理論變質，並非對革命有新的認識，乃是看到軍事失利，巴黎占領，不得不接受事實。此後法國的政治，徘徊在徬徨與矛盾中，拿破崙三世是最好的代表。深幸歷史潛力，仍有其積極作用，外表上法國仍有其光榮的軀殼。拿破崙三世這方面要造成一個帝國，那方面要扶植民族解放，結果產生了色丹的悲劇，這是誰的錯過？

法國大革命的成功是社會的，不是政治的。科學發達，經濟組織變更，法國 19 世紀的政治家，無法控制這個時代。他們以「多數」與「少數」作為政治的原則，將責任放在民眾身上，而政治家卻巧舌如簧，坐享權利。試看貪汙如彼之多，內閣變更又如此之快，便知個人活動等於零，而集體活動，又必然是空虛的。雷諾教授論到法國民主政治時說：「現行的民主政治，不是變質，便是要走向絕路！」

政府與人民脫節，所以它要失敗，但是法國人民是無過錯的。

｜九｜

法國民族是非常優秀的，但如果它的政治不改變，加強中央集權，它的前途是幽暗的；如果它不遵循自然條件，自給自食，確定它的國策，它仍然是悲慘的；如果不恢復舊日健全的倫理，而只清談，發展那微妙的理論，它將來是絕望的。

就目前言，法國只有兩條路可走：第一，與同盟國家共同作戰，犧牲到任何地步在所不惜；第二，發動比 1789 年更大的革命，爭取它的獨立。但是兩者的實現，須有一位比拿破崙更大的軍事家，有堅韌不拔的意志，始能負擔這種特

殊重任。否則，除非再生一個貞德，恢復法國民族的意識。可是，就目前情形論，非常失望，使人感到寂寞與空虛。除過同情他們遭遇的不幸外，我們也像拉丁的哲人說：

「這不是神的過錯！」

1943 年 6 月 1 日

西班牙歷史上的特性

‖一‖

此次西班牙內戰，是改變世界局面重要因素之一。若從西班牙自身歷史上看，意義更為深長，那是查理五世（Charles V）的國際化與菲力浦二世國家化的鬥爭，南北兩部矛盾的衝突。

1936 年秋，西班牙戰事劇烈的時候，比利時的一位青年作家第德瓦爾（Charles d'Ydewalle, 1901～1985），想了解戰爭的實況，冒險親去，得到一個悽慘的結論：「我腦子內永遠忘不掉那句話，自己打自己。」

我相信這個結論有它的理由，卻不能概括一切。因為將一件複雜的歷史事件，歸納在一句單純的語句內，是很難說明它的所以的。

西班牙的事件，不純是一個內戰，而是歐洲政治、經濟與文化病症的暴發，非常具體。所可惜者，那時候「不干涉委員會」的諸公，有如非洲的鴕鳥，設法將頭藏起，以為這是地方事件，任它演變了兩年。

歐洲歷史上沒有再比西班牙的歷史更奇特的，突然的光榮，突然的衰落，使人眼目眩昏，無從明白它的真相。因之，歐洲人關於西班牙的著作，幾乎一致讚揚它的過去，批評他們現在道德墮落，無止境的貪汙，好說大話，不肯工作……實在說，這是人類共同的弱點，並非西班牙人所特有，所差者只程度而已。我想在這篇短簡敘述中，試指出西班牙歷史的特點，進一步解釋它在歐洲史中所占的地位。

87

‖二‖

西班牙在歐洲歷史中是最特殊的。伊比利半島，位於地中海西部，較希臘半島與義大利半島開化遲，因之，它的發展沒有順著自然的程式，急轉劇變，成為西方民族鬥爭的戰場。它的歷史的演進，充滿了許多偶然與獨特的事件，很難以常理來理解。

次之，西班牙北部，以庇里牛斯山與歐洲大陸割絕，形成一個特殊地帶，除由海道外，大陸的影響較少。中部多山，山巒起伏，間以荒原，而又缺少內河，交通變為非常困難。就伊比利半島對歷史的影響言，每個地方都有它的區域性，每個地方都有它割據的歷史，所以西班牙歷史上有一定則，如果沒有外力的壓迫，它是永遠分裂，絕對不能統一的。

倘如歐洲的歷史是一部地中海的歷史，那麼，西班牙是自然過渡的橋梁，它將歐洲與非洲連接起來。在西方歷史轉變中，它占一特殊重要的地位，致使參預外事，構成西班牙國家發展的弱點。甘尼維特（Ángel Ganivet, 1865～1898）說得好：「在西班牙歷史中，過度向外發展，沒有自身反省的機會，成為它的致命傷……」

另一種史實，西班牙特殊重視宗教，就地理位置論，它應當是基督教與伊斯蘭教調和的地帶，可是不以和平方式，卻採用暴力的手段。一方面因為西班牙人追逐宗教是外形的；他方面受「區域」的影響，不善組織，憎惡邏輯，以「力」為最後的憑依。希臘古代地理學家斯特拉波說：「西班牙人不能互相團結，由其高傲的性格，過度相信自己的力量。」

‖三‖

從西班牙南北兩地的差異上看，更可見它們民性的不同。克萊山將西班牙劃為南北兩部，北部多山，居民頑強，愛孤獨，喜戰鬥，常時穿著黑衣，日日與群山與山地來鬥爭。鬥爭是他們行為最高的表現，流血視為常事。截至現在，西班

牙人不是仍視每年的鬥牛為狂歡的節日嗎？正如他們自己誇張說，他們「是吃了石頭做的麵包」所長成的。

從這個地帶產生的人物，無疑的非常冷酷，有方法，著重有紀律的行為。耶穌會的創立者羅耀拉（Ignacio de Loyola, 1491 ～ 1556）便是好的證例。他在1521 年受傷後，決心脫了戰衣，披上教士袍，將身心獻給教會。在宗教改革的暴風雨中，要以行動替代默想，為真理奮鬥。他自認永遠在兵役期間，只不過是為上帝罷了。耶穌會精神所在，是含有戰鬥的絕對服從，是和平的抵抗。

南部臨地中海，充滿了甘蔗、橘子與葡萄，有豐富的想像，強的情慾，感覺特別敏銳。隨著起伏的波濤，幻想遼遠的地域，西人形容空中樓閣，不是語之為「西班牙的宮殿」嗎？自從非洲文化的輸入，憂悶的心緒補救了這種想入非非的情調。西班牙人最理想的人物，是禁欲派的哲人塞內卡（Lucius Annaeus Seneca, B. C. 4 ～ 65），西元前 4 年生於哥多華（Córdoba）。

這位哲人教人說：「不論事實如何演變，你要使人明白你是一個人。」人首先要社會化，要有統一性，理想要與事實調和。從這方面，西班牙的諷刺文學和古典派繪畫，都曾有過不朽的貢獻。甘尼維特在西班牙史中說：「西班牙人的靈魂上，受禁欲派的影響很深，其影響所及，不只在法律、政治、宗教與藝術上，而且還在民眾的語言中。」

甘尼維特的觀察，自有討論的地方，但是伊斯蘭教侵入（711）後，遭受強烈的抵抗，未始不受這種禁欲的影響。可是，我們要注意，西班牙人不善於思維，又無精確的概念，他們理想的禁欲派，不是哲學上有體系的理論，更非埃及宗教家的苦行，乃是一種自然倫理的行為，它的目的是做人。福伊雷說：「做人兩字，最可形容出西班牙人的民族性，沒有比這個更深刻的。」

｜四｜

因為西班牙多產金屬，腓尼基人到加的斯周近，建立殖民地，戰後希臘、迦太基、紐米地、羅馬等地人踵趾相接，爭奪這座歐非的橋梁。西班牙是歐洲各種

人聚會的地方，常含有一種神祕。亞里斯多德說：「西班牙之西，遇順風，不數日便到印度之東。」

這種混合民族爭奪劇烈的地帶，他的民族性常是矛盾的，這方面愛好偉大，尚飄渺的幻想，那方面事事要觀察，著重現實，趨於享受。塞萬提斯（Miguel de Cervantes Saavedra, 1547 ～ 1616）了解他的民族，刻畫出唐吉訶德（Don Quijote）與桑丘（Sancho Fanca）兩種典型的人物。

這兩種典型不同，卻有一共同點，便是兩者以「力」為重心。力是一種作用，如果沒有健全的倫理指導，它是很危險的。

西班牙的倫理思想，清一色是基督教的，可是不幸得很，他們雖是基督教忠實信徒，但外形重過內心，虛榮勝過實質，沒有真正接受基督教博愛的精神。

1492 年，格拉納達（Grenade）被攻陷，與伊斯蘭教八個世紀的鬥爭告一段落，形成西班牙教宗的統一，但是基督教自身的分裂，呈現崩潰，審檢制應運而生，曾留下多少恐怖的回憶！審檢制是一種蠻性的遺留，是沒有倫理的暴力，單就塞維利亞（Seville）一城言，在托爾克馬達（Tomás de Torquemada, 1420 ～ 1498）一人審判下，焚死者有七百人，無期徒刑者有五千人。到 17 世紀末，因宗教問題，馬德里的審檢制判決一百二十人受死刑，其間二十一人被焚死時，審檢官祈禱說：「我不願有罪者死，但願他皈依正教，得以永生！」聖保羅說：「愛以不使人苦痛為原則。」這種殘酷的行為，將正路閉塞，為何不教人虛偽呢？我們要記著，虛偽是宗教最大的仇敵。

審檢制直接摧毀了民族的力量，多少優秀的家庭，便這樣無代價地犧牲，不只文藝停止了活動，便是農工，也降低了產量。總一句話，審檢制毀滅了西班牙民族的創造力。從間接的影響說，宗教不能導人為善，卻教人虛偽，西班牙人愛說這句話：「十字架後有魔鬼。」

這是耐人玩味的。

‖五‖

西班牙人愛極端，表現一種英雄主義，這在它的文學上，更可看出，卡斯楚（Guillen de Castro, 1569 ～ 1631）的《熙德》（*Las Mocedades del Cid*）便是好的證例。此種英雄主義完全與日耳曼民族不同：在德國，一切以意志為發動，它要集體實現，造成自己的民族一種特殊的地位；西班牙即反之，它的英雄主義是想像的產物，強烈而狹窄，不能持久。此之西班牙歷史上發生許多不正常的事件，它不明白什麼是偉大的昇平。

進一步分析，這種英雄主義是情慾、尊榮、忌妒等複雜情緒的混合，從戲劇中整個表現出來。維加（Lope de Vega, 1562 ～ 1635）在《沒有報復的懲罰》中，很精密地分析這種複雜情緒。暗殺、劫奪、劍客，西班牙文學中有豐富的記載。

西班牙特別尊重女子，論者多歸之於中古騎士行為，殊不知騎士仍是英雄主義的表現，並非光明磊落，乃是一種有技巧的偵探。如果發現女子不忠實，第一步便是報復，第二步要將這種報複變成一種祕密。卡爾德隆（Calderón de la Barca, 1600 ～ 1681）把他的劇本題為《祕密的侮辱，祕密的報復》，是深深明白西班牙人的精神的。

英雄並非一定要流血始成功。為此在宗教上，西班牙產生了許多傑出的人物，聖代洛斯在七歲時，便想到阿拉伯人地帶去效命。到晚年，她自己說：「我還沒有到二十歲，就覺著這個失敗的世界，已經踏在我的足下。」這是一種豪語，而也只有西班牙的女子可以說出的。

凡是英雄主義，沒有不走極端的。極端是精神失掉調和的表現，圭恰迪尼（François Guichardin ou le Guichardin, 1483 ～ 1540）說：「或許因為西班牙人的不協調，致使民族精神貧乏、不安，趨於激烈。」這種觀察是很正確的。

‖六‖

西班牙歷史上，有幾次重大的轉變，往往是因為西班牙人不能因應時代，結果從主動方變為被動方。究其原因，西班牙始終不是個純大陸國家，所遭遇的事件，使它失去平衡。在別的國家是致強的因素，在它反變為衰落的原因。

在布匿戰爭（前 264）以前，西班牙僅只是市場。及至迦太基不能與羅馬並立，阿米加（Amilcan）又不能見容於迦太基政府，退居西班牙，向北開發，組織軍隊，西班牙漸具國家的雛形。漢尼拔（Hannibal）出，承繼乃父之志，「永遠不做羅馬人的朋友」，他利用西班牙戰爭的精神，帶給羅馬前所未有的威脅。有兩世紀之久，西班牙人強倔地抵抗，西庇阿（Scipio）擁有六萬大軍，也無法解決四千西班牙人。繼後龐貝、凱撒、奧古斯都都曾領教過西班牙頑強的民族性。

但是，西班牙須變為羅馬的行省，它在侮辱中卻得三件寶貴的教訓：第一，西班牙人明白團結的重要，接受羅馬文化；第二，了解精神價值，皈依基督教；第三，認識自己戰鬥的精神，西班牙民族意識覺醒。縱使蠻人侵入，凱爾特人、西哥德人、高盧人、日耳曼人等都不能摧毀羅馬的影響。

羅馬教會，利用西班牙地理形勢，民性激烈，作為基督教防禦的堡壘。從 711 年後，伊比利半島成了宗教鬥爭的場所。此後西班牙的歷史變成了一部教會史。羅馬教會予以種種鼓勵，使它繼續奮鬥。自宗教言，它建立了豐功偉績，保障歐洲基督教的安全；自西班牙國家言，其結果是非常不幸的，因為這種過度的宗教化，不是由於人民內心自由的要求，而是由特殊環境所形成，完全變成一種外表的裝潢。

第一種不好的影響，箝制住民族的創造性，致使知識落後。凡是外來的思想，都視為危險的東西，墨守成規，不敢違抗「西班牙」教會的意志，在他們流行的格言中，有「知識太發達便要招致邪思」之語，這是如何開倒車呵！

一切要戒懼，一切要慎重，結果只有愚蠢地自然下去。在西歐國家中，西班牙的教育是最落後的，文盲最多，教會須負重大的責任。

利奧（Sanf del Rio）勇敢地說：「誠然我們沒有審檢制了，但是，審檢制的精神仍然籠罩著我們。」我們要明白這種態度衛護宗教，不僅無裨益於基督教，而且是反基督教的。

‖七‖

1492 年，用圍困方式，伊莎貝拉一世（Isabel I la Católica, 1451～1504）攻陷格拉納達，西班牙歷史進入另一種矛盾的階段中。轟動歐洲的哥倫布發現新大陸事件，使西班牙失掉正常的發展。

第一，西班牙有幸運得到新的領地，它雖然有海軍，卻不能控制大洋，在短的期間內，須將海權交給荷蘭與英國。它是一個半島的國家，而它的文化卻是歐洲大陸文化的延長，又經過阿拉伯沙漠文化陶冶，其自身含有尖銳的矛盾。

第二，自新大陸發現後，西班牙成了歐洲的金庫，按當時人的猜想，歐洲的現金突然增加了十二倍。西班牙人不善利用時機，只知享受，逐漸輕視勞作，從新大陸搜刮回的現金，即刻轉移到別的國家手中。在富麗的外形內，隱藏著怠惰、欺詐、投機、取巧等惡習，僥倖與偶然是正常的途路，西班牙變成了冒險家的樂園。

第三，西班牙擁有無可匹敵的財富，擴大它政治的野心，因為它可維持龐大的軍隊，它自認為比羅馬帝國更大的帝國，須由西班牙建立這個奇蹟。它視武力為解決一切的方法，16、17 世紀的光榮，由此形成，但是它的致命傷卻也在此，查理五世、腓力二世的歷史，便是好的說明。

顯然的，西班牙的歷史概括在宗教、戰爭、致富三個概念內。

‖八‖

查理五世，繼承父母的遺產，除了法國、波蘭和義大利北部外，整個歐洲都在他的掌握中，外帶著新大陸未開擴的殖民地。查理五世外表上冷酷，卻有堅決的意志與無止境的野心，從 1519 年被舉為帝王後，幻想建立一世界帝國，與法王法蘭索瓦一世爭霸。

近代歐洲文化之研究

　　西班牙是半島的國家，它沒有中心，使統一加強。複雜的民族、語言與中古封建割據之力，構成它的離心力，過度相信自己的武力，不善運用外交，結果三十年的鬥爭，終於失敗了。當時一位大主教說：「沒有得到一顆胡桃的價值。」這是一種諷刺，卻是當時的實況。

　　甘尼維特深明西班牙的歷史，他嚴正地批評查理五世說：「完結中古後，西班牙原當利用 8 世紀的經驗，對國家有確實的貢獻，誰想他的所為，正違背國家的利益。查理五世的影響很壞，他使西班牙失掉自然的途徑。」

　　查理五世幻想的大陸帝國失敗了。

　　與查理五世性格相反的是菲力浦二世，愛閒靜，不肯多說話，默想而不決定，一切往後推，以不解決而解決，任時間來推演，那不勒斯（Naples）的總督說：「倘若死來到西班牙，我相信它活得更長久。」

　　我們不要誤解菲力浦二世，這種「慢的表現」是他一種政治的技巧，事實上，他是很有決斷的。他對審檢制的加強，利用宗教，頑強偏執的奮鬥；他反抗荷蘭獨立的運動，結果 1581 年荷蘭獨立；他想摧毀英國在荷蘭的力量，破壞海上的競爭，結果 1588 年，無敵艦隊整個慘敗了。

　　菲力浦二世幻想的海上帝國，變為一座蜃樓，他不了解海性，結果須轉授給英國海上的霸權。在失敗之餘，他想利用法國的宗教戰爭，奪取法國王位，但是亨利四世的皈依，他的計畫仍然失敗了。

　　16 世紀末，西班牙過著繁榮的生活，骨子里卻充滿了衰落的毒菌。佛納隆（Henri Forneron, 1834 ～ 1886）說：「在 1596 年，菲力浦二世財政崩潰，停止付債款。」事實上，西班牙的「產業、牲畜、工業、商業已完全摧毀，全國人口減少，許多房屋門關戶閉，無人居住，總歸一句話，國家已到了危險的地步」。

　　西班牙歷史上最偉大的時期，便是查理五世與菲力浦二世統治的時候，前者摧毀了政治的自由，後者毀滅了宗教的價值，西班牙不正常的發展，沒有控制著特殊的機會，其衰落成為必然的。

從 18 世紀起，歐洲國家突飛猛進，只有西班牙深睡在地中海濱，與世隔絕。海上霸權逐漸喪失，殖民地如落葉飛散，這是一個最具體的教訓，每個國家都應該反省。

‖九‖

西班牙歷史上的事件，幾乎都在矛盾中，出乎普遍意料以外。正如它的自然環境一樣，冬天多雨溼，夏天反而乾燥，它雖是半島，卻具有大陸的特性，但是這種大陸不能建立農業，而只一片沙化的荒原。它沒有希臘星羅棋布的島嶼，便於航海；又沒有倫巴底肥沃的平原，訓練那種熱愛土地的精神。這便是為何阿拉伯人可以占據八百年的理由。

因為這種矛盾與複雜的因素，又因為它在地中海占的特殊地位，所以它的歷史，任何事件發生，無不牽涉到歐洲整個問題，西班牙問題得不到合理的解決，歐洲絕對不會安寧的。

就西班牙自身言，政治最為落後，國家的實力，仍然操在地主、教會與軍人的手中。自從阿方索十三世即位（Alfonso XIII, 1886～1941）後，他不能接受時代思潮，解決農工問題，又不能革除教會的惡習，減輕人民的苦痛。他守著前人的遺訓，仍然要孤獨，以形成一種特殊的局面。

第一次大戰時，西班牙發了許多橫財，可是人民並沒有得到實惠，社會問題依舊，而它傳統的專制，卻須改變。於是里維拉（Miguel Primo de Rivera, 1870～1930）將軍的獨裁，成為不可避免的事實。里維拉雖善於應付，財政的困難依然無法解決，財政問題有種發酵性，必然引出革命，終於在 1931 年實現了。

這次革命是和平的，十四個月內，僅死了六十二人；同時這次革命是成功的，一向反對的民主政治，現在無條件地接受了。西班牙披上民主的衣服，容納「前進的」黨派，組織人民政府，可是它並沒有民主的實質。教會仍然擁有豐厚的資產，握著教育的實權；生產仍然操在地主的手內，農工問題並沒有解決；

軍隊雖由國家培養，卻與政府對立。它們利害不同，對人民政府的攻擊，卻是一樣的。佛朗哥（Francisco Franco, 1892～1975）是一個傳統的象徵，但是在這種矛盾下，他利用德、義的力量，驅逐國際志願軍。他成功了，西班牙又走上軍人的路徑，而整個西班牙社會、政治、經濟等問題仍然沒有解決。

‖十‖

相傳，當上帝創造世界時，西班牙要求一個美麗的天空，它得到了；又要求美麗的海、芬芳的水果、美麗的女子，它仍然得到了；它進一步要求一個好的政府，卻遭到了上帝的拒絕，並且向它說：「未免太過分了！如果給予，西班牙就成了地上的天堂！」

但願佛朗哥了解這個傳說的真義，要知道好的政府是由好的政治家造成的，而西班牙歷史上最缺乏好的政治家，他們幾乎都是浪漫主義者，眷戀過去，幻想未來，卻不能把握住「現在」。

1943 年 9 月 1 日

巴爾幹歷史的複雜性

‖一‖

巴爾幹問題，擴大點說並不只限於羅馬尼亞、保加利亞、希臘等地帶。它具有一種歷史的複雜性，隨時代不同，問題的嚴重性亦有差別了。巴爾幹有不同的語言、宗教與種族，反映到文化、政治與外交上，不只是微妙，而且形成一種混亂狀態，影響到整個歐洲的局面，這便是為何人稱巴爾幹為歐洲的火藥庫！

巴爾幹的文化，正如它的歷史一樣，沒有統一性。它是希臘、羅馬、土耳其、日耳曼、斯拉夫幾種文化的混合，並沒有整個的生命。次之，既然文化與歷史沒有統一，即它的政治始終沒有健全的組織，而巴爾幹各國政治的動向，常受

人支配，相因相成，給外人一種侵略更好的機會。因此，只有從它的歷史背景，始能說明這種複雜的實況。

我們在這篇敘述中，試想指出支配巴爾幹動向的主潮，從那上面，或許可以看見它的真相。

‖二‖

巴爾幹是東歐的一部分。就地理言，歐洲是亞洲半島的延長，歐亞兩洲無明確的界限，常隨歷史演變，歐亞「洲界」的伸張，時有變更，東歐與巴爾幹便成了爭奪地帶，故德、奧、俄、土都直接參加，英、法、義等國，又不能默而坐視。

次之，歐洲歷史演變的中心，一為地中海，古代羅馬與現代英國，從未忽視過，要爭取地中海的控制權；一為中歐平原，德奧等國，無不設法奪取巴爾幹半島，因為巴爾關係控制歐洲大陸最好的據點，又是歐洲大陸與海洋最好的連接線，較之喀爾巴阡山更為有效。

自古野心家視巴爾幹為活動的場所，馬其頓由此地發祥，奧斯曼帝國設法穩固其政權，而俄羅斯、奧地利與德意志則利用民族與宗教問題，攪起鬥爭。這裡是非問題都是次要的，所重者唯利害而已。

賴若（L. Leger）論巴爾幹人民作戰時說，「他們不善平地戰爭，特別喜歡在樹陰與岩石下，或在山隘凹道處，構成作戰隱避場所」。

這裡的居民，善戰喜獵，有健壯的身體，喜歡吃酒、衝動，為著許微細事，便可發動戰爭。因之，巴爾幹居民，一方面沒有堅固的組織，採取集體的行動，以克服自身的仇敵；另一方面，每個民族偏執自己成見，區域性很強，便是在東羅馬帝國統治的時代，亦始終未將之希臘化，至今羅馬尼亞仍守著拉丁文化，便是好的證例。

東歐自古為民族遷移的場所，哥德人、匈奴人、斯拉夫人、阿瓦爾人（Avars）、保加利亞人、馬紮爾人（Magyars）、蒙古人、突厥人先後侵入，造成一種混亂的局面。自羅馬帝國起，始終採取防衛政策，在達契亞（Dacia）人南下時，圖

拉真只好沿多瑙河築坦路、建鐵門，經五年戰爭（101～106），始解除羅馬帝國的危機。到東羅馬時代，侵入帝國境內新民族，不只複雜，而且強大，構成一種應付的局面。和平者許其居住；強悍者，予以玉帛，使其他走，如 460 年，狄奧多里克（Theodoric, 454～526）南下，帝國不能保衛，予以金帛，請其移至義大利。

由民族問題勢必涉及宗教問題，可是宗教問題絕不能平心靜氣解決。當十字軍發動後，西方理想者，幻想希臘教與羅馬教的統一。

只看第一次十字軍，阿歷克塞（Alexios I Komnenos, 1048～1118）所持態度，便知無法達到這種理想的。到第四次十字軍搶劫君士坦丁堡（1204），更證明合作也不可能了。當東羅馬滅亡（1453）後，奧斯曼帝國由巴爾幹西進，羅馬教與希臘教之外，又加一回教，其衝突日見劇烈，各民族為宗教而鬥爭，因宗教給其他強國干涉最好的藉口。

┃三┃

東羅馬帝國的文化是希臘的，對於侵入巴爾幹及東歐諸民族，盡了啟蒙的責任，可是也產生了不好的影響，如宮廷的鬥爭，不講信義的外交，神學上虛幻的辯論，處處阻礙團結與組織，因而土耳其興起，阿克汗（Orkhan）改革軍隊後，逐步向西邁進，成了歐洲最大的威脅。

當阿克汗與東羅馬公主結婚後，順手取得韃靼海峽（1356），隨時可以進入巴爾幹。當時巴爾幹分成許多區域，各自為政，只有塞爾維亞較有組織，得杜商（Etienne Donchan）為領袖，有毅力，幻想建立東歐帝國，亦如查理曼大帝對於西方似的。自多瑙河至希臘爾達山，迅連經營，乘拜占庭與保加利亞正在衰弱之時，故能順利地在烏斯古樸（Uakub）加冕，可惜創業未半，中道崩殂，僅享年三十四歲。次之，這個希臘正教的國家，卻不能得到西方基督教的同情，結果只是曇花一現，雖有若無而已。

在穆拉德一世（I. Murad）時，取羅馬尼亞與保加利亞等地，拉紮爾（Lazar）戰於科索沃（Kossovo）（1389），結果大敗，塞爾維亞失其獨立。士兵長

驅直入多瑙河，匈牙利王西吉斯蒙德（Sigismond, 1368 ～ 1437）抵抗，西方組織十字軍參加，結果又敗於尼科波利斯（Nicopolis）（1396）。從此後，亞爾班尼亞與匈牙利相繼奮鬥，空留斯坎德培（Scanderbeg, 1405 ～ 1468）與匈雅提（John Hunyadi, 1406 ～ 1456）兩個英雄的名字，成為傳說中人物。到 1453 年，東羅馬帝國滅亡後，巴爾幹問題重新換一個局面。

君士坦丁堡陷落十一年後，羅馬教皇庇護二世（Pius II, 1405 ～ 1464）重新組織十字軍，西方政治與軍事領袖沒有一點反應，以沉默應付。西爾維雨斯（Aeneas Silvius）寫道：「基督教沒有首領了，教皇與帝王並不為人所重，正像對付虛幻與繪畫的人物。這種情形，如何能使人作戰呢？」教皇無法，死於苦悶之中。

土耳其向西歐進攻，巴爾幹問題變得更為複雜，1663 年與 1683 年兩次侵略，維也納僅免於難。也是從這時候起，土帝國政治腐敗，軍隊逐漸墮落，被迫簽訂《加洛維西條約》（1699）。在土耳其統治下，解放匈牙利是巴爾幹民族一致要求，因為土雖統治了希臘、塞爾維亞、保加利亞等地，將他們的政府解散，卻保留了他們的語言、宗教與習慣，形成戰勝者與失敗者對立的局面，常思獨立反抗。現在受匈牙利獨立的刺激，巴爾幹亦有相同的要求，可是非走向西歐強國之後，無法達到他們的目的。

《加洛維西條約》在巴爾幹問題中是一條劃分線，奧國取得匈牙利，完成「向東進」（Diang nach Csten）的第一步，而將阿佐夫（Azof）讓給俄帝彼得大帝，引起俄國南下的野心，俄國與奧國爭奪巴爾幹成了近代歐洲最重要的問題。奧國的崩潰，基本原因便伏於此，這是耐人玩味的。起而代奧者為德國，他們都用民族問題為藉口，直至今日，仍然如此。

‖四‖

巴爾幹問題中，斯拉夫民族問題最為重要。這個民族愛跳舞，喜音樂，當向西移動，受喀爾巴阡山阻擋，分裂成南北兩支。北斯拉夫向波蘭與波希米（Bohema）遷移，便與德國衝突。捷克問題，成為兩種民族鬥爭的歷史象徵。

胡斯（Jan Hus, 1369 ～ 1415）、傑式卡（Jan Zizka, 1360 ～ 1424）、洛塞（P. le Rcae）、馬沙利克（Massarik）、貝奈斯（Benes）都是反抗德國有力的代表。但是捷克問題中，常由宗教問題變為國家問題，繼又由國家問題演為宗教與民族問題。波希米王在 1409 年說：「在我們的國度內，波希米人當居第一位……」驅逐德人，非特是宗教的，而且是民族的。

斯拉夫民族向南發展，以巴爾幹形勢故，分為數支，接近東阿爾卑斯山有斯洛維尼亞（Slovenes）族，在薩夫（Sare）地帶，有克羅埃西亞（Croates）族，兩者皆崇奉羅馬教，用拉丁字母。向南接近保加利亞者為塞爾維亞，完全希臘化。就南斯拉夫言，縱使種族與語言相同，因宗教各別，其歷史始終未曾統一，便是今日合為一個政府，仍然是兩個不同的人民。繼後斯洛維尼亞並於奧，受日耳曼人支配；克羅埃西亞雖建立獨立的國家，卻自 1102 年後，將其王冠獻於匈牙利，至 1918 年，始脫離其羈絆；只有塞爾維亞獨立一時，在 1389 年卻為土耳其所併。其複雜情形，自可想而知了。

倘如從斯拉夫民族發展言，而南北斯拉夫銜接處，卻為匈牙利所斷，橫亙其間，阻止東歐斯拉夫的團結。匈牙利占據多瑙河平原，好戰，自 11 世紀起，受羅馬教皇指導，接受歐洲文化，皈依羅馬教。

到 1301 年，本國世系中斷，教皇將王位授與那不勒斯（Naples）王，自此匈牙利成為羅馬教會忠實信徒。可是在巴爾幹與東歐，除種族鬥爭外，又增加了宗教鬥爭的因素。斯拉夫民族情感日見發展，所差者只缺乏強而有力的領導國家，予以有效的援助。他們期待著，自身無法建立，便請俄羅斯擔任起斯拉夫領導的任務，俄國至現在仍然不會放鬆這種任務的。

‖五‖

自彼得大帝後，俄國對巴爾幹問題不肯放鬆一步，時代潮流所趨，形成所謂大斯拉夫主義。許多論者認為這種思想的發軔，在於帝俄的野心，但是研究大斯拉夫主義的基礎，我們會看出語言學者的貢獻，加杜里克（Michel Dourich）與多

布羅夫斯基（Dobrovsky, 1753～1829）。那些政治家與陸軍人物，從這些學者的研究內，得到一種刺激與啟發。自從 1818 年後，關於民族問題研究的書籍，真是雨後春筍。存若哇（E.Beurgenis）說得好：「從這時起，民族原始的狀況，古代傳說與歌謠的研究，形成一種希望與人探討；這種運動，我們不能稱之為國家的，因為始終沒有斯拉夫國家的存在；這只有給以種族為依據者一種託辭而已。」

試看 19 世紀初關於斯拉夫民族重要著述，便知俄國為何與土耳其作對。法國一位史學家說：「巴爾幹人民脫離土耳其的鐐鏈，只為受俄羅斯的束縛而已。」

1818 年，漢加著《利布沙的判斷》（Jugement de libusa）；1822 年，多布羅夫斯基著《古斯拉夫原則》（Les prinel. es palesslaves）；1824 年，柯拉爾（Kollar）著《斯拉瓦之女兒》（La fille de Slava）；1825 年，庸克曼（Jeungmann）著《捷克文學史》（Hiftolire de lalittora ture Tcheque）；1826 年，沙弗利克（Chafrijk）著《斯拉夫語言史》（Histoire de lalauque Slave）；1837 年，沙弗利克又著《古代斯拉夫》（Les anquites Slaves）。

同年莫斯科設立歷史博物館，由波戈金（Pogodin）主持；又過兩年，鮑任斯基（Bojainsky）主講斯拉夫語言於大學。這種運動係 18 世紀末盧梭思想的賡續，利用德國人勤勉忍耐的精神與方法所促成，從沙弗利克著述內，我們看到耶拿大學教授們的影響。

在這時代最使人注意的為柯拉爾作品，他要利用方言的關係，建立民族的統一，主張原始斯拉夫是整個的，故柯拉爾說：「我們當用全力以求民族原始的統一。」他著名的詩說：

斯拉夫，斯拉夫，你要使母國狂歡；
你俄羅斯人，塞爾維亞人，捷克人與波蘭人，
應當生活在一起，變成一個國家。

次之，約在 1837 年，巴拉斯基（Polatsky）刊行《波希米歷史》，以七年辛勤的研究，敘述斯拉夫與日耳曼民族的鬥爭，佩爾茲（Pertz）語之為「最重要的

著述」。將此書與《日耳曼史蹟》相提並論，不只因為科學的價值，實代表時代精神，要利用語言學，以求斯拉夫民族的團結。

俄皇利用這種思想，發展大斯拉夫運動。可是這種政治的野心，隨人與時的不同，表現一種劇烈的矛盾。一方面想締造成一個帝國，借語言與宗族的關係，施以一種統治，但這與德國「東進政策」，不能並存，故聯法以抗德；別一方面，各民族要求獨立，恢復舊日歷史，這樣又與帝國自身利益相違，結果須聯德，以樹立東歐與巴爾幹之威信。一直到今天，這兩種傳統政策仍然支配著俄羅斯的政治與外交。

｜六｜

葉卡捷琳娜二世（Yekaterina Vorontsova-Dashkova, 1729 ～ 1796）採取英勇與機警政策，向東歐與巴爾幹推進。1774 年《開納吉條約》，奠定俄國南下的基礎。雖然退還土國占領地帶（除了阿佐夫以外），可是在條約中，允許俄國過問巴爾幹與東歐宗教問題，正如土耳其帝國內基督教徒，無論是希臘教還是羅馬教，皆受虐待，視俄國為自然保護者，寄以希望與幻想，以求解放。由此，俄國有藉口過問土耳其帝國內政，而 19 世紀巴爾幹問題中，俄國居重要位置者，即此。

俄國有條約的「義務」，又有學理的佐證，對巴爾幹被壓迫的民族，自願負起解放的重任；而東歐受法國大革命的思想，要求自由與獨立，恢復被摧殘的「人權」。只看希臘獨立時，詩人模仿《馬賽曲》，便知受法國影響到何等地步！「去吧，希臘的孩子們，光榮的時期到來了……」

巴爾幹民族復興，俄奧法英諸強國都直接參加，只是他們各有自己的幻夢，形成不同的姿態。俄國與奧國對立，奧欲伸其勢於多瑙河出口處，鞏固其統治權，故對基督教獨立，並不寄以同情，當希臘獨立，梅特涅（Metternich, 1773 ～ 1859）以種冷淡的語調說：「土耳其人殘殺希臘人，希臘人又殺土耳其人，這便是我們得到的消息，這個問題，超出文化以外……」至於俄國，因為是斯拉夫民

族領導者，竭力．助各民族的獨立，私心企圖控制君士坦丁堡，以控制海峽。

英法兩國的政策與俄奧不同，它們採取二重政策：由於歷史傳統作用，它們同情基督教解放運動；但為了殖民地與地中海的安全，又不肯改變土耳其帝國局面，防止俄奧的擴張。可惜土耳其泥於傳統政治，既不能隨時代轉變，又不能利用列強的矛盾以自強，結果歐洲土耳其逐漸分裂，每一次巴爾幹問題都呈現一種新的倒退。

自 19 世紀後，巴爾幹問題變得更為複雜，土耳其帝國無法自存，勢必借助外力，而歐洲正在帝國主義發展時期，對土耳其帝國的保存與瓜分，每個政治家與外交家，各自有其私心計算，絕對不能協調。假如瓜分，即那些基督教國家應如何處理？而分配方式，又如何始能公正？這是絕對不能解決的問題。因為這些強國，表面上雖有堂皇的主張，骨子里卻完全是一片私心。這樣，巴爾幹的複雜性，只好隨時間加重，在複雜中自行演變。

我們試將 19 世紀巴爾幹問題演變的概要，做一歸納，即可知它在歐洲史中的地位。

- **塞爾維亞的獨立**（1804～1815）：米羅克（Miloh）為領袖，以謹慎與忍耐的態度，在 1830 年 8 月，得到解放，取得自主權。
- **希臘獨立**（1821～1829）：因為宗教與文化關係，縱使奧相梅特涅不願人幹涉，英俄法合派艦隊，產生納瓦里諾（Navarino）戰爭；至 1829 年，俄國陸軍渡多瑙河，直趨君士坦丁堡，土急求和，簽訂《亞德里亞堡和約》，希臘從此獨立。
- **克里米亞戰爭**（1854～1856）：俄皇尼古拉推行大斯拉夫主義，視土耳其為「垂死或已死」的病夫。在 1853 年 1 月 9 日，俄皇向英國大使說：「當我們同意後，我便完全放心了，別人的想法還管他做什麼！我們應當布置好，你瞧，在我們臂上是一個垂死的人（指土耳其國），假使我不預先布置好，將來是很不幸的。」但這種政策與英國利益相違，結果英國聯法與薩丁尼亞王國，爆發克里米亞戰爭，簽訂《巴黎條約》，土耳其國借此保存，俄國大斯拉夫主義遭受到打擊。

- **巴爾幹戰爭（1875～1878）**：俄國不能出黑海，巴爾幹問題始終未解決，適波黑二省遭災年，反抗雜稅，雖有英國援助，結果產生俄土戰爭，在很短期內，占領索非亞、亞德里亞堡等地，土急求和，簽《聖斯泰法諾（San-Stefano）條約》，創一大保加利亞國。英反對召開柏林會議。第一，大保加利亞分為三部：馬其頓仍歸土耳其；東羅馬里，任基督教總督治理，須土耳其、蘇丹同意；保加利亞為自治國，宗主權仍屬土耳其。第二，波黑兩省，以土耳其國名義由奧匈帝國管理。第三、門的內哥羅、塞爾維亞、羅馬尼亞三國完全獨立。這種條約，沒有顧及民意，只增加巴爾幹的複雜性。
- **土耳其革命（1908）**：馬其頓問題發生後，土耳其進步黨摧毀哈米德（Abdil-Hamid），多半是軍界人物主持，奧匈帝國占有波黑二省，保加利亞借此宣布獨立，俄國與塞爾維亞感覺受侮辱。
- **第二次巴爾幹戰爭（1912～1913）**：當馬其頓受土耳其壓迫，保加利亞與塞爾維亞締約，繼後希臘亦加入，門的內哥羅允助塞，思解放馬其頓。1912年9月，巴爾幹同盟軍襲土耳其，節節勝利，宛若俄國報復柏林會議的失敗，而德國與奧匈帝國以為減少自己的威嚴，他們憎惡大斯拉夫的發展，土耳其國在倫敦會議中讓步，而奧要保障亞德里亞海，因為阿爾巴尼亞阻止了他們的出路。當提議分割馬其頓時，保加利亞忽然攻擊巴爾幹同盟，結果保加利亞失敗，簽訂《布加勒斯特（Bucharest）條約》。奧匈帝國不願塞爾維亞強大，自是失敗；保加利亞未得馬其頓，自感到失望；俄國未取得海峽，又見德國主持土國軍隊，自亦不滿足。
- **第一次世界大戰的戰火，是從塞爾維亞燃著的。大戰後東歐及巴爾幹變色**：奧匈帝國瓦解，南斯拉夫擴大，阿爾巴尼亞、希臘、羅馬尼亞各改善局面，保加利亞失掉濱海地帶，土耳其只留著君士坦丁堡了。繼後奧匈傾向德國；保傾向義大利；捷克、南斯拉夫、羅馬尼亞，構成小協約國，以與奧匈對抗；土國在洛桑會議中，爭取得色雷斯（Thrace）；俄國因自身革命，放棄了舊日的政策。

‖七‖

　　巴爾幹宗教、語言、種族、歷史與習俗的不同，沒有向心力建立起堅固的政治組織，產生不出整個生命的文化。因之，巴爾幹常在分裂之中，這種分裂是非常不合理的。分裂是一種衰弱的象徵，必然受外力支配，從歷史上看，從希臘至土耳其，始終未將文化建立起來。因為它處在歐亞衝接地帶，自古為各民族移動的場所，每次民族遷移，必然遭受損失，形成一種仇恨、偏執、狹小與頑強，時時在戒懼中，因為要戒懼，不得不找強國為依附，結果巴爾幹成了列強角鬥的地方。

　　東歐與中歐為歐洲大陸的中心，奧地利所以能稱雄數世紀，實因維也納地形最好，易於防守。故奧地利統治匈牙利後，威權增強，能夠抵抗土耳其的侵略。巴爾幹為大陸歐洲與海洋歐洲的樞紐，由馬里查（Maritza）與瓦爾德（Vardar）兩河，直趨貝爾格勒（Belgrad），如是，即維也納與多瑙河上布達佩斯（Budapest）動搖，此塞羅尼加與君士坦丁堡之所以重要也。

　　德國為歐洲大陸的領導者，向東進的政策是它的自然趨勢，故德國自統一以後，首先打擊者為奧地利；而這次戰爭中，奧捷兩國首為犧牲品。自從 1866 年後，奧國實力已不存在，成為德國附庸，它既以東歐為對象，故時時培植「成長基點」，向巴爾幹蔓延。

　　嚴格地說，土耳其與俄羅斯是「歐亞」的國家，英國是超洲的。因之，歐洲均勢問題，不在德法兩國，而在地中海與巴爾幹，直接在巴爾幹衝突者，是大日耳曼與大斯拉夫民族。英、法、土、意等國，自不能袖手旁觀。故自土耳其帝國退出後，巴爾幹問題日見複雜了。

　　從文化上言，如果巴爾幹不能建設一種統一與自身的文化，即永遠受俄德兩主潮的推移，時在顛蕩中；從地理言，只有從巴爾幹著手，利用各小國反德潛力，始可予德國致命的打擊。德國始終要造成歐洲大陸的中心，盟國如不能控制巴爾幹，德國是不會崩潰的。

1944 年 3 月 1 日

抗戰與文化

　　無論敵人南攻與北進，我們只有沉著應付，與以猛烈的打擊。第一期的抗戰，我們最偉大的收穫，便在樹立起民族的自信，給自己固有的力量，做了一次公開的測驗。

　　除過自我中心者流，誰也不能否認我們民族的意識。即是說，我們有清醒的意識，看透敵人的居心，始終志在滅亡我們民族的生存。

　　我們要明白，敵人的奸燒屠殺是不怕的，所怕者，是他虛偽的和平，離散我們內在的力量。「縱使這是希臘的恩惠，而這恩惠我們一樣要戒懼的！」拉丁詩人的名言，不只為特瓦人所說，也許是為兩千年後的中國所說！又何況敵人並非如彼溫存呢！

　　我們處的局勢，是有史以來未有的嚴重；我們遇的敵人，又是有史以來未有的強悍。所以敢與之對抗，並且深信勝利的原因，為著我們確有了民族意識的武器，而這武器，又是近三百年來，從苦痛與侮辱中所鍛鍊成的。

　　許多文化理論家，以為西方文化 —— 假定文化有東西的分別 —— 的特點，在乎它的物質文明，給與我們文化的影響，也只有物質。這是一種討巧的說法，因為沒有一種物質文明內不含有精神，如果我們確實把精神看作人類智慧的一種表現。

　　當歐洲人挾著優越的物質文明來華後，我們的文化上起了強烈的反應，由漠視而對抗，由對抗而屈服，這種步驟，又無通盤計劃，只是一種應時順便的應付，其結果自然演出許多滑稽的悲劇，而我們民族的生活與強國又差下了百年的行程。

　　誰也不能否認中國文化的存在。但是，中國文化的缺點，又是無人敢否認的。我們文化的中心，交集在偏狹的家族觀念內，我們的一切理智與情感，完全束縛在里邊。我們絕不否認家族在社會上的重要，我們只說過分促進它的發展，逐漸將個人與民族的意識，完全毀了。不只如此，當個人與民族失掉其應有的意

識，我們整個的生活，隱退在家庭帳幕之下，最高的理想，也只能做到門雖設而常關的地步。試看我們的藝術，無一不是供給家庭的娛樂，而我們所希望的子弟，也只是安分守己而已。因之，在家庭至上的程途中，我們必須著重在兄弟忍讓、妯娌和睦。忍讓與和睦本是一種美德，誰想在家族制度下卻產生多少病態的現象，如守保、因襲、虛偽等。誰要過著這種不自然的家庭生活，便知道它辛辣的味道和它摧毀了我們多少前進的精神。

在另一方面，我們的文化有它的世界性，可惜只在自然方面發展。我們多少詩人與哲學家，他們竭畢生的精力，在自然中尋求情感與理智的滿足。比如西洋人是愛花的，但是他們的愛法與我們不同，他們只愛花的色與香，但我們卻愛花的性，而這個性又是以自己的性為準則的。我們的庭園與建築，縱使是雕紋刻縷，亦要有自然的幻覺。它的偉大處，是在物我為一，養成一種相容並包的風度；它的壞處，卻在言不及義，與現實隔絕，將變態帶病的行為，反當作是天才與志士了。

重家庭，愛自然，這是我們文化上最顯著的特徵。受了這兩種基本思想的推動，我們文化上表現出容忍與和平的優點，因為我們處世接物的態度，便以此為鵠的。倘如我們往深處探討，我們就會發現不可救藥的破綻，一方面我們看到鄙劣的自私，另一方面，便是怯弱的退縮。我們的文化，不特不能迎頭趕上，與世界文化聯轡並進，便連我們祖先所遺留的那一點，亦不能賡續，它的演變，漸次走到粗陋的唯物與空泛的清談。

當我們民族的身心，濡染在這種思想內，我們失掉了組織的力量，我們只是墨守家規，閉門開闢自己的天地。便是在學術上，我們所著重處，不在客觀的事實，首先卻是宗派與門徑。我們像一個蜂窩，雖說同在一起，卻是各有各的地方。其次，我們愛自然的結果，在失掉了理智的作用，因為我們愛自然，正像自然是一個情人的素手，會得到寧貼的安慰。本來自然身上，已含有一種神祕作用，這樣一來，將我們的想像擴大，多少思想變成一種魔思。我們的長生不老、

近代歐洲文化之研究

化石點金、梅妻鶴子，都不是這種現象的插畫嗎？

到我們家族與自然的文化發達到極點時，正值西方個人與民族的文化向前邁進，他們信任理智，在社會上產生出一種堅強完善的組織。為人讚賞的機械文明，那只是他們文明的片面。他們追求肉體的完美，同時並未忽略了靈魂的完美。他們改進生活的各樣工具，同時並未忘掉社會的組織。這只要看他們每個時代的思潮，便可瞭然這種演變，德人哈斯（Hass）《什麼是歐洲文明？》一書，便是好的說明。

歐洲人所以能夠如此，自有原因。但是最重要的因素，卻在個人意識的覺醒。文藝復興的偉大處，即在使個人有他自己的意識，而這個意識，完全基建在「人」上，便是說，他是一切組織與生活的起點。

當個人意識增強時，民族意識自然增強，可是他的發展，不是因果的，乃是許多客觀的條件促成，如 19 世紀德意志與義大利的統一，都是從頹廢、壓迫與苦痛中所造成的。

的確，「太陽下沒有新的歷史」，我們講修身、齊家、治國、平天下，西方人又何嘗不是如此？只是，在過去，我們修身是為家，我們治國也是為家，而我們將國又看做是天下。這樣一來，在我們絞卷在家的觀念中時，別人挾著經濟與機械逼來，士大夫要衛道，官吏要貪汙，結果在近百年史上，我們只留下些慘痛的紀錄。

可是，我們近百年的歷史，其重要性是任何時代望塵莫及的。我們每天在那兒轉變，時時刻刻在世界上爭取自己的地位。因為變得太快，自然會有許多錯誤與幼稚的地方。歐洲的學者們，如勒龐之流，以為中華民族是無望的，將她列在三等民族，僅較強於非洲的黑人。我們固非天之驕子，但我們亦非昏庸腐潰。許多歐洲人誤解中國的歷史與社會，認中華民族是低能，這實是一種侮辱。而我們多少憂國的志士，失掉了對自己民族的自信，一切都是歐洲的好，我們應當整個的學他們。他們並且舉日本為例，佐證他們這種扣盤捫籥的理論。他們不知道猴子學人，任它千像萬像，它仍然逃不脫是個猴子。我們並非刻薄他人，我們只

說別人給我們的東西，只是一種方法與參考，而文化基本的實質，須要從自身來培植。

現在參加基本抗戰的人們，曾經感受過被人蔑視的苦痛、幽暗的懷疑與堅強的奮鬥。這些人領導著我們的民眾，向敵人表示我們的意識。我們抗戰，便是信任自己的行為，我們會勝利，因為我們握有勝利的武器：民族意識。

因拘在家庭與自然內的人，我們肯定他是沒有民族意識的，他們仍是三十年前的人物，自己不進步，而將新生的力量便完全抹殺了。他們只知割地賠款，他們卻忘掉我們也是「人」，而我們的民族也和其他民族一樣的。

日本是必敗的，它所以失敗，國人已有許多專論，但是，它文化的矛盾亦是重要的因素之一。在文化史上，沒有再比日本可憐的，他們沒有創造，只有模仿，而這種模仿，又是何等皮毛。我們不敢譏笑任何民族，但日本人所講的王道與和平，科學與經濟，實在不敢贊同。他們沒有遠大的理想，他們也沒有精確的計算，他們只是些有組織的封建土匪，用新式武器，摧殘人類罷了。他們固然看不起中國，認為中國不堪一擊，他們又何嘗看得起世界？

這次抗戰，直接的目的，是在打倒日本的軍閥；間接的目的，卻在建設我們的文化。當我們的民族意識形成時，我們的文化同時種下新的種子。我們多少人與物的犧牲，換來一個徹底的破壞，破壞家族主義的「私」，破壞自然主義的「空」，樹立我們民族整個的意識。

抗戰是民族意識的行為，只就其本身說，歷史家須刮目相看，須以另一種方式來寫這段歷史。我們深信人類的正義與公理，抗戰便是我們對此信任的說明。

我要問：這是不是中華民族的新文化？若然，在多事的今日，是不是對人類文化有不可估量的貢獻？

等著吧，時間會為我們說明這些答案，那時候呵，勝利必在我們掌中。

1939 年 2 月

近代歐洲文化之研究

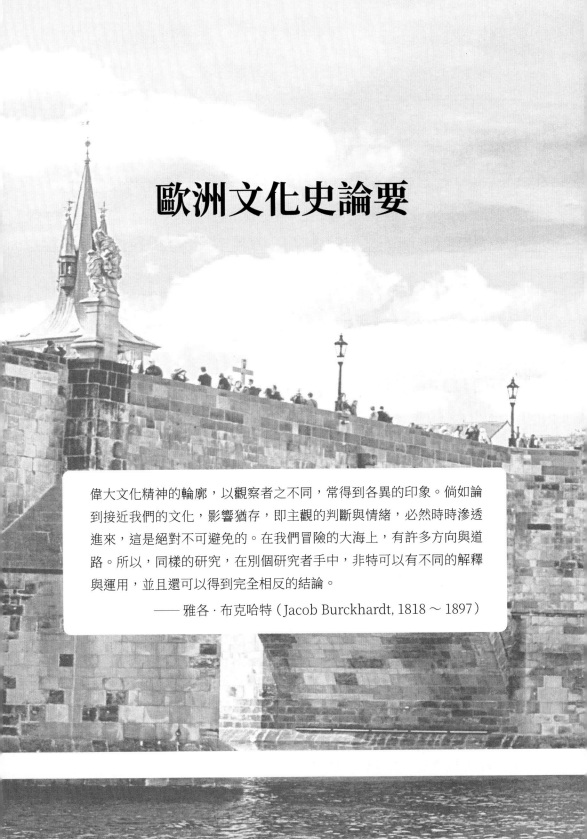

歐洲文化史論要

偉大文化精神的輪廓，以觀察者之不同，常得到各異的印象。倘如論到接近我們的文化，影響猶存，即主觀的判斷與情緒，必然時時滲透進來，這是絕對不可避免的。在我們冒險的大海上，有許多方向與道路。所以，同樣的研究，在別個研究者手中，非特可以有不同的解釋與運用，並且還可以得到完全相反的結論。

—— 雅各·布克哈特（Jacob Burckhardt, 1818 ～ 1897）

第一章　緒論 [003]

我們古人是力行者，不大談「文化」的。他們所講的是「道」與「教」，如「天命之為性，率性之為道，修道之為教」，這不只是思想，而且是人生，從那裡面演變出一切的文物典章。所以孔子說：「行有餘力，則以學文。」文化合而運用者，似始於《說苑‧指武篇》：「凡武之興，為不服也；文化不改，然後加誅。」但是，對文化作用加以具體解釋者，要算王融〈三月三日曲水詩序〉，他說：「設神理以景俗，敷文化以柔遠。」

從王融的說法來看，文化是民族與國家精神的綜合，它含有一種侵略性。

西人稱文化為 culture 與 civilisation，兩字的用法，在第一次世界大戰前，雖有許微的不同，大體上是沒有特殊分別的。近二十年來，德國學者們給這兩字一種區別，含有很不同的意義。Culture 是社會生活的一種姿態，可是這個社會不是人類整體的，而是個體的，即失掉他的統一性。

德國人如是解釋他的 culture，有他哲學的理論。第一，他們認定 culture 是「動」的，有如波濤一樣，不捨晝夜地逝去，所以這種「動」從來沒有靜的時候——倘如有靜的話，那便不是 culture，而是 civilisation 了。每個德國人應當愛他的 culture，應當服膺那種「動」性。「動」是集體的，不允許有個人的意志，須守紀律，正如黑格爾（Hegel）理解普魯士國家的重要，完全一樣的。為此，德國人對 culture 的解釋，不以「人」為中心，因為他們的哲學視「人」是「物」的象徵，一個永無止境變化的個體而已。第二，德國人對 culture 的概念，失掉它的普遍性，變得分外狹小。自從 1918 年後，德國的社會起了劇烈的變化，使其歷史脫節，摸索不住重心所在。又因勝利者沒有真誠襄助，法國仍然加以一種敵視，結果德國人如居荒島，變得更為孤獨，從而在他自己有限的 culture 上，理解人類，將人類置放在日耳曼民族之下。

003　《歐洲文化史論要》，文化供應社，1944 年出版。

從這裡我們看到尼采超人主義的影響，希特勒民族主義的理論。對於 culture 與 civilisation 兩字，我們須加以一種研究。

‖ 一 ‖

Culture 與 civilisation 皆由拉丁文演變成的，從字根與演變的歷史上看，兩字統含有「人」的概念。他們發展的歷史，卻有時間的不同。1930 年，摩拉斯（Moras）研究 civilisation 一字，甚為有趣。第一次用此字作為文化解釋者，係 18 世紀法人米拉博（Mirabeau）。迨至 1798 年，法國《國家學會字典》內，始予以一位置。當社會習用此字時，正是法國大革命發動後，科學技術日新月異地進步，城市日見繁榮，雖說它是一個新字，卻非常幸運，機緣至美，代表一種特殊的力量。我們譯之為「文明」，成了維新自強必然的途徑。其根為拉丁文 civis，含「公民」意，享有城邦合法政權者，因而 civilisation 有城市的象徵。

至 culture 的歷史即較為久遠。古法文中已有 couture 一字，後演變為 culture，意為耕種。繼後由於類喻用為「文化」，是將人類智慧看作一塊荒田，經過勞力，去莠存菁的意思。其字根本為拉丁文 culture，有「耕種田園」之意，象徵鄉村。當 culture 作「文化」解釋時，必有一補足詞，否則，便以「耕種」用。

論到 culture 與 civilisation 兩者的關係，《哈茨費爾德字典》中，有精確的解釋：「civilisation：由原始與自然的事物，進而演變為倫理、智慧、社會等的 culture⋯⋯」即 culture 分明含有「工作」的意義。從此我們有第一個關於兩字的概念：culture 是屬於人的，civilisation 是屬於社會的。換言之，人所產生者為 culture，社會所產生者為 civilisation。

更進一步研究，拉丁文 culture 一字，係由直接動詞 colere 變出，含有三種意義：第一是耕種，第二是居住，第三是祀禮。申言之，這是古代社會生活的方式：耕種土地，居住家室，祀禮諸神。三者互相連貫，不能分離。在物質方面，每個家庭須耕種以維持生活；在精神方面，須有諸神保佑，以賜吉祥，所祀之神，便是每個家庭的祖先。

古代西方人環墓而居，古蘭吉（Numa Denis Fustel de Coulanges, 1830 ～ 1889）語墳墓為人的「第二居所」，因為對生死的觀念，別有一種態度。死不是一種毀滅，那只是生的別一種形式而已。「死是一種神祕，引導人至另一個神祕中，因為死的作用，係由有形變為無形，暫時變為永久，人變為神」。

所以古人在田園中工作，生者居於斯，死後為神，仍然居於斯，與以慎終追遠的祀禮，此禮拉丁文稱之為：cultus。

Civilisation 的拉丁字根 civis，意為公民；或 civitas，意為「城市」。

從這兩字中，我們首先發現這仍然有宗教的意義。古代城邦中，如果要取得公民資格，首先要取得宗教的資格。因為城邦乃是由家庭演變成的，荷馬詩中，我們找到有許多這種的資料。宗教共同的信仰，便是城邦唯一存在的理由，古代西方政權的由來，率皆由宗教組織演變成的。因而他的社會，含有濃厚的宗教成分。Civilisation 是社會的，同時也是宗教的。只要看希臘、羅馬社會中宗教儀式之重要，便知我們的解釋不是附會的。

Culture 以土地滿足人類物質的需要，以宗教滿足精神的需要。

從橫的方面看，人類自身發展，以控制物質；自縱的方面，由有形進而為無形，直達到絕對的真理。在 civilisation 中，包含著整個的社會生活，這方面是政治的組織，那方面又是宗教的機構。從橫的方面，由城邦而國家，由國家而天下；在縱的方面，由人間上達到極樂世界與「天國」—— 奧古斯丁（Augustinus）曾著有《天國》（*Civitas Dei*）一書。

從上面研究，對文化的第二個基本概念，無論 culture 是屬於人的，civilisation 是屬於社會的，兩者雖不同，卻有一共同交叉點，便是「人」。即是說：文化必須人為中心，為此，對人須要有一正確的概念，也只有從人出發，我們始可看到文化的實義。

‖二‖

有人類便有文化，人有精神、物質種種的需要，以維持生存，適應環境。所以文化的起源，乃是由於人類的「需要」，此理至明，用不著多加贅語。但是，人是什麼，卻需要加以解釋。

哲人帕斯卡論到人時，說了一句很扼要的話：「人是一莖有思維的蘆葦。」他是脆弱的，同時又是偉大的。人的力量薄弱、需要複雜，偶然不合他的要求，便不能與其他生物競爭，所以他是非常脆弱的。但是人是偉大的，因為他有智慧，不斷地「沉思」，他利用兩手做自衛的工具，利用語言，傳播他的思想。原始人雖愚，卻不甘於愚，自身雖弱，卻不甘於弱。日改月化，努力克服自身周匝的困難，而能向前邁進。次之，人有一種好群性，個人所有的經驗，不斷地與他人發生比較，漸次發現自己的錯誤，因而對自己與團體的行為，加以反省，使之合理。這時候語言受空間限制，不能鞏固人類的福利，遂產生文字，將人類生活經驗，廣為傳播。而個人與社會生活，逐漸發生變化，亦有了均衡的發展，我們珍重文化便在此。

瑞士佛立堡（Fribourg）大學米南克教授（Prof. de Munnynck）論文化構成的因素時說：「人類精神要想發展，達到最高峰頂，自當設法取得這五種完美：控制自然以運用物質一也；致力哲學與科學以有正確知識二也；借文藝與美術使情感高尚三也；不斷致力社會事業，福利群眾四也；借宗教與倫理以接近真理五也。這五種完美為形成文化之因素，劃分野蠻與文明的標準，也是構成人類進步的方式。」

此五種文化的因素，按照人的需要所建立，並非是抽象的，乃是具體的。此五種因素，各民族同受支配，並無例外，其所不同者，因時間、空間、種族的不同，各因素遂有程度的差別，這種差別是形式的，並不是本質的，縱使世界文化史上有種種不同的典型，可是世界文化是完整的。

論世界文化者有許多理論，各有特點，要皆不出下列三種典型：

　　第一是人與人的關係，第二是人與神的關係，第三是人與物的關係。

　　代表第一種者為中國文化，以人出發，堯舜為完人，做成最高的理想。人與人是平等的，所以孟子說：「人皆可以為堯舜。」這便是說每個人都應當講求忠恕之道，盡己與推己，躬體力行，使人類生活有和諧的序位。「致中和，天地位焉，萬物有焉」，便是儒家正統的理論。代表第二種典型者，為埃及、中亞與印度的文化，它們看重精神作用，輕視本能，因為本能是罪惡的因素、使人沉淪的原因，必須根絕。我們看人類最大的宗教，率皆從這些地方發軔，如希伯來教、基督教、婆羅門教、佛教、祆教、摩尼教、回教等，視世界為過渡的橋梁，人為獸性的本能所束縛，一致要求解脫。代表第三種典型者為歐洲文化，它的出發點為知識，但是這個知識常與應用相混合。希臘阿波羅（Apollo）廟堂上刻著：「你要認識你自己。」蘇格拉底說：「你不探討真理，而熱心於富貴，你不覺著羞愧嗎？」蒙田（Montaigne, 1533～1592）在隨筆中說：「我知道什麼？」我們從未見過像歐洲人那樣瘋狂地愛知識，養成了抽象與應用的精神，這方面產生了數學與邏輯，那方面提高了物質的欲望，形成了一種「鬥爭」，兩種混合的結晶，便是科學。

　　這裡，我們有一緊要的聲明：世界文化雖有三種不同的典型，但並非是絕對的，因為同是以「人」為出發點，受自然共同的支配，有自然共同的需要。假使把它們分割開，勢必造成一種對峙，其結果必然有武斷與曲解的地方，這是我們時時要注意的。

｜三｜

　　研究文化發展的歷史，我們看到文化衰落共守的原則，從這方面，可以確定文化的不可分割性：

　　第一，米南克所言構成文化的五種因素，如果有一兩種特別發達，或特別落後，失掉平衡，即這種文化必然要衰落。

　　第二，任何國家民族的文化，須以「人」為基調，適應人性的需要，否則，這種文化必然要衰落。

第三，每個民族國家的文化是一有機體，係整個的。外形上受時間、空間的影響，可以不同，但在實質上須有歷史性，不能脫節，否則，這種文化必然衰落。

第四，為政者需要對時代有了解，有清醒的意識，使民族國家的文化與生活相配合，否則，這種文化必然要衰落。

我們不敢說這是定律，但是，我們敢說這是文化發展的原則，因為人類的需要大致相同。中國以破布、樹皮造紙，埃及用製紙草，墨西哥又用其他質料，紙雖不同，需要卻是一樣的。但是需要不是固定的，它受時代與環境的支配，因而各個民族國家，有它自己的生活習慣、風俗思想，形成不同的文化。我們受錯覺、成見、下意識等驅使，往往將真相矇蔽，誤將「形」的不同，而認為是「質」的不同，這是非常危險的。巴恩斯（Barnes）說：「人心是歷史中唯一的統一線。」歷史固如此，研究文化更如此。

第二章　研究歐洲文化史的出發點

治歐洲文化史者向有兩種不同的態度，一種視歐洲文化為人類文化的一部分，它不是孤立發展的。如代表歐洲文化的羅馬帝國，除受希臘直接影響外，受埃及、迦太基、小亞細亞的影響，較之高盧、西班牙分外重大，更無論萊茵河、多瑙河以北的地帶了。另一種以為歐洲文化有它自己的生命，與其他文化不同，它的形成與發展，確有它獨特的地方。我們在這一章內，試分析這個問題：在何種地步始能成立「歐洲文化」一語。

‖ 一 ‖

詩人瓦勒里（Paul Valery, 1871～1945）說：「歐洲只是亞洲的延長，不過是半島而已。」從地理觀點出發，整個歐洲沒有中國大，東方的邊界常在那裡演變，詩人的話是很正確的。

到 17 世紀時，地球上重要的地方亦已發現，許多地理專家討論俄國的問題，究竟它是亞洲的國家，抑為歐洲的國家？當俄國為蒙古人統治時，固然屬於亞洲的國家；蒙古人退後，歐洲人仍歧視俄羅斯。那時候歐洲的邊界，以波蘭東界為限。繼後彼得大帝維新，在波羅的海與黑海尋找口岸，接受歐洲科學思想，而政治、軍事、外交、文化與經濟，無不與歐洲列強發生密切關係，歐洲才視俄國為西方的國家，歐洲的邊界進展至烏拉爾山，一直包括了西伯利亞。1917 年俄國革命，利用馬克思的觀念造成一種新社會，西方人深懼那種思想的傳染，把歐洲東方的邊界，又縮到自白海到黑海。馬西斯（Henri Massis）著《保衛西方》一書，便是要說明對俄國這個國家，須革除他歐洲的「洲籍」。

歐洲不是「洲」的問題，第二個證據是土耳其。從君士坦丁堡陷落（1453）後，土耳其在小亞細亞與巴爾幹建立龐大帝國，教皇庇護二世雖組織十字軍，結果沒有將領，沒有士兵，淒涼地消逝了。到穆罕默德二世死時（1481），巴爾幹半島一大部分，黑海與愛琴海屬於這個新興的帝國，而近東問題成了歐洲最重要的問題之一。

可是歐洲人歧視它的宗教與文化，視土耳其為亞洲的國家，而這個亞洲的「病夫」，卻擁有歐洲很重要的領土。從洲的區分上看，這是多麼滑稽的事實！

別一種事實證明歐洲非「洲」的問題是英國特殊地位。英國為歐洲國家中最重要者，全世界有它的領土，受它經濟的影響，它的政治、文化、經濟等卻是自成風格，屬於超洲的或是國際的縮影。可是歐洲沒有英國，那將是不可彌補的罅隙，而且是不可思議的。

歐洲僅只是亞洲的延長，它之取得洲的資格，不是天然的，而是人為的。

｜二｜

我們要甩脫傳統的見解。歐洲不是天然的，而是人為的；不是整個的，而是分裂的。便是為此，歷史因素特別重要，任何一角發生的事件，必然波及全歐。倘如從歷史與地理上著眼，即我們看到有兩個不同的歐洲：一方面是大陸的歐

洲，以查理曼所建之埃克斯為中心，而今移在柏林；別一方面是海洋的歐洲，以羅馬為中心，而今移至倫敦。全歐洲的國家中，就自然條件而論，法國是最理想的地方。它具有大陸與海洋的優點，做成兩個歐洲的連接線。

法國是歐洲國家中統一最早者，它的政治與文化影響歐洲最大，有人形容法國是歐洲的頭腦，並非過言的。查理曼、路易九世、法蘭索瓦一世、路易十四、拿破崙，都能利用天然的條件，做出自己偉大的事業。大陸歐洲的精神是保守的、宗教的、團體的，所以法蘭克王國與教會合作，德國發生宗教改革，處處以集體的利益為前提，相信直覺而否認理智，便是在最實利的事業上，我們仍然發現神祕的彩色，將康得與笛卡兒或者史賓塞相較，便發現他們的不同。

海洋的歐洲經商重利，好動，產生了個人主義。好動愛遠遊，絕對相信自己，不允許侵犯自己的自由，這個自由在某種限度內，便是自己的利益。我們知道文藝復興與經濟的關係，同時也明白何以葡、西人海外的經營如此成功，文藝復興為何發生在義大利，產業革命為何發生在英國。

通常論歐洲文化者，大半指海洋的歐洲，而以地中海為中心的。

他們忘掉了大陸。

┃三┃

地中海介乎歐、亞、非洲之間，是古代西方商業的中心，同時又是西方文化的搖籃。雖然柏拉圖譏笑地中海是個內海，無關緊要，可是它對歐洲的歷史與文化，發生一種特殊與積極的作用。

第一，地中海代表一種向心力，西方文化的發生，由埃及起，環繞海岸演進，由東向西，為西方開化最早的地方。首先許多重要河流匯入地中海，如尼羅河、頓河、聶伯河、多瑙河、包河、虹河、易伯河等。次之，地中海有三個半島與許多島嶼，自海本身言，構成一種分裂局面，但是這種分裂又為海水連接起來。最後，因為港灣很多，易於航海，遂構成古代經濟的中心，發展成一種特殊的文化，由南向北，布滿了整個全歐。

第二，地中海有甬道作用，當古人能夠利用船舶時，海上交通較陸上節省能力。而東部地中海島嶼棋布，如足踏石，便是膽怯者，亦易航行。古代西方文化的傳播，全賴地中海交通作用。及至回教興起，639年取得敘利亞與埃及，711年渡直布羅陀海峽，地中海逐漸變為死海，而歐洲的歷史與文化，沉入中古遲滯狀態中。當新航路發現後，地中海失掉中心的地位，商業中心移至大西洋。可是，自1869年，蘇伊士運河開通後，地中海成為歐亞交通要道，又恢復昔年的重要。它是溝通人類文化的大動脈，是經濟網的中心。

第三，地中海有刺激作用，歐洲歷史的動向在爭奪地中海霸權。

當腓尼基商業發達後，地中海的價值被人發現，波希戰爭便是爭奪地中海的戰爭；布匿戰爭便是羅馬帝國建立的初步；而近代歐洲事實的演變，幾乎都與地中海有關。雅典、迦太基、敘拉古、羅馬、西班牙、里斯本、倫敦，交相輪轉，都曾有過光榮的歷史，而每個光榮時期，便是控制地中海所造成。

第四，地中海有發酵作用，除過溝通各地文化外，歐洲文化起源於地中海，是沒有疑問的。希臘教歐人愛好真理與自由，羅馬教歐人如何組織，愛好國家，義大利的文藝復興，法蘭西大革命，大而政治文化，小而日常生活，凡起自地中海濱，頃刻瀰漫全歐，彷彿傳染病似的。

｜四｜

歐洲學者們咸認歐洲民族問題的困難，自認為他們印歐人是世界上最優秀的民族。張伯倫、戈比諾、勒龐主張歐洲人當占優越的位置，視其他民族為有色人種。

這是一種偏見，證據是印度人與歐人同種，結果卻變為俎上魚肉！

歐洲民族問題是複雜的，史前的移居、蠻人的侵入、蒙古的西侵，再加上長期的戰爭、海外的經營，義大利沒有純粹的羅馬人，正如德意志沒有純粹的日耳曼人是一樣的。談歐洲民族，千萬不能為考證與有作用的科學所矇蔽，因為多少歐洲的學者，時常與政策配合，失掉求真的精神。

縱使「歐洲民族非常接近，對社會與智慧的發展，有同等能力」

（福伊雷語），從語言與歷史上看，大致可分為拉丁、日耳曼、斯拉夫、盎格魯～薩克遜等民族。因為歐洲歷史的演變，各時代精神的動向，強半是由他們發動的。因之，歐洲歷史與文化，亦受這種複雜性的影響。

第一，各民族有它自己的歷史與環境，形成種種不同的典型與心理。拉丁民族重理智，愛探討事物的究竟，與以一種體系；日耳曼人好沉思，有神祕的情緒，常將幻想當作真理；斯拉夫民族的衝動，心緒憂悶，喜玄想與極端；薩克遜民族的實利，有機警與進取的特點，意志分外堅固。這些並非是絕對的，卻給歷史上許多障礙，形成一種對立的局面。

第二，歐洲有過統一的歷史，卻非由於各民族的合作，更非由於地理環境，往深處著眼，便知完全是人為的。羅馬帝國曾統一歐洲，代表強有力的綜合，其原因乃在它平等的法律，與人民平等的政權。

在 213 年，卡拉卡拉（Caracalla）皇帝諭中說：「Omnes qui in orbe romano sunt civis romani efficiantur.」（凡居留在羅馬帝國境內便是羅馬的公民）查理曼大帝後，羅馬教皇構成歐洲的統一，其工具乃在予「人」正確的觀念。便是說「人」有相同的精神價值，至為寶貴，其目的不在現世，而在未來。因為人最後的要求，在止於至善，至善便是上帝的別名。也是因為這種精神的統一，所以在不協調中，可以發動八次的十字軍。基督教是有世界性的，歐洲無條件地接受它，便在取消古代社會的不平等。古藍吉說：「基督教的降生，便是古代文化的結束。」這是很正確的。

‖五‖

從歐洲歷史看，無時不充滿了「鬥爭」與「革命」。鬥爭是人性的，革命是社會的，任何時代、任何歷史都有這種現象，原不當視為歐洲歷史所特有。但是從含義與範圍上研究，即我們發現與我們不同。我們的爭，乃是「其爭也君子」，從未有像歐洲人那樣激烈，那樣持久。

由爭而所引起的革命，其範圍更為深遠。雅典梭倫（Solon）變法，斯巴達萊克格斯（Lycurgus）的改革、羅馬時代革拉古斯（Gracchus）兄弟提出的土地法、中世紀馬賽爾（Etenne Marcele）的暴動、路德與喀爾文（Calvin）的宗教改革、法國大革命，近百年來，無論從哪一方面，無時無地不充滿了革命、鬥爭、衝突，以至流血與殘殺……物競天擇的進化論、階級鬥爭的社會主義，只有西方人才能創造出來。歐洲兩次的統一，都是人為的。從這種意義上說，歐洲沒有統一過，而只是「組織」過。嚴格地說，歐洲沒有民族文化，他們不是發展個人主義，便是倡導國家思想，要不然便是抽象講自然觀念。他們以「人為」為最後的目的，忽視了自然。因為西方人對自然的態度，亦取鬥爭方式，把人當作「物」，將物只看到用的方面。

｜六｜

儘管歐洲存在地理、民族、語言、宗教等分歧，我們深感到歐洲有它獨特而完整的文化。這種印象，不是來自天然的條件，而是來自悠久的歷史。所以我們說：歐洲是歷史的產物，它是特別重視時間觀念的。

第一，整個歐洲的文化，由希臘、羅馬文化蛻變出來。前者教歐人如何創造，如何致知，使每個人成為獨立的人物；後者教歐人如何組織，以建立人與人關係的原則。希臘、羅馬的文化，雖為埃及與中亞文化的綜合，然自歐洲觀點言，卻是整個的。

第二，歐洲文化是基督教的文化，自宗教改革後，基督教的統一性被破壞，可是歐洲人的思想與生活，仍然受基督思想所支配。

第三，縱使歐洲各個國家，久暫不同，大小不等，但是文化形式大致上是一樣的。如封建制度、文藝復興、法國革命思潮、浪漫主義等，各個國家有同樣的經歷，只有深淺的差別而已。

第四，歐洲的國家，如人體一樣互相聯繫，不能孤獨。一國發生事變，馬上波及別國。當法國大革命時，英俄普奧如何戒懼，想根絕危險思想，現在退後百

年，我們看出那是如何幼稚的幻夢。因為法西斯、納粹完全是法國革命的私塾弟子。為此，雷諾教授說：「歐洲是祖國的祖國。」

從上面所舉的事實，歐洲有它獨立的生命，歐洲學者們也曾具體地討論過。碧克拉（Bekereth）認為歐洲是整個的，有其傑出的文化；科波拉（Coppola）又以歐洲文化是一種力的表現；邦凡特（Bonfante）別有見解，以歐洲文化乃在它的帝國思想，凱撒、查理曼、拿破崙，都是歐洲文化的結晶，因為他們都是力的象徵。

歐洲是近代歷史的作品，可是它的文化卻很久遠。它的面積雖小，物產貧乏，卻有豐富與複雜的歷史。

歐洲是歷史的，所以對於歐洲文化，有兩種看法。一種各個民族與國家有共同的過去，經過類似的階段，形成一種共同的意識。另一種是現在的，各個民族與國家有它自己的環境與需要，形成一種分裂局面，因而文化失掉中心，表現出矛盾、病態、脫節等現象，將有「弱肉強食，文化為蠻力所屈服」（雷諾教授語）的危險。

為此，我們試從歐洲歷史上，鉤玄提要，探討西方文化的所以。

第三章　埃及文化與自然

‖一‖

原始埃及的語言與文字，是非常難解的。根據最古的遺物，我們只能得到一個很殘缺的概念。古代文化神髓的所在，仍然是一個啞謎。假如逆尼羅河而上行，兩岸自然風景、歷史遺物，會給我們一種印象：埃及人直覺的力量很強。以象徵的方法，表現這種直覺，便是說，他們受了自然環境的刺激與影響，用習見的事物，把迫不可耐的思想具體地表現出來了。便是為此，埃及人看到尼羅河畔池沼中的睡蓮，出淤泥而不染，便把它當作純潔的象徵；他們又看到沙土中的甲

蟲，孜孜不倦地工作，便以為是創造宇宙的天神。

從另一方面看，埃及原始的居民，想像力非常發達。當他們看到尼羅河上的航船，便視為是天神所乘的金舟蕩漾在尼羅河上，要巡視人間的罪惡。因而由阿拉伯沙漠間湧起的紅日，自埃及視之，有如兩角間嵌著一個銅盤，不解其故，便以為是伊西斯～哈托爾（Isis Hathor）神，所以這位神的頭上有兩角，角間復夾有一個圓餅。

埃及地位特殊，居亞、非、歐三洲的十字街口，握著古代交通的孔道，構成侵略者、遊人與商人的樂園。亞歷山大與拿破崙，曾以埃及為據點，向東進發，尋覓千古的光榮；腓尼基與希臘的商人，結隊成群，來此角逐財富；希臘的哲人畢達格拉斯、史學家希羅多德，相繼留學埃及，聽孟斐斯與底比斯神職者的訓言。便是現在，雖說埃及受外人控制，但是它在軍事與經濟上，仍然有特殊的地位，蘇伊士運河便是形成它特殊地位的原因之一。這是地理環境要求必然的結果。我們知道在西元前 609 年，法老尼科已鑿開運河，將紅海與尼羅河溝通，只因當時航海的技術幼稚，後繼無人，而它的意義，卻是很重大的。

‖ 二 ‖

所以埃及在古代西方占一特別重要的位置乃在它樹立起農業文化，與中國古代頗多類似的地方。因沿大河流的兩岸，土壤肥沃，氣候乾燥。一方面啟發合作的精神，從馬利脫所發現的浮雕上，證明古代埃及人的生活處處表現出和平、忍耐、辛勤、重家庭、自給自足、不肯與人相爭。

埃及文化的特點，是它實用的精神。所以它的偉大處，不在思想與武功，而在它的農業與建築，在那古遠的時代，有特殊的成就。因之，它最引人注意的地方，第一是「大」，第二是「堅」。因為凡是大，沒有不宏，其量必能相容並包；凡是堅，沒有不真，所以沒有時間觀念，它要與天地同存。

大與堅是農業文化的特點，而這種文化又是兩隻「人手」所造成的。奧斯本（Osborn）論到埃及的紀念物時說：「……古夫金字塔屹立在荒涼的塵沙上，墓

色蒼白，在炎日下放射出強烈的光芒。當夕陽將落時，光漸轉弱，無垠的金字塔影拖在荒原上，遊人可看到這種紀念物的偉大，人類任何語言不能形容出精神上所受的壓抑，正像負著重擔似的。可是，無論從哪一方面看，金字塔都不是一堆石頭，不是一座丘陵，乃是人的手所造成的！這種大的印象，滲透進恐懼和敬重的情緒。」

這種偉大的建築，當時雖無具體明言，我們可想像出埃及人付出的代價。到希羅多德與狄奧多羅（Diodore）時，古夫變為暴君的別名，正像我國的秦始皇帝之於萬里長城。

按照希羅多德的記載，建築古夫金字塔時，「徵用所有的埃及人來工作，平均每塊石頭重兩噸半，共用兩百三十萬塊石頭所築成。經常有十萬人工作，每三月換一次，十年準備，二十年來建築……」

我們無法列出費用精確的數字，單就工人食用的蘿蔔與胡蔥的價值，學者猜想，約合八百九十六萬金法郎，其他正式的費用，真是不能想像了。

在金字塔完成後的不久，埃及便播散開許多傳說，其中之一，便是形容古夫經濟拮据的狀態：「古夫將他的財富用盡，想了許多方法籌款，最後異想天開將他的女兒標價出賣，賣給出最大價錢的人。」

我們再舉一件證例，便是埃及人所述的「迷宮」（Labyrinthe）。在周圍九十英里的米瑞斯（Moeris）湖中，建有兩座金字塔，迷宮便在湖東。由白石造成，間以花崗石，一進到牆內，便看著許多房屋由奇巧的走廊互相溝通，人們猜想至少有三千多間，一半藏在地下。在天花板與牆壁上，滿覆著題銘與浮雕，假使沒有嚮導來領路，遊人是絕不會走出來的。

在這無數小房間，有十二所殿閣，六所向南，六所向北，便在北角旁，法老摩利斯建立他自己的金字塔，塔上有浮雕，希臘人視此為埃及藝術最完美的代表。希羅多德說：「我看著迷宮，自覺比他的聲望更大，把希臘所有的建築集聚回來，可說仍是望塵莫及的。」金字塔是偉大的，其中任何之一，超過希臘最偉大的建築，而迷宮又遠在金字塔之上。

‖三‖

這種偉大堅固的遺物，不是羅馬的鬥獸場、克里特米諾斯宮所可比擬的。埃及產生不出羅馬的法律，也產生不出希臘的藝術。但是，它那種簡樸、偉大，特別是持久，除過我們的長城外，人類恐怕沒有第二個民族用手創造的遺物可與埃及相比了。

埃及文化所以持久的原因，完全是受了自然地理環境的影響。它的外圍，受撒哈拉、阿拉伯沙漠、地中海（在航海未發達前，海的作用與沙漠相等）保護。自西元前 4500 年起至西元前 330 年止，雖有異族侵入 —— 如第十六王朝西克索（Hyksos）的入寇，第二十六王朝波斯大帝坎比塞斯（Cambyse）的侵入 —— 卻是為期甚短。在這四千年中，埃及為本土君主統治，人類歷史中，除中國外，沒有一個國家像埃及這樣悠久的；相對地說，也沒有一個國家像埃及少異族侵入的。

沙漠與海給了埃及一種幸福的保障，同時也有一種不幸，使埃及孤獨，失掉抵抗的能力。因為埃及古代的歷史獨立自存，從自身上發展，沒有比較，沒有刺激，很少受外來的影響。在另一方面，它受尼羅河豐富的賜予，埃及逐漸失掉奮鬥的能力了。我們知道地理對歷史發生一種保護的作用，乃是指文化相等而言，設文化不等，或完全不同，雖有很好的地理條件，結果仍然無法持久的。在西元前 330 年時，馬其頓承希臘文化的餘蔭，又得亞歷山大天才的領袖，埃及便失掉它的獨立，一直到現在。

‖四‖

從埃及內部看，它的歷史更受著尼羅河的支配。當希羅多德到埃及，看了這塊奇妙的地方，說：「埃及是尼羅河的贈禮。」這句話輾轉引申，多少人以為埃及的歷史便是尼羅河的歷史。

每年夏至的前一月，尼羅河只有平時的一半，渾濁而遲滯，正像它疲倦到萬分，將要停止它的運行。此時兩岸土色變黑，炎日直射，接連著有月餘的沙風，

一切植物，伏在塵沙之下，不能分辨出遠處的景色，除過人工灌溉的田園外，永遠看不到綠色的植物。忽然風勢轉過，北風勁起，吹散樹葉中的塵沙，尼羅河開始醒來，更換它最美麗的衣裳，由藍而綠，由綠而紅，紅得像一塊血布，啟露出自然界最特殊的現象。

尼羅河的泛濫，感到一種奇異的快樂，河水不分晝夜地增高，莊嚴地北去，隨時可聽到土堤崩潰的聲音。夏至前幾日，達到孟菲斯附近，百物交感，充滿了生的情緒。秋風一起，水位開始退落，到冬至便恢復原狀。尼羅河的漲落，將氣候分為三季：十一月至二月為播種季，三月至六月為收穫季，七月至十月為泛濫季。泛濫沖積成的土地，非常肥沃，滋養萬物，成了埃及的生命。埃及得天獨厚，雖說缺乏雨量，卻有尼羅河定期的泛濫。這是一種矛盾，但這種矛盾是表面的，費爾格里夫說：「……在世界上任何地方，其條件都沒有像埃及那樣更適於古代文化的發展。」

｜五｜

阿拉伯大將阿穆侖（Amouron）征埃及時說：「埃及是一塊塵沙的荒地，是一片嬌柔的大海，是一幅繁花遍開的地毯。」埃及人看了這種自然的幻變，在他們單純的心上，會引起無窮奇異的心緒。埃及人不明白尼羅河的根源，法老拉美西斯勝利的軍隊，沿河而上，永遠是那樣深，那樣寬，他們開始懷疑：這不是一條河流，而是一片大海。

埃及的司祭者以為尼羅河是來自天上的，他們又認尼羅河是「天」的化身，那上邊遨遊著許多美麗的神船。因之，它的泛濫亦是一種超自然現象，從象島兩個無底洞中流出，係女神伊西斯（Isis）為她丈夫所流的眼淚所構成的。在這種含有詩意的傳說上，又加上許多傳說。中世紀阿拉伯的商人，以為尼羅河直達印度洋，在這條河內，布滿了許多神祕的島嶼，有如蜃樓，住著許多怪物，勇敢而殘酷。舟過其旁者，隨時有顛覆的危險。旅人至島上者，便永遠與世告別了。

埃及人看了尼羅河這樣的神祕，滋養著許多草木鳥獸，呼尼羅為阿比

（Hapi）神，古人作歌以讚美他：「呵！尼羅河，我們感謝你，感謝你出現於此，使埃及得以生存。河水永漲，全境歡欣，品物咸亨，創造出有益的東西，使人果腹，百草暢茂，六畜繁昌……」

埃及外面受沙漠與海的保護，內有尼羅河的滋養，它的文化不受外界的攪亂，得以在長時間內自然地發展。居民為了築堤，或是開鑿運河，須互相合作，共同防禦外來的侵略及自然的災禍，所以他們的社會性發達較早，奠定了農業社會的基礎。不只如此，因測量土地，埃及人發明了幾何學，觀察天象與氣候，天文與歷學都有很深的造詣。

｜六｜

由於事實的需要，尼羅河畔的居民漸知團集的力量，擁護一強有力者出，做他們的代表，形成政治上的法老（Pharaon）。

法老是超人的，係「拉神」（Ra）之子，做人神的媒介；他又是農民的領袖，他親自以鋤破地，以鐮割穗，鼓勵人民發展農業。據希羅多德說，美尼斯（Menes）最大的光榮，是三角洲所築的長堤；法老最關心的事，是稼禾的收穫、穀物的保藏……法老是饑饉時人民的「供給者」，戰爭時人民的「保護者」。取獅身女首為象徵，獅代表力，女首代表智。如圖特摩斯三世（Thutmose III）、拉美西斯二世（Ramesses II）、尼科，都是英武的法老，有光榮的政績的。

為此，埃及人擁護法老，尊之如神，同時也向他提出一苛刻的要求：犧牲個人。「不久法老變為宇宙的中心，假使他有錯誤，宇宙便失其平衡，因而他的生活，必須以繁瑣的禮節約束之」。便是說，他的任務在保民，一切動作，須謹守各種戒律。狄奧多羅說：「法老生活上極細微之事，亦須受約束，他只能食犢肉與鵝肉，他只能食許微的酒。」

這證明他的個體已不存在了。

古代埃及史中，第十二王朝不只是最可靠，而且是最統一的。這時的法老，愛藝術，重農業，時時刻刻圖謀埃及的昌隆，開發尼羅河岸，整理運河，分配

水量，將底比斯與塔尼斯（Tanis）變為美麗的城市。《西納伊脫的回憶》（*Les memoires de sinouhit*）很可看出古埃及法老的實況。當他至亞洲，某小國王問到埃及的情形，他回答說：「法老桑納斯利（Sanouasrit）即位，繼其父為政，這是唯一的天神，曠古無比，立意周善，告諭慈和，征服了許多地方……」

從君臣關係方面看，我們更可看出農業經濟的機構，雖說權利義務明白規定，法老與臣民以正義，臣民要納稅與當兵，但是這種劃分的基調，仍是以情感出發。這只看拔奎（Pagit）對法老桑納斯利的忠實便是好的證明。他說：「當我隨著主人征庫施（Kaush）時，我替主人保存勝利品……君王前來，我侍奉他；我收集金礦時，可說沒有一個逃兵……許多人誇獎我……」

從商博良（Champollion）等蒐集的浮雕與圖畫書上，我們可看出埃及古代生活非常繁榮，同時那些勞工生活又如何慘痛。如「金銀匠夜間休息時，須仍燃點著火把來工作」。在古代東方民族史中，馬斯伯勞也說：「鞋匠是最不幸的，永遠向人討飯，他的健康像一條破魚。」因而，領導社會的知識階級法紳，成為埃及社會的中心。他們是法老的耳目，他們握著社會上極重要的位置，如法官、律師、將官、工程師等。一個法紳向他兒子說：「看了世間許多慘事，你要把心放在文學中，細思之後，在許多職業中，仍以讀書為好。」這和我們「萬般皆下品，唯有讀書高」，是沒有分別的。

遲滯、刻板、單調、現實都是這種文化的特點，壓抑個性、發展家庭生活，又是這種文化必然的動向，形成西方典型的農業文化。

｜七｜

在太陽與尼羅河的前面，埃及人有限的生命變到渺小的地步，於是，把賡續生命基本的要求，始而寄託在自然現象中，繼而寄託在想像內。埃及人看著太陽由東向西運行，入夜晚便看不見了，以故有歐西里斯（Osiris，象徵太陽）為堤豐（Typhon，象徵夜晚）慘殺的故事。

伊西斯象徵月亮，為歐西里斯之妻，她在天空中悲哀地徘徊，為她丈夫曾流過

多少清淚，一直到日出。荷魯斯（Horus）象徵日出，係伊西斯之子，為其父復仇，故將夜晚殺死。這個傳說，隨著智慧的發展，成為善惡鬥爭、生死交替的說明。

這種傳說，只能視為宇宙最高原則，對個人身心的要求仍是不能解決的。於是，埃及人想像人先有一肉體，然後又有一「復體」。復體存於空間，手不可觸，卻具有個人的意識。他們用光與鳥象徵復體的作用，永遠住在地下，感受饑寒，為魔與獸來威脅。藉著祈禱、食物、伴侶以抵抗復體的敵人，生怕死體的毀滅，乃有「木乃伊」與《死者之書》之設置。在《死者之書》第一二五章中說：「呵！真理與正義之主，我向你致敬禮……我沒有說謊，沒有怠惰，沒有瀆神，沒有存過噁心；我沒有欺負過寡婦，沒有霸占過土地；……我沒有吃過嬰兒的奶，我純潔，我純潔，我純潔！」

這是實踐的倫理，在《埃及人與其靈魂的對話》中，我們看出靈魂所求於人的，乃在要人有勇氣，勇於正面看死，而知道死並非可怕的。「我（靈魂自稱）每天向自己說：死如病後的調養，死如花的芳香，又如坐在沉醉的地方；我每天向自己說：死如天晴，又如飛鳥脫網，忽然到不知名的地方」。

由這種實用的精神所產生的哲學當然沒有體系的。假如尊重這種學問，並非因為這種學問的可貴，乃是學以致用，它可糾正人類的弱點。埃及第五王朝〈普塔霍泰普的訓言〉（*Instructions de Phatalhotpou*）便是好的證例。他最講求現實，一切要適應環境。譬如他說：

「假使你明智，你該永居在家中愛你的妻子，你讓她食珍饈，佩金玉，因為服裝是她生命的快樂。果使如此，即她永遠是你的快樂。」普塔霍泰普承人之舊說，只是他稍微抽象化了。

埃及得天獨厚，有四千餘年獨立的文化，給古代西方許多貢獻，成了希臘、羅馬的導師。但是，因為自然條件優越，反將埃及民族的創造力、戰鬥力都降低了。自西元前 330 年後，希臘、羅馬、阿拉伯、土耳其、英國相繼統治埃及，1922 年雖爭到獨立，仍然受英國支配的。埃及古代光榮的文化，也像希伯來寓言家所說，「這是一莖枯葦」而已。

第四章　中亞文化略述

‖一‖

當埃及文物極盛之時，它的鄰居中亞的文物，亦蔚然可觀，不只同是沙漠的區域，而亦有河流的影響。幼發拉底河與底格里斯河從尼發底（Niphates）山中流出，分向東西，並行南下，構成一肥沃的盆地，自古稱之為美索不達米亞，意即介乎兩河之間。當亞美尼亞冰雪融解後，向南傾瀉，灌溉美索不達米亞田野，在強烈的陽光直射下，每年可三次收穫。這是一塊大平原，天與地合成一片，居民仰視天，星麗於天，不與以神話，卻用數學方式來解釋，產生最早的歷算。

美索不達米亞位於亞非歐的中間，古代各民族遷徙必經之地。

因而它看了多少興亡，它的歷史充滿了血的鬥爭。這是古代稱霸者必爭的場所，亞述、波斯、希臘、羅馬都嘗試過。拿破崙在埃及失敗後說：「自古偉大事業，須從東方做起。」便是現在，伊拉克仍是兵家必爭之地。

按照《聖經》、希臘史學家的著述以及逐漸發現的浮雕，我們曉得中亞的居民，有長的鬍鬚，眼大、唇厚、健壯，有種殘酷的蠻性，特別是亞述人，所以亞述的歷史完全是一部戰爭史。

在最初的時候，美索不達米亞有許多池沼與島嶼，炎熱而潮溼，只有巴比倫附近一帶，宜於生活。可是居民增加後，向西南行便過阿拉伯沙漠及印度洋，給與一種天然的障礙。並且水草缺乏，只有初春產生許微的植物。為此，美索不達米亞歷史的演變，由南向北，它表現出兩種顯著的動向：第一，由農業文化轉而進為商業文化；第二，由和平轉而進為戰爭。我們試加一種解釋。

‖二‖

從石刻上所有的〈扁柏與銀山〉，從古詩的〈戰鬥之王〉，我們看到薩爾貢（Sargon）是不世的英才，縱橫小亞細亞。他最大的政績在於建立巴比倫帝國。他將土地劃分作許多區域，每區十小時可走完，王任命一人管理，稱為「殿

子」，處理一切事務，定期向國王報告。他們過著和平的生活，種莊稼，學習製造磚瓦，建築房屋，生活改進了許多。

這幾乎是古代中亞史中的定律：假如巴比倫為中亞政治的中心，即它的文化是農業的，表現出和平的景象。一方面巴比倫的土壤與灌溉宜於農業的發展；他方面，凡能掌握巴比倫政治者，必然政治與軍事有獨出的能力，始能對抗外敵。漢摩拉比（Hammourabi）不只是一位善戰的君主，而且還是一位大政治家。他的法典保障農民，如「假使園丁盡心培植蔬菜，四年後有與主人平分收穫的權利，但主人有選擇的優先權」。又如「假使農人租來的牛和驢在田間為獅子所吃，即主人須忍受損失」。

馬斯伯勞敘述這時的城市，充滿了農村的風味，人民住在磚屋內，過著簡樸的生活，工作自己的園地，很少互相往來。女子們蟄居在家中，不過問外邊的事物，有之者，即便是在枕邊起作用了。漢摩拉比說：「將荒原變為沃地，使之生產，成一所樂園。」這是他最高的理想。

便是到大巴比倫時代（前 626 ～前 538），為時雖短，尼布甲尼撒（Nabu-chodonosor）亦要裝飾巴比倫，以顯示太平。希羅多德曾遊覽過，譽之為「城市的皇后」，有七色相間的高塔，《舊約》上曾有不朽的敘述：有懸空的花園，在晚風吹來時，深宮禁女相攜在那上邊散步。

尼布甲尼撒明白巴比倫的重要，裝飾它，正是為了加強政治作用。可惜後繼者那波尼德（Nabonid）太庸弱了，無法賡續，而為波斯所滅亡。

因為巴比倫位置在東西交通的十字街心，閉關自守，像埃及受尼羅河那樣發展是絕對不可能的。裴格來說：「巴比倫人自然與鄰人發生關係，以農業為基礎之文明逐漸讓位於以商業為主的文明。」此後的下加爾底亞，逐漸受北方支配。因為巴比倫人衝破自守範圍，沿幼、底兩河而北上，正是自愛琴海至高加索的居民，醞釀著一種大變化之時，即是說，北部草原中崛起的新勢力：亞述人。

┃三┃

　　亞述人居於底格里斯河上游，地雖肥沃，以面積過小故，不足容納多量的人口，且多山地，「冬則積雪，夏則狂飆」，他們受了地理上的不幸與限制，無法保證自己的生存，不得不奮發圖強。他們需要統一，建立集權的政治；他們需要武力，創造強悍的軍隊。所以它的文化是一種「力的表現」，因為它的特質是流動的，同時也是殘酷的。

　　亞述的民族非常健悍，血管內充滿了蠻力，他們雖濡染了巴比倫的文化，卻是外形的，與他們民族性上，並沒有重要的影響。我們看亞述帝王的特點，大都是征伐、狩獵與享樂。他們有絕對的權力，自認為是神的僕役，崇奉伊什塔爾（Isthar）神，也便是神的代表。

　　1843 年在豪爾薩巴德（Khorsabad）發現的故宮，更可證明亞述帝王的生活。

　　馬斯伯勞論到亞述人的特性時說：「無疑的，亞述人是中亞健壯的民族，他們不及巴比倫人聰明，卻比他們能夠持久。他們有軍事的才能，健壯的身體，機智、冷酷、不可撼搖的勇敢 —— 這是一種自高、肉感、虛偽的民族，焚殺劫掠視為常事，縱使有高尚的文化，卻含有蠻性的遺留。」

　　每年到春醒的時候，亞述人便感到「生」的衝動，由衝動而激起一種懷思，想逃脫冰雪的山地、枯澀的草原，到那野薔薇遍開的波斯，或綠草如茵的巴比倫。他們結隊成群，向外開拓，或向屬地徵收新的稅賦，或重新創立事業。他們所向無敵，因為他們有很好的軍隊。一方面實行徵兵制，另一方面配備很好，除步兵外，尚有速進隊、戰車隊、攻城隊。而最精銳與最特別的是騎兵，因為馬小，健行如飛，除作戰外，還擔負偵探、破壞、擾亂的工作。

　　亞述是侵略的民族，瑟諾博斯（Seignobos）語之為「士兵與獵夫的民族」，是很正確的。幾乎每個亞述的帝王，都發動過大規模的戰爭，用一種傲慢的語言，將他們的武功刻在宮牆上，如亞述納西拔（Assurnaxirhabal）的石刻（前882）說：「城門前築一牆，滿覆著叛徒的肉皮，將他們的首級作冠形，殘骸作花

圈。」太平時，帝王們行獵。亞述巴尼拔（Assurbanipal）石刻上說：「我，亞述巴尼拔，亞述之王，三軍之帥，展開戰神伊什塔爾之弓，射死兩獅，以之獻祭與奠酒。」他們像以後的斯巴達、普魯士，「戰爭為常事，和平反變為偶然」。

‖ 四 ‖

如何有用，如何舒適，這是亞述最高的理想。這種精神的趨向，在宗教上表現得更為明白。他們敬神，因為神可使他們趨吉避凶。尼尼微的伊什塔爾、巴比倫的馬杜克（Mardouk）是這兩個城市的保護者。他們與普通人一樣，不是超性的，只是有力，要人絕對服從；又非常忌妒，不欲別的城市有許微的成功。為此，亞述帝王遠征，用神的名義，是一種報復的行為。在他們自身說，勝即是褒，敗即是貶。亞述有優良的軍隊，永遠是勝利的。這便是說他們是伊什塔爾最喜悅的人民。亞述巴尼拔的石刻上說：「反叛亞述與我的人們，我要將他們舌頭割掉；將他投諸深溝；解他四肢，投之與狗……這樣我的天神必快於心。」

在科學方面，巴比倫有特殊的貢獻，可是他們的出發點，不在解決宇宙的神祕，也不在探討高深的真理，他們受了地理環境的刺激，以實用為主，滿足自我的要求。如最發達的天文，產生了高深的歷學，但它的動機，卻在找尋天星與人的關係，即是說一種「方術」。

亞述人以為每個行星是神，有它自己的顏色，土星為黑，金星為白，木星為紫，水星為藍，火星為紅，月為銀白，日為金黃。占星可明白神的意志，同時也確定自己的吉凶禍福。因為天星的方位，與人的命運有關，它的運行，有如人的呼吸一樣。希臘與歐洲的中世紀，都受到它的影響。

這種實用的文化，自難孕育成高深的理想，因為個性為集體所摧毀。外則，亞述人視思維是一種多餘。他是侵略者，他給希臘、波斯、羅馬、阿拉伯、蒙古、英、俄，開創了交通的坦路，奠定了中亞的商業性，可是他沒有給人類留下永久的貢獻，因為他文化的基礎在力而不在智，在用而不在真。

亞述帝國，始於西元前1270年，終於西元前625年，在這六百四十五年間，

他們留下許多恐怖的回憶。從亞述自身看，正如辛那赫里布（Senacherib）說：「吾之過也，有如一陣蹂躪之狂風。」從別人看，正如先知尼希米（Nehum）所說：「尼尼微成為一片焦土，又有誰憐之。」亞述只認識了力的價值，沒有與「人」正確的意義。

｜五｜

希伯來的文化與亞述正相反，他們住在利班（Liban）山南，由土腰與埃及相連。雖說是地脊，可它是古代交通的孔道，容易吸收外來的文化。希伯來從游牧而定居，由定居而形成國家，充分代表古代民族的演進。

希伯來人從亞美尼亞山中出，沿幼發拉底河南下，逐水草而居，繼向西行，入埃及，備嘗各種辛苦。摩西出，率之遠走，定居於西奈山，經四十年的奮鬥，得「十誡」，構成希伯來宗教的神髓。

縱使《舊約》中有些幻渺的傳說，《摩西十誡》是希伯來歷史上最重要的史實。因為他給徘徊不定的民族一種具體的組織，同時對個人信仰，施以一種集體化，加強了民族共同的信念。不只如此，摩西將「人」的觀念提高：人是平等的，同時又是自由的。

有了這種堅固的基礎，希伯來始有大衛（David）與所羅門（Solomon）的黃金時代，但是這兩位大帝所創的王國，卻是很脆弱的。第一，約旦河流域，只是交通的孔道，缺少地理上保護的條件，不能樹立堅強的國家。第二，大衛與所羅門憧憬著一種幻想，要建立強大帝國，可是他們沒有自知之明。希伯來不是戰鬥的民族，大衛卻要他們戰爭；不是工商業民族，所羅門卻要他們經營，向外發展。為此，他們的事業，只是曇花一現而已。第三，埃及與亞述衰落，腓尼基又有內亂，所羅門得提爾王伊哈姆之助，在軍事與經濟上有偶然的成功。這是一種機會，並不是一種實力。為此，自所羅門死後，希伯來王國便在紊亂中，承繼者缺少實力，而政權便落在司祭者手中，正如歐洲中古世紀時一樣。此後希伯來歷史，樹黨對立，阿塔莉（Athalie）的故事便是好的證例。

｜六｜

這個希伯來弱小的民族，所以在西方古代史中占重要的位置，完全由於它的宗教。他給歐洲人信仰上一個正確的對象，獨立而永存，不受時間與空間的限制。從信仰上說，這不是物質的崇拜，也不是自然的憧憬，這是人類智慧最高的表現，精神向上的凝結、統一、普遍、永存。「它不依據任何物質，而所有的物質依它而得存」。從理智方面說，這是宇宙的基本原則，智慧抽象的結晶。它給哲學、科學、藝術一種不變的原則，奠定西方文化的基礎。

希伯來從未組織成一個堅固的國家，在它的歷史上，充滿了民族的鬥爭、政教的衝突。它的特點，便在遵守摩西的戒律，崇拜耶和華為至尊唯一的天神，他的意志，不能反抗，而要敬重。但是在敬愛之中，有唯一的條件，即信仰者的生活，要不斷向上，達到理想的完美。從這種純潔與高超的觀念中，得到兩個重要的結果：第一，每個希伯來人，自視為耶和華的天民，「人」的觀念提高，個性從而加強；第二，提高倫理的價值，當亞述侵入希伯來後，給予多少災難，但是，他們安之若素，自認「這是一種懲罰，不是失敗」，有一日，耶路撒冷仍會有它的光榮。這種「希望」構成希伯來文化的活力，比它的侵略者更為強硬。這裡已孕育著西方文化的大動脈：基督教。

自摩西之後，希伯來的歷史是一部宗教史。據馬斯伯勞的研究，原始的希伯來並非一神的，它受了埃及、亞述、腓尼基的影響，耶和華是民族的偶像，逐漸演變成的。他論到所羅門時，說：「所羅門並非要使他廟堂消逝，只想看著耶和華在他手邊，超過一切對敵……」

帕斯卡想到希伯來命運時，這樣說：「巴比倫的河流著，落下去，以至消逝。呵，神聖的西翁，那裡的一切都永存，都堅實。應當坐在河上，不要在內里與下面，而是要在上面，不要站著而要坐著……我們便在耶路撒冷的門邊。如果看消逝與永存的快樂，如果有消逝者，那必是巴比倫的河流。」哲人言此，乃是指西元前 587 年，尼布甲尼撒毀耶路撒冷城，俘虜希伯來人的史實。這是智與力的鬥爭，西翁永存便是希伯來文化的象徵。

┃七┃

亞述巴尼拔戡定波斯後（前 643），中亞東方民族，逐漸團結，做一種強烈的反抗運動，企圖摧毀大帝的經營，這便是亞利安民族意識的覺醒，也便是波斯帝國的形成。

古時中亞，按著天然的地形分作兩部分。一部分是山地，位於底格里斯河與裏海之間，四圍環山，厄爾布爾士屹立在東邊，聳入雲霄，古人以此為天的邊界。另一部分是平原，介乎印度河與波斯灣之間，札格羅斯（Zagros）山，順底格里斯河南下，至海濱，急轉向東北，與興都庫什山相接。其間內河，幾乎都不能航行。氣候轉變得很快，由西伯利亞的奇冷，忽然轉而為塞內加爾（Senegal）的酷熱。這對於文化發展，關係很重大的。

在航路未發達之先，波斯是東西交通的孔道，古代民族遷徙必經之地，因而兵馬相聚，各種文化交集，既適宜於傳播，又適宜於同化。其次，波斯有許多沙田，土地肥沃，洛蒂（Pierre Loti, 1850 ～ 1923）遊波斯後說：「草木、禽鳥、春天，都和我們家鄉一樣。」這裡遍開著山玫瑰，亂飛著歌春的黃鶯，自古波斯便有花園的名稱。從寒冷的北國里，遷移來質樸與英勇的民族，受了氣候與景色的刺激，從肥沃的沙田內，滋養成一種肉感與享樂的文化。

論到亞利安種何時來到波斯，摩根（Morgan）說：「很難考證正確的時期，追尋遺蹟，似在西元前 12 至 15 世紀間，它原始的一切，便消失在時間的夜里了。」波斯被亞述征服，吸收了軍事與物質文化，青出於藍，自己也變為一個侵略的民族，創造成一個帝國。正如烏亞特（Huart）說：「形成一個廣大的國家，這是有史以來第一件重要的事實。」因為波斯由蘇薩一個小城市為中心，將不同的民族團結起來。

縱使波斯文化為一種混合，由埃及、亞述、巴比倫、希臘所構成，但是有它自己的特點，達梅斯特泰（Darmesteter, 1849 ～ 1894）說：「波塞波里斯（Persepolis）的遺蹟，證明波斯的藝術是混合的；波斯吸收了亞述、埃及、小亞細亞、

希臘等文物，成為一種強有力的混合，處處表現誇大的趣味，但是這不能取消波斯的特點：調和與勻稱。」在色彩也是如此，波斯愛亞述建築的色彩，它能更進一步，捉住深藍的天色，給感官上一種美妙的刺激。

‖八‖

米底與波斯合併，組織成偉大的帝國，它的宗教與倫理較中亞任何民族為高。所以被它征服的民族，乃能保持著原有的宗教與組織。倘若與亞述相對照，更可看出它的價值。我們看尼布甲尼撒對待希伯來人，我們看尼科對待失敗者，便知「居魯士（Cyrus）是歷史上偉大人物之一」。他有組織的能力，統一的方法，不只有秩序，還有政治高尚的理想。

波斯帝國，由居魯士、大流士（Darius）、坎比塞斯創立成功，給亞歷山大最好的模範，「亞歷山大最欽崇者為居魯士」。因為波斯有一種世界觀念，給希臘一種刺激，亞歷山大也想把他的城市變為宇宙的中心。為此，我們可以說亞歷山大的希臘是波斯歷史自然發展的結果。在某種意義下，波希戰爭，雖說希臘勝利，但若從政治上說，希臘卻失敗了。

古代波斯的政治，基建在波斯宗教的思想上，正如拜耳（Prof. H. Beer）教授所說：「波斯軍隊是宗教革命的傳教士。」為此古波斯帝王作戰後，從未忘掉他們宗教的教律：寬忍與慈柔。柏拉圖、埃斯庫羅斯（Eschyle）視此為智慧最高的表現，希伯來人視大流士又為耶和華的特使。

波斯的祆教（Mazdeisme），自大流士後，漸具高尚的形式，受薩珊（Sassanid）王朝保護，發展非常迅速。阿胡拉·馬茲達（Ormnzd）雖非唯一的尊神，卻是神中的至尊者，以火象徵。它是光，永存於太空，它教人為善，與黑暗（Ahriman）為勁敵。便是說要人「善思」、「善言」、「善行」，而善的最高表現為「潔」。這給與伊斯蘭教一種很大的影響。詩人雨果說：「神之額為光，神之名為愛。」這是火祆教的神學。

‖九‖

現在的波斯是 18 世紀末年的產物，因為新航路的發現，交通工具的發達，我們覺著波斯生活在沙漠中，形成一個神祕的世界。在古代的時候，卻不是如此。從居魯士時代起，波斯是東西交通十字街口，各種神靈集會的地方。因之，波斯的宇宙觀念與世界觀念，較中亞、西亞、希臘、埃及皆特別發達，到薩珊王朝，此種動向更為加強。

「位置在中國、印度、拜占庭三大帝國之間，有四世紀之久，波斯是人類精神交流的樞紐」。在宗教方面，更可看出這種形態。波斯欽崇的火祆教，逐漸失掉它的面目，形成摩尼教，含有婆羅門、希伯來各種宗教的色彩。

波斯的文化是肉感的，卻沒有羅馬衰亡時那樣的毒害。原因是它不失農業的基礎，保持著質樸、忠勇、清廉的特點。希羅多德說：

「波斯人以說謊為可恥，借債亦屬可恥，因為凡借債者沒有不說謊的。」他們重家庭、愛子孫，與中國的倫理有許多類似處。波斯古經中說：「家無子孫是最可怕的。」這與我國「無後為大」的思想，沒有什麼特殊的分別。西元前 490年，波斯發動侵略的戰爭，節節失利，西方的歷史走入一個新的階段。因為希臘取得馬拉松（Marathon）與薩拉米（Salamine）的勝利，發現了個人的意識，創造出「形的美」。埃及與中亞的文化，亦從此凋零。但是，他們將近四千年的努力，埃及的農業與灌溉、巴比倫的科學、亞述的軍事、希伯來的宗教，借腓尼基的航船，由迦太基的協助，一一傳到歐洲。而波斯的侵略更促進古代文化的傳播，人在自然中已取得崇高的地位。

第五章　古代希臘文化之特點

‖一‖

在 19 世紀初，希臘受歐洲民族思想的影響，依普希蘭狄斯（Ipsiandi）從事希臘獨立的運動。其時歐洲許多知識階級，寄與深厚的同情，如法國伏波野將軍（Cen.Fabier）、英國詩人拜倫。

他們愛希臘，因為希臘是自由的象徵。當時有識之士，既痛恨梅特涅的反動，復追逐政治的理想，深希望希臘脫離土耳其，取得最後的勝利。

其次，在 19 世紀初，浪漫主義發展到飽和點，無論從形式與內容上看，這種文藝思潮與希臘文學很接近。舍尼埃的詩內，充滿了希臘的情緒；夏多布里昂（Chateaubriand）對雅典有動人的描寫。許多史學家竭力證明：希臘是西方文化的源泉，為了愛自己的文化，便不得不愛受痛苦的希臘。

現在的這次大戰中，我們看到英勇的希臘人如何抵抗德意的侵略，敗黑衫軍於般德山中。希臘雖然暫時屈服，有心者又誰會懷疑希臘未來的光明？我們也要像拜倫所歌：「……我來獨為片刻遊，猶夢希臘是自由……」

希臘蕞爾小地，自西元前 146 年羅馬執政官馬繆斯（Mummius）將之改為行省，失掉獨立。為什麼它有這樣強的魔力，於每個人意識上激起一群眷戀的情緒？假使希臘是西方文化的搖籃，那麼它文化的特點何在？而這種文化給與人類的貢獻又是什麼？對這些問題，我想概括地敘述己見，試與以一種解釋。

‖二‖

雅典的立法家梭倫（Solon）旅行到埃及時，當地的一位神職者向他說：「你們是些小孩子。」這句話正可形容出希臘民族的特性。我們不能說希臘文化是嬰孩的文化，可是我們能說他是青年的。

希臘人（至少是古代的希臘人）是永遠的青年，它一方面是好奇，不講求效用，只探討事物的本體；另一方面是快樂，不知老之將至，永遠在幻想與做夢。

從前一種出發，希臘建立起哲學與科學；從後一種出發，構成了不朽的藝術。所以勞朗（Laurand, 1873～1941）論希臘民族時說：「在世界上，希臘民族似乎是最優秀的。」這不是過分的誇獎，希臘文化充分表現出質樸、狂烈、和諧與精密，便是說希臘文化「均衡地發展人的偉大」。

在人類歷史上，除中國文化外，沒有能與希臘文化相提並論的。

辜鴻銘在《中國民族精神》一書中說：「能夠了解中國民族精神者，只有古代的希臘……」錢穆先生論中國文化為青年文化，其特點在孝，我們很認同這種解釋。

愛形式的美，講求健康，狂烈的衝動，喜議論，有時候自私自利，這是青年的獨到處，也是希臘文化的特點。無論它有多少可批評的地方，它卻是純潔的，以養成「人的完美」個性，表現人類最高的智慧。

｜三｜

希臘高貴智慧的形成，首由民族的健康。亞里斯多德說：「希臘人具有北方民族的蠻力與歐洲民族的聰明。」這句話的含義，指出希臘民族的偉大，係雅利安種的健康與古代中亞文化的混合。

從古代希臘遺留的瓷瓶、杯盤、浮雕上，我們看到希臘人的筋肉很發達，四肢非常勻稱，線條很規則，眼大，放出強烈的光芒，髮捲而下垂，鼻直與額齊，構成希臘人的特點，亦是人類肉體最完美的代表。

希臘人特別著重體育，在十八歲以前，每個兒童的精力，除音樂與文法外，完全置放在體格的訓練上：搏鬥、賽跑、跳遠、鐵餅、角鬥、劈刺、賽馬等。他們的目的不只在參加奧林匹克大會，奪取群眾所準備的桂冠，而且在培養健康的公民，以負擔城邦的重任。

希臘對肉體的訓練，我們稱之為「美的意識的覺醒」。色諾芬（Xenophon）說：「只有在斯巴達，始能找出希臘最美的男人與女人。」

這便是為何斯巴達首先注重體格，其次始注意倫理的思想。我們知道斯巴達

國王阿希達穆斯（Archidamas）與身高矮的女子結婚，民眾要他受民法的處分，他們所持的理由是未來的國王個子矮，有損斯巴達的威嚴。

我們不應笑斯巴達人多事。他們需要魁梧奇偉的國王，始能統治他們的城邦。古代希臘民族，荷馬與希臘傳說中，都有許多資料可證明。如七位壯士反抗底比斯（Thebes），解釋腓尼基的統治。古傳說中的底比斯，係腓尼基人 Cadmus 所建立。荷馬詩中最理想的人物是阿基里斯（Achille），不只是美男子，而且是驍勇的武士。阿伽門農（Agamemnon）王是希臘強有力的領袖，他體格的健壯和他的英勇是一樣的。

並非我們故意舉斯巴達為例，實因它可代表希臘民族。米勒（O.Muller）說得好：「雖說多利安人（Doriens）好勇鬥狠，但是，並非如常人所思他們是野蠻的，事實上他們的特點與希臘其他民族一樣的。」多利安人便是斯巴達人。

因為重視體格，希臘人常過著一種競爭的生活，其結果形成一種個人主義。從希臘歷史上看，希臘分裂成許多城邦，只有個人與城邦意志，而缺乏民族與國家的意志，這是非常可惜的。

波希戰爭後，希臘取得意外的勝利，可是沒有利用這個機會奠定統一的基礎，其原因雖多，個人主義的影響是重要之一。便是雅典，它不能大公無私，結果僅只有六十年的強盛，這在一個國家的歷史上是多麼像「曇花一現」啊！

‖ 四 ‖

古代希臘僅只是民族的團集，從未組織成一個國家。它教育上最高的理想，追求「人」的完美，以實現靈肉的和諧。但是，我們要注意，希臘人重視靈肉，給予不同的態度，便是說先肉而後靈的。他們從人出發，以人為歸宿，其目的不在人類，而在表現「個性」，為此他們的領導人才，首先要具有完美的體格。

希臘文化史上重要的人才，同時也是可以舉鼎的壯士：悲劇家索福克里斯（Sophocle）參加薩拉米（Salamine）戰爭後，狂歡地跳戰歌舞；柏拉圖、克律西波斯（Chrysippe）、堤莫克里翁（Timocleon）開始都曾做過鬥士；畢達格拉斯

曾得過運動的獎金；尤里比底斯曾奪取過運動的桂冠……

當我們說希臘講求體格，並非說它忽視思想與靈魂，我們乃是說在古代文化發達的國家內，從未有誰像希臘人那樣重視體格，將之作為最後的目的。

從希臘的神話內，我們更可看出它的主角反映出這種精神。希臘人受了自然現象的刺激，如海波的飛鳴、天星的運行、山間的清泉，發生奇幻的心緒，視為是一種超人的現象，將之人格化，予以健壯的身體。阿波羅（Apollo），降服培冬（Python），禦金車於天空馳行；赫拉克勒斯（Heracles）擁有無盡的偉力，取得十二種勝利，結果自焚在奧達山頂。這些英雄大半是苦痛與不幸的，力有餘而智不足，成為命運的玩具。他們是希臘人崇拜的對象，且被寄予深厚的同情與珍惜。

這種豐富的神話不是迷信，因為希臘人重知，永遠在探討為什麼。他們的神話亦是以人為基點，我們試作進一步的研究。

‖五‖

希臘首先與「人」以正確的觀念，視人為一切的中心，而個人又是人的中心。這是徹底人本主義（Humanisme）寫於「兩無窮」之間，一方面將人比宇宙，有似虛無比無窮；另一方面，人體藏有無窮的原子，自身又成了一個宇宙。希臘人首先發現了人是一個啞謎，他們不能自止地要加以解釋。

古代文化發達的國家，沒有比希臘的假設更多的。但是，任推理如何精密的假設，其結果仍是一疑問，因為是以假設解釋假設之故。

為此，德爾斐阿波羅神廟上刻著：「認識你自己。」

希臘文化以人為中心，其知識直接間接大都與人以解釋。柏拉圖偉大的地方，便在提出理性，視人類為一體。因為理性是人與人的連接線，它不只是普遍的，而且是自由的與平等的。

但是柏拉圖所說的理性，不是純抽象的，他雖未明言理性是否獨立，然而從他的方法上著眼，他的思維仍是受數學的支配。

柏拉圖在他創辦學會的門首，刻著含有深意的一句話：「沒有研究過幾何的學者，請不要進來。」柏拉圖為什麼如此重視數學？他並不視數學可以解決實際問題，也不是著重數學本身的價值，乃在數學對人類思想所起的作用，從現實到理想、從個體到統一的唯一最好的橋梁。

柏拉圖排斥個人主義，但他的基本思想仍然脫離不了「形」的影響，便是說希臘人所重視的體格。幾何學探討「形」和「數」的變化，實體雖不存在，卻能使各種幻變的關係、複雜的外形，引入理想的領域。我們不妨這樣說：有了那樣實體的觀察，始有他那種思維。從這方面看，他的「共和國」始有意義與價值。

亞里斯多德體用的說法，即是柏拉圖進一步的解釋。他重視運動，猶柏拉圖著重「幾何」。比這兩位思想家更進一步著重數學者是畢達格拉斯，解釋宇宙一切的現像是一種數的配合：有限與無限、單數與複數、正方形與長方形，由是而人間有善惡，有明暗，有晝夜，有陰陽……

從這些思想家的特點上看，我們看到希臘文化是形式的、勻稱的、調和的，它的基點在「人」上。詭辯家普羅達哥拉斯（Protagoras）說：「人是度量一切的標準。」這是非常正確的。

‖六‖

哈斯（W.Hass）論希臘文化說：「由希臘文化著眼，人的均衡發展，不只是他們重要的工作，而且是至高的目的。」人為至上，它是一切的標準。

有人形容希臘是美的世界，這種榮譽是指它的藝術而言。但是它的藝術特質亦是形式的、人的，乃至於數學的。雕刻家菲迪亞斯（Phidias, B. C. 480 ～ B. C. 430）、米隆（Myron）、波留克列特斯（Polyclete, B. C. 480 ～ B. C. 420）等，他們所表現的人體，線條簡樸，修短合度，不是部分的，而是整個的，不是人造的，而是自然的。這種形式的美啟露出向上的情緒，寧靜而和諧，滿足智慧與情感的需要。

泰納（Taine）在《藝術哲學》中，曾指出希臘藝術亦受數學的影響。雕像長

短的比例、繪畫色彩的調和、音樂聲調的和諧，完全是數字的配合。這種美守著數學的法則，所以能引人入勝，修養崇高的靈魂。

福伊雷研究希臘民族心理時也說：「數學是希臘思想勝利的表現，為理智的理智，由於數的特性、證例，在幾何的形體中，發現了形的定律，愛和諧與序位的思想者感到何等的快慰啊！」從「形」的完美，發現了「和」的價值，這是希臘文化的特點。因為「和」是人性的要求、智慧最高的表現，帕德嫩的建築，沒有一柱一石不是表現和諧的情緒，使人無法增減。這是雅典娜的廟堂，自希臘人觀之，正如我們哲人所言：「致中和，天地位焉，萬物育焉。」

希臘首先追求的「和」是人與人的關係，他們不忍看米利都為波斯蹂躪，所以雅典要起來反抗；他們政治上可以發現民主，使每個公民可以過問國家的政事，取決和戰。雖說這種政治有它的流弊，但是他們的動機卻是高尚的。

便是在戲劇中，我們也可看出這種精神。試舉悲劇為例：從形式上看，希臘悲劇的特點在合唱（Choras），它在悲劇中占重要地位，其價值在「和」。因為一方面是觀眾，別一方面又是演員，這樣觀眾與演員合而為一，增加了劇的效果。如《伊底帕斯王》（Oedipus）中底比斯老人合唱隊。若從內容上看，即發現使人頭痛的悲劇，因為它不只是娛樂與藝術，它是整個人生的說明，卻無法得到「和」的實體。外形的較易求得，以對方是獨立故，內心的「和」便困難了。

亞里斯多德深解此意，所以他解釋悲劇說：「悲劇使人感到同情與恐懼，同時要解脫人們的情慾。」這便是說人生原當是美滿的，而所以不能和諧者，因情作梗故，遂有使人憐惜、使人恐懼的各種事實。英姿多能的伊底帕斯王，他有絕世的聰明，解答女魔的謎語，他卻不明白自己便是弒父、妻母的罪人！這是何等的悽慘！索伏克利斯以如椽之筆，簡樸地刻繪殺死拉伊俄斯（Laius）是無知的，不只無知，而且是伊底帕斯王所痛恨的。為此他將自己的眼睛剜瞎，將他女兒安提戈涅（Antigon）作為孝女的象徵。從伊底帕斯王沒有眼睛後，始知有「命運」的存在，那知其然而不知其所以然的命運，是一種超現實的強力，非唯與「形」脫離，而且早已不屬於「人」的領域了。

我們解釋希臘民族愛好形式的完美，從他們詭辯派哲學的發達上更可與以證明。基於好奇的心理、政治生活的需要，他們將智慧與學術視為一種工具，重形式、講修辭、鬥意見，著重在技巧上，成為一種堂皇的辯證，便是說將推理變為一種遊戲，多少滑稽的故事留給後人作談資。所以柏拉圖譏笑它們沒有內容，將真理毀滅了。

｜七｜

希臘的這種文化，倘使有集體堅固的組織，其成就必更偉大。無奈希臘受環境的支配，特別是地理的，結果形成一種分裂局面。

古代希臘由海陸兩部構成。陸地的希臘，全境多山，如般德、奧林普、奧達、般代里克、代若等。山勢崎嶇，構成許多特別的區域，如色薩利、底比斯、雅典、阿哥斯、斯巴達。山是一種防衛，同時也是一種障礙。

各地居民的思想與生活，反映出一種孤獨的色彩。從好一方面看，各區域有它的特性，愛鄉梓、愛獨立；從壞一方面看，他們眼光短小，偏執，不能接受外來的影響。

古藍吉在他淵博的《古代城市研究》內，指出城邦形成的原因完全由於宗教。他說：「若干居里亞（Curia）既可合為部落，若干部落自然亦可結合，只以各部落中仍舊保存固有祭祀為條件，這種結合成立之日，即城邦組織之時。」我們同意這種解釋，但不能概括一切，原因是宗教也不能超脫自然的環境，事實是非常顯著的，毋庸多加詮釋。

希臘每個城邦，如底比斯、雅典、科林斯、斯巴達，便是獨立的國家，有自己的神靈與英雄，作為他們意識的象徵。雅典的雅典娜即是好的證例。

為此，當希臘受外人侵略時，他們雖有團結，卻並非全體的，亦非持久的。因為他們每個城邦，有自己的特性，不能形成健全的組織。在大流士（Darius）帝王軍臨希臘時，雅典向斯巴達告急，而斯巴達雖予以同情，卻因月未盈滿，不肯出兵。結果米爾西德亞獨支危局，孤注一擲，爭取到馬拉松（Marathon）的勝利。

但是，自希臘言，斯巴達的行動並非不友好，他們所愛的，首先是他自己出生的地方。

再舉一例，馬其頓的強大便是利用各邦的猜忌與分離。當雅典覺悟，聯絡底比斯，斯巴達仍是自私自利，在西元前 339 年，雅典大敗於凱洛尼亞。倘如我們視斯巴達無愛國的熱忱，那便完全錯了。只要我們回想德爾莫彼山谷的路碑：「過路者，記著這裡有三百斯巴達的英魂是為服務正義而犧牲的！」我們便知道他的偉大，勇於犧牲。他們共同缺乏的是組織。

‖ 八 ‖

希臘割據的原因，缺乏組織，係受海的支配。但是海之支配希臘，與英國完全不同。英國受海的保障，促成內部的團結，隔絕外來的影響，形成強有力的統一。希臘亦受海的保障，因為島嶼很多，其本部與大陸相連，故海起了相反的作用。即是說海對英國加強了向心力，而對希臘卻增加了離心力。

大陸希臘的面積約五萬五千五百平方英里，而它的海岸線卻有三千多英里長，每個城邦有自己的港灣、直接出口的海岸。所以希臘承繼克里特、腓尼基航海的經驗，建立了許多殖民地，握著地中海的霸權。從這一點上看，希臘與腓尼基對海的認識不同，希臘視海為領土、保障獨立的工具，腓尼基卻視海為通道、致富的方法。

在這一點上，沒有比波希戰爭解釋得更明白。當時波斯的海軍，由埃及與腓尼基戰艦所組成，卻整個失敗在沙洛米（前 480）。波希兩國海軍決定勝負的焦點，不在海軍的質與量，而在薛西斯大帝對海的認識。因為海戰後波斯的艦數，仍較希臘為多，唯薛西斯視海軍為奇事，不敢捲土重來，做反攻的計畫。正如費爾格里夫所說：「非波斯權力所及。」波希戰爭是海陸的鬥爭，陸軍國家不幸在海上失敗了，正等於法國艦隊毀在特拉法加似的。

因為希臘人視海為生命，給與海至高的價值。在他們天馬似的思想上，「紫羅蘭色的海」（荷馬的話），變成了自由的象徵。「自由人是愛海的」這句話正

可形容出海對希臘的影響。唯其希臘人愛好自由，結果沒有統一的紀律與組織。提洛同盟，並不能組織愛琴海的島嶼，那些會員國家，僅只是雅典的附庸而已。

大陸給與希臘獨立的精神，海洋讓希臘愛好自由，兩者形成一種矛盾、分割的局面。我們可以說：希臘整個歷史是海陸爭雄的歷史。

羅馬也是海陸兼有的國家，它卻能建立龐大的帝國，其原因在有集體的意志、嚴密的組織。有組織的鬥爭是一種生的鬥爭。相反的，在希臘歷史上，鬥爭卻促其滅亡。斯巴達與麥塞尼亞的戰爭，斯巴達從未恢復了它的元氣；波希戰後，希臘雖入昌隆的時代，雅典的自私、斯巴達的偏執，結果發生了伯羅奔尼撒的戰爭，兩敗俱傷，只給馬其頓造成了統治的機會。

這是一條定理：統治希臘，須有健全的組織，控制海陸兩種霸權。馬其頓的興起，便是菲力浦二世組織軍隊與人民，亞歷山大以陸地的霸權控制海上的霸權，形成西方曠古的勛業。

‖九‖

尤利斯（Ulysse）說：「看看許多城市，可以了解許多人的思想。」

這句話含有深刻的意義。希臘人永遠過著桃色的青春，對一切的現象感興趣，愛新奇，喜幻變，有時有點自大，卻反映一種天真。他們思想的豐富與想像一樣，要在千萬的幻變中，得到一個結論：致純知。

所以，修昔提底斯（Thucydides）說：「希臘人似乎只有思想。」

致純知的代表，沒有比蘇格拉底更恰當的。雅典失敗，以其有傷風化，判處死刑。他在供詞內陳述：「如果餘必停止探討真理的工作，而後方準釋放，則余宣布，餘以求哲理為天職，倘使尚有生命與精力，餘絕不放棄此任務。凡餘所遇之人，餘必詢問：汝不求智慧，而熱心於富貴，汝不知羞愧否？」蘇氏是希臘文化的燈塔，要在狂風暴雨的波濤上，照耀那迷途的舟船。

我們要注意，柏拉圖說「智慧是死的默想」，不只有悖蘇氏的訓示，而且是反希臘精神的。希臘人視死不是解放，它是醜的與不幸的。史賓諾莎（Spinoza,

1632～1677）說得好：「智慧是生的沉思。」智慧是真理的別名，可是希臘文化所表現的真理，是先藝術而後邏輯，先人而後神的。

我們已經說過：希臘文化的結晶為人的完美，而這個人靈肉並具，先肉而後靈的。我們不要估量這種文化的價值，我們只說這種理想的完成，乃在為「美的犧牲」，因為希臘人認為真便是美，美是精神的寧帖。

從這種觀點出發，我們始可了解為什麼荷馬化忒彌斯（Themis）為正義，為什麼赫西奧德（Hesiode）視宙斯為萬物的原理，他是非常公正的。腓尼基人的實利、羅馬人的利用，自希臘人視之，雖不能說錯誤，卻是次要的。

希臘人講求美，不只是藝術的，同時也是倫理的。阿波羅忠告：

「要公正的裁判。」這便是說：心術須正，不能為外力所摧毀。為此，他們講求動機，如果心正，一滴水便可洗淨精神的汙垢，否則滄海之水是無用的。

‖十‖

希臘的純知是數學的。這種思想應用到政治上，希臘人發現了平等。他們很明白物是難齊的，人以理性故，可以平等。因為人不能離群而居，他天然地有種社會關係。所以亞里斯多德說：「人是社會的動物。」伯里克利斯（Pericles）手創雅典的偉大，曾警告雅典人說：

「一個人不為公共事業著想，我們便把他當作無用的公民。」

這也是為什麼亞里斯多德反對克里斯提尼（Cleisthene）的政治。

他說：「如果克里斯提尼所樹立者為民主政治，即這只是建立起新的部落。……因為他摧毀了社會的組織，將人與人的關係完全攪亂了。」

人與人的關係是平等的，因為平等基於正義，不在它的出身與資產，而在它的理智。伯里克利斯規定民主政治說：「我們的政治稱之為德謨克拉西，它是為大多數利益而設，非少數人私有的。」

在這種制度下，詭辯派與蘇格拉底可以自由發言，奴隸受聖水後即取得自由人資格。蘇氏向不敢在會議中發言者說：「你怕什麼？難道說你怕石匠，怕工商

人、釘鞋匠、漂布者嗎？你要知道會議便是這些人所組成的。」

這種政治要每個人以其最高的智慧，奪取政治的領導權，便是說每個人要表現出他的個性。

‖ 十一 ‖

個性的發現是希臘文化的結晶。

希臘為美的犧牲，正是為著培養個性。他們不產生羅馬的禁欲派思想家，也不能接受基督教的主義，因為這兩種思想摧毀個性，以社會為出發點，而希臘城邦的發展，是強烈個性的表現。

希臘歷史上，我們看到了多少驚心動魄的人物！在撒拉米戰役前，阿里斯提德（Aristeide）反對特米斯托克利斯（Themistocle）的海軍政策，被雅典逐放，受貝殼制謫居海外。繼而雅典陷落，希臘危在旦夕，阿里斯提德不顧法令，回來要求加入戰爭。他向他的政敵說：「特米斯托克利斯，我們政治上的鬥爭，放在他日解決，現在我與你共同奮鬥，看哪一個對國家的貢獻最大。」

在撒拉米海戰後，波斯遣使求和，雅典的領袖說：「只要太陽還在天空中走著，雅典絕對不與波斯媾和。」當時阿波羅的神意有利於波斯，於是雅典的海軍在米卡雷（Mycale）又取得一次勝利。

這種強倔的個性，有如帕爾納索斯山（Mt.Parnasse）諸神集聚，俯瞰著向德爾斐問蔔的人們。在希臘歷史上，蘇格拉底很可表現出希臘典型的個性，柏拉圖在《裴頓》（Phedon）中，曾留下這位大師逝世的經過。

在夕陽將落時候，許多弟子環繞著這位大師。這時候，劊子手捧來一杯毒藥，蘇格拉底沉靜地接過來，卻以一種有力而詳盡的眼睛看他，正如看普通人一樣的。

「告我說，是否我可用這水獻祭呢？」蘇氏問。

「蘇格拉底，你吃你所應該吃的。」來人回答。

「這個自然的，」蘇氏說，「—— 但是，至少要允許我向神祈禱，使我的旅

程快樂，同時祝福我的行程，這是我問你的本意，要神滿足我的心願。」蘇氏說完此時，舉起毒杯，放在唇間，安靜地吃下去。直至此時，我們（柏拉圖自稱）將眼淚停住，但是看到他吃藥的景況，我們不能自主地哭出來了。……他向我們說：「我的朋友們，你們在幹什麼？為著怕子女們動心，我將他們送走……你們要強一點啊！」

這話使我們內心紛亂，眼淚停止住了。他在地上走著，只覺得兩腿麻木，漸次重起來。像普通人一樣，他去睡下……身體逐漸發冷發僵；冷至心口，哲人便要與我們永訣了。那時候他說：

「克利頓（Criton）（這是他最後一句話），我們還欠阿斯克來彼奧斯（Asklepios）一隻雞，請你不要忘掉這筆債務呵！」

「自然的，」克利頓回答，「但是，你是否還有別的話來吩咐？」

這時候大師不回答了，過了一會，他動了一動，眼與口開著。克利頓把他閉住。這便是我們朋友的結束。我可說他是我們時代最明哲、最公正、最完美的代表。

‖十二‖

當希臘文化過度發展個性後，它想實現政治的帝國與唯美的藝術，因為政治與藝術表現個性最適宜。可是真正的天才與政治家，是稀有的。希臘的繁榮須經過六世紀，不到一世紀半，它便凋謝了。

個性強者，情感必然激烈。假使能夠控制自己的情感，其成就必然偉大。無奈自伯里克利斯之後，為政者如克來翁（Cleon）之流，利用無知的民眾，自私自利，將雅典斷送了。亞里斯多德看著這情狀，曾竭力攻擊當時的政客。福伊雷論希臘說：「內戰與政治便將希臘結束了。」這是非常正確的。

但是希臘文化是寶貴的，它給人以正確的價值，平衡地發展人體、靈魂與思想，養成了崇高的個性。對希臘古代的文化，我們當說：

「我愛，故我在！」這個愛的對象，便是自己完美的發展。

　　希臘文化是誘人的、可愛的。它沒有神祕，沒有說教，它教人認識，而認識的交點便是自己。誰要不研究它（至少在西方），誰就將感到自己有不可補救的缺陷；誰要接近它，誰就將視之為永遠的伴侶。

　　希臘文化是人類的，假使從國家立場來講，它之不能持久，這是當然的。第一，個性特別發達，好純知、無組織，我們雖未敢說它是反國家的，但是至少我們看出它不能加強國家的統一。第二，希臘文化的基調是理性，理性是普遍的、人性的，便是說它超出國家與民族的範圍。第三，希臘文化是古代文化的綜合。布雷葉（Bréhier, 1876～1952）說：「希臘人視為研究自然的方法、命運、正義、靈魂、神各種觀念，其實都是來自東方：數與位的配合，也是東方思想的演繹，希臘沒有發明哲學，它只是一種混合。」我們認為不只哲學如此，文化也如此。

‖十三‖

　　自亞歷山大死（前323）至希臘獨立（1822）止，希臘遭受各種痛苦，羅馬一次出賣十萬希臘人，美麗的提洛島，變為購買奴隸的市場，稍微有能力的希臘人，便移住在羅馬。繼後羅馬帝國失勢，蠻人侵入，焚燬斯巴達、科林斯、阿哥斯許多古名城，而阿拉利克（Alaric）來，又與以無情的搶劫。拜占庭帝國建立，希臘原始的生命早已不存在了。當年強倔的個性，正如蔣百里先生所說「犧牲個人，不犧牲個性」的文化，亦壽終正寢。

　　但是，只要人類有記憶，希臘永遠存在人類的記憶中，所以拜倫作《哀希臘》，取馬君武先生所譯，作為我們這篇文字的結論：

> 莫說佷佃二族事，繁華一夕盡銷沉；
> 萬玉哀鳴俠子瑟，群珠亂落美人琴。
> 迤南海岸尚縱橫，應愧於今玷盛名；
> 俠子美人生聚地，悄然萬籟盡無聲。
> 籲嗟乎，琴聲搖曳向西去，昔年福島今何處？

第六章　古羅馬帝國的精神

‖一‖

當奧多亞克（Odoacre）攻陷羅馬城（476）後，西羅馬從此滅亡，但是它光榮的過去，卻永存在人的心內，無意識地支配著後繼的人們。查理曼帝國、神聖羅馬日耳曼帝國、拿破崙、墨索里尼，多少人以恢復羅馬帝國為職志，結果都沒有特殊的成就。有些更因為理想過高、能力薄弱，反而失敗在他們的幻想之中！

401 年，阿拉利克（Alaric）劫毀羅馬。六年之後，高盧詩人納馬地顏（Rutilius Namatianus）詠歌這永城的不幸：「羅馬，你是萬國之母……各國分享你的法律，組成一個城市；勝利的皮洛士（Pyrrhus）見汝逃走，無敵的漢尼拔（Haniba）最後也只有流淚……只要大地永存，天載繁星，你永遠存在著，你的不幸正是準備你的復活。」

為什麼羅馬帝國會有這樣大的潛力？為什麼後繼者運用各種力量，不能使羅馬帝國再現？為什麼羅馬史充滿了內亂與戰爭，而它竟能併吞八荒？換句話說，我們想在這一章內，探討羅馬精神的構成，指出它的特點，同時看到它對人類的貢獻。

‖二‖

羅馬精神是羅馬文化的反映，概括地說，羅馬的文化是意志的，一方面講求實用，另一方面發明組織。而兩者的目的在樹立人與人的關係，建立強大的國家，以追求社會的完美。

在古代羅馬作家中，國家與社會的意義沒有明確的界限，非常含混的。拉維斯（Lovisse）說：「國家的觀念是近代特有的。」所以，當我們說羅馬文化的特點在尋找社會的完美，我們是指在集體的生活上，不分種族與宗教，羅馬人能夠發現它的共同點，以建立平等的關係。

羅馬史的演變分外複雜，從臺伯（Tibre）河畔、潮溼貧瘠的地方，能夠應付

153

環境，日新月異的改變。正如他們獻祭時說：「我吃新酒舊酒，醫我新病舊病。」但是，它的變化是外形，它本質的獨立性和統一性，卻永遠保持著。

　　羅馬人在初期創造歷史時，便能表現合作的精神，克制個人的欲望，服從公眾的契約，他們能忍耐，愛勞動，從苦痛中換取經驗與教訓。所以，他們能繼希臘之後，建立龐大的帝國，奠定歐洲文化的基礎。克來尼說：「羅馬文化的特點，在逐漸吸收古代文化的實質，予以一種新的形式。便是這種新形式，羅馬遺留給現代，至少是在西方，特別是拉丁民族的國家內。」這種新形式便是羅馬精神的特徵。

‖三‖

　　羅馬野史敘述這麼一件事：當修造卡皮托神殿時，工人從地下崛起一顆人頭，不知凶吉，求巫人解釋，巫人說：「此處當為世界的首領。」這個故事，雖無確鑿的根據，但是，它可說明羅馬歷史的動向乃在土地的侵略。

　　歷史上新興的民族，沒有不是侵略的，可是侵略的方式與成就，很少的國家可與古羅馬相提並論。多少治羅馬史者，認為羅馬特殊的發展，完全由於它的軍事。誠然羅馬的軍團有很好的紀律，善於建立工事，能以守為攻，無處不表現堅固與偉大。多馬池維斯基（Domazewiski）敘述敘利亞南部軍事建築時說：「在荒野中建設許多軍事堡壘，保護公路，其堅如帝都，以自身偉大為目的……」

　　這種解釋，自有成立的理由，卻不能視為唯一的。西方的英雄們只羨慕羅馬的侵略、頑強的軍事，卻不進而研究它的基本精神，結果那些英雄們變為悲劇中的人物，既慘且憫。羅馬人善於組織自己的力量，不肯濫費，謹慎而有計畫的運用。為此，他們能夠從「力」出發，得到「秩序」的結果。他們的用心很深，從不肯改變自己的計畫，及至計畫實現後，施以法律公平的統治。從阿利西戰爭起（前 506），至布匿戰爭止（前 146），我們看到羅馬的成功與其說是由於軍事，毋寧說是由於政治。盧基里烏斯（Lucilius）說：「羅馬人常打敗仗，可是每次戰爭的結果，卻能夠得到勝利。」

｜四｜

倘使我們分析羅馬勝利的因素，首先發現的是地理環境的賜予。義大利是一個半島，伸入地中海內，既便吸收古代的文化，又易控制地中海。因之，借海上的交通，羅馬從埃及、腓尼基、希臘、迦太基等國，逐漸學到工商業，特別是藝術與科學，以啟發他們的智慧。我們看維吉爾的《埃那伊德》（*Eneide*），從形式與內容上看，那是荷馬史詩的再現。在西元前 260 年，執政官杜伊利斯鑑於海軍的必須，用迅速的方法，模仿迦太基的戰艦，在陸上教練水兵，終於取得米勒的勝利。

不只如此，義大利北部有不可超越的阿爾卑斯山，有肥沃的平原，從最初的時候，羅馬人以農立國，且有農人質樸的優點，如謹慎、忍耐、戒懼與懂得計劃。他們愛土地，日日與荒山池沼為敵，用人力來克服天然與人為的困難。他們明白最好的防禦，端在加強意志，共同的合作。便是說：個人是無足輕重的，每個人須兼顧他人的意志與特性。羅馬城，位置在第伯河畔，是海陸的劃分線，到它意識覺醒、實力豐滿時，它變為海陸兩種文化的綜合，以調和保守與進步的思想。

從這方面看，我們看出希臘與羅馬的不同：希臘所重者是個人的完美，以發展個性；羅馬卻在集體的繁榮，以充實國家。當羅馬向四周擴張，它能臣服各地，同時又能作必要的統治。費爾格里夫說：「羅馬根本的觀念，在使不同的各單位趨於羅馬化，合而為一，同時承認各單位的差別。其進行程式，起始雖緩，但是卻很徹底的。」因此在「領土擴張」固定的目的下，羅馬逐步實現，構成龐大的帝國，只有馬其頓能與之對抗。但是，我們要注意，亞歷山大死後，帝國隨之而瓦解，它沒有羅馬帝國的持久性。為什麼？馬其頓帝國的基礎建立在人上；羅馬帝國的基礎卻在政治上，即樹立起中央集權的政府。

‖五‖

羅馬政治的特點，在於國家與公民的劃分，規定他們各自的權利與義務。國家是至上的，因為它可保障人民的權利，維持社會的秩序。國家雖可宣布法令，但是，法令的根源仍是來自人民。在帝王時代，獨攬大權，可是在理論上，仍然承認人民是他們權威的授予者。

吉達爾（R·G·Gettell, 1881～1949）在《羅馬政治思想》中說：「凡公民都有政治上的權利，國家最後的主權屬於全體的公民。」為此，羅馬人視帝王特別尊嚴，並非他身上有不可侵犯的神性，乃因為他是人民的代表、國家的象徵。所以，羅馬公民唯一的任務，在服從政府與法令。外來者只要能履踐這種職責，不問他的種族、宗族與階級，說一句 Civis sum Romanus（我是羅馬的公民），便可取得公民權利，與羅馬人受同等的保障，由是而取得人權。

從另一方面看，在初期共和時代，羅馬政治機構便能將職權劃分清楚，這是羅馬精神偉大的表現。政府職責，由執政官擔任，遇有急變，即任命一人總攬大權，以便行使。其次有度支官、營造官、法官、監察官，各有專職，頗似斯巴達的政治。但是，我們進一步分析，便知羅馬與斯巴達的政治不同，有如西賽羅（Cicero）所說：「伽圖（Cato）論我們的政治優於別的國家，因為別國的執政者，皆以一手一足來建造，如米諾斯（Minos）之於克里特，來克格斯（Lycurque）之於斯巴達。可是我們的政治並非由一人所創，乃係多人的成就，宏圖大業，積年累世所締造成者。」

‖六‖

一直到西元前 266 年，羅馬史上有兩種動向：一種是對內的，有平民與貴族的鬥爭；另一種是對外的，發動無止的侵略，構成義大利的統一。這兩種動向有一共同的信念，便是以國家為唯一的歸宿，每個公民首先須服從紀律。孟森（Mommsen）論羅馬精神時說：「羅馬精神在使兒子服從父親，公民服從國家，

兩者服從天神。他們只求應用，要每個公民在短促的生命上無止境地工作。……國家是他們的一切，他們唯一最高的理想在國家的發展。」

哈斯（Hass）論歐洲文化時，亦提到羅馬國家的思想。他說：「羅馬的教育，開始便著重服務，要使人煙稠密、面積狹小的羅馬成為龐大的帝國。」豈止教育如此，宗教亦不能例外。羅馬人敬神，因為神可保佑國家。卡米路斯征維伊後（前395），他將勝利品獻給阿波羅（Apollo），以酬謝他的佑護。同時將朱諾神移至羅馬來供養。

國家的觀念雖與今日不同，但是沒有神祕性，它具有至上的權威。為此，當兒子代表國家執行任務時，縱使是父親，亦必須與以崇高的敬禮。布希野（Boissier）說：「即使這是短促的時間，多少奴隸披上官吏的衣服，便得到人民的欽崇。」因為國家至上的觀念，奴隸亦提高社會的地位，這是很有意義的。

倘如我們追問真正的羅馬人為何結婚與生子，其理由必然是為了國家。做一個好公民與好士兵是羅馬人最高的理想。在某種意義下，生命與幸福不能私有，它們完全屬於國家。

由建築與詩歌上，更可看出這種精神的表現。羅馬的建築，既沒有希臘的和諧，又沒有中世紀信仰的象徵，它是堂皇的、寫實的，同時也是笨重與冷酷的。試看羅馬的鬥場或巴拉丁的破瓦頹垣，便知道如何的龐大與堅固，國家（或者集體的生活）在每個人的意識上，占何等重要的地位！恩紐斯（Ennius）的詩亦是如此。縱使維吉爾推崇他，我們感到深奧與沉悶，他沒有引人入勝的情緒，但每句詩都是一種格言。

｜七｜

羅馬思想的中心是國家，但是，這個國家的邊界是無止境的。以貪欲與意志為動力，將各種不同的民族組織起來。這種成就──希臘多少次夢想過而未實現──並非是偶然的。吉爾斯（A. F. Giles）論羅馬帝國的構成：「是由自由市府的聯合，一方面受皇帝和羅馬法普通法規所約制，另一方面，每個地方則又保

留其原有的組織和習慣,並得到皇帝頒給的自由權的特許狀。」便是為此,我們看到羅馬帝國的內部,統一與複雜、普遍與特殊交相併存,而社會隨著武力的擴展,亦每天在演變。因為羅馬帝國始終維護法治的精神,造成平等的機會,證據是羅馬原初的特權,一般屬地也可享受的。

孟德斯鳩形容羅馬帝國的繁榮,譽之為「人的對流」。自迦太基毀滅後(前146),帝國的水陸交通開始建立起來。自不列顛至幼發拉底河、自高盧至埃及,到處公路寬宏,驛站林立,船舶便利,旅人們深感幸福。羅馬人外出,到許多新奇的地方,遇不同的事件,他們的意識上激起兩種變化:第一,吸收新的思想,常在日改月化的進步;第二,發生了同化作用,去異存同,逐漸發現人類的整體。他們看到種族與階級都不能說明人的差別,因為每個人的行為同等地受國家來衡量,由是而產生了法律。

初期羅馬史所發生的社會改革,便在消除不平的等級,建立人與人合理的關係。格拉古(Gracchus)兄弟的改革,便是要解決最棘手的土地問題,樹立合法的制度。誰讀到提比略(Tiberius)的演說,都能感到法的重要,直如水之於魚。他說:「義大利住的野獸,尚有一塊藏身的地方,而為羅馬奮鬥而犧牲的人民,除過日光與空氣外,一無所有。他們須帶著自己的妻子到各處流浪。……人們譽之為世界的主人,但是這個主人沒有一塊立錐之地。」格拉古兄弟雖無成就,為土地法而犧牲,但是,他們盡了護民官的責任,這種變法的精神,卻是不能磨滅的。

‖八‖

羅馬史是一部法律史,羅馬帝國的發展,由於它平等的法律。福伊雷解釋羅馬心理時說:「對於羅馬人,法律是合乎理、訴諸武力的應用。不在追求理想,而在推動現實,其推動的方式,不是用頑強的武力,便是用頑強的法律。」

羅馬法的特點,首先是與宗教分離,適應共同的需要。在羅馬最古時,法律亦受宗教的支配,因為國王頒布法令,須受僧侶指導故。

當國王廢除後,僧侶的影響繼續存在著。到奧古斯都(Auguste)全盛時,

仍然要兼有僧侶長（Pontifrx Maximus）的尊稱，這可看出宗教的潛勢力。

繼後，在西元前449年，由十人委員會編纂《十二銅表法》，一半將原有的習慣法著為成文，另一半採取其他社團的規章與法典。從這些殘缺的條文內，我們看出羅馬法不受宗教的約束，文句簡潔，沒有絲毫的神祕。次之，國家對犯人的規定，多半要他自新，如盜竊是私人行為之不端，應由犯罪者沉痛地悔過。法律要顧到當事者的用意與行為，便是說證據。

羅馬法的另一種特點，在確定法官的職權。法官是獨立的職務，到帝國擴大，刑民訴訟日繁時，司法官由一人而增至十六人。法官的職權有三：提出訴訟令，指定陪審官，以參與有關案件的證明；依據法律敘述案情，憑陪審官判決；最後執行判決。

這種職權的規定，加強法律的信威，相因相成，而法學的研究更發達了。當時有句流行的話：「人之可貴，乃在合法。」

‖九‖

蒙森說：「羅馬的精神是在人民服從法律。」其所以如此，一半由於實踐的精神，講紀律、重服務；一半由於禁慾的思想，處處要為國家犧牲。這兩種精神動向，使他們發現了人類，可是人類的觀念不是抽象的，而是現實的。因此，要保護集體的安全，唯一有效的方法，是用武力執行的法律。自羅馬人看，法是集體的意志，它是強的、冷酷的，同時也是非常可貴的。

集體意志所護衛者是「公民的尊嚴」，這是帝國獨立的象徵。羅馬人視為是神聖的。損害公民尊嚴的行為，都歸在謀反罪內，可以判死刑，這是何等的嚴厲呵！為此，羅馬法律教育，非常普遍與發達，西賽羅說：「兒時所學唯一的詩，是《十二銅表法》。」

基於羅馬平等的精神，羅馬帝國的公民，不是種族的，而是法律的，聖保羅即是一例。從羅馬的法學家看，著名的法學家，大率不是羅馬人，如尤里安（Servius Julianus）是非洲人，蓋尤斯（Gaius）是小亞細亞人，帕比尼安（Papinianus）是腓尼基人，莫迪斯汀（Modestinus）是希臘人……這是值得我們的注意的。到 212 年後，凡帝國內的人民，一律受《羅馬法》的約制。

到後期羅馬帝國，《羅馬法》有兩個重要的階段：第一是狄奧多西（Theodosius）的法典，成於 438 年；第二是查士丁尼（Justinian）的法典，成於 534 年。《羅馬法》便成了中古及近代歐洲的模範法典了。

‖十‖

遠在紀元年前 8 世紀，義大利的南部已是希臘的殖民地。因此，羅馬的思想與生活，都可看出希臘影響的形跡。但是羅馬所接受的，多半是畢達格拉斯（Pythagore）的學派，未能形成一種巨流。自布匿戰爭後，由西賽羅推動，羅馬狂烈地接受希臘的哲學與科學，然而他們的出發點，不是在「知」，而是在「用」，便是羅馬第一流的學者，如瓦羅（Varron）與老普林尼（Pline Ancien），他們的精神生活仍不能獨立，他們從哲學中所探討的是倫理的規章，從科學中所要求的是對行為有利的結果。

往深處研究，真知須要有絕對的自由始可獲得，現實僅只是真知的開始，而不是真知的結果。自希臘哲人觀點言，思想是最高的現實，它是由具體與特殊事物中抽象的結果，邏輯的推理是思想唯一的方法，任何理論是不能阻止它的。羅馬的思想家卻反是，他們不愛抽象，只需要現實，倘若邏輯推理的結果與他們所希求的相反，他們寧可犧牲真理而不肯犧牲實用。

這便是為什麼羅馬的精神永遠在矛盾中。它要前進，又要保守；它要禁欲，又要享樂。折中與調和的是最高的理想，卻是非常難實現的。黃金時代的禁欲哲學，那只是柏拉圖與畢達格拉斯思想的配合。

羅馬思想史上傑出的人物，如盧克萊修（Lucrece），仍然以用為前提，他的《物性論》（De Natura）博學精深，自成一家之言。可是他著此書的目的，不在探討真理，乃是為醫治國人們由蠢愚促成的不安與痛苦。

從科學上，羅馬人也只找求現實，他們看科學是一種技術，是一種應用的

工具，既沒有理論，亦沒有方法。他們接受了希臘的科學，儘管應用它，卻沒有消化，他們不明白什麼是純科學，正如克來尼斯說：「羅馬沒有一個真正的科學家，因為他們不願做一個純粹的科學家。」

‖十一‖

羅馬人雖不喜純知，卻善於探討人的心理，因為他們從社會觀點出發，需要分析人的情慾、性情與行為。他們精神上追求者是倫理的思想，他們認此為最顯明的現實，其支配行為的作用，如同法律一樣的。

當希臘哲學思想初傳到羅馬後，西庇阿（Scipio）與他朋友們所注意者，完全是倫理與心理的探討。特倫斯（Terence）戲劇的成功、諷刺詩的發達，其理由完全在對人性的反響。這就是古典派的作家，特別是莫里哀，何以喜歡拉丁文學作品的原因。

羅馬的散文作家，如西賽羅，亦完全以人為對象。他喜分析、善刻畫，對情緒的進展或性格的演變，能夠捉住基本的線條，精確地繪畫出來。他首先著眼處是倫理，對人性有獨到的見解，並且很透徹。

唯其太善知人，他自己的思想與行為，反而變為不安與不定。

從羅馬史學上看，我們更可見到古羅馬帝國精神的特點。蒂托·李維（Tite Live）在羅馬史中所表現者，不是民族，而是個體，因為歷史種種的演變，假如不以人為基點，他便認為是無足輕重的。自蒂特·李維歷史思想言，史之可貴，在每個人情慾與行為所發生的悲劇，或行為受了下意識的推動，在社會上所激起的演變，為著精神最高要求是倫理的價值，這與我們的魯史一樣，寓褒貶於其間。

在塔西佗（Tacite）的史學著作中，我們看到情感的重要與想像的影響，因為多少流血的慘事，究其原因，乃是一二人的情感與想像所造成。因此，羅馬史學家並不看重史料的蒐集、史實的批評，他們僅只解剖人心就認為滿足了。他們整個哲學的理想，在了解人性，「有用」於國家，以求社會的完美。他們不是沒有智慧，可是智慧的活動，乃在服從精密的規章。

‖十二‖

羅馬的宗教，正如蒙森所論，不是內心的，而是外形的；其本身並無若何重大的意義，只是達目的的手段；它是實利的，同時也是社會化的。

羅馬宗教的特點，首先是它的契約性，介乎神人之間，雙方具有確定的權利與義務。神雖有特殊的力量，卻與人平等的，人與神以敬禮，乃是因神盡他的責任，否則可以取消契約。希臘的神有他自己的故事，充滿了活力，羅馬則反是，他僅只是事物的標誌而已。其優點是沒有迷信，所以羅馬史上稀有宗教戰爭；其缺點是缺少純潔的感情，使哲學與藝術發達。

羅馬宗教另一種特點是它的政治性。它像徵國家，有莊嚴的儀式，國家是力的表現，所以朱庇特（Jupiter）是唯一有力的高神。到凱撒時代，有併吞八荒的偉業，逐漸神化，代表一種不可侵犯的權威。

地耶爾（Tiele）說：「每個重要的神是朱庇特，在各種不同的形式下，他的威嚴與帝王敬重相配，變成了帝國普遍的宗教。」這便是為何基督教初傳到羅馬時，縱使可以補救帝國精神的墮落，卻不能阻止劇烈的衝突，因為基督教至尊的上帝，不能與羅馬帝王相容，以祭神的禮以祭人的。

為此，我們看到羅馬宗教的第三種特點在它的獨立性，只要不攪亂社會的治安、國家的組織，任何信仰與儀式都可自由施行的。同一行為，在希臘是不可原宥的罪行，在羅馬是無所謂的。國家支持宗教，因為宗教可以教人為善，規範每個人的行為，其功用與法律相等。

因為法律平等的思想、禁欲派重理性的價值，羅馬發現了人類，追逐社會的完美，這雖是一種理想，卻因實事求是的精神，反給基督教開創一條坦道。到313 年，縱使帝王有宗教的尊嚴，也不得不承認基督教的合法地位。

‖十三‖

羅馬城是羅馬帝國的靈魂，正如蔣百里先生所說：「羅馬是一個文化之海，上下人類歷史，縱橫全地球，一切美術、哲學、宗教的巨流，都彙集在這

裡……」可是，自 330 年後，不復為首都，因為蠻人侵入，對阿提拉（Attila）等掠奪，已成了一種荒涼的回憶。

便在這破碎散亂的瓦礫上，基督教培植它的新生命，宛如枯枝上抽出的嫩芽。古羅馬的精神雖崩潰，帝國雖然滅亡，但是它過去的偉大：公平的法律、集權的政府、犧牲與實踐的精神、追求社會的完美，卻永存在記憶中。它龐大的陰影常時刺激後起的野心家，可是只想侵略，而不模仿那公平法治的精神。

在 12 世紀時，高盧的主教來到羅馬，想到當年的偉大，發出一種感慨：

羅馬，雖幾全毀，世無與汝相等者！
只此殘跡，已見汝完全時之偉大，
歲月消磨汝當年的豪氣，
今埋葬在池沼之內，
天神的廟堂，帝王的金城，
不敢妄加一語，
我只能說：羅馬，你曾生活過……

我們在這篇簡略的研究中，也有同樣的感覺，我們也只能說：「羅馬，你曾生活過。」

第七章　歐洲文化的轉型期

｜一｜

歐洲「中世紀」一名，創自庫薩（Nicolas de Cusa, 1401 ～ 1464），其時（1469）人文主義者深感到新時代的降臨，懷舊戀新，遂將這千年的時間 ── 自西羅馬滅亡（476）至君士坦丁堡陷落（1453）── 語之為中世紀，意義非常單純，僅欲說明連接古今，承上啟下而已。繼至 18 世紀，研究的風氣日熾，德國學者們，步塞拉利教授（Prof. Cellariu）之後，中世紀成為歐洲歷史分期的定名。

歐洲文化史論要

　　中世紀是一個特殊的時代，似當以 10 世紀為標準，劃為兩個時期。10 世紀以前是歐洲文化的轉折點，外表上是黑暗的、混亂的，失掉了重心，可是骨子裡卻非常重要。羅馬帝國的滅亡，地中海的文化亦告一段落，以基督教故，我們看到一種新文化的形成。它的進展很慢，它的範圍卻很寬，便是在蛻變的時候，締造成 12 與 13 世紀的文化，正如沃夫（M. de Wulf, 1867 ～ 1947）所說：「12 世紀為中古文化的春天，有似陽春三月，百草萌芽，各方面人類的活動，無不欣欣向榮……至 13 世紀，整箇中古文化到極盛時期，顯示驚奇的特色……」

　　構成中世紀文化的要素，概括地說，首先是希臘、羅馬文化的遺惠，其次為新興民族飛躍的活力，最後而最重要的是基督教對物質與精神的支配。這三種動力的接觸，並非水乳交融，它們互相衝擊、互相排拒，受五六百年時間的鍛鍊始冶而為一，產生了一種新的意識與秩序。

　　為此，對中古文化的認識，毀譽相半。譽之者看這個時代為光明的代表，人類智慧最高的結晶，如古爾斯教授（Prof. G. Kurth）的《近代文化的根源》；毀之者看中世紀是一個黑暗的時代，鄙視它的思想與文物。百科全書派的學者們，承 16 世紀的偏見，拘泥固執，薰蕕不分了，這是非常惋惜的。

　　中世紀距我們很近，為何會有如是矛盾的認識呢？據我們的意見，首先是中世紀教育的落後，知識愚昧，僅有少數作家的著述，大都簡陋與殘缺。如額我略（Gregoire de Tours, 538 ～ 594）的《法蘭克人史》、艾因哈德（Eginhard, 770 ～ 840）的《查理曼傳》，我們感到冗長、雜亂與支離。次之，中世紀人們的思想與行為，別具一種特殊的風格，他們處世接物，完全以精神的歸宿為標準，現實的生活成了理想生活的過程，他們追求著精神的完美、無止境的進展，結果一方面是想像化，產生出多少幼稚的行動，別一方面是抽象化，不失之枯澀，便失之冷酷。所以柏拉圖與西賽羅距我們雖遠，而他們的思想與行為，卻較加貝（HuguesCapet）與阿爾伯特（Albert）更為親切。

　　不只如此，治中世紀史的學者們常犯兩種毛病，違反最基本的歷史批評原則。第一，每個時代有它的特性，學者不能把古人的生活習慣擬之於今人的思想

與行為，更不能以一己之好惡，妄評千年的優劣。第二，文化是時代的反映，儘管分析各時代文化構成的因素，卻必然要視為有機的整體，作綜合的檢討，這樣，我們才可看出它的演變、和諧與個性。所以，我們在這篇文字內，試想與這個被人稱為「黑暗時代」的初期，加以一種解釋，然後指出它的重要性，由是而發現這個時代雖不光明，卻也未見得是如何黑暗的。

‖二‖

皮雷納（Henri Pirenne, 1862～1935）在《歐洲史》中說：「於國家解體與分裂之後，在這些破瓦頹垣上以建立一種新的國家。」倘使一個國家的居民，血管內尚有生存的活力，縱使內外潛伏著許多危機，將必有克服困難的一日。這在羅馬帝國分裂後更可看得明白。

當蠻人侵入羅馬帝國後，唯一的希望寄託在埃提烏斯（Aetius）的身上，只有他可以抵抗外患。不幸瓦倫提尼安三世（Valentinian III）昏瞶，將他殺死，刺激起蠻人無上的貪欲。在476年奧多亞克（Odoacre）廢羅馬幼君，將帝王的服裝與徽章寄給東羅馬皇帝，並寫著說：「西方不需要一個特殊的帝王，一個皇帝統治兩地便夠了。」外表上，羅馬帝國似乎又恢復了他的統一，但是，這種統一是脆弱的，竟可說是虛幻的。

但是，在當時人民的心理上，認東西羅馬都存在著，古羅馬帝國的幽魂，猶支配著西方人士的情緒。他們回想到車水馬龍的時代，絕對不能相信帝國便這樣寂然地消逝。便是那些國王的意識上，如義大利的狄奧多里克（Theodoric）、西哥德的爾利克（Furic）、法蘭克的喜德里克（Childeric），至少在法律上都自認為是東羅馬皇帝直屬的軍官。試舉兩種證例：

當勃艮第（Borgondes）王西吉斯蒙（Sigismond）即位，隨即寫信與東羅馬帝王說：「先人忠於帝國，陛下賜予爵位，引為無上的光榮，其愛護之殷較祖遺者更為珍重，躬率臣民，服從命令……」在另一封信內，他又說「自我父親去世後，遣去一諮議，這是當盡的責任，因為初次治理，須要有你的保護。」在《東

西哥德史》中，約達尼斯（Jordanes）述及蠻人對帝王的批評：「……無疑的，羅馬皇帝是地上的天神，誰要背叛他，誰將自取滅亡……」羅馬人聽到這種論調，心上激起一種不可捉摸的愉快感激。

從另一方面看，當時代表知識階級基督教的哲人們，也設法建設一種理論，以佐證羅馬帝國的永存。自從 325 年，基督教取得合法地位，而帝國元首，相繼皈依基督教，不再與以仇視與摧殘。

這些基督教的哲人們，受過希臘、羅馬文化的薰染，深知古文化的價值。他們利用帝國的舊軀殼，以圖宗教的發展。他們不明白基督教的勝利，便是古代文化的終結！相反的，他們受了歷史潛力的支配，認古代文化的衰亡，便是世界的末日。

在這一點上，沒有比傑羅姆（Jerome）解釋《但以理書》（*Daniel*）的第二章更有意義的。當巴比倫王尼布甲尼撒（Nabuchodonosor）夢見一尊雕像，頭為純金，胸臂為銀，腹胯為銅，腿足為鐵與泥，一石飛來擊之，像裂，化而為山。丹尼爾認此為四個帝國的象徵，逐漸失其重要。傑羅姆釋此，以象徵巴比倫、波斯、馬其頓與羅馬四個時代，羅馬代表最後的一階段，羅馬的完結便是天國的開始。

但是，儘管天國相距遼遠，帝國永恆不能懷疑，那些感覺敏銳的人，如阿波里奈爾（S. Apollinaire）與加西道爾（Cassiadore）深感到內心的不安，在他們對帝國黃昏美麗的刻畫中，洩露出一個最棘手的問題，究竟如何是羅馬帝國的命運？在 5 世紀，大多數西方人不會了解這個問題的重要性，同時亦不願了解的。他們有種微弱的希望，給自己一種幻覺，以圖忘掉他們的恐懼。亞波利納讚頌西哥德王爾利克，似乎維吉爾向奧古斯都朗誦其巨著的詩歌，帝國昇平的再現。

這種希望是脆弱的，有如風中的燭光，只要些微的不慎，頃刻便要滅亡。也是在這個時候，史學家約達尼斯說：「看到不斷地更換帝王，國家飄搖不定，爾利克想征服西班牙與高盧，以建立獨立的王國。」雖說這是例外，卻可看出羅馬帝國的慘狀。

▌三▐

羅馬帝國的滅亡是必然的，這不是時間的問題，這是帝國外憂內患交迫，形實分離，它的文化起了一種本質的變化。

羅馬的社會，早已失掉了「好士兵與好公民」的理想，沉於一種肉的享樂。這種病症是實用文化必有的現象，滿足官感自然的結果。

他們沒有理想，也沒有紀律，外表雖然富麗堂皇，內部卻隱藏著不可醫救的病症。自帝王以至富人，都沒有公德與私德。帝王權限擴大，卻受武人與佞臣左右，宮廷成一塊禁地，里邊泛濫著無數陰謀的洪流。法是存在的，卻以軍隊為後盾，武人知道他們的實力，愛這些流血刺激性的事實，加速度的競賽、陰謀、暗殺、掠奪變成了一種奇幻的遊戲。羅馬只覺著無可無不可，假使他們想起西賽羅的《喀提林》（De Catherina），真不知作何感想。

至於富人的理想，完全是在自己生活上著想，他們把精力集聚在物質的享受、無盡的田園、高樓大廈。佩拉（Paulinde Pella）舉為議員後，描寫自己的生活，從沒有顧到人民與國家。但是，這些富人也並不幸福，因為他們權勢與名望須付重大的代價始能樹立。如城市的宴會、遊戲、公共建築的費用，皆由富人輸出，這是一種變相的賄賂。當佩拉不能安於故居，遷至馬賽後，他又寫道：「我的房屋非常精美，只有我的房子可以不住哥德人；這反成了我的損失，因為軍隊離開後，搶劫隨來，沒有人保護我的房屋……」

次之，經過蠻人侵略後，許多肥沃的地方變成了荒涼的草原，佃奴——原本自由，為貧困所迫，終身耕種一塊土地——為大地主掠走，所有中產階級的土地，任其荒廢。他們自身，既沒有健全的農業知識，又沒有安靜的生活，有專門職業的家庭，被高利率的捐稅所壓倒，米穀、皮革、布帛、人口，種種稅務強課這些最節儉的中產者，他們感到消滅的危險，設法奮鬥，或與佃奴結婚，或加入教會組織，或因特殊關係進入議員階級。可是政府為了增加稅收，採用了最不賢明的方式。即是說：絕對禁止中產階級脫離他們的社會地位。這真是畫地為

牢，要他們合法地死去，而整個社會的活動停止了。

從政治上看，羅馬帝國已走到割據的地步，失掉原有的統一，成了沒有生命的軀殼，人民便是這個複雜機構中的零件。從社會上看，中產階級日見消逝，形成貧富懸殊，失掉了社會的平衡。從經濟方面看，因為蠻人侵入，攪亂了社會的秩序，破壞了帝國建立的道路，特別是橋梁，結果沉入凍結的狀態，而構成古代經濟中心的地中海，很少人做冒險的嘗試。從文化方面看，我們覺著更為悽慘，既沒有理想，又沒有信念，有辦法者只貪圖肉的逸樂，沒辦法者只求偷安苟生。過去希臘個性的發展、羅馬對社會的服務，現在已不存在了。

有些人稱這個時期是「黑暗的時期」，並非沒有意義的，可是我們不能以此概括整個的中世紀。愈是黑暗，西人心理上愈求解脫，他們期待蠻人的侵入，而蠻人早已衝破藩籬，流入帝國的邊疆與內部；他們渴望投入教會的懷中，而教會伸出慈祥的手，撫摩那些苦痛中的人們。

‖ 四 ‖

有人謂羅馬帝國的歷史，乃「消滅邊疆障礙」的紀錄。這是它的光榮，在某種意義下，也是它的不幸。當帝國極盛時，瓦魯斯（Varu）征日耳曼人，三軍覆沒，奧古斯都感到刺心的悲痛，喊著說：「瓦魯斯，還我的三軍！」邊疆的障礙，既不能消滅，便須要戒懼；而帝國的武力，由攻勢轉而為守勢。

洎自伏拉維（Flaviens）與安東尼（Antoniens）朝後，整個的國力應用在綏靖邊疆的安全，特別要保衛萊茵河、多瑙河與幼發拉底河。我們知道馬可·奧理略（Marcus Aurelius）皇帝，為手不釋卷、潛思默想的哲人，可是他整個帝王生活卻過在馬背上。

自從漢朝的竇憲破匈奴於金微山後，匈奴西走康居，至窩瓦河與東哥德相連；東北部的游牧民族，經俄羅斯草原，向西進發；日耳曼民族受了顛蕩，便向南移。西羅馬變成各新興民族的舞臺，我們逐漸看到有哥德人、汪達爾人、法郎人、匈奴人、龍巴爾人、薩克遜人、斯拉夫人……自阿提拉（Attila）與阿拉利

克之後，每個人都感到有新事的發生，可是絕不相信與蠻人混合建立一種新的文化。亞波利納在他的詩中，多麼刻薄那些蠻人！他說：「你想知道誰毀了我的提琴嗎？我讓蠻人的喉音把我嚇倒了……」

蠻人侵入西歐具有兩種不同的方式。一種是和平的，當帝國受威脅時，招募邊疆蠻人，或耕地，或從軍，特別是日耳曼人。羅馬人不只不拒絕合作，並且歡迎蠻人前來：他們耐勞、好戰，還帶幾分愚蠢，這正可利用做生產與防禦的工具。羅馬人卻不明白他們的環境，與蠻人一種機會。第二種是侵略的，如 410 年阿拉利克劫掠羅馬，阿提拉建立帝國與羅馬對抗。當時西方人過著流離失所的生活，便是最深刻的思想家奧古斯丁（Augustin），亦不能把握住時代的真意，看到羅馬為蠻人的浩劫，他不想有效的對策，而以種憫人的慈心，著《論上帝之城》一書，安慰失望的人們。

因蠻人的壓迫，西羅馬已壽終正寢，而元老院的議員們，莫名其妙地幻想，認東羅馬皇帝是帝國統一的象徵，只不過人地改易耳。這是一種受了歷史潛力支配的幻覺，可是多少人認為是一種事實！拉克坦提烏斯（Lactance, 240 ～ 320）是一位深刻的思想家，他預言說：「羅馬毀滅了，由拜占庭來承繼，西方須臣服東方。」教皇亦犯了同樣的幼稚病，506 年，教皇辛瑪古寫給東羅馬皇帝阿納斯塔斯說：「教皇與帝王是人類的統治者。」這仍然是奧古斯都的思想。

蠻人侵入西歐的結果，首先破壞了羅馬帝國所締造的均勢，政治與社會的機構都喪失了原有的作用，古代的思想與文物，須重新來估價。其次，蠻人帶來了一種創造的活力，不為羅馬禁欲與法律的思想所規範，縱使蠻人受羅馬文化的同化，但是有權力者卻想保持他們的特性，如狄奧多里克與爾利克所刊行的法典。最後，羅馬思想失掉了重心，追逐社會的完美，擴展帝國的版圖，結果造成貧富不均的社會。基督教與以一種崇高的理想，教人互相友愛，沒有貴賤貧富的分別。蠻人侵入造成的災禍，反變為教會發展絕好的機會，而蠻人如克洛維與希加來相繼叛依，他們的軍隊與民眾都集體參加，打下了穩固的基礎。

追懷古羅馬統一的復活是絕對不可能的，唯一的原因是，這麼多的蠻人完全是新的因素，有他們自己的歷史與背景，構成了帝國離心的強力。真正西方的統一，乃自基督教始。它是新舊民族的連接線，在政治上沒有造成堅強的統一，在文化上卻發揮了驚人的力量。

‖五‖

中世紀初，希臘思想失掉作用，因為探討純知的精神，只有少數知識階級接受，而群眾是絕對不能了解亦不願了解的。當西方社會在徹底轉變的時候，群眾所需要的不是靜觀而是行動，群眾所發揮的不是理智而是本能，所以真與美是次要的，一切最高的估價是行為表現的善。

安布羅斯（Ambroise）是 4 世紀末的思想家，深解希臘與羅馬文化的特點，因為自我的否認，以行為表現基督的偉大。他倡導苦修以建立精神的紀律，他以實際的行動摧毀了骸骨的迷戀，他要順著那時的洪流，建設新的文化：靈魂的完美。

希臘思想不能阻止羅馬文化的衰頹，卻給基督教強有力的贊助，因為希臘以哲學代替宗教，崇理性，抨擊偶像的崇拜。基督教是反偶像的，他所欽崇的真理，便是希臘哲人們，特別是亞里斯多德所探討的，在這一點上，希臘給基督教奠定穩固的基礎。

次之，羅馬禁欲派的思想家，予智慧以無上的價值，提高人的尊嚴。不問他的出身貴賤，只要能夠遵循理性，即可達到人生的真義。

人皆可以為聖人，所以人是平等的。這與基督教博愛的思想吻合，以「人皆兄弟」故。

基督教補救舊文化所生的缺陷，希臘思維的方式、羅馬政治的組織，使基督教走上了一條新路，哈斯說得很正確：「沒有希臘與羅馬的文化，基督教是不可思議的。從羅馬方面，它得到一切外形的組織，而他整個的哲學與神學，完全建立在希臘的哲學上。」我們試取當時的名著，如拉克坦斯的《天怒》（De

Ira Dei）或奧古斯丁的《懺悔錄》，我們發現了希臘哲人的推理、羅馬思想家的雄辯。也是在這種意義下，施努勒教授（Prof.　Schuurer）於他《教會與中古文化》的巨著中說：「基督教保存了古代的文化。」

基督教保存了希臘與羅馬的文化，可是它的個性仍能自由地發展，不為歷史的潛力所束縛。古代的宗教含有一種恐怖，常使人至絕望的地步，基督教將信仰的形式改變，由畏懼變而為敬愛，由失望轉而為理想，常使人對未來生一種快樂的情緒。它沒有地方性，它是全人類的！從此後，宗教不是祖先的產業，神職亦非世襲的官爵，它將「人」的觀念擴大，因為它看精神有無上的價值，精神是普遍的。

古代政教不分，國家行政元首，同時亦是宗教的領袖。基督教要打破帝王的神性，凱撒與上帝不能混而為一，即是說凡人都是平等的，不能以祀神之禮以祀人。經過三個世紀流血的鬥爭，基督教留下光榮的紀錄。

從此，宗教別具一新義，它不受時間與空間的限制，以人類整體為對象，是超時代與超國家的。這是一種精神的革命，政治不受宗教的束縛，結果政治取得自由；個人有獨立的意識、絕對的自由，產生出公德與私德的分別。福伊雷說「基督教與思想自由的發展功績很大」，並不是沒有根據的。

試舉一個證例：古代宗教與法律相混，各宗教按照自己的經典與習慣自創法律，「基督教是不以法律自屬的第一個宗教，它只管人類義務，而不管其利害關係……於是法律變為獨立，它可自取條例於自然、於人類良心、於人類原有的公平觀念……」（古藍吉語）基督教不能阻止羅馬帝國的滅亡與古文化的衰落，相反的，既然古軀殼失掉他的生命，應該從速消逝，使新文化自由的發展，以減輕它的障礙。在中世紀初期，蠻人攪亂了故有的秩序，社會在顛蕩中，基督教成為一種向心力，它與各民族配合，培植原有的特性，有如狂風中播散的種子，有一日，自能成為一種奇觀。

‖六‖

自蠻人大批侵入西方後，羅馬成為唯一的目標，多少次受暴力的摧殘與劫掠！百萬居民的都城，到 6 世紀中葉，僅只留下五萬了。

教皇額我略一世（Gregoire le Grand）看到羅馬的凋零，發出一種哀鳴：「到處看到是悲哀，聽到是呻吟。羅馬，你曾經做過世界的主人，而今壓在劇烈的苦痛下，受蠻人的襲擊，葬在你自己的破瓦頹垣中。何處是你的元老院？何處有你的民眾？」

羅馬狼狽的景象，現在轉變到另一種使命上，成為宗教的中心。

羅馬的主教向居重要的地位，自尼西亞會議後（325），它的重要性更為擴大，以有裁判信仰的全權，一切基督教的理論與儀式須依照它的意志為根據。繼後聖本篤（St. Bensit）創修院制，一方面潛修，一方面工作。他尊重個人的意志，每一個入會者，須要三次重複聽到這句話：「這裡是你去奮鬥的規章，假如你能遵守，你進來，假如你覺著不能，你自由地離開。」西方人士，感到時局的杌隉，大家逃在修院內，虔祀真主，做一種悲天憫人的工作。施努勒教授說：「聖本篤教其弟子不是在侵略世界，而是在傳播新的文化。」

在這種情形下，法蘭克人、日耳曼人，特別是愛爾蘭人，相繼皈依基督教，他們贊助政治的統一，使分裂的局面消逝；在文化上，他們保存了古代的科學與哲學；在倫理上，加強生的信仰與內心的紀律。

教皇額我略一世，縱使服從東羅馬皇帝，事實上卻是獨立，逐漸形成教皇國家，擁有重大的領土。自龍巴多（Lombards）侵入義大利後，地方變成割據的局面，東羅馬無法控制，額我略應付蠻人，盡力保護苦痛的民眾。民眾愛護教會，在它固有神權上逐漸加增了世權。此事雖細，對中世紀的歷史影響卻非常的重大：第一，教會國家的發展，使政教不分，破壞了基督固有的原則。第二，教會既在西歐擁有巨大的資產與土地，正在國家形成之時，神權與世權不分，構成政教的衝突。第三，基督教絕對尊重個人的自由，在原初並非專制的。在九世紀

初，瀆神罪可用三十利勿（Live）贖之。但是從權力加強，常以宗教的權力解決政治的問題，如革除教籍。1226 年，第一次因宗教而判處死刑。第四，教會財富增加，好處在培植中古的文化，孕育成近代知識的進步；壞處在著重物質，奢侈淫逸，失掉原初淡泊、安貧、清高等美德。第五，查理曼（Carus Magnus）統一西方後，於八百年終至羅馬，由教皇利奧三世（Leo III）行加冕禮，從此他有皇帝的頭銜，是奧古斯都的承繼者，而滅亡了的西羅馬，從此又復活了。

｜七｜

中世紀初期的文化，無特別的重要性，它實是一個「黑暗的時代」，自克洛泰爾（Clotaire）死時起（561），至查理曼即位止（768），我們看到的著述，只有一部《法蘭克人史》，還是那樣單調，所有抄本，錯誤百出，字體草率，非常難讀的。查理曼寫給一位修院的院長說：

「不了解書寫是可怕的，不了解字意是更可怕的……」

便是在政治上，亦是常在紊亂中。當墨洛溫（Mérovingiens）朝時，大部分仍在割據，傳至達戈貝爾特（Dagobert）後（639），國王只有虛名，「長髮垂鬚，坐於寶位，宛若治理萬機的樣子」（艾根哈語）。繼至查理·馬岱（Charles Martel）出，擊潰薩拉森人（732），其子丕平（Pepin）得羅馬教皇之助，建新王朝，到查理曼時，結束了這個黑暗的時代。

查理曼所領導的帝國，第一特點是宗教的，自從教皇利奧三世加冕後，西方帝王的概念，含有神聖的成分，而他們的舉動與生活須遵從宗教的規則。第二個特點，是古羅馬帝國的復活。他追念羅馬帝國的偉大，模仿他的機構，但是他卻不明白，帝國的本質不同，平等的法的觀念幾乎不存在了。第三個特點，是封建制度的形成。自從 8 世紀末，西歐已回到農業狀態，地中海為薩拉森人封鎖，大陸上交通在破壞的狀態，土地成了生活唯一的來源，自帝王與教會至百姓，完全依賴土地的生產。所不同者，一部分須勞動，另一部分徵收財物，國家的行政制度、軍隊的徵募，皆以土地轉移，國家元首的最高權，名雖存在，事實上完全不能保障了。

封建制度是人與人之間建立的立體關係，也是中央權力的分裂，構成許多代理人，正因這些代理人有土地，他們便成了一種實力。這是都市與商業消失後，在離亂末時期必有的現象，自古已然，只不過範圍與程度不同罷了。查理曼深知中央權力的薄弱，他必須認識現實，他說：「層層必須服從，使政府的命令好施行。」

縱使中世紀初期的文化無特點，但是它十分重要，因為它是一個轉變時期，基督教便在此時樹立下深厚不拔的基礎，開始啟示出一種新的文化：提高了人的尊嚴。自查理曼死後（814）不久，帝國便分裂，進入封建時代，而同時亦有許多事實發生，如：962 年，建立神聖羅馬日耳曼帝國；987 年，路易五世逝世，卡佩建立新王朝，直至法國大革命為止；1066 年，諾曼人侵入不列顛，有哈斯丁（Hastings）的勝利；1077 年，政教衝突，亨利四世向教皇屈服；1095 年，教皇烏爾班二世發動第一次十字軍……我們看這些接連重大的事實，便知進入到一新時代，便是說新舊交替，產生出真正中古的文明：追逐靈魂的完美，犧牲現在而不犧牲將來。在這種觀念下，我們始能了解中古詩人的這句話：「大地上沒有停居的地方，任你到何處，你是一個旅人，你是一個過客。」

第八章　中古文化及士林哲學之研究

‖一‖

查理曼帝國分裂後，歐洲的歷史與文化演變到新的階段，構成真正的中古世紀。受內亂、戰爭、諾曼人的侵略，在紊亂中尋找秩序，不安中追求和平。布洛克（Marc Block）以一種敏感的直覺，語之為「幾何形的社會」。

無論從哪一方面看，中古世紀的文化形式是「立體的」。中古的封建社會，弱者受強者保護，強者更有其主君，宛若金字塔。理論上國王居於全國最高的地位，事實上與民眾脫節，只統治著二三諸侯，有時小國的君主反為大諸侯的附庸。從文化上看，中古最偉大的貢獻，在於知識的分類。沃夫說：「13 世紀的

知識分類，正好用三級金字塔作比，底層是一般以觀察為方法的科學，哲學位於其中，而神學居於頂點。」再從藝術方面看，建築是中古藝術的特點，利用重力定律，演進為哥德式的教堂，它尖拱的窗、雙弧的圓頂，一點一線，無不表現它的對稱、調和與均勻。但是但丁的《神曲》，其結構亦是一種建築式，地獄、煉獄、天堂，正好像 12 世紀流行的社會觀念：「上帝的世界分三重：有戰爭者，有剝奪者，有勞動者。」即是說騎士、教士與臣民。

中古世紀的文化向為人所反對與鄙視，其理由非常簡單，視文化為宗教的附庸，正如宗教被人視為蠻性的遺留，即這種浸漬在宗教內的文化，自然是可憎惡的。這種解釋是偏見的，其錯誤來自不知，更因為將宗教與文化混而為一，不加辨別，遂形成一種傳統的觀念：中世紀的文化是落後的。

關於此，沒有再比歌德對哥德式的建築批評更有深意的。當他初至斯托斯堡時，他看不起那裡巍峨的教堂，視為封建破敗時代的遺物，不足一顧的。畢竟歌德是一位好奇者，一天偶然踱進去，他感到一種強烈的吸引力，從未經驗過的。他說：「輕視哥德式者，不知不覺間養成一種反感，認這種錯綜的裝潢，適足以助成陰慘的啟示。……然而在此，卻感到一種新的啟發，將鄙視一變而為驚奇，這種建築迷人的優美，乃深刻吾人靈魂之中。」

歌德的自白，很可說明一般人對中古文化的態度。可是歌德是特出的人物，他具有清醒的意識，不為成見所圍，試問多少學者與專家能夠獨具隻眼糾正那種博識的偏見呢？我們要記住：所謂某一時代的文化，乃在看它對身、家、國是否有一種向上的進展，使哲學、科學、藝術有無獨特的發展，並非它是遲滯不變，一勞永逸而解決了一切。泰納（H.Taine）說得好：「假如別的星體上住有人類，來考察我們進化到什麼地步，我們只有舉出關於精神與世界五六個觀念告訴他們，唯有如此才能給他們一個標準，來測度我們的知識。」對於中古文化亦是如此，我們既不能向它求絕對的完美，也不能求它解決一切，我們只能尋找它的標準，一方面看到它的特點，另一方面看到在全人類進化中，它所占的位置是如何。

‖二‖

我們首先要明白中古文化具有一種特殊的形式，希臘、羅馬的文化，隨查理曼帝國而崩潰。古代含有詩意的宗教，幾乎是一種想像的娛樂，而今為基督教與回教所代替，這兩種宗教其態度的肅穆、教義的森嚴，絕對不允許人任意解釋的。其次，古代工商業的繁榮，經過蠻人侵入，逐漸衰落，而代之以一種農業文化。皮雷納在中古歐洲社會經濟史中說：「8世紀末起西歐回到一種純粹農業的狀態，土地是生活唯一的來源，是構成財富唯一的條件……」那麼一切社會生活，建立在土地占有之上，而國家官吏與軍隊，亦只有從領有土地者中選拔，這樣產生了兩個重要的結果：第一，國家元首的最高權力失掉保障，構成一種分裂局面；第二，古代城市消滅，戰士、僧侶與農民退居鄉間，劇場與道路不復補修，而聚精會神所注視者，乃建築教堂。便是在法律方面，日耳曼法蒸蒸日上，教會建立自己的法典，古羅馬法典淪為參考的資料。與法律相關最密切的文化，亦失其普遍的作用，拉丁文成為學者與教會的工具，大眾即用各自的語言，英德人操日耳曼語。歐洲南部操由拉丁演變出的語言。從這些事實上，我們看到中古文化實別有其特點。

不只如此，中古世紀有幾件事實使人難解。從1096年發動第一次十字軍，至路易九世領導著第八次完結（1270年），共費一百七十四年，犧牲九百餘萬人。無論有多少人目的不純潔，大體上總是為了耶路撒冷，因為斷絕這塊聖地，便是要斷絕天堂路徑。為什麼那些男女老幼，不辨東西南北，而踴躍地參加呢？那些無知的婦女向騎士說：「你們勇敢，你們去與敵人鬥爭；我們要與基督共苦痛，去侵略天堂。」當封建制度發展時，教會內部腐敗，失掉領導作用，克呂尼修院立（910年），樹立教皇選舉制，從此便與政治發生劇烈的衝突，自1075年起至1266年止，共一百九十一年的鬥爭，前後三次衝突，雖說教皇取勝，卻真是兩敗俱傷。在教皇要繼持世權，當利用神權以達到個人的目的，結果教皇公正信威失掉，如路易九世之於英諾森四世；在德國與義大利，那便是無政府的混

亂。為什麼教會曾有廣大的群眾不能與帝王合作呢？為什麼清一色的基督教社會，多少改革，而不能阻止將來的分裂呢？

最使人讚美的是中古所建築的教堂，第一個哥德式教堂的代表，為巴黎聖母大教堂，建自 1163 年，完成於 1245 年，共費八十二年。

再舉一史實：到中古後期，因承繼問題，發生英法百年戰爭，自 1340 年至 1453 年，共費一百一十三年。從聖女貞德出，使查理七世振作勇氣，結果英法恢復意識，明白各自海陸發展的使命。

從上面所舉之史實看：第一，中古文化的色彩是宗教的，在這個時代，修會林立，宗派叢生，全部歐洲社會，其精神與物質的動態，無不以基督教為歸宿，便是與教皇對抗者，如法之菲力浦·奧古斯都（Philippe Auguste），日耳曼之亨利四世（Henri IV）與腓特烈二世（Friedrich II）等，也一致承認教會的基礎。中古史學權威者施努勒（Prof. G. Schnueer）教授，論到此時宗教與文化關係時說：「此時宗教與文化關係最為密切，領導西方民眾，使西方日進於高翔之域。」第二，中古人民的時間觀念，只有將來而沒有現在，這並不是說現在不重要或不存在，乃是說他們視百年如一日，將現在變為達目的的手段。肯皮斯（Thomas A. Kempis, 1380～1471）說：「既然沒有你休息的地方，為什麼你要左顧右盼呢？天堂是你的居所，大地的一切，你只是過路者所看到的……」第三，中古為封建的社會，向心力逐漸減弱，一切的機構成為散漫的，但是它有種強烈的傾向，一切要普遍化，建立一種永遠的秩序。這是一種偉大的理想，中古的傑出人物，如敘熱、路易九世、額我略七世（Gregoire）無不視「現實的世界乃上帝真實思想的反映」；每一個具體的問題，即刻便演為一種幻想，而這種幻想自中世紀人士觀之，沒有不可實現的理由；縱使遭遇困難，只要把時間延長，隨時都可克服困難的。但丁是一失意的政治家，他並不悲觀，他將深心鬱鬱的心緒，謳歌在《神曲》之中，這是「天聲人語的合奏」，這是一部史詩，其真實性還在維吉爾《埃涅阿斯紀》（Eneides）之上。

‖三‖

「千年的恐懼」過後，太陽仍然放出美麗的光芒，世界亦未到末日，而人類仍舊過著他平凡的生活。西方人士感覺敏銳者，宛若初生的嬰孩，大家有一共同的要求，即普遍秩序的安寧，因為各層的社會生活，皆受基督教的領導與支配，教皇額我略七世，在 1075 年宣布教會的使命：「要以基督的統治替代凱撒。」

這不是個人或教會狂妄的企圖，這實是文化轉變，達到一種新的境地，產生了一種新的哲學：士林哲學。士林哲學常被人誤解，不認為是教會的工具，便認為是神祕的抽象，鬥弄幾個空虛的概念。事實上，士林哲學完全有它自己的體系，它的基調是「認識」，它的對像是「真」，當它靜止的時候，構成一種新的理論，當它動的時候，又是一種方法。

人之所以有認識，以有「理性」故。理性的作用，自士林哲學者言，非特是知識的源泉，而且是生活的規範，它不只是邏輯的，而且是心理的。

從心理觀點而言，理性是普遍的。唯個體為實在，而這種個別實在性之於人，便是「人格」，這是中古文化獨特的表現，構成了個人的價值與尊嚴。人格為個人獨特的本質，大家相同，「奴隸和主子是一樣的」。當時的哲學家勇敢地向人宣布說：「你的人格是屬於自己的，它具有無上的價值，要自信，絕對不能放棄，只有自由的契約才能給你拘束。」這種思想的形成，由於基督教重視靈魂，同時亦由於封建制度，沃夫說得好：「封建制度下人人皆欲求獨立，附庸與君王的關係皆以自由契約而定，社會各階層咸以獨立為最大目的，這種傾向，得教會個人生命價值同等，救主為全人類贖罪之說益彰，便是本著這種精神，所以彼得呼其奴隸為兄弟姐妹。」

這種主張是承繼柏拉圖與亞里斯多德的理論加以發揚光大的，可是他們的人性普遍論，舍形而上學的根據外，還有心理的根據。阿伯拉爾（Abelard, 1079 ～ 1142）解釋：宇宙間只有個體獨特的存在，唯每個人的心卻有一種概括作用，使普遍化。心之所以能概括，因理性故。理性還有一種重要作用，即在個體上，揭

去時間與空間的外形，得到個體獨特的東西，如運動與生命等抽象的概念。抽像是由感覺得來，這是理性力量的表現，到那最高峰頂時，它也是普遍的。

13 世紀最大哲人托馬斯‧阿奎那（Thomas Aquinas, 1225 ～ 1274）說：「沒有知識不是由感覺得來的。」所以知識無論如何完全，都是受了限制，因而我們所追求的真理，亦是局部的，而絕對不能是整個。但是在人類思想生活中，多少思想發生積極獨特的作用，如上帝（亦稱絕對的真理）等概念，它完全超脫我們感覺之外，我們如何能以不健全的知識，而得到這絕對的真理呢？自士林哲學觀點上言，理性的對象為真，它不只是認識，而且還是行為，整個宇宙寄託於其中。我們由類比的方法，推定絕對的真理，我們只知它是「實有」，卻無法道出它的本體。托馬斯說：「我們對上帝所有的知識，只知道它超於我們一切擬想之上。」

但是，士林哲學的基調，完全在「理性」，科學亦是理性活動的結果，它的定律是必然的。科學的真理、哲學的真理以及神學的真理，不特不能互相衝突，互相矛盾，而且是相因相彰，只不過「種類」不同罷了。這比亞里斯多德更進一步，亞氏解釋知識問題，首當建立秩序，哲人的任務，便在知識中建立秩序，托馬斯將知識建立一秩序的系統，進而解釋他的原因。

當托馬斯說：「於秩序中隨在皆能發現人心的作用。」因為人心可以確定萬物的秩序，理智說明萬物的特點，人心與理智是一個東西，絕對不能分割，只不過是兩種不同的出發點而已。所以中古世紀是一個情感激烈同時又是愛好知識的時代。他們追求真理，狂烈地犧牲，正如約翰（John of Salisbury, 1115 ～ 1180）所說：「世界埋頭於此問題之解決，其所費時間與精力，並不減於凱撒之征服天下。」

｜四｜

中古藝術史專家馬洛說：「13 世紀的製像術，其目的在訴諸理智，而非訴諸情感，它充滿了邏輯的成分，沒有傷感與萎靡的情調，偉大宗教的作品，乃在動人心而不在動人情……」人心是理性的，人情卻是感覺的。

歐洲文化史論要

這是了解中古文化的基點：從理性出發，建立相容並包合乎人性的理論，中古文化的特質，便在它對人的生命與價值的確定。唯個人是實有，它受時間與空間的限制，以故非常脆弱，但是它的本質，卻是歷萬劫而不朽。生命的可貴、人的價值，便是因此而判定的。

因為人有不可侵犯的尊嚴，在論理方面，便養成與弱者為友與強者為敵的騎士行為。他們勇敢、俠義、犧牲，充分表現出封建時代的意識。如《羅蘭之歌》，敘述為查理曼如何的忠誠；路易九世貴為天子，親身服侍窮人。「榮譽」成為騎士的口號，不愛「榮譽」者便不為人所齒。

我們必須認識理智是中古文化的中心，他們日常的問題歸納在幾個簡單的方式中：真假的辯論、個人與集體、統一與分裂。他們要求理智的證明，到不能證明時，便訴諸幻想。如中古學者，以地球為宇宙的中心，一切萬有都是為著人而存在的，基督教為唯一的宗教，這樣的假定很多，積而久之，假定成為真理了。從幻想代替理智後，我們看到中古有許多幼稚的見解：如印度女子沒有靈魂說，讓神長統治龐大的帝國，迷信點金術與符咒。多少人據此便斷言中古文化的落後，未免太皮相了。我們試舉幾個證明：

第一，西方大學的林立證明這是一個愛好知識的時代。西方最古的大學是薩來諾（Salerne），於 11 世紀初期成立，以醫科最著名，教授阿拉伯著述，但是它的影響並不大。到 12 世紀末，波羅尼（Bologne）、巴黎、牛津諸大學成立，西方學子，千里負笈，形成一種研究高深的學術的狂熱。到 13 世紀初，各大城市含有封建意識，要有自己的教堂、宮殿與大學，摩德納、蒙彼利埃、雷焦、劍橋相繼成立大學，各有特點，蜚聲四溢。便在此時，西方似乎有種大學傳染病，1204 年成立維散斯大學；1212 年柏倫西亞大學；1222 年，巴都大學；1224 年那不勒斯大學；1228 年維爾切利大學；1229 年圖盧茲大學；1234 年薩拉曼卡大學；1245 年瓦倫斯大學；1248 年泊來散斯大學；1250 年，阿雷佐、奧爾良、昂熱三大學成立；到 14 世紀，布拉格大學成立（1348 年）；維也納大學係 1365 年成立；海德堡大學在 1386 年成立；科隆大學在 1388 年成立……

　　第二，從知識分類上，我們看到中古文化的成就。在 12 世紀以前，每個學校中有七藝的課程，文法、修辭與論理是謂初三藝，繼有算術、幾何、天文與音樂是謂高四藝。到 12 世紀後，十字軍興起，阿拉伯的文化、希臘古代的思想輸入，如阿維森納（Aviceune, 980 ～ 1037）的《醫典》（*Canon*），西利亞巴斯《醫學大全》十卷，亞里斯多德、柏拉圖等之著述，逐漸翻譯，西方人士知識上起了很深刻的變化。那時候他們感到傳統的知識分類非常狹隘，與哲學以確定的地位。哲學獨立，遂奠定高深學術的基礎。但是，中古最大的貢獻，常為人誤解，乃在哲學與神學的分離，哲學始有其完整的生命。因為哲學的出發點是理智，神學卻是信仰。信仰固不能與理智相違，但是有許多教義見諸《聖經》，而不能為理智所解決。

　　我們曾經說過：中古文化是立體的，一般科學居於下，哲學位乎中，神學冠於上。一方面「按照建築的定律」（哈斯語），另一方面，由感覺的觀察進而為智慧的思維。便是說按照抽象的程度，將知識分為種類，各有其研究的對象與所從研究的觀點。宇宙間錯綜的現象，每部分當予以特殊的研究，可是因為基礎不穩固，常將經驗與知識混淆，所以在當時學術上，常可遇到錯誤的結論。研究各部門的學問是無窮的，只要發現一個新的方向，或有新的需要，即產生一種新的科學。這需要大眾的共同努力，有如建築一所大教堂，完全是為了大眾的。亞當斯（Henry Adams, 1838 ～ 1918）論到中古教堂時說：「那些富麗的堂廟都是為著千萬人造的，為著人類祝禱上帝求其赦免罪惡與免於饑渴而造的。」不只教堂如此，在知識發展上亦如此。

　　進一步為哲學，哲學不是各種科學的綜合，而在研究整個事物的關係，借理性作用，在全體中探討那深入實有內容的某種特質。他們根據亞里斯多德的分法將哲學分為三部：為真的知，它是理論的；為善的知，它是實用的；為美的知，它是情感的，含有濃厚的詩意。

　　假如我們用中古習用的譬喻：一般知識乃遊人所見城市中之古蹟名勝、樓臺殿閣、景物街衢等；至於哲學，乃登高山之頂，俯瞰全城的輪廓與景色；神

學乃太陽之光，它照耀萬物，沒有它，人類永遠是黑暗的。中世紀的人可以想像人類之絕滅，卻不能想像上帝的不存在。這不是一個啞謎，這是根據矛盾律與效因必然的結論，只有承認它的存在，才能說明宇宙萬物的變化。

‖ 五 ‖

在某種意義下，文化是心理力量綜合的表現，13 世紀的特點，在加強個體，趨向統一，以建立廣大完美的體系。世界是多元的，因為人類生活的需要，家庭、國家、社會是「集多數人而成團體，它的統一是外形的，並非自然的本質」（多默斯語）。假使從作用上看，團體是非常重要的。但丁著《王政》一書，擁護大皇帝出現，組織大國的團體，具有普遍的秩序。當時正在封建時代，王權衰落，無法實現。只有教皇，天下一家，他吸取古羅馬帝國政治的機構，以博愛平等之說建立教會帝國，他有自己的法律，自己的領土，他居高俯瞰著當時的一切事蹟的演變。因為法王菲力浦·奧古斯都反抗教皇，英諾森三世說：「各國君王有其邦土，而彼得地位駕乎一切君王之上，因為他代表基督統治著整個世間。」

為何反對教皇如亨利四世、腓特烈一世，他們也承認這種理論呢？為何他們一方面與教皇作戰，另一方面又恭順地參加十字軍呢？

從士林哲學解釋：每個人有聖神的價值，他便是一個小宇宙，一個小上帝。每個人有雙層目的，一為世俗的，便在這個世界實現；一為精神的，必須犧牲現世，始能達到。於是 4 世紀哲人奧古斯丁「上帝之城」，便成了中古一代渴望的理想，每個人為著他自己的命運，都把死看成是一種快樂，苦痛是一種幸福。我們看 13 世紀的藝術作品中，常時表現「希望」與「力」。因為力可以支持苦痛，希望引人到極樂的境地。所謂人生的快樂，並不是感覺的舒適，而是「人格」的發展，使精神生命得到正確的歸宿。

中古世紀是一個樂觀的時代，當方濟各會成立後，以快樂為一種道德，各修士們必須遵守的。聖方濟各（St. Francois）所著之《小花集》（*Fioletti*），每句詩中表現寧靜快愉的情緒，有如托斯卡納碧玉般的天空；但丁的《神曲·天堂》

中充滿了和平快樂的心緒，有如在狂風暴雨後看到的郊野；喬托（Giotto di Bon-done, 1267～1337）的繪畫，以簡樸的條線繪出內心的和諧，開始接近自然；哥德式的建築，一點一線，顯示出清醒合理的精神，四面滿牆巨窗，鑲彩色玻璃，在溫柔的晨光中，每個人尋找他的安慰與希望，正像做著飄渺的夢。

在中古推崇理性運動之下，他們主張：善是每個人最小的目的，正如亞里斯多德說：「善為一切存在的理由。」可是求善之道甚多，如何能保證善之獲得，而不使人墮入歧途呢？唯一有效的保證，便在合理，合理便是反省，由是而產生自由意志說。這便是如何個人為團體犧牲，其人格非特不滅，反而相形益彰。從這個觀點出發，我們始可了解十字軍的運動永遠是犧牲現在而為著將來。

由是產生一個重要的觀念：真理是永恆不變的，而宇宙卻在日新月異之中，個人知識非常有限、非常渺小，只有全人類共同努力，加以選擇、調整與組織，始可接近永恆的真理；從這裡所產生的文化，才是真正的文化。沃夫說得好：「中古人士認真理是座大廈，它是緩緩地建造起來的。」也是為此，他們不相信權威，不相信專家，他們只問接近真理幾何，卻不問是何人所發明！多少人嘲笑那些權威者，「權威的鼻子是蠟制的，扭之左則左，右則右」。這和今日有一技之長者，便沾沾自喜，真是不能以道里計了。培根說：「一直到世界末日，人間的一切不會達到完美的境地。」又中古有句流行的格言：「完美便是死亡的別名。」許多人以為缺陷的美是浪漫派學者的發明，那才是商人的瞎說，沒有了解中古世紀的文物。

‖六‖

多少研究歐洲史者，以為希臘、羅馬之後，歐洲沉入黑暗時代，至文藝復興時期，忽放光明，宛如經過深長的暗夜而見旭日東昇似的。我們並不否認文藝復興的重要，但是文藝復興卻是由 13 世紀文化蛻變出來的。

13 世紀文化的支柱 —— 哥德式的教堂、士林哲學的經典，兩者都表現人類理性的發展，追求靈魂的完美。這個社會雖然充滿了戰爭、決鬥、荒淫、苦困，

但是他們基本色調卻在與「人」以特殊的價值，追求永恆的真理，因為「現實的世界是真理的一層帳幕」（拜耳教授語），每箇中世紀的思想家都想揭開，一窺內邊的奧妙。一方面，他們的思想是情感的，另一方面又是理智的。他們著重個體，卻要愛護全歐洲共同的教會。他們充滿了封建的思想，依附有力的權貴，同時卻要求意志的自由。我們看到了分裂與統一併存、現實與理想混合。外表上表現出矛盾、古怪，有時候幼稚，而內部卻是沉靜、和諧與快樂。

士林哲學與以完整的體系，給人類智慧一種堅強的組織。13 世紀的哲學著述是《聖經》與希臘、羅馬文化兩種遺產的綜合，到文藝復興時，那是中古文化邏輯的結果。從這方面談「人」的發現，那才不致到錯誤的地步。

第九章　16 世紀新時代的分析

‖一‖

在文藝復興與宗教改革之前夕，歐洲歷史演進到最複雜的階段，其可得記載者，有下列幾種史事。

第一，當羅馬帝國希臘領域消滅後，歐洲人的意識上產生了劇烈的不安。即千餘年締造之東方基督教文化，將為穆罕默德二世的武力所奪取，而發生「近東問題」。此問題使歐洲人陷入紊亂局面，至今仍無一正確的解決。西方人感到問題的棘手，匈牙利王英勇的防守，教皇庇護二世鼓吹十字軍，結果威尼斯須將阿爾巴尼亞割讓（1479），土耳其將東地中海的商業完全獨霸了。

第二，因伊莎貝拉一世與斐迪南（Ferdinand II, 1578～1637）結婚，形成西班牙之統一。在 1482 年，成立審檢制度，驅逐異教，成為羅馬教皇強有力的憑依，君主政體奠定穩定的基礎。他們英勇的航海家，即在此時發現了另一個世界。

第三，英法百年戰爭結束後，以少女貞德故，法國民族意識的覺醒。路易十一，以忍耐的外交，與瑞士締結同盟，與英人重修舊好，使法國至隆昌地步。其政績使人注意者：一方面要保護東北與東部的安全；另一方面樹立萬能的君

權，君主即萬物，為上帝一半的象徵。

直至法國大革命時，法國便是向這兩方面推進。

第四，構成神聖羅馬帝國之核心日耳曼有三百六十多分子，每次舉帝王時，不是行賄，便是讓與，這樣道德與法權無法維持，那些王公卿相，利用聯邦間嫉妒與矛盾，均不願有一強有力之國王。於是，日耳曼人之愛國心，轉移在模糊的民族觀念與狹小的城市，而哈布斯堡依賴機智，將婚姻視為衛護政治權力唯一的方法。馬克西米利安（Maximillen）的政策，便是以婚姻奪取西班牙與新世界，而歐洲三百年的局面，便受這種婚姻政治的支配。但是，每個民族要求統一的政治，在任何分裂局面之下，無不竭力追求。日耳曼既不能有統一的政治，轉而從宗教著手，在著名的沃爾姆斯宗教會議，雖有查理五世（Charles V, 1500 ～ 1558）的反對，結果仍然採取路德的路徑。可是我們要記住：路德的宗教改革，不久變為政治與經濟的改革。而希特勒不是視路德為他的先驅嗎？

第五，自查理曼大帝加冕後，羅馬教皇不只是精神的領導者，而且是政治的領導者。教皇自政治言，一為入世的君主，擁有豐富的資產，成為羅馬貴族角逐的目標。有幾位教皇，如亞歷山大六世（Alexander VI）的荒淫，儒略二世（Iulius II），結果使教皇精神權威降低，而義大利變為鬥爭的場所，分裂成許多獨裁的統治國。

可是因為經濟的發展，構成藝術與知識的復興，其功績在文化史中，留下最光榮的一頁。

從上邊史實看，我們見到：一、歐洲統一的崩潰；二、國家思想的發展；三、宗教威信的降低；四、個人意識的覺醒；五、世界領域的擴大。而這些特點，實是近代歷史的開始，凝結在文藝復興與宗教改革上，我們想與以一種概括的研究，說明這是歷史發展的結果，只有從民族性上，始可與以較正確的解釋。

┃二┃

當英法百年戰爭結束時，西方舊社會感到新的動向，構成兩種強有力的潮

流：一種著重在智慧與藝術，另一種著重在宗教與倫理。

兩種都是對現狀不滿意的反響，期望改革，造成一種復古運動。從智慧與藝術方面，那些改革者欲使古代希臘、羅馬復活；從宗教與倫理方面，不滿意當時基督教的墮落，返歸到原始的基督教的生活內。

這種復古運動是外形的。自實質言，這是人類意識對集體強制力的反抗，造成了個人意識的覺醒。為此，我們看這兩種運動，不是兩種改革，而是兩種革命，假如革命的意義不僅限於流血的突變與劇烈的鬥爭。

從史學方面看，個人意識的覺醒，並非 16 世紀所專有，聖本篤（St. Benoit）教其門弟子說：「院長應該明瞭每個人的靈魂與個性，這個當用溫言來勸導，那個當用嚴辭來責難，還有的宜用暗示來啟發，須因才而教，深切了解每個人的聰明與特性。」次之，中古義大利與日耳曼分裂的局面，騎士制度的發展，封建造成割據的形式，都是構成個性發展的因素，而個性發展便是個人意識覺醒的表現。便是 13 世紀的士林哲學，提倡抽象無我的理論，可是個人的人格價值，始終沒有忽視過。

施努勒教授（Prof. Schnurer）在《教會與中古文化》一書中再三申論 10 世紀新文化運動，始於蠻人侵入。他說：「日耳曼侵入羅馬帝國，使古代文化崩潰，也使日耳曼民族創立起新的文化。」

我們同意這種說法，因為史實的演變，絕非突然降生，它必有久遠難以分辨的因素。可是有兩點須加以說明：第一，中古的個人意識，其出發點是形而上學的，人格是它的價值，超性是它的歸宿，由是而論，在不同中具有共同點。而 16 世紀由實用出發，形成個人主義，理性與感覺是並重的，即尊重形式，變為自我的崇拜。從這裡始能明白蒙田（Montaigne）的「我知道什麼」，笛卡兒的「我思故我在」。

第二，通常論 16 世紀個人意識的覺醒，將之別為藝術的與宗教的。

殊不知文藝復興不必是古典的，它也可以是宗教的；同樣，宗教改革不必是宗教與倫理的，它也可以是社會的與政治的。

　　16 世紀新文化運動雖導源於中古，它的實質與中古完全不同，它範圍的廣泛，變化的劇烈，實為近代歷史的總發動。本來「太陽下沒有新的歷史」，可是自因果而言，則每時代必然有它的特性。當封建制度崩潰後，政治轉向集權君主，經濟擴大範圍，那種抽象與書本的知識，虔誠與飄渺的信仰，逐漸失掉作用，起而代之者，是以人為本的現實思想，以觀察與經驗代替了反省與推理。

‖三‖

　　16 世紀的思想，外表上錯綜複雜，宛如走到無盡的森林，而骨子里卻有一共同的基點：個人主義所構成的人文主義。人文主義是歐洲精神統一破壞後的產物，要理智與信仰分離，每個人的意識，再不假借士林哲學傳統的理論，要自己直接解決自己的問題，支配自己的行為。就每個人自身言，本能要求自然的地位，不再受智慧的約束；而個人生命的價值，仍以超性為本。可是不允許忽視現實，一反中古基督教的思想，不僅要犧牲而且要享受，不僅要服從而且要懷疑，要以自己的意識為人類行為最後的估價。

　　從空間方面看，無論在佛羅倫薩、巴黎、牛津、魯文，我們看到有共同的思維，幻想古希臘、羅馬文物的再現；從當時特殊人物看，即愛好虛榮的馬基維利（Machiavel）、個性倔強的米開朗基羅、虔誠而多疑的伊拉斯謨（Erasme）、國家思想狂烈的拉伯雷（Rabelais）、崇尚自由的路德與喀爾文（Calvin），雖因環境的不同，各有特殊的發展，但是他們的基調 —— 人文主義 —— 卻是一樣的。

　　倘如從這種角度衡量胡斯（Huss）的死，便知不是一種偶然的事件。自威克利夫（Wyclif）提出關於宗教的理論後，便是許多信心堅固者，亦不能否認問題的嚴重，胡斯是典型的實踐者，給今後的改革家一個榜樣。正統的基督徒，深感到問題的重大，溫和派由古代經典內探討宗教的真理，以期校正傳統幼稚的思想；激進派以軍旅紀律，組織鬥士，使基督教枯老的枝幹上，抽出嫩芽，這便是羅耀拉（Lguace Royla）成立耶穌會的目的。

　　羅馬帝國遺留的統一陰影，中古已感脆弱，現今被路德與喀爾文破壞無餘。

路德以民族的力量，喀爾文借邏輯的精神，他們破壞了舊教會的約束、階級的統治，過去基督教會的普遍性，只成為頑固保守者的幻想，因為每個國家要有它自己的教會，再不能忍受「教會國家」

所支配，不只舊教會頹廢、貪婪與豪華，而且對人生、國家、命運等完全具有不同的意識。威爾頓（Wilden）論到宗教改革與文藝復興時說：

「基督教時代的結束，也就是國家時代的開始。」這是非常正確的。

‖ 四 ‖

研究十字軍的史學家，常時強調經濟的因素。同樣，在 16 世紀的大轉變中，經濟實為強大的動力。特別是在義大利，從十字軍興起後，義大利欲取得歐洲領導的地位，但是它遭遇到兩種困難：第一，教皇正式參預政治，內部發生裂痕，因為神權與世權的衝突，使義大利淪為散漫對立的市府政治；第二，義大利每個城市為政者，如米蘭之斯福爾紮、佛羅倫斯之麥地奇，無不借助外力，以穩固自己權勢，結果義大利變成歐洲各國角逐的戰場，永無和平的時候。從政治方面看，義大利失掉統一，自難領導歐洲；從經濟方面看，義大利與阿拉伯競爭，至少控制東地中海，恢復過去的繁榮，構成經濟的中心。

中古經濟的基礎，建立在土地與手工業上。因為海外貿易，市場擴大，如里昂與日內瓦之競爭，那種遲滯的中古農村經濟，逐漸失其重要性，起而代之者為資本主義，佛羅倫薩便是當時金融的中心。這是一種新的組織，資金運用、鉅款存放、匯兌與利息，人人都感到方便。即是反對高利貸的教皇，一樣協助這種組織的發展，因為這種新組織成了戰爭中勝利的因素、政治鬥爭的工具。

物質發展的結果，使精神起了劇烈的變化，一方面階級代替了自由與不自由的區分，資產階級變成了社會的中心；另一方面，質樸的生活改變，豪華富麗，養成一種現實與應用的精神。墨西哥與祕魯的金銀，大量地運到歐洲；過去的農村生活，漸為畸形繁榮的都市生活摧毀，造成一種經濟恐慌；因為生活繁榮使生產降低，因而失掉購買力。在這種危機下，只促成唯物的個人主義。所以雷諾教

授說：「15 世紀是一個唯物的世紀。」

從唯物的觀點出發，我們更可看出宗教改革真正的動機。多少國家的王公卿相，其攻擊教會的理由，不就是看到教會富有而想沒收它的財產嗎？那時流行的一句話「何處有錢，何處下手」，便是宗教改革口號之一。威爾頓說：「……在德國，特別是在英國，託辭改革宗教，而實際上是在沒收教會的財產。」

不只如此，改革者深知教會弱點之所在。首先教會物質發達，腐蝕了固有的美德：如淡泊與安貧，生活浮華與放蕩，不能為人表率。

其次士林哲學，做了宗教工具，失掉內容，只留下空洞的形式，不能主導當時的思想。最後政治與經濟改變，加強國家思想，破壞了中古政教合一的精神，形成分裂的狀態。那時候雖有少數理想主義者，如薩佛納羅拉（Savonarola, 1452 ～ 1498），卻只有衝動的熱情，不能把握住歷史的潛力，甚至可以說是反時代的。

｜五｜

中古世紀末，歐洲人士感到不安與悲觀，有時竟至失望。從那時的文學與藝術上，我們看到對「死」的眷戀。達文西的〈最後的晚餐〉、米開朗基羅〈早夕日夜〉的雕像，充滿了陰暗與懷疑的心緒，失掉了一切的信心。他們不滿意現狀，可是並不願與傳統的倫理斷絕，從古希臘、羅馬的文化內，他們摸索到返歸自然的途徑。可是我們要注意，這個自然與浪漫派所憧憬者完全不同，浪漫派視自然是一個伴侶，它具一種魔力，可以使不安者寧貼、苦痛者幸福。而文藝復興時的自然是人性的，以一種分析的方法，解剖那種內心的衝動與需要，我們可以說是本能的解放，不願再受理性的支配。這便是為何當時文藝的取材，完全以人為對象，很少有自然的描寫。這是一種為物質決定的個人主義，而將羅馬政治與社會的觀念、基督教受苦與淡泊的精神，逐漸摧毀了。所以，福伊雷說「文藝復興便是倫理的毀滅」，這雖指義大利言，就他對歐洲普遍的影響論，亦是很正確的。

個人主義的發展是必然的，只就歐洲各地方言的崛起，替代拉丁語文，構成

了一種離心力，使中古統一的局面，無法賡續。方言的發展，加強了地方性，而骨子內便是民族思想的自覺，但丁的《神曲》、喬叟（Chaucer, 1343～1400）的《坎特伯雷故事》、維永（Villon, 1431～1463）的詩、廷代爾（Tyndale, 1494～1536）英譯的《新約》、路德翻譯的《聖經》，這證明每個民族，可用自己的語言同上帝對話，直接表現自己內心的情緒，這對當時的政治思想，給予了強有力的贊助。自 1457 年至 1557 年之間，《聖經》譯本印至四百版之多。我們知道方言的發展，便是各個民族個性的表現，因為各個民族生存的需要，由自己所創造成功，並非外力以使然。

從政治方面看，每個民族的方言，便是每個民族團結與自覺的工具，它加強民族的思想與國家的觀念。當時每個民族，要依據地理、語言、習慣等衛護自己的權利。所以國界問題、稅關制度、國際外交的關係，先後成為國家的要務。其結果羅馬教會的統一，中古代議制度，逐漸失其時效，而每個國家需要有強有力的君主，如斐迪南、法蘭西斯一世、查理五世……在君主制度尚未隆盛時，民族思想成為唯一過渡的橋梁，羅伯遜（C. Y. Robertson）說：「自 1450 年後，吾人進入另一個時代，民族思想的發展，構成近世歷史演變勢力之一，今日之民族思想，實起源於中古時期之末葉也。」

｜六｜

民族觀念不是指血統的關係，而是指據有共同的語言、思想、風俗等，即據有心理的統一，受歷史潛力的支配。也只有從民族觀點出發，始能說明 16 世紀的重要，了解何以文藝復興產生在義大利，而宗教改革發動在德意志，即是說它取決於歷史環境形成的民族性。

歐洲的政治與社會，顯然分為南北兩部。南部是拉丁的，喜保守，尚形式，偏重世俗，一切從理智出發，懷疑與分析為精神上獨特的表現。北部屬於日耳曼的，喜改革，重宗教，致力於內心生活，其出發點為直覺，時而做夢，時而幻想，神祕與衝動為精神的特點，因而常在無止境的鬥爭中。

這兩種不同的精神，自始便處在對峙的地位，而中古所以相容並存者：第一，羅馬帝國的殘影，猶籠罩全歐，幻想統一的再現；第二，基督教統一的思想，教會嚴密與普遍的組織，構成了強有力的向心力；第三，日耳曼南遷後，以文化較低故，接受羅馬與基督文化，而神聖羅馬日耳曼帝國的成立，便是一個好說明。可是到15世紀，這兩種精神逐漸發展，破壞了中古的平衡，有時又互相衝突，即歐洲思想與國家思想鬥爭。

義大利是羅馬帝國正統的承繼者，昔日光榮的回憶、壯麗的事蹟，支配了義大利人的生活。在他們的內心，維斯達廟堂、朱庇特神殿與聖彼得聖保羅致命地是一樣的。當基督教變為歐洲普遍的信仰，古羅馬的破瓦頹垣、孤墳殘墓，含有特殊誘惑的力量。佩脫拉克在他的詩中，表現羅馬的復活。施努勒教授說：「由返歸到黃金時代，永遠青年的思想中，產生出文藝復興。」

中古世紀末，義大利人民與國家獨具一種風格，正像古代希臘的復活，政教衝突，義大利分裂許多市府，如薩沃伊、熱那亞、米蘭、威尼斯、波隆那、費拉拉、曼圖阿（Mantua）、比薩、佛羅倫斯、拿波里、佩魯賈、西西里等，與古希臘分裂成許多城邦，從未統一，殊無多少分別的。次之，義大利人醉心於政治，卻無政治的定見，以自己城邦的利害，互相忌妒，不能相容，不只義大利失掉統一，並且失掉是非善惡的標準，有如希臘內戰時一樣。他們失掉羅馬組織的力量，團結的精神，卻採取了希臘的文學與美術，追求迷戀的「美」，固然淨化了義大利粗陋的特質，卻領導義大利至享樂的路上。

只要看波提切利（Botticelli, 1445～1510）、拉斐爾的畫，我們看到他們從刺激著手，給想像上一種逸樂。他們完美的形式、鮮豔的色調，雖似希臘的作品，其品質卻完全不同。因為希臘沒有純粹的藝人，他們的作品內，充滿了正確的思想。可是義大利沒有接受希臘的哲學與倫理，如有之者，那便是詭辯派的理論，無確定的是非。馬基維利的言論，便是好的證例，他說：「如果我教王公們如何做暴君，同樣也教人民如何反抗暴君。」

‖七‖

與義大利相反的為日耳曼民族，它的歷史很短，又非常複雜，沒有豐富文物的遺產，也沒歷史紀律的訓練，卻有生動的活力，充滿了宗教的情緒。它以直覺出發，在宇宙與人生問題上，含有樸素天真的彩色。每個幻想，立刻要變為現實。自從基督教侵入後，它接受了羅馬帝國的歷史，不客氣地負擔歐洲統一的重任，恢復奧古斯都黃金時代。可是，它既沒有確定的世系，又不放鬆義大利，結果非常不幸。在 16 世紀初，日耳曼內部仍有三百六十多單位，他們要找一出路，轉向古代的基督教，正如義大利轉向古代的文藝是一樣的。

當羅馬教會取得合法地位，其第一急務便是在恢復古帝國的統治權，樹立威信，其精神與組織是非宗教的。因為基督教對人類最大的貢獻，首在它一視同仁平等的精神，同時也在它政教的分離，中古不能堅守這種原則，形成一種特殊的局面，而宗教反變成戰爭的因素。我們看雨力二世、利奧十世（Leo X）的行為，正像羅馬帝政時代的奧古斯都。就一般論，拉丁民族的宗教是批評的，他們愛堂皇的形式，井然不亂的序位，可是他們所求於宗教者，是邏輯的問題。這便是為什麼產生人文主義！為什麼從個人主義的發展上，仍然追求理智的統一，以希臘思想為基礎，重新建立歐洲精神的統一！

日耳曼民族，傾向於希伯來主義，在神祕的天國上，建立宗教的個人主義。它是急進的衝動的，它要求日耳曼民族有其獨立的宗教，不能為教皇所限制。這不只是個信仰的問題，這也是一個政治問題。

因為有民族思想的因素，始產生了瓦姆斯的悲劇。我們知道路德在議場中說：「我所說的不加任何修改，否則便違背我的良心。便是那樣，願上帝保佑我！」德意志統一的基礎，便在此放下第一塊石頭。

日耳曼成了新宗教的創造者，這是德國史發展自然的結果，便是路德也未夢想到的。

‖ 八 ‖

文藝復興是拉丁民族演變的結果，其傲人的人文主義具體的表現在愛哈斯姆身上。這是一個懷疑者，精分析，善諷刺，沒有定念，卻能精密地批評；他具有最高的權威，卻在兩可中建立他的地位，極端地推重理智，並且相信理智的普遍性。因此理智做了歐洲新精神統一的基礎，他們要求智慧的解放，破壞中古傳統的精神。這是一種形質相違的理論，外表上擴大人的範圍 —— 為此米什萊在《法國史》第七卷中論「人」的發現 —— 而骨子里，卻是個人主義。

路德從宗教出發，否認理智的權威，因為真理與命運等基本問題，只有信仰可以解決。可是信仰不是普遍的，而是民族的，此種熱狂、衝動、神祕的情緒，使路德要建立民族的宗教。威爾頓說：「從我們研究的觀點出發，宗教改革是國家情感對中古教會歐洲的對抗。」

這也是一種個人主義，但它的外形是民族的。

從此，我們看到文藝復興與宗教改革的相同與相異，相同點在於他們對時代的反抗，基於個人意識的覺醒。在 1519 年 3 月 18 日，路德致愛哈斯姆一信，要求他與以贊助，共舉大業。但是這個善於把握時機的人文主義者，絕無此膽量，他以迂迴的言詞，拒絕路德的請求，他回信說：「……向各方宣布，你我並不相識，從未讀過你的著述，既不能贊成，也不能反對……我竭力保持中立，為著可以獻身於文藝……」相異處乃在信仰與理智的衝突、分析與綜合的失調，日耳曼與歐洲的鬥爭，國家主義與人文主義的矛盾。所以路德與教會斷絕關係後，同時也與人文主義者斷絕關係，路德與愛哈斯姆處在對立的地位，現在德國人視路德為納粹的始祖，並非沒有他的理由。

從 16 世紀思想演變中，我們看到現代的縮影，胡塞爾語之為「16 世紀近代化」並非是過言。

第十章　法國舊制度時代的家庭情況

‖ 一 ‖

　　「家庭」的基礎建立在兩種需要上：一種是人性的需要；另一種是社會的需要。歐洲的社會與歷史，從未忽視過家庭的重要性，它的宗教，特別是基督教，把家庭看做是世界的縮影。家庭的形成，始於婚姻，而基督教把婚姻看做是聖事之一，聖保羅說：「丈夫們，要愛你們的女子，正像基督愛他的教會似的。」誠以夫婦的愛是絕對排除了「自我」，形成一種最密的團結，所謂一身而兩形，有如管夫人歌詠者。歐洲自法國大革命後，個人主義受浪漫派的影響，日見發展，人性中精神的需要，以官感的刺激；物質的發展，受機械的影響，使舊社會到崩潰的地步，因而「家庭」遭受到最大的打擊，致有一種錯誤的見解：歐洲是不重家庭的。

　　我想在這篇短簡的敘述內，說明：在舊制度中家庭所占的地位與實況。第一，它接近我們，又是法國大革命時破壞的對象；第二，近代關於家庭的觀念，變化最劇烈，由是而可看出舊時代社會與文化的基礎。

‖ 二 ‖

　　所謂舊制度，包括路易十四即位起（1661）至法國大革命時（1789）止，約有百年多的時間。在這短時間內，含著幾個特點：一、這是法國最光榮的時代，普王語之為「近代羅馬帝國」；二、承科爾貝特（Colbert）提倡工商業，法國有特殊的繁榮；三、思想發展很自由，相信無窮的進步，而科學的發明更與以一種證實；四、這是一個徹底轉變的時代，一切宗教、政治、文明、經濟都起了質的變化。

　　舊制度是由封建社會蛻變出來，而封建制度乃自 10 世紀中葉法國舊家庭演變而成，便是說 9、10 兩世紀蠻人侵入，破壞了舊家庭的組織，形成一種公共的

組織。其時民眾離散在幽谷與深林，攪亂了社會的關係，成了一種無政府狀態。在此時，支持社會唯一的力量，而也是最強最韌的，便是家庭，因為家庭的力量深植在不可撼拔的「人心」。家庭是紊亂的勁敵，它有種強烈的需要，便在保障它親屬的安全。於是，社會生活已為家庭生活所替代，國家的任務已為家庭所負擔，他們田園的疏籬變成了不可侵犯的邊界。

生於斯死於斯的家庭，是每個人的聖地，沒有他人是無辦法生存的。但是自 10 世紀後，家庭不只限於父母、妻子、子女與奴僕，它的範圍擴大，團集族中人口，弱者與幼者，環集在「麥舍尼埃」（Mesnie 意為家族，等於拉丁文的 Mansionata）之旁，有家長，據有特殊的權威。「麥舍尼埃」有自己族中基本人物，同時也有最忠實的親戚，其基本的精神，在家庭化，即是說把小家庭擴大了。封建時代的采邑，便是由「麥舍尼埃」演變出來的。

家庭演為「麥舍尼埃」，「麥舍尼埃」變為采邑，小采邑擴充至莊園，由莊園構成諸侯的領地，集許多諸侯而形成王國。直至 1789 年，一方面有封建與地方的特殊的潛力，另一方面有傳統家庭的力量，法國始終是個大家庭，沒有國家正確的觀念。弗拉赫（Jaeques Flach, 1846 ～ 1919）論法國根源時說：「君者父，君權的基礎，樹立在家庭的組織與封建的保護制度上。」

｜三｜

在法國大革命以前，法國的社會沒有特殊的變更，所以社會不是個人的集合，而是家庭的集合。失掉這個觀點，無法了解法國的歷史。也是在重理性與愛家庭這兩個觀點出發，辜鴻銘言近代能夠了解中國文化者只有法國。

布丹（Bodin, 1530 ～ 1596）在《國家論》中開始便說：「國家有治理許多家族之權……」什麼叫一個家族？布丹又解釋說：「家族是許多人服從家長統治者。」又說，「好家庭便是國家的一個縮影；家庭的力量便是國家的力量，治家如治國然。每個人在家中盡職，即家庭興旺；每個家庭治理的好，即國家隆昌。」

雷蒂夫（Retif de la Bretonne, 1734～1806）說得更明白：「國家是一個大家庭，由許多特殊家庭組織成，帝王便是眾父之父。」在《百科詞典》內，狄德羅寫道：「家庭是一個社會，它是國家的基礎，因為國家是由家庭組合成的。」

‖ 四 ‖

家長的權力很大，除子女外，弟弟們便是有了家庭，一樣受家長的「統治」。西方人視家長是一個神，帕基耶（Pasquier）說：「看了父母對子女的種種，即可明白地上的上帝。」雷蒂夫說得更清楚：「我服從活的上帝：父親。」從歷史方面看，凡受羅馬法的影響者，對家長特別敬重，而家長的權力亦特別大。布丹看到世風日下，要求賦予家長「生死之權」，「否則，絕不要希望有純正的風俗、高尚的道德與家庭的光榮」。

家長有特殊的尊嚴，常引起一種恐懼的心理，夏多布里昂（Renede Chateau Briand）在《墓中回憶錄》內，描寫他父親說：「高大而冷酷，他有鷹的鼻子，唇薄而蒼白，深眼有海藍色，正像獅子的眼睛或蠻人的眼睛似的。我從未見過那樣的看法，在怒時，眼內放出的光芒，好像是槍子彈。」「我父親唯一所愛者，便是他的姓名，通常有種深的悲哀，除過發脾氣外，永遠是沉默的。永遠希望有特殊的光榮，對紳士們高傲，對附屬者苛刻，對家專科制。看著他所感到者，唯恐懼而已。」

雷蒂夫在《我父親的一生》內，記載著許多事實，我們看到家長有絕對的全權，雖不像夏多布里昂寫的那樣陰暗，卻也可看出舊時父權的威嚴。父子乘馬上市，兩馬不得並行。父不問，子不敢言。有天，雷蒂夫未稟明父親，私向村女要一玫瑰花。其父從旁窺見，整日未言。次晨雷蒂夫去耕地時，其父要過皮鞭，無言而抽在肩上，雷蒂夫忍著。在上午，始向其母親說：「這是對戀愛者唯一的辦法。」可是這樣的父親，卻有慈心，當雷蒂夫負傷掘地時，忽然聽見他父親說：

「我的孩子，今天夠了，你去休息吧！」雷蒂夫有生以來第一次聽到「我的孩子」，全家充滿了狂歡。

在某種情形下，舉行一種儀式，家長可以解放他的兒子，使他兒子成為家長，外出獨立謀生。家長是信仰、思想、家風的保護者，他承繼祖業，負擔一切婚喪大事，對內外有絕對的責任。

揚（Arthur Young）在《法國旅行記》內說：「因為全家住在一起，巴黎的房屋特別大……當兒子結婚後，與父母住在一齊，假如女兒非適與別家的長子，亦可住在家中，所以吃飯非常的熱鬧……這種方式，在英國一定要失敗的。」為什麼？在 18 世紀末，法國仍然是個農業國家，而英國已工商業化了。

｜五｜

舊制度中家庭為一切的中心，每個家庭有他的地位、習慣與家風，因之婚姻一事，非特變得慎重，有時更專制。那時候基本的思想：

個人不存在的，一切以家庭為第一。錢穆先生論西方文化特點為愛，舉少年維特為例，這是浪漫派運動的作風，絕對不能概括西方。梅西埃（Sebastien Mercier, 1740 ～ 1814）在他《巴黎的素描》內說：「我們戲劇中少年向少女訴衷情，完全是錯誤的，關於此，我們的戲劇在說假話，多少外國人被他欺騙了。她們住在修道院內一直到結婚的時候，沒有機會說出自己的心願，普通人也看不著她們。中產階級者的女子，也住在修道院內，次一點的也永離不開她們的母親。是從她們父母的手裡來接見丈夫，並不徵求她們的同意，這是種契約行為。」

法國社會階段分得很嚴，「門當戶對」是他們婚姻唯一的金科玉律，假如地位不相稱，新分子加入後，家庭必然變質，而社會必然發生紊亂。不得父母同意，自由選擇的婚姻，要處死刑。1730 年法王的布告中說：「前王所定禁止自由婚姻，意在保障父權，阻止不相稱的配合，因為社會地位不平等，有傷尊榮，許多家庭以之衰落。」解釋此論者說：「自由結合的發動，可來自兩方，而以弱者最危險，男女皆可處死刑。」

從這些事實上看，法國大革命前的思想是「光耀家庭為唯一的心願」（米拉波語），不明白愛情是什麼，原因亦很簡單，如塔列朗（Talleyrand, 1754 ～

18381）說「個人尚不存在」，而個人為家庭毀沒了。拉肖塞（Pierre-Claude Nivelle de La Chaussée, 1692～1754）說：「沒有愛情，一樣可以愛他的女人。」所以家庭的幸福不齊，有許多真是不堪想像。蒙洛西埃侯爵（François Dominique de Reynaud, Comte de Montlosier, 1755～1838）回憶中說：「我的母親非常聰明，有學識，敏感，想像豐富，很美，有高貴的靈魂，她慈柔的心從未了解愛情的美，當她結婚時，她並不愛我父親，便是這樣生了我們十二個……在孩子的時候，我們不知道愛。」17 世紀悲劇作家高乃依（Pierre Corneille, 1606～1684）在《說謊者》中說：

> 克拉利斯（Clarisse）：我父親對我的心願有絕對的力量。
> 盧克萊修（Lucrece）：一個女兒的責任便是服從。

這是兩位少女的對話，雖說是劇詞，卻道出當時的真情。梅西埃敘述父女的對話，很可看出當時的婚姻實況，因為女兒從傭人處得到她結婚的消息。

> 父：小姐，我看妳眼睛整夜沒有睡覺。
> 女：不，我的父親。
> 父：活該，孩子，結婚的時候是該美的，不睡醜得很。
> 女：我是不很美。
> 父：你以為憂悶與苦痛便可好了嗎？……我要妳強有笑容！
> 女：我不能。
> 父：不能？為什麼？和一個可愛、有錢、出身好的青年結婚，對妳有什麼害處？
> 女：將自己交給一個不認識的人，總是可怕的。
> 父：好！是不是結婚後兩人不認識呢？妳信我，孩子，自由結婚是最壞的，愛情比偶然更為看不清楚。

社會的基礎建立在家庭上，家庭又以婚姻為支點，他們不問男女的意志，而只論門戶的相稱與否。拉布丁（Roger de Rabutin, 1618～1693）坦白地說：「寧願看他女兒有不規矩的行為，也不願她嫁給社會地位較低的人。」這也夠本末倒置了。

當時法定成年的年齡，男子十四歲，女子十三歲。在七歲便可訂婚。有些提出許多奇怪的條件，如托利布地斯要娶律師的女兒，其條件為將來的男孩須研究法律。到法定年齡結婚，莫名其妙，完全是形式。但是也有例外，馬伊小姐十三歲結婚，十四歲便做了母親。

布奔小姐十二歲與達梧結婚，她的朋友們向她說：「達梧很醜的，假如是我，我不跟他結婚！」布奔小姐回答：「我要跟他結婚，因為父親願意；但是我不愛他，那是千真萬確的。」這些情形，現在不只我們不了解，便是法國人也不明白了。這是一百五十年前的社會。

‖六‖

舊制度的靈魂在保守，維繫這種精神唯一的方法，即在使祖業完整，父傳子，子傳孫，永遠保存原來的遺產。祖業是神聖的，不只不能變賣，而且不能交換。古爾圖瓦（Antoine de Gourtois）在《理性之書》中說：「我不能想像子孫們出賣產業，賣祖業便是出賣自己的姓名。不要以為賣出後可由別的來補上，試看多少交換祖業者，誰不是淪落到敗家的地步？」

我們不妨這樣說，舊制度的社會建立在這三種因素上：家庭、傳統的習俗、祖業的完整。上自貴族公卿，下至鄉村愚夫，無不在這方面推進。在 1750 年，奧利烏勒的鎮民說：「所有我祖先的辛苦遺產，我絕不敢毀傷的。」

關於繼承權，法國各地不同。就一般論，長子有特殊的權利，而長子也便要維持家風、保護遺產、使家聲永遠有好的聲響。在布列塔尼是幼子繼承祖產，倘如沒有男孩，是幼女來繼承。可是有一基本條件，須在家中不間斷地住一年零一日，理由很簡單，為著繼承者可以明白家中的事務，耕種土地，維持家風。但是這種是例外。

長子權很大，領導弟弟們工作，出嫁姐妹，他的弟妹們須絕對服從他。但是人性的自私，常使長子濫用職權。

‖七‖

法國家族制度中，其特點要算「村家」了。其形成由於許多家室，各出財產，由一選舉出的村長主持。村長有特殊的權威，位列首席，只有他可穿鞋，別人著屐，小孩便是赤足了。他有銀錢，結在紅綠毛織帶上。遇有特殊要事，可以諮詢他的會議，議員是由「村家」中選出的。

在蔭滿草地的橡樹下，沒有一點聲音，較長而較精明者，選舉「村長」。選出者，大概以才能品格為標準，並不限於年齡與資產。同時也舉出一位女的，專門帶領婦女工作，如烹飪、紡織、洗染、縫衣等。如是即家庭永遠保持統一，每家的姓上變為複數，在法國最著名的，有 Janlts、Pinons、Pannes、Pelignats 等。

據我們知道，最大的「村家」要算麥斯來（Measles）了。有三十二家住在一起，每家住處與過道相通，米什萊語之為「農夫結婚的修道院」。這種住處的特點為一很大的「暖室」，有巨大的壁灶，深冬，燃著柴火，四十多人很寬鬆地坐在旁邊，談論祖先光榮的事蹟、地方上奇特的慘案、治家種種的規矩。到九點鐘，「村長」發令，各個立起，共同祈禱而就寢了。

這種「村家」成了大革命前農村的中心，他們能夠合作，勤於作業，許多有六七處田產，每處用八條牛來耕種。例如彼能家產業的價值，約六百萬金法郎，所以他們對婚姻特別慎重。第戎的議員為他兒子訂婚，兒子表示不滿意，他嚴正地向他兒子說：「先生，你要過問你的事嗎？」幾月後，兒子只好同意他父親所定的結婚。

到 18 世紀後葉，交通逐漸便利，改革的思想深入人心，證以科學上的發明，對這種「村家」制度，漸次加以攻擊，在 1783 年，拜里（Berri）開會後宣布：「這種制度是危害農業的。」

但是，「村家」有它傳統的力量，它是法國大革命的勁敵，如費里爾（Gabriel Ferrier, 1847～1914）一直支持到 19 世紀末。在 1898 年，它尚有二十三家，「村長」在 1897 年舉出，僅三十五歲。經過上次戰爭，「村家」已成了歷史的

資料了。彼能村家可以追述到查理曼（Charlemagne）時代，便是說這種制度存在了 9 個世紀，可證明古代社會生存的強力。

‖八‖

一人的光榮便是全家的光榮，一人的恥辱便是全家的恥辱，為此，米拉波（Honoré Gabriel Riqueti, comte de Mirabeau, 1749～1791）寫信給他的弟弟說：「我只是家中的一塊而已。」從查理曼時代起，這種風氣便很盛行。當羅蘭（Roland，736～778）由西班牙退回，路遇薩拉森人，羅蘭所以不敢吹號角請求援兵，恐怕毀辱父母，敗壞家中勇敢的風氣。

在政治上因一人而全家受累者非常多，富凱（Fouquet, 1615～1680）被捕後，全家被逐放，由是財產充公是習所常見的。在 1771 年，莫布（Maupeau）要求取消這種法律，理由是「一人有罪不當涉及全家」。可是在家族思想支配的社會，無論哪一層階級，都受這種思想支配。當亨利四世遭暗殺後，拉瓦雅克（Ravaillac）親屬受最嚴屬的處分。著名的達米安（Robert-François Damiens, 1715～1757）暗殺事件發生後，在 1757 年 3 月 27 日的命令中，要逮捕「父親、子女、妻子、親友、家人」。因為個體是不存在的，所存者乃是「家」。曼特農夫人（Françoise d'Aubigné, Marquise de Maintenon, 1635～1719）得寵後（對路易十四影響最大者），不大照顧自己的家屬，現在都認為這是美德，在那時卻認為她是刻薄寡情。

法國家庭的觀念是很深的，自法國大革命，受浪漫思想的影響，機械文化的摧毀，這種組織被人視為是封建的遺留。浪漫便是個人主義的別名，機械地將人看做「物」的一部分，這與科學無關。多少社會學家，如勒普勒（Pierre Guillaume Frédéric le Play, 1806～1882），追悔失掉這種組織，可是社會本身已變質，而家庭情感、集體尊榮都不存在了。如何在現在社會內建立適於人性的家庭，這是全世界急切的問題。

第十一章　《民約論》與法國大革命

‖一‖

　　近代歐洲歷史上最重要的事件，當以法國大革命為第一，它的特徵，一方面是國家的，另一方面又是社會的。國家的，便是說從此以後，人民替代了帝王，國家是至極的權威，它是絕對的。社會的，便是說加強農民的所有權，摧毀封建的專利，正如索雷爾（Albert Sorel, 1842～1906）說，「1789年的革命是所有權的變更」，這便是為什麼農民們眷戀革命，擁護革命。

　　許多人誤認舊制度為封建制度，這完全是錯誤的。舊制度是封建制度的一種賡續，一種延長，其性質截然不同。當時社會組織與實際社會脫節，逐漸發生不可補救的裂痕，須加以徹底的改革，始能建立起它的重心。

　　自從路易十四以後，法國社會起了劇烈的變化，工商的發展，機械的運用，殖民地的開拓，新經濟制度的確立，如紙幣與信用貸款，這些新事物，絕非封建時代的機構所能應付，這裡產生了一特殊的現象：封建制度是有利於貴族的，自從16世紀起，君權擴張，得國家意識的贊助，貴族失掉政治作用，沉淪到苦痛中。黎希留的政治，使法國走上中央集權的道路，形成強盛與近代化的國家，如果帝王庸弱，不能有所作為，控制時代，即民眾必然以革命手段，奪取政權，所以法國大革命是由他的帝王與重臣開始的。

　　革命所以能在法國成功的原因，另外有它的因素。革命需要理論的贊助，更需要領導的人才。在18世紀時，法國的法學家與知識分子，無不要求確定人權，使社會達到美滿的地步；而資產階級，自中古世紀以來，便參預政治，他們有錢、聰明，有清醒的意識，很明白他們所攻擊的對象，所希望的是什麼。

　　民眾發動革命，以輿論故。思想控制事實，從未有18世紀那樣強烈。莫內特（D. Monet, 1878～1954）以精確的研究，確定18世紀演變的階段，起初竭力抨擊宗教，認為是反理智，反人性的。自1785年後，政府與宗教不能分離，政府要支持宗教，因而將反宗教的情緒轉移在政府身上。自1748年至1770年，

許多人提議改革，只限於社會方面，然而社會的改革，必然波及政治。所以從 1770 年後，雖不倡政治革命的論調，可是改革聲浪，逐漸提高，造成一種普遍的不安。這時候，那些名人的理論，小名人的宣傳，推波助瀾，產生了 1789 年的事實。

‖二‖

18 世紀思想家影響大革命至何種程度，至今史學家尚無確定的解決。這個問題，因為時代的複雜性，恐怕永無正確的解決。18 世紀是新舊兩個時代的交替，他們有改革的思想，需要行動，卻看不清楚目標，因為他們只曉得推倒什麼，卻不明白如何建設。他們有種強烈的要求，將思想實現，可是又怕實現後邏輯上的結果。

便是在這種徘徊的心理上，舊制度仍然有它的作用。路易十四的光榮，經濟繁榮後的舒適生活，在那暴風雨快來的時候，每個人感到剎那間的逸樂，所以塔列朗（Talleyrand, 1754 ～ 1838）說：「沒有在 1789 年左右生活過的人，不明白生活的快樂。」從思想出發，對政治與社會都有改革的要求，倘如提到革命，那些思想者又覺著可怕。百科辭典派便不相信民主政治，他們認為這種政治，只能在小國家實現，如日內瓦共和政府似的。法國大革命的成功，乃是由於拿破崙的獨裁，這不是譏笑，他深明白當時民眾的心理。

18 世紀的精神是唯理的，那裡面含有樂觀的情調。他們相信單純的思想與概念，希望一切都大眾化。在這個一切成問題的時代，理智、經驗、情感交叉著，經驗與情感要校正理智的枯澀。理智卻要建立它的體系，觀察自然，破壞人的統一。情感開始反抗，摧毀唯物思想，贊助宗教與詩歌的發展。這三種的發展不是同時，起初是樂觀的理智，產生了法國大革命；繼而是 19 世紀初期情感的傳播，形成浪漫主義；最後是經驗的擴大，構成社會主義的唯物論與機械科學。

18 世紀哲人們攻擊時，從宗教著手，1781 年 4 月 3 日，狄德羅寫著說：「如果衝破宗教可怕的籬笆，絕對不能停止進行，須要繼續努力，以取得地上的主

權。」便是擁護宗教者，他們實受時代思潮支配，深信理智與經驗，所以約瑟夫二世解散舊教的修士會。他們不相信理智之外尚有真理的存在，對帕斯卡的名言，「心有它的理智，而理智是不會了解的」，多少人含譏帶訕的攻擊。18 世紀的哲人，竭力破壞久永情感的對象，不使它有過渡的時代，即刻要代之以人道、自然與人民。他們對理智有絕對的信任，相信無窮的進步，起初僅只是知識分子，繼後深入民間，演變到不可收拾的地步。盧梭說：「如果你忘掉果子是屬於大家的，大地是公有的，那你就完全失敗了。」這些話，使人們感到一種愉快。

從這公式內所得到的結論是：「小孩統治老人，愚者役使哲人。」

如何能使那些哲學家忍受呢？而知識分子又轉向信仰，摸索新路。這些哲人的思想是勇敢的，他們的行為卻是懦弱的。他們只能破壞，不能建設，可是1789 年的事實已發動，斷頭臺已豎立起來。18 世紀的哲人們雖不願如此，而這確是他們的作品。

‖三‖

哲人們影響法國大革命者，當以盧梭最為重要，他的《民約論》，深入人心。從個人到集體，無不烙印上他的形跡。他真是代表一個時代，他的理論，以一種病態與矛盾的方式，像傳染病似的傳播開。

「人生來是自由的，可是他受了束縛」：這是一種矛盾，盧梭要來解決。「社會秩序是神聖的權利，一切人們的基礎；這種權利不是自然的，而是契約的」。每個人有保衛他生存的權利，家庭是自然組織，它的作用便在此。但是孩子對家庭是一種需要，到理智獨立，便可自由。盧梭基本的假設，乃在自然狀態，只有在自然狀態中，始可生活，設如違犯，「每個人有反抗義務，否則人類便要滅亡」。為了加強奮鬥，摧毀各種障礙，「需要團體，以保護公共利益，每個人總與團體集合，然而在結合中，每個人仍然保持著以往的自由」。

每個團結者是平等的，須要徹底團結，依從「集體的意志」，集體便是國家，他是絕對的。雖然盧梭說「服從集體，便是要個人自由」，可是個體實早已

不存在了。這不是矛盾，盧梭分別個體在集體中有兩面：主體與附屬。以公民資格言，他是主體；以私人言，他是附屬。

因為集體是由個人構成，集體為個人謀福利，絕不願危害個人利益，所以不需要保證。在此，本能要求的自由，轉為法律的自由，以理智為基礎，由國家保證。盧梭認為個人沒有任何損失，因為大家是平等的。這種平等是武斷的，同時又是數學的。大多數成為絕對，人民至上是空虛的外形，實質卻是少數集體的意志。

這種理論，顯然與盧梭的個人主義相反，如何解決這種矛盾呢？

「只有一條法律，要求全體的同意」，這便是社會契約。「因為人民的結合是任意的，每個人有他天賦的自由，自己是主人，不得其同意絕對不能統治他的」。

「多數票強迫少數票」，設以意志自由者，又如何解決這種矛盾呢？各個不變的意志便是集體的意志，當向人民提出一法律，不是要他承認與拒絕，乃是問他是否合集體的意志，每個人用票來表示，集體意志便由此形成。再進一步言，集體意志完全由法律確定，法律又由人民公開決定，以保障自己的利益，民眾是不肯違犯自己的利益。

民眾產生法律，政府只能執行民眾的議決，所以政府是次要的，不論他的形式如何，只要依法治理，這便是共和政體。政府是介乎集體與個人之間，它沒有絕對的權力，設如執政者使用絕對之權，政治必然發生紊亂，那時候集體可以干涉，這便是合法的革命。因為人民對政府有絕對的權利。

‖ 四 ‖

《民約論》與盧梭的個性相違背，因為他是一個個人主義者。

我們須從盧梭的生活與心理上著眼，始可明白他的矛盾。從孩子的時候，失掉母親，沒有家庭生活，所以他不明白家庭的重要。既長，到處漂泊，沒有定居，處處遭受社會的刺激，所以他不明白社會。

他以一種變態的敏感，對社會本質有錯誤的認識，而他又是詩人與小說家，想像非常發達，有自己的理想，他要求現實的社會也和他的理想一樣，可是這樣時代，或者根本沒有，或者早已過去了，盧梭按照自己的認識與要求，深信已成過去，所以他追悔過去的消逝，將幻想放在未來的身上。

盧梭常有這種矛盾的心理：當他同平民在一起，他瞧不起他們那種平庸，自己成了特殊的階級；當他同貴族在一起，卻又覺著自己是平民。積而久之，由心理現象變為哲學的理論。查本紀（J.Chapenthien）論盧梭時說：「從原始人出發，他是個人主義者；從文化出發，他又是社會主義者。」這種矛盾也如他的作品一樣，《愛彌兒》與《民約論》是衝突的。

《愛彌兒》是個人主義的代表，《民約論》卻是集體的說明。按照思想的邏輯，《愛彌兒》是無政府主義，而《民約論》卻是共產主義。為此戈納爾說：「或者個人主義與社會主義不是絕對矛盾的。」就盧梭而論，兩者互為因果，沒有明確的分別。盧梭的個人主義與社會衝突，與國家並不相反，從 1789 年後，他的《民約論》控制所謂前進的人物，而他也得到放在偉人墓中的報酬。

‖五‖

18 世紀基本的思想，在追求幸福，可是他們所講的幸福與柏拉圖所言者，完全不同，沒有精神作用，只求物質的享受與官感的刺激。他們看人是合理的，自然的享受是應該的，在現在的大地上，應當有劇烈的變更，用特殊的手段奪取，從沒有顧慮到歷史上的背景，造成了許多幻夢。這裡我們已看到社會主義的萌芽。

18 世紀的後半期，法國思想非常紊亂，可是共同不滿意現實的狀態。格斯納想像原始牧羊人的生活，或斯巴達公共的制度；耶穌會介紹中國儒家的思想，南美土人的社會。哲人們根據這些資料，加以想像，以建立自己的體系。積而久之，形成一種主潮，公開要求：

- 要求平等較自由更甚。
- 同情弱者。
- 從應用上反對宗教。
- 自然狀態較文化為優。
- 改革社會上惡劣現象。

從這些理論上，他們要求切實，可是並沒有提出具體辦法，他們認為只要「動」，便會有結果的。

摩萊里（Morelly, 1717 ～ 1778）在《自然法則》中，曾認為原始時代的人是好的，繼後所有權確立，將人的優點摧毀。現在補救的辦法，只有發展哲學以申理性，借科學以繁榮物質，人類前途是很樂觀的。摩布里是個復古者，他醉心柏拉圖的學術，痛古人之不再。他以種嚴肅的態度，攻擊當時流行的思想。他積極主張平等，因為不平等是一切罪惡的根源。盧梭較前兩位更激烈，他反對社會與制度，渴望恢復到原始時代。這是如何的幻想，將社會問題看做是藝術問題了。

18 世紀相信國家的力量，產生了兩種結果：

- 國家是絕對的，這種觀念與舊制度不能並立。一切要合理智，便是過去獨尊的帝王，亦不能例外。那麼，理論運用到事實，帝王與國家必然分裂，從此國家變成一抽象的名詞，知識階級不允許如是，結果便是提議改革，變為革命，因為國家是大眾的，大眾的目的在追求幸福。
- 18 世紀思想的結果為社會主義。當時英國自由主義的思想，孟德斯鳩的理論，都是促成社會主義發展的因素。一方面所有權是屬於國家的，國家建立在人民上，由是形成了共產主義。另一方面，人的目的是在追求幸福，而個人有極端享樂的自由，如是對物質崇拜，形成了唯物論。

1789 年的法國大革命是社會主義與唯物論的結合，《民約論》是有力的推動，可是到思想變為事實，形成客觀的力量，思想反為事實控制，這便是為何帝俄接受法國 18 世紀思想後，產生了 1917 年的革命。

第十二章　論浪漫主義

‖一‖

　　無論從哪一方面看歐洲近代的文化，都會發現一種強烈的矛盾，那種極端的唯物思潮，過度刺激的享受，使感覺與精神受到不可抵禦的壓力，而心理的反應亦隨之產生：逃遁在幻想內。

　　幻想是一種不安的表現。不安是內心與外物失掉了平衡。因為在劇烈轉變的時代內，每個人感到過去是殘酷的，現在是陰暗的，未來更是淒涼的。但是人不能不生，生必接受現實的賜與，而現實卻又是那樣無情，結果只想遺忘。遺忘嗎？談何容易！遺忘仍是一種希望的變形，希望在蒿草齊人的破瓦頹垣上，建立自己幻想的宮殿，那些平等、自由、和平等美妙的理想，仍然是一種空洞的希望。

　　克服這種心理現象，只有刺激神經，使心情麻醉。這種現象的根源，仍然是浪漫主義的遺物。事實上，自盧梭之後，歐洲沒有解脫浪漫主義的影響，生活在這個特殊時代內。

‖二‖

　　「浪漫」（Romantique）一字，不是代表新思想，而是代表新情感。

　　它是時代需要的產物，表現對外界自然的情緒。自然互古存在，但古人未曾認識它，中古亦未介意它，到文藝復興時，意識到它存在，但丁、佩脫拉克、西爾維烏斯（Aeneas Silvius）等曾加以一種推動。

　　自然刺激起的情緒快樂中夾雜著悲哀，孤獨中含著不安。它的出發點，摒絕傳統理解的途路，代之以感覺。所以一個詩人或藝術家，在沉默與偉大的自然前，玩味那種孤獨的美，深感到自己的神祕與超脫，由是而開始了個人主義。

　　中世紀末的語言中，有 Romanticus 一形容詞，意為「羅馬的」，其用法係以散文敘述騎士冒險的事蹟，所以有被稱為 Gerta Romansrum 的文學。在此，我們看到浪漫的術語內，含有中世紀的意味。

17 世紀的法文中，有 Romantique 一字，指小說中所表現的思想、情感與動作。但是英文中的 Romantic 卻形容小說中的景色，含有自然的意思，詩人艾迪生（Joseph Addison, 1672～1719）、湯姆森（James Thomson, 1700～1748）常運用這個字。18 世紀初期，這個「浪漫」變為流行的術語了。

法國的 Romantique 是由英國轉移過來的。批評索爾比野的《肯特旅行記》，「以浪漫的語言來形容」。費內隆（Fenelon）將此字作「奇特情感」解，而狄德羅（Diderot）又用它解釋景物。到 1777 年，盧梭著《孤獨旅人的幻夢》，說比爾（Lac de Bienne）湖「是浪漫的」。

盧梭的用意，係指從自然景物內所產生的新情緒，由是配著文學上時代的需要，形成浪漫主義。斯塔爾夫人（Germaine de Staël）在《德國論》中，正式運用，以表現南北文學的不同。到 1878 年，法國《國家學會字典》中，始給它一個位置。

｜三｜

研究古典主義，我們發現它的原則與統一性，而浪漫主義卻非常廣泛。因為它的基調，建立在本能、直覺與想像上，換句話說，浪漫主義乃是由情感與個人所構成的。我們曉得社會中最易變者為個體，個體中最易變者為情感，因而浪漫主義的本身，充滿了矛盾、沖突與鬥爭，現象非常複雜，很難以確定的。為此，我們論浪漫主義，首先要從它的心理現象與歷史發展著手，始能明白什麼是它的意義。

17 世紀法國思想的結晶，形成一種「完人」的典型。「完人」便在理智與情感的調和，愛好偉大與雄奇，其動作深合社會的節奏，這是一個騎士，一個人文主義者，同時又是一個入世人。但是，理智與情感的調和，並非一件易事，當理智失掉控制情感力量時，「完人」變成了小說中人物。

到 17 世紀末，「完人」典型逐漸解體，笛卡兒理智與信仰劃分的理論，構成當時精神的動向。純理主義發展的結果，構成理智至上與進步無窮的兩種幻夢，變為 18 世紀哲學思想的中心。這是感覺與應用的哲學，唯物論的基礎。

　　唯物思想是枯澀的，無窮進步是虛幻的，物極必反，產生了情感與理智、個人與社會的鬥爭。這種鬥爭非常劇烈，情感與個人遭受打擊，而想逃遁在自然內。在此，自然改變了它的原義，它不是心理的，更不是山川景色，它是要人脫離社會的羈絆、理智的約束，歸真返璞，重新度那種原始與本能的生活，這種生活是自然的，也是最理想的。自然既好，人亦當好，人之所以不好，其過錯乃在社會。盧梭捉住這種思想，向大家大聲疾呼：回到自然的懷內。

　　自然有兩種不同的景象：從空間方面說，自然是世界的外形，要從社會逃脫，藏躲在里邊；從時間方面說，自然是原始時代，只有那時候，始有真正的幸福、平等與自由，我們倒退到原始時，便沒有任何的煩惱。18 世紀傑出的思想家，對這兩種自然現象，採取兩種激進的態度：一種要個人主義化，另一種要革命化。這是浪漫主義的神髓，推而至極，內心生活因之解體，失掉它的統一性，形成了一種精神變態：不安與不定。

｜四｜

　　代古典主義而起的浪漫主義，在文學上，詩歌與戲劇皆有特殊的成就。可是它的廣泛性，不只限於文學，政治、經濟、宗教、社會都含有浪漫主義的成分。所以，我們的研究，著重在它表現的不安情緒。

　　從法國大革命後，歐洲沉入波動狀態，舊制度雖然推倒，新制度尚未產生，而文化隨之失掉均衡作用，社會與政治常在顛蕩之中，革命與社會主義，應運而起，逐漸發展，便是這種現象的說明。

　　18 世紀的哲學思想，無不以提問題為急務，有問題便要即刻解答，將方法認為目的，將幻想視作事實，將偶然變為定則，意見紛亂，思想交錯，有如大海中失舵的孤舟，徬徨歧路，造成一種普遍不安的局面，這正是浪漫主義的色彩。

　　不安是煩悶的象徵，當法國大革命產生後，個體衝破舊制度的約束，刺激了社會的組織，每個有抱負的人深感到孤獨，宛如立在沙漠之上。果真能夠忍受孤獨，有勇氣禁錮在象牙塔內，未始不是一種解決的方式。無奈人是社會動物，孤

獨是違犯人性的，結果加強破壞的力量，沒有許微滿足的事件，由是非的問題，轉為好惡的問題了。多少自命不凡者，以自由之名，反抗紀律與思想；以平等擴大集體的範圍，那種變態心理──追悔、失望、不安，介乎幻變與不變之間，產生了抒情詩，有如春花怒放。這種浪漫主義，不是一種運動，而是一種革命。

　　1825 年，維泰（Vitet）批評浪漫主義說：「這種新革命乃是新百科全書派，人們語之為浪漫主義，他們要求絕對獨立，任性所為……這是文藝中的誓反教。」從這幾句話內，我們看到浪漫主義是 18 世紀哲學的承繼者，其根源乃在人文主義與宗教改革，這方面是個體的解放，那方面是自我的覺醒，他們是並行的。

｜五｜

　　當先期浪漫主義發動時，便發生返歸自然的理論。那些 18 世紀的敏感者，懷有快愉的情緒，相信自然的美德，無止境的進步，只要施以一種革命，即刻便能見到曙光。這是如何美麗的希望！可是，不幸得很，這種希望是一種幻想，內心中藏著不可醫救的不安。對這些希望，採取一種消極的態度：找孤獨，覓遺忘，放浪形骸於山水之間，渴望遼遠地域，懷想原始的時代，他們憎惡社會，同時也憎惡文化。

　　這些新人物的精神是漂泊的，其心境是遊離的。18 世紀思想家推重的純理，逐漸失其作用，舊制度的機構，開始傾毀，思想轉為行動，心理上激起一種畸形的狀態，少年維特真正的煩惱便在此。18 世紀末的人士深感到這種失望，形成初期浪漫主義的心理。

　　到法國大革命時代，不安與不定的情緒，別具一種形式，因為當時最急切的問題，交集在革命與戰爭所引起的變動。如何建設新秩序，使人民與社會安定，每個人都感到它的嚴重性。便是為此，一反前此所為，對純理的哲學，拿破崙的獨裁，快愉的觀念論，都需要檢討，發現無補於實際，應當斬絕的。當時所著重者，是行為與思想、新與舊的調和。然而時代特別偉大，人力渺小，不能控制，

由是產生了一種不安，形成一種悲觀，失掉了所有的信心，從而浪漫主義到另一個階段。

當世紀痼疾刺激後，拜倫、歌德、夏多布里昂是有力者，明白奮鬥是唯一的出路，他們明白人的價值，不像前輩那樣懷疑，卻仍然含有懷疑的遺傳。他們有宗教的情緒，卻沒有宗教的原則。看到當時紊亂、苦痛、憂悶的狀況，一反那時革命的政治，拒絕宗教的信仰。

反信仰正是他們需要信仰的說明，因為他們不是伏爾泰，卻是盧梭，正如愛彌兒在山頂望到日出，便視為上帝存在的鐵證。這是一種衝動的情感，需要無窮來滿足，於是人類、國家、自我、愛情、藝術都是信仰的對象，沒有紀律，構成內心生活的崩潰，他們所受的犧牲自然更大了。

‖六‖

浪漫主義者需要行動，對政治有深厚的興趣，可是，結果必然都失敗的。原因非常簡單，他們只能「感動」人，卻不能「統制」人；他們喜歡群眾，因為群眾看他們是特殊人物。

更進一步，浪漫主義與 19 世紀社會相衝突。自從 1815 年後，經濟成為一切問題的中心，形成資本主義。工商業的發達，殖民地的擴展，工廠與工人成了社會重要的骨幹，文化重量不重質，以大眾為歸宿，這與浪漫主義的個人思想、自然觀念是最不契合的，有時兩方處在對立的地位。

雨果的政治生活，便是如此。他不滿意資產階級的作風，無產階級亦不同情他。他對政治有野心，不能把握時代，而又有許多幻夢，盼望貴族與帝王來統治，結果變成是反革命的。

浪漫主義者，在政治上是波動的。他們譏笑自由主義，走向資產階級的途路，卻看不起新富；他們懷有種幻想，同情群眾以重人道，卻又不能降低優越的享受。叔本華與哈特曼（Nicolai Hartmann, 1882 ～ 1950）的悲觀思想，所以風靡全歐者，便以此，這不只是自我的苦悶，乃是人生的不幸。

這種動向便是文化慢性的自殺，浪漫主義者走至末路，必然失掉生的信念，否定了人的關係，因為悲觀的思想配備機械的理論，其結果必然摧毀人的價值，而智慧作用根本消失了。

‖ 七 ‖

歐洲 19 世紀是一個過渡時代，它的政治與社會表現不定，因而時代思想亦不安。最近代史學家莫羅（P. Moreau）先生，論到浪漫主義說：「兩種矛盾的傾向占據了這五十年（指 19 世紀前半期），孤獨的高傲與行動的需要，他們連鎖在一起，表現出個性的特殊，世界的統一，這種矛盾在整個 19 世紀沒有停止過……」豈止 19 世紀！現在我們仍可看到這種矛盾。希特勒不是在做拿破崙的殘夢嗎？

═══ 第十三章　社會主義的發展 ═══

‖ 一 ‖

18 世紀哲學思想，演進到行為上，產生法國大革命。它的精神特點為個人主義與國家主義。這不是矛盾，晚近歐洲一切的演變，無非是個人與集體的鬥爭。

領導法國大革命的思想者，深信個人與集體兼相併存，因為兩者是反舊制度的。1791 年 6 月 14 日宣布的法令中說：「禁止某些職業的人民為他們共同的利益集會，只有個人的利益或普遍的利益。」

個人利益須設法保障，法國大革命時代，個人主義充分表現出來，較之羅馬內亂時的鬥爭，尤為劇烈。但是個人主義不能見容於輿論，須加強國家（特別是政府）的權力，始能進行。結果對每個人的經濟生活與私人生活，國家幹預進來，個人意志的自由，壓抑在集體意志之下，多數為一切標準，這是反舊制度產生的新事實，視為最神聖的所有權，逐漸落在國家手中。

　　法國大革命與社會主義的關係，究竟到何種程度，這個問題不只重要，而且是近代史上最困難解決的。法國大革命開始時，是資產階級與自由主義者所主持，當過激黨得勢後，竭力發展平等的觀念，政府落在小資產階級的手中。從邏輯上推論，當時革命演進程式，自當到共產主義的路上。但是，歷史潛力很強，軍事參與其中，對取消所有權的理論，有頑強的反抗，遂中止革命的行程。不只如此，法國與全歐作戰，拿破崙擴大軍事範圍，致使外敵侵入法境，破壞了經濟的機構，社會起了質的變化。因為軍事問題，拿破崙須時時外出，不能專心政治，而政治便為資產階級所操縱。這些資產者一方面反舊制度，另一方面又在反社會主義，致使拿破崙失敗，路易十七不費特殊力量取得王位。從這方面看，法國大革命係資產階級為首，首先是政治的，其次始是社會的。

‖二‖

　　社會主義在法國大革命時，雖肇生萌芽，卻尚未形成何種力量，原因亦非常顯明，普羅的意識未覺醒，組織未形成，特別是環境尚不適宜。我們知道此時機械與工業，草創伊始，尚未取得社會主要地位；經濟學與社會學尚無精深的研究，使社會主義有理論的根據。那時候經濟上時髦的論調，仍然是重農與重商的學派。當時政治家口中習用的「人民」一詞，是指農人、工人、小資產者而言，所謂社會主義的革命，實際上是中產階級的社會主義，而普羅階級，僅只是資產者利用的工具。這種情形，從 1830 年到 1848 年間，非常明顯。

　　利用是非常危險的，資產階級利用大批普羅階級，結果普羅階級意識覺醒，他們看到，解決政治問題，必須解決社會問題。因為政治的平等，應當達到經濟的平等。18 世紀末，城市生活日艱，革命時的急進派，便想解決此問題，與有錢者作戰。1793 年後，此種動向更為顯著，至羅伯斯庇爾（Robespierre, 1758 ～ 1794）失敗始停。雖照事實上無所成就，精神上已受刺激，所有權的原則，已摧毀了。證據是 1793 年的組織中，有明文規定說：「所有權當屬於全民享受，有如法律所確定者。」羅伯斯庇爾的政治平等，邏輯上當達到社會的平等。事實

上，這時的革命已到小資產階級者領導的地步。

　　小資產階級的要求，著重在平等，與舊社會特殊階級，享受同等的待遇，同時也保護他們的資產。急進者對此冷淡，而山嶽黨以盧梭理論故，幻想原始的幸福，竭力鼓動。巴貝夫（Babeuf, 1760～1797）從 1830 年以後，煽動普羅運動，雖未形成政治主潮，他取消所有權的觀念卻深入無產者的意識內，他的口號是「平等與死」。

┃三┃

　　社會主義由法國革命思想形成，但是，它在社會上的地位，卻須得英國的機械與工業贊助。直至 17 世紀，英國仍是個農業國家，雖然它製造許多毛織物與染料，可是它的工人階級並不特殊重要。到伊麗莎白時代，荷蘭商業衰落，英國逐漸發展，與法國競爭，奪取經濟與海上的霸權，從此工商業成了英國政治的命脈。

　　因為英國的領導者是工商界與銀行家，所以遠在法國之先，布爾喬的革命亦已發生。這次革命經過兩次階段：一是克倫威爾（Cromwel）的共和（1642），二是奧蘭治（Orange）組織的君主立憲（1688）。可是英國的這種革命須要保障君主與個人的利益，同時又要保證戰爭的勝利與國家的統一。為此，英國有民主的需要，卻忽視外形，經過短促獨裁的時候，仍然演進到君主的制度。

　　約在 1760 年時，英國生產工具改良，那些改良者不是學者與教授，而是無名的工人。曼圖在其巨著《英國工業革命史》中說：「在應用問題前，利用天然的聰明，較深的知識，以解決工業的需要。」生產工具機械化後，最顯著的結果有二：第一，工人逐漸增加，人民因而亦增加。在 1690 年，猜想英國居民有五百五十萬人，其間一百五十萬為工商人。迨至 1801 年時，英國與加來的居民，增至八百八十七萬三千人，便是說在一世紀間增加了百分之六十。第二，人民集聚在城內，鄉村凋零，田園荒蕪，如曼徹斯特在 1790 年時，約有五萬居民，1801年有九萬五千人，歲增了一半。在蘭開斯特，於 18 世紀初，每平方英里僅有二十至四十居民，過一世紀後，增至一百至一百五十人。生產改革後，引起社會最嚴

重的問題，不允許採取冷淡態度，所以社會主義發生在英國，並非偶然的。

自宗教改革後，英國貴族取得教會土地，對農民施以壓抑，農民起而反抗，投身至工業界。英國農業潛伏著許多危機，但是，它的封建制度卻因而摧毀了。次之，18 世紀中葉前，英國工業是分散的與簡單的，工人生活尚未改良，常有失業現象。當商業向外發展，取得海外市場，產生近代文化中最特別的東西：機器。

從前是商業推進工業，現在正相反，係機器推動工業，激起暴動。在 1796 年後，英國工人集合起來摧毀新的生產工具，要求政治與經濟的平等，那時革命的口號是「血與麵包」。1819 年曼徹斯特的慘案，次年倫敦亦發生，都是工人反抗機械的表現。須經過很長的時間，工人始知利用機器可以建立社會主義。

當機器摧毀了舊工業，從經濟生活方面看，舊工業的工人受了最大打擊。可是機器生產的特殊力量，工廠增多，工人勢必隨之而增加，其意識亦逐漸覺醒，進一步要求自由與平等，形成社會主義。機器運用後的別一種結果，便是資本主義的產生，形成階級鬥爭。所以，英國的社會主義與自由主義是同時降生的。

英國的政治經濟，受亞當·斯密、馬爾薩斯、李嘉圖推動，顯然地由重商到工業化的地步。社會主義者利用他們的理論，如華萊士（Robert Wallace）、高爾德溫（William Goldwin）、霍爾（Chorles Hall）等，漸次著重階級鬥爭，歐文（R. Owen）出，從而集大成，社會主義在英國樹立下不拔的基礎。

‖四‖

社會主義的形成，由於英法兩國的思潮。法國的哲學，追求現世的幸福，盧梭平等的主張，無不予社會主義以贊助。而大革命予以一種刺激，不能自止的要求有體系的理論。社會主義要求科學的根據，法國除重農學派外，其時未有真正經濟組織。而英國正在工業發展時，給世人許多新資料，社會主義雖不喜歡它，卻取之為例，建立科學的理論。馬克思的著作受了亞當·斯密等的影響，多而且大。英國工業發展，形成資本主義，而工人問題亦為當時最重要之一，他們指出多少具體事實，絕非往昔陳舊的理論所可解決的。

　　1848 年將社會主義發展史劃分作兩段。是年以前，由法國思想家領導，如聖西門（St.Simon）、傅立葉（Fourier）、路易‧勃朗（LouisBlanc）、普魯東（Proudhon），他們是情感的，同時也是浪漫的。自 1848 之後，截至俄國革命，由德國思想家領導，如馬克思、恩格斯與巴貝爾（Babel），他們是科學的，同時也是唯物的。

　　法國社會主義的特點，仍是賡續大革命的思想，追求平等，由社會組織變更，使個人幸福永存。法國的理論家如聖西門與蒲魯東，皆著重在社會哲學方面，承繼 18 世紀哲人的希望，個體的解放。也便是以此，將世紀痼疾的情緒，人生的煩惱，引入對社會的理論內，從 1830 年後，如拉馬丁、雨果的作品，無不將幻想視為事實，不安為普遍的現象，這是浪漫的，社會主義向前邁進了一步。

　　自 1804 年後，法國亦走上工業與機械的途徑，社會主義者視生產為社會唯一存在的理由，他們以為合作是必然的方法，以達到各盡所能各取所需的理想，由是而產生了階級的鬥爭，給德國社會主義者樹立下很堅固的基礎。

　　直至蒲魯東時，法國社會主義者不與「大眾」接近，不與以組織，隨時有革命的危險。路易‧菲力浦（Louis Philippe）利用普羅階級即位，同時也產生了第二次共和。資產階級知工人的重要，停止對舊制度的攻擊，羈縻工人，工人意識覺醒，社會問題變為更重要，而階級鬥爭變得分外顯明。路易‧勃朗在 1841 年說：「凡是有資本與生產工具者，不依賴他人，為布爾喬亞；反之，即為平民。」這個平民便是普羅的別名。

‖五‖

　　《資本論》的刊行（1867），使社會主義發展史進入科學的階段。

　　馬克思憎惡浪漫的社會主義，可是他充分利用法國 18 世紀的思想，尤其是盧梭平等的觀念。他久居倫敦，了解英國工業發展及社會問題，他將當時的經濟、社會、革命等問題，作了有力的綜合。《資本論》內主要的論旨，在闡明：

歐洲文化史論要

- 歷史唯物論。
- 階級鬥爭。
- 勞力為價值。
- 剩餘價值。
- 資本的增加。
- 普羅階級的擴張。

資本主義的社會不能支持，必然到崩潰的地步，其演進方式為革命，有如機械一樣，這是必然的現象。馬克思要以事實、數字，用算術的態度，以建立革命。他將人看做是一塊「物」的變形，一架自然的機器。馬克思對社會主義的影響，與盧梭對法國大革命是一樣的。

馬克思視社會主義為經濟的理論，但是，自馬克思之後，範圍擴大，無不有他的襲擊。馬克思主義是社會主義的哲學，物質是人類最後的歸宿，在他們看來，這不只是真理，而且是信仰的對象。

當社會主義有科學理論根據後，便開始組織工人，在 1866 年，國際工會成立。巴塞爾（Basel）代表大會（1869），向舊社會宣稱：「社會自有權利廢止土地所有權，而土地應歸公有。」這已是 1917 年俄國革命的先聲。

自是以後，社會主義的演變，形成兩大類：一類是行動的，以列寧為代表，呼應俄國民族的特殊性，推倒俄國舊政治，開歷史上未有的局面；另一類為理論的，德國學者主張工業任其自由發展，各階級間怨恨愈深，當今問題，不在創造財富，而在分配財富，故社會問題之中心，乃在有合理的法律解決。還有一種理論，在要求工業的自由，勞資關係，應任其自然，國家不得干涉，因為社會問題的實質乃一經濟問題。

社會主義是歐洲文化中奇特的一頁，從這種學術發生後，文化的動向亦改變面目。就最顯著者言，俄國今日的教育、藝術、文學，均須以新事件來研究，其重要性，正不亞於機械的發展。這種運動的正確與否，不是理論問題，而是事實問題。各國有它自己的環境、歷史與背景，絕對不能將人家的理論當作自己的真理。

第十四章　近代歐洲文化與機械

‖一‖

近代歐洲文化的特徵，在它驚人的機械，控制人與自然。深究它之所以形成，無異議的是純粹科學，因為它攪亂了固有的經濟生活，使人更感到它的重要。

從機械發明後，我們看知識領域擴大，變得更為豐富，顯微鏡與 X 光，它們揭開多少自然的祕密！舊時的「關係」，介乎人與人、人與物之間，漸次在無止境中變化。而這個「變化」，配備著最高的速度，在人心上攪起一種恐懼與神祕的情緒。

許多新事物中表現出人類智慧之可貴，由觀察以假設，借數學以齊物，從那偉大與無窮的自然中，發現了無窮的知識。培根說，「知識是我們能力的權衡」，結果將自然所有的活動，人也在內，歸納到知識體系中，體系是一種組織，那裡邊含有經濟作用，結果知識的目的不是求真，而是求用了。

因為能滿足人的需要，有用變為一切價值的標準，形成機械文化的特點，影響到整個歐洲近代的思想。便是藝術，如果不以應用為目的，便有被淘汰的危險，失掉生存的意義。假如追想到古代列斯堡島上，於夕陽將落時，橄欖樹下的舞蹈；或者中古時代，朝山路上盲詩人的歌詠，敘述英雄美人奇幻的冒險，這些事都使人感到一種快樂，卻是沒有用的。在現在的環境內，再不允許有那種奢侈的生活，而每個人確實也沒有這種心情了。所以，從任何方面看，機械文化與經濟作用的配合，是近代歐洲文化的特徵。以最快與最賤構成的資本主義，任你恨，它都有存在的理由；至極，也只能改頭換面而已。

‖二‖

構成機械文化的基礎，第一是那種抽象的數理精神，第二是經濟的組織。這兩種精神，運用到自然上，形成輝煌的勝利，同時也付了很大的犧牲。

歐人數理精神，以純邏輯方式，用因果律的演變，說明整個自然。當人類知

識發展時，仰視天星麗於天，究其運行，取得驚人的勝利。繼而由天文降至人類自身，與軍事、商業、農業、建築相配備，數學為最利的武器，支配人類與人類生活，如埃及、巴比倫、腓尼基、亞述等古國，無不重視數學，不只是應用，而且視知識為人類的目的，其本身擁有無限的價值。

也如其他實驗科學一樣，數學與實物接觸，始能發展，只有希臘人利用經驗與應用，將數學看做是求真的工具。希臘人精於知識的分類，認為物質有「量」與「質」的區別，他們深知數學是唯一說明感覺世界的變化。我們知道歐幾里得的數學，自有應用的地方，但是這種應用是次要的，其重要的目的，乃在訓練思維，使之正確，趨向自由之路。

希臘視科學主要的目的，在培養思想，柏拉圖是最好的證例。他重視數學，因為數學是由現實到理想最好的路徑，它是抽象的。所以，沒有應用的目的，純粹科學知識的發展，是何等困難，而其成就又是何等偉大。

數學是一切知識的基礎，只有純粹數學，在森羅萬象的自然前，可以了解自然的變化。這種冷靜對自然的態度，不雜有任何情感，是違犯人性的，而這種純科學的知識，儘管它深奧，亦只是荒山中的寶石，沒有價值的。為此，知識愈發達，自然奧妙彩色愈降低，而科學知識愈接近應用的道路。這加重了數學的重要，同時發動了控制自然的欲望。雖說這是科學發展後的結果，但是這個結果是必然的。

｜三｜

數學建立起人與物的關係，其態度與方式完全是新的。物是自然的變形，以數學理解自然的究竟，即自然必然失其「質」與「量」，如形象、數目與運動。只有用這種抽象的方法，自然始可成為數學的對象，取得正確的知識。它不是形而上的，它是自然的與物理的，亞里斯多德便是採取這種態度。歐洲人以知識為智慧最高的創造，自然隨即變為生活的中心，從而將自然視為「死物」，失掉它的生命。

　　西方古代的文化對自然持有不同的態度：有的看它有種魔術，具有奇幻的能力；有的將人生與自然相混，人的發展與自然完全一樣；有的看自然具有人性，善惡兼有，支配著宇宙；更有的視自然為神的最高作品。這些解釋，各以經驗與感覺為基礎，雖說法不同，但都是視自然有生命的。

　　將自然視為沒有生命，是純數理發展的結果，完全是近代的一種新精神。中古時代的思想者，如阿古利巴（Agrippa）與加得拿斯（Cardnus），視自然有種活力，它是有機的，同時也是無機的。士林哲人派（Scholastiques）視自然有種意志，日月山川，草木鳥獸，無不有它的定則，正如人當皈依上帝一樣的。所以，士林哲學中論運動，不是盲目的作用，而有一定的目的。自從牛頓之後，人們竭力著重數學，認為一切只有數學始能解釋，運動僅只是變更空間而已。

　　理智與經驗受數學精神的訓練，逐漸改變舊有的觀念，「生命」與「靈魂」等概念摒絕到自然科學之外，從此自然受數學無情的控制，走到精密組織的狹路上，而人也逐漸羅入組織自然中。因為人不是萬物之靈，而是自然的一部分，同受數學定律來支配。當文藝復興時，西方人狂烈地探討自然，他們如何重視數學！達文西說：「數與量是控制自然的基礎。」哥白尼說：「真不是外形的，而是邏輯思想演用到自然現象中。」而伽利略說得更清楚：「自然這部書是由數學寫成的，事物的真相是由形、數、運動而得。」

　　這種致知的方式，如果只用於無機物中，自無可言；可是知識以精確為貴，只有數學始能達到；於是有機物與無機物等亦以數理來衡量。這樣，他們處理心理現象與社會現象，同天體運行、潮汐漲落一樣，可以用數學表現出來。這便是為什麼統計成了近代知識的基礎。

　　文藝復興後，無論是誰，只要與學術接近，都須要對數學有精深的了解。哲人笛卡兒是一位數學家，他看從數學所得的知識，始有真正的價值。別一個哲人帕斯卡，他對數學有偉大貢獻，如何著重幾何學，因為幾何便是分析的別名。史賓諾莎（Spinoza）運用數學態度，解釋心理、倫理與形而上學，他最重要的作品，題為：Ethica OrdineGeometrico Demonstrata（《倫理學》）。

這種解釋是不能持久的，18 與 19 世紀的思想家，以因果關係解釋自然，產生了機械論。他們雖將世界分之為物理的與生命的，可是同為「力」來支配是一樣的。自衛是生物的本能作用，所以自我中心的思想是機械的，歷史與社會，有如個體一樣，也是在「競爭」的演變，它是機械的，同時藏有一種「力」的因素。

‖四‖

這種機械論以力為後盾，必將發生一邏輯的結果：個體為集體所消滅。從人言，人變為物的象徵；從社會言，只有大眾而沒有個體，在此所重者為量而不是質，因為適用是必然的法則。再往深看，我們發現近代決定一切問題的經濟，它與數學精神配合，控制西方人的生活，情感是第一個犧牲者。宇宙是一個死體，它只有按照物理作用分化好了。

科學技術進步，使人與自然的關係改變，而人原有的力量，逐漸降低。信仰、情感、偶然……被人譏笑，語之為反科學與封建的，而人類行為，受因果律支配，遺傳與環境，亦可用數學表出，外力支配行為，其法則是數學的，完全是絕對的，而內在的生命力 —— 如精神作用 —— 逐漸從自然概念中消失了。歐洲學者眼中，無論是有機物，還是無機物，完全是沒有生命的，生命是神祕的別名。

以機械統制自然，而日常生活亦由機械完成，除實用外，對人已失掉信仰，這是西人近代控制自然所付的代價。就事實論，人與自然相較，其力甚微，他控制的範圍亦仍有限，所以，純數理方法，絕不能解釋思想與人生的本質，這是不可否認的事實。自相對論發明後，使幾何失掉它正確的價值，可是機械日益進步，顯著偉力，而數學的重要，仍然統制了歐洲的精神，這是它文化上最大的成就，所付的代價也很重。

‖五‖

佛羅倫薩國家博物院中，藏有文藝復興時米開朗基羅的一尊雕像，題為「勝利者」。雕像為一位美而健壯的青年，膝下壓著一個奴隸，頭向前伸，有似一條

耕牛。這位英俊的少年，舉起他強有力的臂膀，正要打時，他停止了，臉向後轉，表現出厭憎、疲倦、無可奈何的神氣，他勝利，他卻失敗了。羅曼‧羅蘭曾以此解釋這位雕刻大師的生活，我們拿他像徵近代歐洲的機械文化。

第十五章　結論

　　歐洲文化將來的演變，我們不能妄加推測。從我們的研究上，所可言者有三：第一，必須恢復「人」的正常概念，絕對不能視為是「物」的象徵；第二，必須與歷史銜接，恢復歐洲統一的精神；第三，絕對不能以政治解決社會問題，重犯法國革命的錯誤。

　　20世紀談「和平」與「國際」是最熱鬧的，可是它的開始便是戰爭。國家獨裁的觀念，被視為最平常的事實。歐洲人利用的機械的工具，經濟的組織，不特攪亂了人與物的平衡，並且毀滅了人與人的關係，這是個人主義與唯物思想應有的結果，而也是這次戰爭的原因。

　　現在歐洲的英雄們，並不比拿破崙進步。拿破崙說「兩年之後，我始生存」，因為倘有一事未做完，一地未征服時，他不相信自己的存在。這樣「我」是一切的總名，凡礙「我」的「自由」發展者，必須與以粉碎；從「我」的滿足後，始有真正的和平。證諸現在歐洲的事實，和平是欺騙愚人的美名。達爾文的物競天擇，俾斯麥的鐵血主義，誰能說這些理論內不是根絕和平的萌芽！我們要絕對認清楚，這不是科學的過錯，並且這是反科學的。

　　從歐洲歷史言，希臘對人的認識，羅馬公平的法律，基督教博愛的精神，都是極可寶貴的遺產；如果歐洲人不加以發揚，與機械科學文化配合，創造新的精神，則歐洲文化將進入絕滅的階段。我們畢竟相信鬥爭不是一個國家與民族的目的，只要看近二十五年歐洲的歷史，即知歐洲尚不能做到「交相利」，更毋論「兼相愛」了。

　　我們看歐洲所走的途路，絕對不能起任何幻想，如復古運動便可補救它的缺陷。我們深知道任何復古是不可能的，因為時間改變，環境易形，而文化的

「質」不同了。愛哈斯姆、馬丁‧路德都不是復古嗎？其結果只促成革命加速度的發展，產生了個人主義與人道主義。

後者是虛幻的，是基於情感的衝動，強暴者的遁詞而已。我們不是刻薄人，我們是說「人道」一詞內，仍然是含有濃厚自我的思想，多少人視殖民地不是在拿人道做一種掩護嗎？在優越的地位下，始能言人道，這是不是一種個人主義？

歐洲最緊要的問題是經濟與經濟所引起的問題，他們要造成許多特殊的局面，不能推誠合作，摧毀了自然的秩序 —— 奧古斯丁說：「和平是秩序的安寧。」儘管物質繁榮，工具進步，可是「人性」永遠是那樣的。它「既不是天使，也不是禽獸」，它有生命，其價值相等，而且是不受時間空間所限制的。我們古人釋人：「人者，仁也。」其意即此。歐洲人受過這次慘痛，我們深信必然會有覺悟，但是覺悟不是懺悔，須要認識他們的時代已死，有勇氣接受新時代的降生：首先要「兼相愛」，必然收到「交相利」的效果。我們期待著這個新時代的降生，那才是真正的 20 世紀。

歐洲史稿 ⁰⁰⁴

004 《歐洲史稿》寫於 1947～1948 年。手稿中外文部分由比利時新魯汶大學陳宜君、闊安審校。

希臘古文 Ιδτορία，意為「敘事」，由此引申為「探討」。到史學發達時，波利比亞（Polybius）與普魯塔克（Plutarcus）用此字，專指「考究事物所得的結果」，他是記事的。到羅馬時代，Historia 一字，最初指「記事」而言，繼後凡屬於人事沿革，記過去事物，皆稱為 Historia，譯言「歷史」。如是習用既久，拉丁文中歷史一字，含義有二：一為記事的文章，一為被記的事實。巴恩斯（H. E. Barnes）釋史，與此意完全符合。[005]

西方學者與歷史定義，幾乎人各不同[006]。最明確者，當以比耳（H. Beer）所言：「歷史為人類過去事實的研究。」[007]人類不能脫離過去，有如形之與影，基米索（Chimisso）曾想出賣他的影子，是不可能的。再造人類過去的活動，根據確定的事實，說明互相關係，其重要自不待言。

歷史如巨大河流，順自然流去，它在行程中，有時遇岩礁激起怒波，有時在峽穀中曲折迂迴，失其固定的方向。時而枯竭，時而泛濫，但是不捨晝夜逝去，幻變中卻永遠不變的。治史者，有如沿河而行，須明其總動向，然後觀勢察變，求其轉捩點，始明主力之所在。

歷史如巨大河流，順自然流去，它在行程中，有時遇岩礁激起怒波，有時在峽穀中曲折迂迴，失其固定的方向。時而枯竭，時而泛濫，但是不捨晝夜逝去，幻變中卻永遠不變的。治史者，有如沿河而行，須明其總動向，然後觀勢察變，求其轉捩點，始明主力之所在。

歷史以時間為基調，它是相對的，因而是變化的。現在是過去演進所得，而支配行為的實力，乃過去的積累，「誰向後顧，誰知實際」[008]，即根據實際理

005　「史之一字有二義，一指過去種種事業及造詣之總相而言；一指此種種活動，筆之於書，傳之於口記錄而言。」

006　Robert Flint：「歷史是一個人類的完全生命，社會全部的演進。」Arnold：「歷史是社會的傳記。」Freeman：「歷史是過去的政事，政事為現在的歷史。」Bordeaux：「歷史是研究理性發展的科學。」Humboldt：「歷史為已經發生事情的記述。」Creighton：「歷史為記載人類動作及其思想直接影響其動作者。」Dictionnairedel'académieFrançaise：sur Histoire：「歷史是值得記憶事實的敘述。」

007　Henri Beer：La Sythèse en Histoire Introduction.

008　J. Haller：Die Epochen der Deutschen Geschichte.

解「現在」，始不為幻象所矇蔽。研究人類過去的活動，並非將過去一切再現，時過境遷，那種企圖絕對不可能，一切都知，等於一切不知。我們了解過去，完全借助資料，無論是遺物與記述，大抵支離破碎，非常殘缺。治史者，只有竭其所能，改善其不利的地位，力求公正，錯誤與偏見自是不能避免的。「同樣研究，在個別研究者手中，非特可有不同的解釋與運用，並且還可得到相反的結論。」[009] 只有那些幻想家，始相信自己是大公無私，「偏見是無可辯論的真理」[010]，所以留心自己與人家的偏見，非特有益，而是必須的。

　　歐洲是亞洲的半島，試看地圖，歐亞界限，隨著時代演變，是非常難確定的。西方歷史，最初無所謂歐洲，它以地中海為中心，受埃及與中亞的激盪與啟導，逐漸演進，構成希臘與羅馬的文明。古代希臘不是歐洲的，它是亞非歐海上的綜合；到羅馬時代，將地中海東西演進，變為南北的發展，它是一個聯邦，並不像大陸的帝國，具有它的統一。

　　羅馬接受了基督教，它以此保存舊文化，同時應付新移民，利用舊有的機構，施與精神的訓練。一方面教人自主，自主便是自由；他方面要人互愛，以求兼利，將古文化加以淨化，形成基督教統一時代，產生 13 世紀文明。歐洲肇生，雖有不同的認識，大致始於 9 世紀是無疑的。因此，歐洲歷史，在某種意義下，乃亞洲向西發展的結果。

　　往昔波斯西進，腓尼基海上開拓，阿拉伯興起，蒙古西侵，奧斯曼進至中歐，這些史事與歐洲歷史重大的推動。所謂十字軍，並非宗教問題，乃歐洲形成後向亞洲的一種拒抗。唯其無所獲，故順自然趨勢，向西與南推進，新大陸與新航路因此發現，而世界面目，由歐人完成，這是人類歷史上重大事實。

　　歐洲歷史是意志努力的紀錄，從 16 世紀後，空間擴大，對自然採取一種挑逗的態度。要用人類的智慧，說明自然的祕密，從它的約束中，將人解放出來；進一步利用有效的工具，將自然組織，為人應用。人再不能囿於教條與格言中，

009　Jacob Burckhardt：Die Kultur der Renaissance in Italien, Indoduction.
010　Gaetano Salvemini：Historian and Scientist. 周謙沖譯。

此科學獨特發展，構成空前未有的勝利。歐洲歷史由向外的發展，變為向內的鬥爭。西班牙造成均勢，為法國忌妒，而法國的獨霸，由於英國與之對抗。到18世紀俄國崛起，土耳其衰落，歐洲局面進入革命狀態中。每個國家如果沒有強力，即它的國民陷於貧乏，而海外地帶成為決定盛衰的條件。專家、公司、工廠，締盟結約，對內求均勢，對外求掠奪。歐洲人民族主義，生存競爭的理論，逐漸使歐洲以外的民族覺醒，而別的地方也急起直追，日本便是好的證例。「地球是人類所共有的」，荷馬的話，用之今日，非常正確的。

將西方重要的演變，概括在此短簡的篇幅內。著者思如登高山，俯察陵穀變遷，江河動向，繪出一個輪廓。那裡面有他的好惡，也有他的曲直，這只是著者的看法，妄加一種解釋，並不敢必言如此的。

將此書題為「歐洲史稿」，與專史有別，倘能幫助人多了解歐洲的發展，破除誤會，那更是著者以外的收穫了。

第一章　古代西方帝國

古代歷史與文化起源，多在河流地帶。釋之者，以交通便利，經濟繁榮。事實上，並非完全如此。黃河流域、尼羅河及兩河流域，土質鬆軟，耕種者以原始工具，便可作業，因阻力較少故。

埃及歷史最古，遠在四千年前，已有定形，氏族組織最發達。繼後，以生活實際需要，約在3000年頃，分全國為若干區[011]。因為立國基礎，建於土地上，遂形成中央集權制。

埃及與美索不達米亞，同為綠洲，沙漠與山地環繞，四周皆係游牧民族。游牧者掠取糧食，奪獲財富；埃及與兩河流域，須起而抵抗，大埃及與大美索不達米亞，以事實需要，於歷史上出現了。

此時，西方歷史的動向，即在爭取敘利亞與巴勒斯坦走廊。

011　「埃及國家唯一區分，其標準為土地，不是人民。區為省之細胞，大國由此而生焉」，Mayer : Hist. Antique.179段。

兩河流域下游，經薩爾貢與漢摩拉比統治後，建立巴比倫帝國，與敘利亞關係至密。時印歐民族移動，中亞安定秩序破裂，西臺與喀瑞人，咸繼入巴比倫，西克索人毀埃及底比斯王朝。

但是，這些民族，知識較低，雖起騷動，卻無確定組織與政治上的成功。

由於反應，埃及復興，名王輩出，圖特摩斯一世，哈姆塞斯二世，爭取奧倫與約旦兩河走廊。埃及處境困難。敘利亞之強暴，西臺人之驕橫，巴比倫之忌妒，米達尼之競爭，然埃及以和平為職志，鬥智而不鬥力，樹立外交，卒能克服困難，創立宗主權，施以寬大的保護。

地中海已為克里特人開發，與埃及西亞關係至密。阿卡亞人與多利安人侵入，埃及與敘利亞，因地中海之變化，失其領導作用。亞述興起，橫掃中亞與巴勒斯坦走廊，然以武力為基礎，使人恐怖，其失敗，自是當然的。

至西元前 6 世紀，神權政治已樹立深厚不拔之基礎。代埃及與兩河流域而起者為波斯；地中海流域，別樹一幟，承腓尼基傳統，希臘、迦太基興起，城邦為外形，實利為歸依。羅馬為後起之秀，終於克服困難，建立帝國，代替埃及和平的理想。[012]

‖埃及‖

埃及的孤立是表面的。它受人類發展原則的支配，與鄰人有深密的關係。從埃及有史起，埃及人種並不純粹[013]，它有古老的文化，卻並不單純，因之，研究埃及史，必須注意及亞洲的演變；亞洲與埃及的關係，猶日耳曼對羅馬似的。

埃及歷史與文化，其發展有定形，求其原因，實自然環境的賜予，居民特別眷戀水土，形成農業富庶的國家，此希羅多德言：「埃及為尼羅河的贈品。」

尼羅河出自維多利亞湖，經蘇丹，合加絮勒稱「白尼羅」。既至喀土穆，匯

---

012 埃及與羅馬同為帝國，性質不同，羅馬帝國有如國際聯盟，各民族平等的。
　　 Caracalla 諭（西元前 213 年）：「Brunes qui in orbe Romano sunt civis romani efficientur.」

013 埃及史開始，人種有四：埃及人，利比亞人（Lybia），閃種及黑人。前二種亦稱哈種（Hamites），埃及語因素亦複雜，有南非、北非、閃種的因素。

亞拉克，稱「藍尼羅」。既至開羅，東西分流，如雙臂，形成三角地帶，為肥沃池沼地 014。每年六月風起，七月開始泛濫，九月二十六日水位最高。繼而水退兩岸沖積黑色淤泥，居民感到狂歡、生命的豐富

最高。繼而水退兩岸沖積黑色淤泥，居民感到狂歡、生命的豐富。

埃及人既久習於此種環境中，尼羅河成為有力的導師，教埃及人了解合作的重要。築堤，建壩，收割，無一不需要互助。尼羅河成為一種向心力，將許多區域（Hesep）團結起來，建立中央集權，並非偶然的。上下埃及統一，奧洛斯居於其上，建立「神權」政治，此歐西里斯（Osiris）故事，有深切的關係 015。

埃及曆法與農事配合，西元前 4241 年，姁星與日並麗於天 016，為世界最古的歷學。前此埃及史，無精確資料，不能斷言，但是在孟菲斯（Memphis）一帶，文化高深是可斷言的。

從錫尼（Thinites）王朝開始起（前 3315），至埃及為波斯滅亡（前 525）止，共二十六朝代，為時甚久，變化甚少。農業為立國的基調，美尼斯（Menes）最大光榮，係保護三角洲，不受水患。法老以鋤破土，以鎬鑿河，以鐮割穗，設五穀不豐，須廢王。

基於此，帝王為人與神居間者，有絕對的意志，一方面表現恐懼，另一方面表現儀式，金字塔，象徵不朽，太陽廟（Horus）逐漸增加，國王的地位增高了。

孟菲斯王朝，統治者與宗教配合，權力加強，政治漸有理想，而由於反射作用，宗教亦脫離唯物論 017，死並非絕對可怕的。就武力言，埃及取守勢，第五王朝（前 2608 ～前 2506），建「西門」與「南門」，有七英里半之磚牆，乃在斷由

014　Delta 的面積有 23.735 平方公里。

015　尼羅化身為 Osiris 與 Isis 結婚。Isis 象徵肥沃，時 Seth 與 Nephtys 亦婚，不孕，於是借 Osiris，事為其夫 Seth 知，恨而殺之。Osiris 死，其妻悲，得 Anubis 助，收其屍，為地下神，其子 Horus 象徵光明，殺其父仇。

016　姁星與日同出，天文年之起點，太陽曆與歷年差四分之一，每一千四百六十年只出現一次，就埃及史言，姁星與日並現於孟菲斯天空者，有四：西元前 4241、西元前 2781、西元前 1321、西元 140 年，每次在 7 月 19 日。

017　第六王朝金字塔刻：「王之死非全死也。」法老為 Ra 之子，Ra 神地位高，每神加 Ra 名：Ra-Sebek（鱷魚神）、Choum-Ra（牡羊神）、Amon-Ra（Thèbes 神）、RaHorus……

沙漠入埃及之路，保護財物，不為游牧者所覬覦。西元前 1680，西克索侵入，使埃及混亂。降至圖特摩斯三世（前 1514～前 1450）與拉美西斯二世（前 1279～前 1213 在位），曾擴張武力至幼發拉底河邊，一由西克索入埃及後，造成混亂，埃及國家思想發展；一由戰術改變，利用車馬，埃及可以從西亞，以建均勢。

西元前 12 世紀阿卡亞人向東歐移動後，東地中海起驟變，毀西臺帝國，埃及受威脅。拉美西斯三世（前 1197～前 1166），為埃及最後有為的法老，拒抗海上侵入，可是埃及無法保持領導地位。自是而後，埃及有四世紀，南北對峙，西元前 945 年舍桑克（Sheshonk）雖暫時統一，復分裂。同時有四個法老。西元前 722 時，亞述侵入；埃及仍在賺縶中。至賽伊斯王朝，埃及動向轉變，三角洲故，商業繁榮，轉向希臘尼斯城邦集團，大陸脫難。波斯崛起，雖薩梅蒂科斯（Psammétik III）之奮鬥，終為岡比西斯滅亡。

亞歷山大興軍，解放埃及，繼後又為羅馬所滅，埃及成為一莖枯葦而已。

‖ 加爾底亞 ‖

加爾底亞與埃及歷史對峙，成為民族移動舞臺，係兩河流域。

古代中亞與西亞歷史，至為複雜，在西元前 4000 年頃，文化已臻高度發展，包括伊朗、蘇美爾與閃種文化。證據是錫尼王誇（Qa）象牙柄（前 3125）刻稱：閃族為「Setti」，意即「亞洲人」。

閃族散居各處，語言統一，發展卻不一致。究其原因，沒有天然環境，散居沙漠四周，形成一種分裂局面，此莫萊特（Moret）謂：「閃族出現時已分裂。」[018]

閃種原始居沙漠地帶，向外發展，於美索不達米亞，漸次轉為定居。兩河流域，土地肥沃，少石塊，宜於耕種。閃種雖非中亞文化創造者，卻為有力推動者，就古代中亞歷史言，此種游牧民族側立定居者邊，構成不安與恐怖，由是城市合力拒抗，構成帝國的起因。

018　A. Moret：From tribe to Empire. 約在西元前 4000 年。

　　初居加爾底亞（Chaldea）[019] 者為蘇美爾人，講求灌溉，鑿運河，常有城與城的鬥爭。繼閃族侵入，挾新式武器，精弓矢，於西元前 2675 年，薩爾貢占據兩河流域下游，建阿卡德（Agadé）王國。

　　薩爾貢採取中央集權制 [020]，能拒抵外敵，唯承繼者無能，古提（Gouti）南下，於西元前 2622 年，這個王國便結束了。

　　蘇美爾人有高度文化，痛蠻族專橫，起而反抗，形成高德亞（Gaudea）時代，奠定第二次蘇美爾王國基礎。吳安古（Our-Engour）集權政治，東基（Doungi）武力設施，皆足挽救一時。自西元前 2382 年後，閃族亞摩利（Amorites）人，由阿穆魯（Amourrou）侵入，蘇美爾滅亡。兩河流域頓呈分裂局面，卻滿布著閃族的影響。

　　漢摩拉比（前 2123 ～前 2081）即位，統一告成，行中央集權制，加強內部組織，開發水利，與波斯海灣相通。其法典為古代珍貴資料，社會組織，婚姻制度，稅務與現金兌換，皆有確定 [021]，與埃及、敘利亞有密切關係 [022]。

　　但是，西臺民族興起，西元前 1925 年入巴比倫，有一世紀久，兩河流域下游處在混亂中。至西元前 1700 年，喀瑞人南下，閃族優越地位動搖。喀瑞人據有加爾底亞，唯文化低落，不能建樹，終為亞述取而代之。

‖西臺帝國‖

　　印歐民族起源，雖無定論，從政治、考古及人種方面而言，當在俄南、聶伯河與鹹海之間 [023]，其文化特點，證諸語言學，政權握於男子，由游牧演為定居，

019　Chaldea 閃語謂「Shinar」，長 62 英里，寬 12 英里。城市有 11 座，阿拉伯邊之綠洲。
020　Sargon 分國為許多州，每州有六小時距離；州長稱「殿子」。
021　醫生失職，罰款有等級，病人為自由人則罰十個 Sicles，半自由人為五個，奴隸只二個。每 Sicles 合 1.25 金法郎。婚姻為一夫一妻制。徵稅很重，每 6 平方米地，納二 Sicles。兌換比率，亞加德時代，金銀比率為 1：8；烏爾時為 1：10；阿穆哈比時為 1：6。
022　Brblos 出土的花瓶，除埃及影響外，尚有兩河流域影響。
023　新石器時代，用車與馬，文化很高，就語言學中，山毛櫸、棲、楓等字傳播甚廣，自貝加爾湖至萊茵河皆相同。

宗教與倫理頗為發達 [024]。

至新石器時代末，印歐民族已善運用車馬，交通方便，向外移動，伊朗、中亞與黑海方面，皆有蹤跡，而美索不達米亞安定秩序，突起變化，巴比倫為最大犧牲者。

西元前 1925 年，西臺人侵入巴比倫。

西元前 1760 年，喀瑞人滅巴比倫。

西元前 1680 年，西克索由敘利亞入埃及。

中亞既陷入混亂中，政治衰弱，形成割據狀態。西臺據多洛斯河最為有力，米達尼（Mitanni）王國占據幼發拉底河上游，喀瑞人控制加爾底亞，巴勒斯坦陷入混亂中，只腓尼基尚能獨立，西克索人穿入埃及。

《聖經》言「汝父乃一亞摩利人，汝母乃一西臺人」[025]，即西臺活動頗早。從波加凱伊（Boghaz-Keui）出土資料研究，即其文化與中亞文化有關，採取聯邦制。至西元前 1400 年，蘇庇努里烏馬（Souppiouliouma or Suppiluliuma）即位，善利用時機，向敘利亞進攻。

此時，埃及為圖特摩斯領導，國殷兵強，妒西臺實力擴張，以保護巴勒斯坦走廊。西臺帝國，至穆爾西里二世（Moursil II 或稱 Mursili II，前 1360 ～前 1330 在位）時，東至西美尼亞，與亞述相接；北臨黑海，有豐富產物；西至愛琴海，與克里特通商；南至加利利，握埃及門戶。

024　家長：梵文為 Dampati，希臘文為 Despotes，拉丁文為 Dominus。
　　　村：梵文為 Vic，波斯文為 Vis，拉丁文為 Vicus，希臘文為 Oikos。
　　　城：梵文為 Pur，立陶宛文為 Pilis，希臘文為 Polis。
　　　王：梵文為 Râj、Rajan，拉丁文為 Rex, Regis，凱爾脫文為 Rig。
　　　牛：梵文為 Go，波斯文為 Gau，亞美尼亞文為 Kov，希臘文為 Bous，拉丁文為 Bos，愛爾蘭文為 bô。
　　　羊：梵文為 Ari，立陶宛文為 Aris，希臘文為 Ois，拉丁文為 Oris。愛爾蘭文為 Oi，德文為 Ouwi，南斯拉夫文為 Ovinu。
　　　上帝：梵文為 Deva，波斯文為 Daeva，立陶宛文為 Dëvas，高盧文為 Dêvo，拉丁文為 Deus、divi，希臘文為 Dios。
　　　天神：梵文為 Dyauspita，拉丁文為 Jupiter，希臘文為 Zeus-Dios。
025　《聖經‧以西結》中之諺語。

拉美西斯二世即位（前1300），繼其父志，拒抗西臺。西元前1295年4月，產生卡疊什（Kaclesh）大戰，以哈莫塞斯特殊的勇氣，取得勝利。

西臺與埃及議和，建立西方均勢。西元前1279年，簽訂合約，由兩國神靈保證有效，刻於阿夢廟堂。

刻約內容，雙方信守和平，兩國帝王平等，尊重已定邊疆，遇有內亂外患，互相贊助，有罪逃亡者，雙方不得收容。為加強同盟，拉美西斯娶阿杜西（Hat-tousil）女為後[026]。此約為國際條約先聲，影響西臺文化至大。西臺民族重現實，得埃及理想調和，有遠大進步。阿杜西死（前1255），印歐民族移動——所謂海民的移動，西臺以之衰落。

西元前1250年，亞述進攻巴比倫，西臺不敢過問；西元前1169年，海民將巴比倫摧毀，建拔石（Pashe）王朝，經一百三十年之久。

荷馬歌詠之特洛伊戰爭（前1193～前1184），實西臺與埃及鬥爭之結果，阿卡亞人借姿亂局面，向亞洲侵略。利比亞與腓力斯坦相連，進攻埃及，西臺雖有義務拯救，實無可如何。

此時，領導中亞者為亞述。它破壞了國際的平衡。

▍亞述帝國▍

當加爾底亞建立帝國時，亞述人占據底格里斯河，居亞敘爾，至古巴里（Assur-Couballit）時（前1350），仍臣屬巴比倫。

亞述地勢優越，民悍性驕，自撒縵以色一世（Salmanasar I）發動攻勢，形成一種武力政治，即帝王為神的僕役，有絕對意志，凡不從其意志者，須與之戰，至屈服為止。蒂格拉特帕拉沙爾一世（Teglatphalasar I，前1115～前1100），兩次攻巴比倫，侵亞美尼亞，讚其武功說：「我為強力之王，惡人之摧毀者……」

撒縵以色三世（前859～前824年在位）即位後，亞述實力甚強[027]：西亞

026　女取埃及名 Maât-Hor-néférou-Rê，意為「看太陽神之美」。

027　亞述軍隊組織最完密，其種類有步兵、騎兵、攻城隊、戰車隊、箭手，而騎兵任務，在破壞通訊、

各國，如希伯來、大馬士革（Damas）、西來西亞（Silesia），感唇亡齒寒之苦，結為同盟，拒抗亞述，形成一種均勢。加爾加（Karkar）戰，結局未定，便是說明。

蒂格拉特帕拉沙爾三世起（前 746），亞述再興，西元前 734 年陷加沙（Gaza），城舍為墟，繼向巴比倫進發，將之臣屬。西元前 722 年，薩爾貢即位，戡定巴比倫叛亂，放埃及法老於哈非亞（Raphia），定都杜沙洛京（Dour-Sharroukin）[028]。

薩爾貢死（前 705），辛塞納赫里布（Sennacherib，前 705 ～前 681）繼位，向西亞海邊發動攻勢，取腓尼基，以未充分準備，攻三角洲而敗，至亞述巴尼巴（Assourbanipal，前 669 ～前 626）時，發動對埃及攻勢，毀底比斯，西元前 663 年，賽伊斯始停止抵抗。

亞述巴尼巴自西元前 648 年後，為巴比倫王，聲勢雄壯，毀蘇撒（Suse），欲樹立集權政治，使侵略地帶，不得自由，然亞述以武力為基礎，虐待被征服者，米底與巴比倫聯合，於西元前 625 年開始攻尼尼微，十三年後，將之毀滅，先知尼希米言：「尼尼微之亡，成為焦土，有誰憐之。」

亞述亡，繼之而起者，為第二加爾底亞帝國，名王尼布甲尼撒（Nabucho-donosor，前 604 ～前 561）於西元前 586 年毀耶路撒冷，俘猶太人，武功赫赫，《舊約》中：「吾復興加爾底亞人，此殘酷輕率之民族，將橫行於大地上，占領所有房屋。其馬捷於豹；騎兵奔馳，若飛鷹之掠食。」

是時波斯興起，由西進發，於西元前 538 年，巴比倫滅亡。[029]

‖ 波斯帝國 ‖

波斯帝國介乎底格里斯河與印度河之間，有伊朗高原[030]，氣候多變化，產良

作戰時威脅敵人。

028　Dour-Sharroukin 意為 Sargon 城，1834 年，Botta 發現，城甚堅固，有城樓，高四五公尺。

029　巴比倫帝國，僅八十七年，最後一帝為 Nabonid。

030　伊朗高原，面積約有 1650000 平方公里。

馬，多花卉，居民為印歐人：米底與波斯人。

伊朗歷史頗早，惜難探考。西元前 10 世紀時，貴族鎖羅亞斯德（Zoroastre）改革宗教，門人追記，名《阿維斯塔》（Zend-Avesta）[031]，形成倫理的二元論，善者為阿胡拉・馬茲達（Ormuzd），健康、光明與智慧屬之。惡者為阿里曼（Ahriman），使人苦痛，導人罪惡。是二者不相容，常在鬥爭。阿胡拉・馬茲達不具形式，品位至尊，取火為象徵[032]，唐時流入中土，定名為祆教，從示從天，所以祀天也[033]。

波斯有繁盛河流地帶，亦有不毛的草原，有涼爽綠洲，亦有枯燥的沙漠，自然永在對峙與搏鬥中，形成一種矛盾，波斯即以此為宇宙定律，形成二元論的特質。

波斯史信而有徵，較中亞諸國為晚。米底與波斯分據南北，互相對峙，於佛拉亞特（Phraorte）時（前 655 ～前 633），始告統一。佛氏為米底英主，西元前 633 年反抗亞述述陣亡，其子西亞沙（Cyaxare）立（前 633 ～前 584），改變戰術，建騎兵與箭手，於西元前 612 年，陷尼尼微。

此時米底與波斯相爭，亞斯代若（Astyage，前 584 ～前 550），以婚姻政策，消滅內部矛盾。居魯士（Cyrus，前 556）立，提高波斯地位。

西元前 549 年，並米底。攻呂底亞，取阿富汗、大夏、康居，繼攻巴比倫，建立波斯帝國[034]。

居魯士死後，自岡比西斯（Cambyse）立（前 529），承其父志，征埃及（前 526），居埃及四年，波斯內亂起，西元前 522 年至敘利亞，死於途中。時，貴族大流士（Darius），發兵靖難，取帝位，創波斯最光榮之歷史。

大流士綏靖米底，戡定兩河流域下游，刻武功於貝希斯敦（Behistun）岩石，

031　係波斯古語 Zend 寫成，全書分二十一卷，寫於一萬兩千牛皮上，由金線裝釘，回教興起，阿拉伯人至波斯毀之。

032　Herodotus 說：「波斯人不建神像，寺廟與祭壇，以此等無意義，非若希臘人以神具人形也。」（Histoire.T.S.）

033　祆教入中土，南北朝時已有，見《魏書》，至唐時更盛，貞觀五年，波斯人何祿來長安從事傳教。

034　呂底亞係西元前 546 年；征阿富汗（Arachosie）、大夏（Bactriane）、康居（Sogdiane）係西元前 549 ～前 539 年，攻巴比倫為西元前 538 年。

中有「朕連戰皆捷，勝利凡十四次，降九君」。當侵印度後，渡韃靼海峽，入巴爾幹，征塞種人（Scythes）[035]，波斯軍不諳塞人遊擊戰術，結果失敗，僅取色雷斯（Thrace），於是波斯建立強大帝國，劃全國為二十州[036]。向西進，與希臘衝突，為希臘人挫敗，此山民所接受亞洲帝國遺產，遂至停止狀態。

第二章　東地中海城邦

約在第四紀冰川時期，地中海係兩個死海所構成，與大西洋並不相連，直布羅陀海峽，係一陸橋，尼羅河、紅海、亞德里亞海以及希臘諸河灌進之。地中海為蒸發海，原有河流不敷蒸發，須有大西洋及黑海調濟，始能維持水位[037]。關於此，懷特（Wright）有確論[038]。

海水侵入，浸沒此盆地，此為人類歷史大事，當安定後，地中海人移此，文化始發。

東地中海，島嶼滿布，接近西亞與埃及，便於吸收文化，而大陸希臘，山勢錯綜，構成許多區域，海上島嶼成為交通橋梁，陸地山嶽卻成了一種障礙，便於流動，便於貯蓄，普遍與個別，自由與獨立，形成東地中海歷史動向的特性。

泄入西方之湖，當水消海水灌入時，其景有趣。方其流入，初甚細，水道被蝕，海面高漲，其面積亦擴大。峽口若非堅石，必然潰裂，緣注入時長，潰裂為必然結果，形似空論，實根據，試取直布羅陀海峽圖證之，即見有極大之穀，由地中海深處，經海峽，入大西洋沙灘，此谷即水灌入時所成也。」

東地中海島嶼，以區域論，可分愛琴海與伊奧尼亞海兩類。在愛琴海，形成天然橋梁：北部島嶼，有薩索斯島（Thassos）、薩莫色雷斯島（Samothrace）、印布洛斯島（Imbros）、萊姆諾斯島（Lemnos）、忒涅多斯島（Ténédos）等島；

035　據 C.Huart 言：Darius（前 521 ～前 486）係七貴族大家庭之一，父為 Hystaspe，係 Hyrcanie 省長。見 La Perse antique. P.60 ～ 61.N.2.

036　此數字係 Herodotus 所言，Seignobos 於注中，言波斯題銘提及三十一州。

037　裏海匯入水量不足，日漸縮小。

038　懷特在 The Quarternary Ice age 中說：「地中海有二湖，其一為淡水湖，居東。

在中部，有斯基羅斯島（Skyros）、列斯堡島（Lesbos）、希俄斯（Chios）諸島；至南部，即有安德羅斯島（Andros）、Lenos、米科諾斯島（Myconos）、提洛島（Délos）、伊卡里亞島（Icaria）、薩摩斯島（Samos）等；至伊瑤尼海，有 Argolide、克奧斯島（Ceos）、Cyros、帕羅斯島（Paros）、納克索斯島（Naxos）、阿莫爾戈斯（Amorgos）、Astypalée、卡利姆諾斯島（Kalymnos）、Cos、尼西羅斯島（Nissyros）、羅德島（Rhodes、Kythnos）、塞里福斯島（Seriphos）、錫弗諾斯島（Siphnos）、米洛斯島（Melos）、斯基諾斯島（Sikinos）、Pholegandros、希拉島（Thera）、克里特島（Crète）等。在這些島嶼中，以克里特最重要，愛琴海文化即以此而起。

希臘大陸，內山嶽構成平原，有色薩利（Thessalie）、埃皮魯斯（Epire）、阿凱那尼亞、埃陀利亞、馬利斯、弗莖斯、羅卡里、比奧提亞、阿提卡、優卑亞、麥加里德、科林斯、阿哥利德、阿凱亞、伊利斯、阿卡迪亞、拉哥尼亞、美塞尼亞等區域。

考古學者，以西元前 6000 年至西元前 3000 年間，克里特島已有高度文明，至希臘中部與北部，便在三千五百年後了。進入銅器時代，約西元前 20 世紀，克里特始領導東地中海。

中亞與埃及民族的移動，影響愛琴海，東地中海周緣，互相往還的關係，至為密切，通商、交戰、軍事協定，在西元前 1500 年左右，已成為急切的需要。只是地中海自成一系統，以工商業為中心，形成城邦政治。

東地中海歷史的演變，由克里特，進而為腓尼基，最後集大成者為希臘，城市為社會組織中心，擴大家庭，解放個體，每個人對團體有獨特的責任。

在最初發展時，語言與宗教構成團體的集合，並非由於政治。從游牧時代，忘其原始經歷，僅憶及二三最近事實，創造成一種神話，表彰民族的光榮。東地中海的城邦，每個有創立者，與夫所崇拜之神，便是以此。

由於民族的移動，自然演進的結果，有三個家族合為一組，選擇適當地點，易於防守者作為市場，亦為宗教與政治中心，城市以此而起。城分兩部，上城為

Polis，下城為 Astu（住宅區），繼後下城殷富，取 Polis 名，而守城即名為「亞克波利斯」（Acropolis），希臘史開始時，多利安人有三處，伊奧尼亞人有四處。

‖克里特古史‖

銅器輸入地中海時，克里特握有海上霸權。據伊文思（A. Evans）研究，在 16 世紀前，克里特向非洲、中亞及希臘大陸發展，文教與武術達到成熟的階段。以故希羅多德等語之為「海洋帝國的建立者」[039]。

代表克里特強盛時期，自為傳說中米諾斯時代，雖為神話[040]，卻含有史實[041]。希羅多德所言：米諾斯死於特洛伊戰前九十年，即是說，約西元前 1370 年前後。但是，從近時發現資料言，希氏所指者為朝代，並非人名。因米諾斯為克里特史長期演進的代表，為富強時期，約在西元前 1750 年，也便是為此，西方史學家，以米諾斯前，尚有阿斯忒里俄斯（Asterios）世系。

分析克諾索斯（Cnossos）與費斯托斯（Phaistos）的宮殿形式與城市結構，得一個結論：時間愈演進，地方色彩愈少，介乎西元前 17 與西元前 12 世紀間，米諾斯即失其地方特性，普遍化是證明。

米諾斯王朝與希臘傳說頗多符合處[042]。此種文化，經濟與政治關係，形成希臘邁錫尼（Mycène）時期。克里特為地中海人，臉長身高，舉止敏捷，善航海，擁有強大武力，其霸愛琴海有一百五十年之久（前 1600～前 1450）。在克里特建築物中，發現有軍事防禦設備。

039　Herodotus, Thucydide, Aristote 等皆言之。

040　米諾斯為 Zeus-Asterios 與 Europa 所生，有二兄弟：Sarpedon 與 Rhadamanthys，其夫人為 Pasiphaé，象徵月亮，生三子：Minotaure, Ariane, Phèdre，又有一愛人 Britomartis，仇視雅典，逐 Carie 人，取 Cyclade 諸島，建海上帝國。雅典每年以七男七女獻 Minotaure。米所居者為迷宮，係 Dédale 所建，Dédale 有一牛，與 Pasiphaé 發生關係，生下 Minotaure，事發，造肉翅，飛向西西里島，死於海中。

041　在 Laconie, Mégaride, Corcyre, Sicile, Syria，皆有 Minoa 地名。

042　西元前 1533 年？：Cécrops 開發 Attique；西元前 1466 年：Danaos 開發 Argolide；西元前 1400 年：Mégaride de car 與 Lebrex à Amyclées 開發 Laconie, Mégare, Locride Acarnanie；西元前 1340 年：Cadmos 開發 Beolie；西元前 1266 年？：Tantale 與 Pélops 開發 Peloponnèsse。以上所述，皆受克里特推動。

　　克里特人有藝術天才，室中有壁畫，室外有雕刻，豎琴與笛子為習用的圖案；城市與居室設備，婦女裝飾，都富有現代性。次之，克里特工商業很發達，金屬工業，在西元前 2000 年前，已達到精美階段。輸出商品，以油與酒為大宗。

　　西元前 1450 年後，克里特許多建築物被毀[043]，富於幻想者，以為內戰突發，克諾索斯毀滅其他城市。但是，考究毀後所建諸物，如海亞特亞大（Haghia-Triada）宮，已脫離地方色彩，受米加爾（Megare）影響，而此時米加爾為阿卡亞人聚集地。以故克里特之衰落，乃由於阿卡亞人之侵入。而米諾斯代表，須向西西里島逃跑，克里特成為希臘大陸的附庸。

‖腓尼基‖

　　腓尼基位於黎巴嫩與敘利亞海間，為東地中海濱小國[044]。山上滿植扁柏與杉木，與內地隔絕。濱海地帶，曲折環抱，有良港，居民為閃種，善航海，精工藝，非常富於現實的民族。

　　繼克里特後，腓尼基為開發地中海者，然始終未建立帝國。每城有獨立領土，由議會與國王合組之政府，每遇特殊重大事件，各城遣代表至提爾（Tyr），蓋自西元前 13 世紀後，提爾為腓尼基名城矣。

　　最初腓尼基城市發展者，為貝博洛斯（Byblos），至埃及出售杉木，換取製紙草。至西元前 15 世紀，西頓（Sidon）積極發展，在孟菲斯設有商店，然其重要事業，乃在推進愛琴海商務，沿小亞細亞海濱，入黑海至高加索，無不有其足跡[045]。西頓成為富城，腓尼基人忌之，至西元前 13 世紀，將之毀滅。

　　自是而後，腓尼基進入提爾時期，向西發展，橫貫地中海，達到直布羅陀海峽，取麥、油、麻、銀等物，建立許多城市，如猶迪克（Utique）、加代斯（Gadès），尤以迦太基為最重要。亦即古代發現歐洲之始，上古史為之一變。

043　所毀者，有 Phaistos、Tylissos、Haghia-Triada，獨克諾索斯宮存。
044　Phénicie 意為「棕櫚」。長一百五十英里，寬二十四至三十英里。
045　入愛琴海後，在 Paros 取大理石、Mélos 取硫黃、Thasos 採金礦、Cythère 取紅染料，直至克利特島，由此北上，至黑海。

　　迦太基係提爾貴族所建立者，西元前 9 世紀時，提爾革命，建此殖民地，以其居地中海中心，逐漸繁榮，統治北非與西班牙，擁有強大武力，貪婪殘酷，為人所痛惡。其政治實行兩君制，權操於元老院[046]，由商賈組織，缺乏愛國思想。自西元前 6 世紀後，勢力龐大，在地中海稱霸者有三百年，後為羅馬所滅。

　　腓尼基善於經商，重利遠去，由阿拉伯採購金、瑪瑙與香料，由印度購置象牙、珍珠與鵝毛，由亞述採辦棉花、瀝青、中國絲綢，由黑海販賣馬與奴隸等。他們視天星航海，沿岸而行，祕其路線，寧死不與人知。錫為最珍貴之物，古人不知采自何方，至希臘人偶然發現英海岸產錫處，腓人經營此業已數百年矣。腓人遠征隊，自迦太基出發，循非洲岸至幾內亞灣（Guinea）。《漢諾（Hanno）遊記》至今仍視為地理文獻珍品。

　　腓人外出，視地方文化與實力，有種種設施。在埃及只經營貿易；其未開化者，即據險以守，設堆棧，定期交易；於較繁榮處，如賽普勒斯等地，建造房屋，宛如今之殖民地。

　　腓尼基為文化傳播者，精於模仿，缺少創造性，其時發生作用而影響於後人者：一為造船術，一為二十二個標音字母，分子音與母音，其功至偉。

‖ 希臘居民之移動 ‖

　　希羅多德言：希臘原始土著為「皮拉斯吉人」（Pelasgie）。縱使有學者否認，我們知道它不是虛幻的[047]。至其由來，亦有不同的主張[048]，就希臘言，大約由陸地移至希臘，然後轉向小亞細亞，其途徑，由色薩利、比奧提亞、阿提卡、亞爾告利德、阿卡迪烏斯，渡海，侵入亞洲。[049]繼皮拉斯吉人之後而至希臘者為

046　元老院中，分兩部，一為全體，共一百零四人；一為執行者，只有三十人。

047　在 Thessalie 有地名 Pelasgiotide；荷馬《伊利亞特》詩中，有「神聖的 Pelasges」語；雅典因 Pelasges 建立亞克波羅；亞加以的 Ion 人，認 Pelasges 族的存在；據 Argolide 傳說，以 Pelasges 居 Larissa，而 Herodotus 即以為在 Lemnos, Samothrace, Chalcidique, Propontide.

048　有以 Pelasges 為北方民族，來自 Illyria 與 Albania；有以來自亞洲，與 Tyrsènes（Etrusgues）有關，古人將 Tyrsènes-Pelasges 並用；有以為閃種之一。

049　在 Anatolia 地名語尾，有 -ssoa，-nda：Ariassos, Iassos, Sagalassos, Pedasos, Ephesos……

「阿卡亞」人（Achéens）。

阿卡亞人[050]沿河南下，一路由東北至色雷斯、馬其頓與色薩利，一路由西北至伊利斯。既至希臘後，向內部移動，據守亞爾告利德與拉哥尼亞。此皆受地理環境支配，濱海者有納非（Nauphie）與亞西納（Asine）良港；內地即有地陵斯（Tyrinthe）與邁錫尼（Mycène）丘陵，易於防守。

邁錫尼為克里特文化中心，希臘所傳，西元前 1266 年時，珀羅普斯（Pélops）至亞爾告利德，為亞洲伊洛斯（Ilos）所逐。[051]自 13 世紀後，阿卡亞人取得主動地位，邁錫尼亦脫離克里特羈絆，形成希臘領導地位，雅典亦受其支配。

當阿卡亞人代克里特後，愛琴海起重大變化。與海上居民接觸，所謂「江民」變為「海民」，向小亞細亞邊岸發展。列斯堡島已為阿卡亞人占據，與亞洲阿卡亞人[052]相接，造成包圍特洛伊（Troy）形勢，促成特洛伊戰爭（前 1193～前 1184）。荷馬取此次戰爭，詠為不朽詩篇。

特洛伊戰後的六十至八十年間，有多利安（Doriens）新民族侵入[053]，在伯羅奔尼撒半島，逐漸摧毀阿卡亞人實力，經五個世紀之久，始能締造成一國家。

Alinda, Calynda, Isionda, Oenoanda, Labranda……而希臘山河地名，有 -ssos, -ttos, -inthos, 如 Ilissos, Kephissos, Parnassos, Brilettos, Hymettos, Gargettos, Ardetos, Tyrinthos, Probalinthos, Trikorinthos, Corinthos 等。在克里特，有 Tylissos, Praesos，為向亞洲移動遺蹟。

050　「Ach」在拉丁文為 Aqua，意為水。

051　Pélops 與亞洲 Achéens 關係，經 Boghaz-Keui，文獻證明；亦只從 Phrygie 影響而言，始能解釋巨墓建造，約西元前 1250 年。Pélops 與亞洲 Achéens 關係，經 Boghaz-Keui，文獻證明；亦只從 Phrygie 影響而言，始能解釋巨墓建造，約西元前 1250 年。Pélops 與亞洲 Achéens 關係，經 Boghaz-Keui，文獻證明；亦只從 Phrygie 影響而言，始能解釋巨墓建造，約西元前 1250 年。Pélops 與亞洲 Achéens 關係，經 Boghaz-Keui，文獻證明；亦只從 Phrygie 影響而言，始能解釋巨墓建造，約西元前 1250 年。Pélops 與亞洲 Achéens 關係，經 Boghaz-Keui，文獻證明；亦只從 Phrygie 影響而言，始能解釋巨墓建造，約西元前 1250 年。Pélops 與亞洲 Achéens 關係，經 Boghaz-Keui，文獻證明；亦只從 Phrygie 影響而言，始能解釋巨墓建造，約西元前 1250 年。Pélops 與亞洲 Achéens 關係，經 Boghaz-Keui，文獻證明；亦只從 Phrygie 影響而言，始能解釋巨墓建造，約西元前 1250 年。

052　Boghaz-Keui 史料，證明西元前 14 世紀，阿卡亞人在小亞細亞發展迅速，如 Lycie、Pamphylie、Milyas 擁有強大海軍。

053　希臘歷史發源處，一為 Epire，即稱之為 Hellops；一為 Oropos 山岩，有 Graikoi，拉丁人稱之為 Hellènes，多利安人，即近 Hellènes 居。

斯巴達代表多利安人，由三家貴族統治[054]，對待土人，不使之太強，懼其叛亂；不使太弱，恐生產力降低。自萊克格斯（Lycurgue）變法後，用武力保存既得土地，使政治貴族化，他給希臘生命的活力，同時也阻止希臘統一，成為一強而有力的國家。

‖希臘初史‖

希臘形似一楓葉，富於變化，居民複雜，沐於地中海和風中，養成生動與精明品質，想像非常發達，富有詩意。好奇，勇於探討自然與人生，一切以人為基調，追逐完美，至西元前 5 世紀，其文化發展至頂點，除中國周秦外，沒有能與之比較的。

直至西元前 6 世紀末，由於宗教與語言，形成一種城邦政治，它是集團的，並非個人主義的。每個城邦有其傳說與個性，家族成為重要的因素，特洛伊戰爭的詩史，便是這種說明。

家庭擴大的結果，形成王政，有兩種不同的典型：一為米諾斯式，取埃及為法，含有神性；一為多利安式，以社會組織為基礎，君即為民，如亞脫來（Atrée）[055]。

帝王由家長演出[056]，然亦有例外，如個人有特殊智慧與強力，亦可取而代之[057]。自西元前 9 世紀至西元前 7 世紀，王權漸衰，產生貴族政治，斯巴達、雅典與科林斯，趨向同一路徑。

當貴族統治時，經濟繁榮，城市擴大，工商階級向外擴張，建立殖民地，政治不能專有，起而改革，形成一種民主政治。唯其意義與近日所言者截然不同。自西元前 6 世紀起，僭主爭霸，亦如齊桓晉文，取政以力，無法之制裁。

054　三家貴族為 Agiades、Aegides、Eurypontides。繼後 Aegides 移至 Thera 島（前 1074），只餘兩族，形成兩王制。

055　Atrée 係 Agamemnon 與 Ménélas 之父。

056　希臘文中 Basileus（王）與 Anax（主），在家族與政治上通用。

057　據 Boghaz-Keui 發現文獻中，Koiranos 意為酋長，在荷馬詩中，即為「將軍」與「帝王」，說明武力奪取政權，使之合理化。

自萊克格斯（Lycurgues）[058]變法後，於西元前 750 年左右，斯巴達統一告成，恃其強力，向美塞尼亞（Messénie）與阿卡迪亞（Arcadie）發動戰爭，奠立希臘大陸實力。政治重保守，行兩王制，由二十八人組成元老院，復操於五位監察官手。重紀律，視戰爭為常事，造成「不為人模仿，便為人滅亡」的典型。

雅典初史，亦難信征。自西元前 11 世紀始，社會階級已形成，政治為貴族領導。至西元前 628 年，資產者與政客聯合，奪取貴族政權，產生梭倫變法，取消債務，解放奴隸，按資產確定社會等級，將資產觀念改變，不以土地而以現金，故能掌握雅典的動向。

然此種改革，造成一種困難，舊社會破產，形成暴君政治，庇西特拉圖（Pisistrate）為典型代表。

雅典民主思潮擴大，西元前 514 年推翻希庇亞斯（Hippias）[059]，經克里斯提尼（Clisthène）改革，走向民主道路，雖西元前 451 年廢除財產限制，仍不能以人格為準，佃戶、奴隸、外邦人不得參與。

希臘政治，促成兩種特殊觀念：一為偏狹城邦思想，締結同盟，如雅典所領導者；一為分裂現象，希臘不能團結，內戰頻起，互爭霸權，結果馬其頓坐享漁利，而為羅馬滅亡。

‖ 羅馬初史 ‖

於西元前 8 世紀時，希臘開拓義大利半島南部及西西里島，稱大希臘，與羅馬人接觸。羅馬人亦係印歐民族，似與希臘人同時侵入西方，以羅馬為中心。

羅馬成立時，其史已至複雜階段，北部有伊特拉斯坎（Etruscans）人，來自亞洲[060]，居民多喜卜巫，實行集權制。中部散居著許多民族，其著者，如拉丁、

---

058 Lycurgues 生於西元前 880 年，死於西元前 804 年，受 Labôtas 王命變法。

059 Pisistrate 有二子：一為 Hippias，一為 Hipparque，革命起，前者逃至波斯，構成波希戰爭起因，後者為人殺死。

060 證以羅馬名詞，即知伊特拉斯坎人來自亞洲。

| 伊特拉斯 | Tule | Ceise | Marie |
| 羅馬 | Tullius | Caesius | Marius |

沙班與薩姆尼特（Samnites）⁰⁶¹，語言宗教，大略類似，以地理環境，形成山民與平原的衝突。南部受希臘支配，啟發古羅馬人心智，使羅馬承受古地中海文化。

義大利半島，係海陸銜接地帶，以羅馬為中心。拉丁平原土質堅硬，為火山遺蹟，為一潮溼、惡劣的環境。人創造了土地，而土地亦訓練居民意志，一方面有自強不息的努力，刻苦奮鬥；他方面有集體的合作，理解組織的重要。西元前753年，羅慕洛斯（Romulus）創立羅馬的傳說，分明是民族意識覺醒的象徵⁰⁶²。

羅馬位於臺伯河畔，七山環繞，是海陸的銜接地，亦為守攻的據點。當它的歷史發軔時，所謂王政時代（前753～前509），七王中羅馬人居其三，沙班人居其二，伊特拉斯坎人居其二，這是一種混合。

拉丁為農民，沙班為山民，兩者合作，構成一種強力的推動，他們與伊特拉斯坎人對峙，終為羅馬所統一⁰⁶³。

羅馬家族觀念很強，形成一種偏狹土地觀念和愛國的思想。因為環境複雜，趨向一種政治鬥爭，破除種族、社會等差別，構成一種組織，基於法，以規定地方與中央關係。地中海城邦政治，約在西元前300年，緣亞歷山大與羅馬，逐漸消滅，此後地中海淪為次要的地位。

古代西方活動範圍，由地中海向大陸移動，羅馬完成這種距離的任務，它不是一個帝國，它是一個聯邦。到西元前5世紀，為人讚美的《十二銅表法》，不受宗教約束，於公眾場所公布，完全是希臘的精神。但是，他不允許地中海獨霸的局面，它尋求海陸的均衡，至西元前146年，迦太基毀滅，科林斯焚燬，便是均勢建立的結果。

羅馬荷負著創造歐洲的任務。

小亞細亞　Tυλοε　Κελδοε　Μαl-Loε

061 小民族甚多，如 Umbrians、Sabines、Volscians、Aeguians、Hernicans、Marsians、Latins、Samnites。

062 城市的生命便是民族的生命，人民從城市與神的手中始有生存的權利。

063 七王：Romulus（前753～前716年在位），羅馬人；Numa Pompilius（前715～前672年在位），沙班人；Tullus Hostillius（前672～前640年在位），羅馬人；Ancus Martius（前640～前616），沙班人；Old Tarquieu（前616～前578年在位），伊特拉斯坎人；Servius Tullius（前578～前534年在位），羅馬人；Tarquin le Superbe（前534～前509年在位），伊特拉斯坎人。

第三章　西方均勢建立

　　自西元前 500 年時，波斯帝國與希臘集團不相併容，互爭西方領導的霸權，結果波斯慘敗，是乃歷史奇蹟。希臘從此獨樹一幟，綜合古代西方智慧的成就，奠定文化基礎。

　　但是希臘雖造成雅典海帝國，卻不能支久，希臘內戰，不能保其小亞細亞利益，波斯又恢復舊日局面，以金錢與詐術滋長希臘內亂。

　　至阿爾塔薛西斯三世（Artaxerxes III）時，兩次向埃及進攻，至 345 年，埃及複變為波斯的行省。

　　馬其頓興起，亞歷山大向亞洲進發，深懼波斯強力，危及希臘安全。但是由於發展過速，文化不同，未能樹立深固基礎，終於曇花一現。可是均勢破裂，阿黑門尼德（Achéménides）朝由是滅亡，希臘亦成了羅馬發展的對象。

　　羅馬自西元前 509 年後，兩種動力支配整個歷史，一方面平民與貴族鬥爭，摧毀城邦政治，建立帝國。另一方面，羅馬向外擴張，統一義大利半島，向地中海進展，毀滅迦太基。波希東西的軸心，轉而變為羅馬迦太基南北的鬥爭，亦即海陸尋覓調和，終於集於羅馬一身。

　　均勢為兩種不同實力的平衡，羅馬獨具實踐政治才能，締造成古代特有的聯邦，因為基督教的降生，蠻人侵入，將古代文化結束。

　　結束也如歷史上其他事件一樣，它是一種新的開始，西方走入轉型的階段。

∥波斯與希臘鬥爭∥

　　波斯帝國建立後，大流士攻塞種失敗，占據色雷斯，留名將麥伽巴佐斯（Megabazus），其時呂底亞王國[064]已為波斯臣屬，而希臘殖民地，深感到困難，因為愛琴海已變為波斯的內湖，希庇阿斯居間挑撥，企圖恢復雅典的僭主

064　西元前 8 世紀，Gygès 助埃及 Psametik I 反抗亞述，其孫 Alyattes，在位七年，建呂底亞王國。Crésus 立，懼波斯，與居魯士戰於 Pteria，西元前 546 年，Sardes 陷落，Crésus 被俘。

政治。

希臘以語言與宗教關係，心理統一，對波斯懷有敵意，米利都僭主伊斯地亞（Histiaeus）加以煽動，又加阿里斯托哥拉（Aristogoras）準備[065]，西元前 498 年，燒薩爾狄（Sardes）城。為利益計，為尊嚴計，波斯須從事戰爭，是乃兩種不同的意識，演進至成熟階段，必然的結果。

波斯得腓尼基助，供其船隻，向希臘進攻，於西元前 490 年，產生馬拉松（Marathon）戰役。人數懸殊，雅典獨撐危局，以槍矛禦箭矢，幸得米提阿底斯（Miltiade）領導，採取主動，襲其左右翼，波斯人不支，潰退，大流士聲譽頓挫。[066]

西元前 486 年秋，大流士死，其子薛西斯繼位，不忘乃父遺志，細心籌備，於西元前 480 年，海陸進攻希臘。波斯聲勢雄壯，希臘危在旦夕。

波斯軍渡韃靼海峽，由北向南，直趨色薩利。斯巴達國王利奧尼德斯（Leonidas），率三百健兒，固守狄摩彼（Thermopyle）山峽，三日不得下，挫波斯攻勢。波斯得希臘人[067]助，獲所示間道，將李軍前後包圍。

為服從法令，斯巴達全軍犧牲。感其事之雄壯，後人刻石曰：「遇路者，語斯巴達，吾人忠於法令，永守斯土。」[068]

波斯越此要隘，迫雅典城下，德米斯托克（Themistocle），智勇兼具，以其新建艦隊，退守撒拉米灣，9 月 23 日晨，希臘誘其出擊，艦堅直撞，波斯艦隊限於地狹，無法施展，互擊沉沒[069]。薛西斯睹其軍敗，急返波斯。陸軍由馬鐸尼斯（Mardonius）率領，屯於色薩利，相持一年，死於普拉提亞（Platée），波斯殘

---

065 Aristogoras 為 Histiaeus 婿。
066 據希羅多德所記：「……人數少，又跑著作戰，這是一種瘋狂戰術，轉眼便覆沒。但是希臘人很勇敢，值得紀念，在我記憶中，第一次跑著攻擊，沒有畏懼，大膽攻擊波斯。」
067 通波斯告以間道者，為希臘人 Ephialte。
068 「Go，say to Sparta, you who come this way, that here, True to her orders, stillwe keep our place.」
069 Eschyle 說：「如落網之魚，以槳與木板擊之，壓碎波斯人，有如裂布一樣。是時海浪助其哀鳴，夜神現其陰暗面孔，將之隱藏。」

餘海軍，雅典追擊，又敗於米加洛（Mycale）。

希臘不毀於波斯之手，實歷史奇蹟，是乃東西爭奪地中海霸權。

希臘有民族意識，以故能渡此危機。約於西元前 465 年，薛西斯被刺宮中，波斯雖不能毀滅希臘，卻運用經濟與外交方式，滋長希臘內亂。

西元前 449 年，波希締結《西門（Cimon）條約》：波斯放棄報復，取消小亞細亞統治權；軍隊距邊界須有三日行程。雅典組織提洛（Delos）同盟，形成海上帝國，斯巴達忌，產生殘酷內戰，前後三十年[070]。

‖伯里克利斯時代‖

波希戰後，雅典主持提洛同盟，又得伯里克利斯領導，形成希臘黃金時代，教人如何致知，淨化自己的理想，追逐形式與實質的和諧，以達到人的完美。

伯里克利斯秉政後[071]，環集學者與藝人，走向民主道路。但是，「雅典民主政治，具有伯氏面容」[072]，他有高貴的理想，「我們都是愛美者，卻很質樸，不使失掉人的成分……」

約三十餘年時間，雅典變為藝術城，環繞亞克波洛（Acropole），有歌劇院、帕提農神廟（Parthenon）、雅典娜像，善用透視法，非常調和，並不僵直。但是，伯氏理想，並不為時人了解，其政敵起而攻擊[073]，雅典與斯巴達戰起，失利，瘟疫大作，伯氏染病而卒，情至悽慘。

希臘哲學思想分歧，西元前 5 世紀時，智人派流行[074]，重形式與修辭，蘇格拉底（Socrate）與之對抗，教育青年致知，由懷疑出發，節制衝動，凡不經最後嚴厲試驗者，不能視為真知。蘇氏招忌，阿尼圖斯（Anytus）控彼「崇

070　亦稱 Peloponesse 戰爭（前 431～前 403）。

071　Pericles（前 495～前 429）為名將 Xantippe 之子，自幼受哲人 Anaxagore 教導，於西元前 461 年，得 Aspasia 助，環集許多名人，如 Phidias。

072　係 Winckler 語，Thucydide 亦言：「事實上，民主政治徒有其名，此乃第一公民統治也。」

073　Phidias 於雅典娜盾上，刻 Amazon 戰圖，將伯氏與己像刻於上，托此攻擊，指其師 Anaxagore 為無神論者，復又誹謗其妻 Aspasia。

074　其知名者如 Protagoras，專教人巧言善辯。

拜新神，敗毀青年道德」，處死刑，時西元前 399 年，柏拉圖記於《斐多篇》
（*Phédon*）中。

柏拉圖（Platon，前 427～前 347）重倫理，較其師柔美，脫離懷疑、妒忌，
認為人力定天，故有理想之共和國，雖有想像，但他深信「自定乃命」。西元前
387 年，創立學院（Academia），有四十年之久，以對話方式傳授真知，終身未
婚，最後於喜筵中逝去。

亞里斯多德（Aristote，前 384～前 322）則別樹一幟，用邏輯方法，探討事
物真理。彼有綜合天才，開科學途徑，將物類列，建立有秩序知識，其態度嚴
肅，影響至巨。中古哲學，咸以為指南，培根愛之，樹批評精神。

西元前 5 世紀，希臘戲劇已至極盛時代，成為希臘生活必要者。

其起因，源於宗教典禮，繞壇遊行，祭酒神（Dyonisos），態度嚴肅。繼
後，表演英雄事蹟，情緒緊張，常在急變與矛盾中，構成悲劇，再現人類獨特行
為。喜劇含有滑稽與諷刺性，多取材日常生活。

劇團、劇本與劇場[075]，色色皆備。演出時，有歌詠隊協助，演員與觀眾合而
為一。

其時戲劇作者，名家輩出，有埃斯庫羅斯（Eschyle，前 525～前 456），
索福克勒斯（Sophocle，前 496～前 405），歐里庇得斯（Euripide，前 480～前
406）與阿里斯托芬（Aristophane，前 445～前 388）。[076]雅典所表現的希臘文化，

075　相傳 Thespis 首建劇場，西元前 6 世紀人。
076　Eschyle 著《波斯人》，大流士後亞多沙（Atossa）與波斯士兵對話：
　　　亞：波斯人，告我說：雅典在何處？
　　　歌：我們主上所去很遠的地方。
　　　亞：為何他要去征雅典？
　　　歌：要統治整個希臘。
　　　亞：是否雅典準備抵抗這麼強大的實力？
　　　歌：他們軍隊有很好的聲響。
　　　亞：他們有無充實的財富？
　　　歌：他們有銀礦。
　　　亞：他們使人畏懼，是否因為有強健的箭手？
　　　歌：不只有好的箭手，並且有精悍的戰鬥員。
　　　亞：誰是他們的將領，誰來指揮他們？

情感與理智均衡地發展，由形的完美以達到靈的完美，有殘缺，有偏執，但是他真正從人性出發，豐富與和諧教育未來的西方。

‖ 馬其頓：希臘向外的擴張 ‖

希臘忙於內戰（前431～前404），無國家與民族思想，囿於城邦偏狹觀念。雅典敗後，由斯巴達領導。是時，斯巴達與波斯相連，取得黑海勝利，而波斯不忘舊恥，借此分化希臘。

當居魯士三世爭奪政權時，斯巴達出兵相助[077]，至西元前396年，阿西拉斯（Agésilas）率軍兩萬，渡海，陷沙德城。是時，波斯助雅典、科林斯等叛亂，斯巴達海軍敗於克尼德（Cnide），西元前394，不得已締結《安達西達和約》：亞洲所有希臘城市，交給波斯統治，波斯又恢復昔日強盛的局面。

斯巴達統治十四年，霸權衰落，底比斯乘機興起，稱霸十年，與雅典及斯巴達鼎足對立，給馬其頓造成興起的機會。

希臘人視馬其頓為蠻族。菲力浦（Philippe，前382～前336）自底比斯還，深知希臘的內情與弱點。西元前359年踐祚，即思改善，組織民眾；爭取出海口，繁榮經濟；訓練軍隊，以征波斯為口號。逐步實現，希臘分化，雖有狄摩舍尼埃（Démosthène）焦唇敝舌的鼓吹，但囿於城邦觀念，希臘終不能團結。西元前337年，菲力浦開會於科林斯，組織泛希臘同盟，準備進攻波斯，次年為人暗殺[078]，偉業留給其子亞歷山大。

亞歷山大繼位，年僅二十，美而健，喜讀荷馬詩，得哲人亞里斯多德訓導，好奇，自信而富於理想，需要擴大的空間。承其父業，戡定希臘內亂。

歌：他們沒有紀律，沒有領袖，沒有給他們發令者。
亞：那麼，他們不能戰勝我們。
歌：雖然人少，他們摧毀了大流士的軍隊。
亞：遠征將士的母親，聽到這話是如何可怕呵！

077　斯巴達出兵一萬三千人，西元前401年，居魯士戰死於Cunaxa。

078　西元前336年，菲力浦為Pausanias暗殺，彼為Olympias的情人。

- 西元前 334 年，率步兵三萬，騎兵四千五百，餉僅七十達郎（Talent），糧僅四十餘日，由馬其頓出發，轉戰十年，戰戰皆捷。
- 西元前 334 年：敗波斯軍於格拉尼庫河（Granique），陷沙德城。
- 西元前 333 年：向弗里吉亞（Phrygie）進發，敗波斯軍於伊蘇士（Issus）。繼南下，取敘利亞、腓尼基、希伯來，攻陷埃及。
- 西元前 332 年：建亞歷山大城，成為埃及法老。
- 西元前 331 年：敗波斯軍於亞伯來（Arbele），陷巴比倫，取蘇撒，統一波斯。
- 西元前 330 年：向東進，經阿富汗、大夏至康居。
- 西元前 327 年：與波拉斯（Porus）戰於印度河，士兵思鄉，不肯再進。
- 西元前 324 年：返蘇士，娶大流士女斯塔蒂拉（Statira）。
- 西元前 323 年：移蹕至巴比倫，擁有「大王」尊稱，發熱而死。

　　吾人不知其漫遊目的，然此三十三歲少年，足跡遍中亞，創立七十餘城市，西方如亞歷山大，東方如犍陀羅（Kandahar）、喀布爾（Kaboul）及撒馬爾罕（Samarkand），對經濟與文化，皆為有力的推動。

　　亞歷山大城變為西方文化中心，哲學與科學甚發達，其圖書館藏有四十萬卷[079]。

　　馬其頓帝國建立如是迅速，有若狂飆，其分裂為必然的。然就古代西方歷史言，東西競奪，均勢破裂[080]，希臘帝國，有若山洪暴發，轉瞬間又成割裂局面。

　　自希臘史言，黨派鬥爭，內戰不已，民主黨與保守黨不能合作，造成羅馬優勢，宛如馬其頓興起前的局面，僅歷史重心移至義大利而已。西元前 147 年，羅馬毀科林斯，希臘以此滅亡，然其文化長存，仍有力地支配西方[081]。

‖ 羅馬兩種動向 ‖

　　自羅馬建立至西元前 266 年，羅馬史上有兩種動向：在政治上，有平民與

079　當 Callimachus 任館長時，有編目與提要等工作，四十六年，凱撒至埃及焚燬。
080　自波斯興起後，向西發展，失敗；而希臘向東發展，雖有亞歷山大戰績，終於亦告失敗。
081　拉丁詩人 Horace 說：「希臘以藝術擊敗羅馬。」

貴族的鬥爭；在軍事上，有義大利半島的統一。兩者並行，相因相成。

　　元老院為羅馬政治組織的特點，開歐洲議會制先河。當王政時代，國王擢選議員，貴族充任；至西元前 510 年，執政官代替國王，沿舊習任命議員，平民 [082] 只有表決權，沒有參政權。

　　王政消逝後，戰爭擴大，平民舉債從軍，不堪經濟壓抑。西元前 494 年，相率罷業，退居聖山與貴族對峙。貴族知內戰不能解決政治，遣亞克利巴（Mene-nius Agrippa），允其所請，設護民官，取消債務。

　　平民資產散失，生活困難，西元前 486 年凱西烏斯（Cassius）提出土地法，結果以此喪命。平民受此刺激，趨於積極，貴族疲於應付，組織十人委員會，制《十二銅表法》（前 450），克勞狄（Claudius）任第二次十人委員會主席，袒護貴族，平民罷業，二次退聖山，克氏死於獄中。平民雖勝利，婚姻與政治仍未平等，西元前 390 年，高盧人入寇，曼利爾斯（M. Manlius）反抗貴族，被自達般（Tarpéienne）投崖，平民繼續奮鬥，至李錫尼（Licinius）製法改革，十年後，平民始能任執政官並取得與貴族通婚權。

　　公民權雖然擴大，舉行議會，卻不能立刻行施，結果為元老院掌握，自西元前 89 年後，凡義大利自由民，悉為羅馬公民 [083]，213 年普及全帝國。

　　另一種動向，自羅馬城建立後，向外發展，至王政時代，拉丁平原已告統一。共和伊始，得希臘之助，拒抗伊特拉斯坎人侵入，取得亞拉西（Aracie，前 506）。繼後與沙班、伊奎（Eques）、服爾斯奎（Volsques）戰爭，觀其傳說，便知戰事艱辛。

　　西元前 405 年與維伊（Véies）戰，經十年，將之征服。四年後，高盧人南下，西元前 390 年 7 月，羅馬軍敗阿利亞（Allia）河畔，名城被劫，予以金帛，羅馬人堅持信心，復能合作，終恢復其實力。

　　羅馬解除北方威脅，轉向薩姆尼特，前後三次戰爭（前 343 ～ 前 290），

082　所謂平民，並非今之無產階級，其資產約合兩千五百元，生子女，註冊。

083　羅馬公民，享有公權（選舉權、任職權、行政訴訟權）與私權（財產權、婚姻權）。

羅馬採取分離政策，敗之於降奎洛尼（Aquilonie）。八年後，伊彼（Epire）王皮魯斯（Pyrrhus）感唇亡齒寒，渡海征羅馬，羅馬累遭挫敗，終取得貝內溫圖（Beneventum）勝利（前 275），三年後，奪取塔林頓（Tarentum），義大利半島統一告成。

羅馬富於現實，在演進中，對內貴族讓步，對外形成統一，以法組織，故每次戰爭，羅馬軍事挫敗，最後仍能取得勝利，深知集體與個體均衡的至理，以實現其所負之使命。

‖ 羅馬與迦太基 ‖

羅馬軍隊有紀律，以守為攻，刻苦耐勞，縱使常常失敗，卻能取得最後勝利。以故自杜利爾斯起，逐步向外發展，與伊特拉斯坎、沙班、高盧、薩姆尼特、皮洛士（Pyrrhus）等戰爭[084]，於西元前 266 年，統一義大利半島，羅馬史轉向地中海發展，遂啟布匿戰爭。

迦太基[085]承襲腓尼基餘力，握地中海霸權，殆至羅馬統一義大利半島，西西里島成為兩國緩衝地，亦為兩國爭奪的焦點。西西里島原為希臘與迦太基共有，當敘拉古（Syracus）與麥西納（Messina）衝突起後，希臘已無實力，羅馬出兵相助，兩軍相持於阿格里真托（Agrigentum）間，繼而迦軍退守利利孛（Lilyboeum）（前 261）。

羅馬海軍脆弱，聯絡希臘，改其戰術，艦端設吊橋，移陸軍戰術於海上，西元前 260 年，羅馬獲取米利都（Mylae）勝利。自是而還，勇氣倍增，迦太基繼有海戰傳統，慘敗於亞迦特（Aegatian）群島（前 241）。戰事經二十三年，迦太基毀其商業，割西西里島，又賠鉅款[086]。

羅馬與迦太基相安二十二年，時迦太基政潮迭起，漢納（Hanno）改組政

084　西元前 508 年與伊特拉斯坎戰爭；西元前 405 年征維愛（Veii）；西元前 390 年，高盧入寇；西元前 343 至西元前 290 年，與沙莫尼脫三次戰爭；西元前 282 至西元前 275 與皮洛士戰爭。

085　參看第二編第二章。

086　賠三萬二達朗銀，每達朗約合關銀一千五百兩。

府，守舊派控制，推行妥協政策。激進派哈米爾卡（Hamilear），於西元前236年，率其婿哈斯朱拔（Hasdrubal）及其子漢尼拔（Hannibal）退西班牙。

漢尼拔生於西元前247年，軍行告廟，其父令彼宣誓：「永遠不做羅馬人的朋友。」[087] 既至西班牙，努力開拓，西元前228年哈米爾卡逝世；西元前221年哈斯朱拔不幸為人暗殺，漢尼拔年甫二十六，獨撐大局，發動第二次布匿戰爭。

漢尼拔進襲羅馬，取道陸路，攜軍五萬餘，像三十七頭，越比利牛斯山，渡羅訥河，西元前218年10月，抵阿爾卑斯山麓。

不顧風雪，冒險攀登，經九日至山頂，由上而下，更為困難，漢尼拔闢路，直趨波河流域，先後敗羅馬軍於地桑與特雷比亞（Trebia）（前218）河畔。次年，迦軍渡亞平寧山，取特拉西米恩（Trasimene）湖勝利。羅馬執政官瓦羅（Varro），將軍八萬，漢尼拔僅及其半，西元前216年戰於坎奈（Cannae），羅馬幾全部被殲滅。

羅馬危急，改變策略，取法比烏斯（Fabius）避重就輕之策。復遣兵至西班牙、西西里島與非洲，斷其補給，造成牽制，此種策略與漢尼拔致命打擊。西皮阿（Scipio）出，力主積極，反對遊擊策略。羅馬與努米底亞（Numidia）聯合，直搗迦太基，迦太基急，召漢尼拔返回，西元前202年漢尼拔敗於札瑪（Zema）。迦太基求和，條約至苛：迦太基割西班牙與北非土地；獻出戰艦與戰象；五十年內，賠鉅款一萬達朗；不得羅馬同意，不能與第二個國家作戰；交出漢尼拔。除最後一點外，餘皆允諾。

漢尼拔遁至小亞細亞，組織軍隊，勸敘利亞王安都斯（Antiochus）與之聯合，恢復地中海實力，不為羅馬壟斷。安都斯納群臣之告，拒其所請。漢尼拔不得已投彼地尼（Bythinie），羅馬遣軍圍攻，漢氏睹屋被困，不願落於羅馬手中，仰藥而死（前183）。

迦太基戰後，國家意識覺醒，羅馬監視，復受伽圖（Cato）偏執鼓吹[088]，任

087　事見 Polybius 敘述。
088　伽圖常言：Delenda est Carthago（應毀迦太基）。

努米底亞欺凌，劫奪迦太基商旅。西元前 149 年，迦太基不能忍，實行自衛，羅馬藉口破壞札瑪條約，發兵問罪，實則羅馬武力發展，不允其獨立生存。

迦太基知大禍降臨，無法避免，居民團結，拆屋為船，剪髮為弦，西皮阿·埃米利（Scipio Aemilianus）以封鎖策略，斷其給養，西元前 146 年城破，戰六晝夜，全城大火，亞斯洛巴（Hasdrubal）殉難，羅馬咒其地為不祥，宣布為行省[089]。

羅馬恃其武力，向海外展開攻勢，利用希臘內爭的弱點，毀滅馬其頓（前 148）。兩年後，保羅·埃米利（Paulus Aemilianus）復回科林斯，地中海的兩個城市：迦太基與科林，悉為羅馬絕滅。羅馬向東進展，入古代東方區域，西元前 129 年，占領柏加馬（Pergamum），彼地尼、本都（Pontus）相繼臣屬。波斯所期望者，而為羅馬完成。均勢破裂，地中海成為羅馬內湖，西方歷史進入新階段，既非古代西方帝國的蛻變，亦非地中海系統的賡續，其實質乃羅馬運用組織才能，兼具兩者特有，奠立西方新基礎。

第四章　羅馬帝國

布匿戰爭結束，羅馬向外擴張，其轉變劇烈，使羅馬史走向新道路。其始，空間擴大，財富突增，農村經濟破裂[090]，舊機構不能應付新局面，遂產生革命與軍閥的鬥爭。兩次三頭政治，便是時代的產物，它不是偶然的。

凱撒代表的集權，與地中海城邦制的傳統相違，其行也速，不能隱藏，死於非命。然政治單位擴大，舊日共和制是不能領導新帝國。

奧古斯都調和，於集權的實質上，籠罩著共和外衣，是乃西方古帝國的復活，一系列相承者將及三百年。唯其不陷於專制，緣地中海傳統的市民團體，地

089　Polybius 言：當西皮阿見火燒迦太基時，心中忽動，自言有一日羅馬也要受同樣的命運。

090　Varo 在農業論中說：「農民家長棄其鋤犁鐮刀，逃至城市，寧在劇場中鼓掌，而不願耕種田畝。」以故奴隸雲集羅馬，四十六年凱撒調查，羅馬一城依賴政府救濟者，有三十二萬人。Olde Pline 說：「羅馬之亡，亡於中產階級消滅。」

方強烈情感，尚能維持。自此種事實言：所謂羅馬帝國，係握有實權的皇帝，擴大自由市府的聯盟[091]。

自西元前 146 年至羅馬帝國分裂（395）止，羅馬史潛伏著兩種洪流：一為基督教降生，一為日耳曼民族的遷移。前者教西方人如何理解人生與宇宙，結束古代西方文化；後者造成歐洲歷史的主幹，開拓大陸，政治中心逐漸向北移動了。

‖ 共和政治的沒落 ‖

羅馬向外擴張，財富入貴族手，造成嚴重的社會問題，即有功於國家者，「須到處漂泊，貧無立錐之地」[092]。自西元前 134 年，提比略·格拉古（Tiberius Gracchus）舉為護民官，圖謀解決，終以此招忌，為暴徒擊斃。十年後，其弟蓋約（Caius）復為護民官，繼其遺志，亦被暗殺於阿芬丁（Aventin）山林。此時理性沉沒，所餘者武力，黨派利用此種機會，創造為自己有利的局面。

西元前 107 年，馬略（Marius）改組軍隊，普羅階級亦加入，軍隊素質降低，只知領袖，不知國家與法令，野心軍人視軍隊為私有，運用奪取政權。西元前 102 年，馬略敗日耳曼人，任第六次執政官，為民黨領袖，與貴族對抗。元老院為自身利益計，舉蘇拉（Sylla）壓抑民黨實力。馬略怒，西元前 88 年舉兵暴動，蘇拉帶兵破禁入城，元老院賴以得存，酬其勛勞，任命至小亞細亞征米特里達德（Mithridate）。

蘇拉既去，馬略與西納（Cinna）相結，發兵至羅馬，劫殺貴族（前 87），羅馬政局又為一變。四年後，蘇拉自亞洲返回，馬略已死（前 86），西納以六軍截擊，失敗，貴族借蘇拉之力，恢復政權，封為終身獨裁。自是元老院權力加強，人民集會只是形式，取消否決權，貴族可以高枕無憂矣。西元前 79 年，蘇拉自請退位，次年逝世，葬於演武場。

蘇拉死後，元老院雖復其位，卻無實力，所遺四軍團，兩軍受元老院支

091　A. F. Giles 說：「羅馬個人特權，施及一般屬民，造成帝國內一般平等的水準。」
092　係拉比略講演辭，見 Plutarque。

配，隸於龐培（Pompeius）與克拉蘇（Crassus）；兩軍隸於反對黨，受塞斯多利（Sertorius）及雷比達（Lepidus）指揮，四軍皆非法組織，將領亦非執政官，即置國家利益不顧而循私人之所欲也。

元老院扶植軍人，支援龐培，龐培為貴族，不善作戰，卻有運氣，領導四次戰爭[093]，結果順手取得。唯在政治，龐培性格柔弱，無定見，順環境締造自己地位。彼以元老院起，西元前 70 年，與克拉蘇相結，反元老院，將軍至小亞細亞，大肆掠奪，滿載而歸，遣散軍隊。

西元前 63 年，龐培自亞洲返，元老院予以白眼，得凱撒之助，與克拉蘇聯合，形成三頭政治。克拉蘇征帕提亞，西元前 53 年被金液毒殺，龐培領有羅馬與西班牙，忌妒凱撒，又傾向元老院，企圖唯我獨尊的地位。

凱撒出自貴族，倜儻不羈，有趣味，善生活，深悉羅馬政治內幕；有野心，確知每件事實發生的作用；娶民黨西納女兒，周旋於龐培與克拉蘇間，利用兩者財與力，建築自己的事業，「沒有像他更會得人心的」。

三頭政治成立，凱撒被舉為執政官，繼為高盧總督，自西元前 58 年至西元前 50 年，戡定高盧，奠定西方歷史發展前途，與亞歷山大東侵相較，即知凱撒所為者為創造與開拓，而亞歷山大僅只波斯史之複習。

凱撒征高盧，歷時八載，羽毛豐滿，龐培忌其功，欲奪其權，西元前 49 年 1 月 7 日，凱撒渡盧比貢河（Rubicon R.），襲取羅馬，龐培屯軍西班牙，未及調回，不能對抗，敗於法薩拉（Pharsale），逃往埃及，被埃及王遣人刺死。凱撒被任為獨裁。

凱撒集權一身，為羅馬至尊人物，對內政頗多建樹，擴大元老院，議席增至九百；重新規定稅制，免除官吏掠害；所征服人民，與羅馬人平等，高盧亦可參加元老院；安定退伍軍人與平民生活……凱撒非特有軍事與政治天才，還有文學

093　第一次，征西班牙，西元前 72 年俘獲 Perpenna，係 Sestorius 部將。第二次，於西元前 71 年，協助克拉蘇平 Spartacus 亂。第三次，靖綏地中海海盜。第四次，平 Mithridate 亂。

修養，其《高盧戰記》，至今猶為西方兒童熟誦文書，言辭簡潔[094]。

唯不能控制內心，言行招人忌，於西元前 44 年 3 月 15 日，為布魯圖斯（Brutus）所殺，死於龐培石像之下。

凱撒死，集權政治並未衰弱，共和體制隨羅馬發展，亦已崩潰，後繼者，如何取得城邦與帝國平衡，善於運用兩種實力，此則有待於奧古斯都。

‖ 羅馬帝國 ‖

凱撒死後，恢復共和，係徒然努力。民眾追念凱撒，安東尼藉機締造實力，終為屋大維（Octave）所敗（前 31），他所眷念的埃及女王克麗奧佩脫拉七世（Cleopatra VII Philopator），事不成，次年亦自殺。

屋大維係凱撒養子，政變後由希臘歸來，年甫十九歲，體弱膽怯，卻有堅決的意志，複雜的頭腦。方政敵去後，獨攬大權，保存舊形式，卻逐步實現凱撒遺志。他組織二十三個軍團，分駐帝國邊境。經多年內戰，群眾渴望和平，屋大維深解人心，竭力安內定外，造成一種信任，誠如詩人所言：「信任吹散了疑雲。」[095] 他不願有帝王尊稱，只取奧古斯都（Augustus），意為「可敬者」。

奧古斯都統治四十五年（前 31 ～ 14），樹立新政治，即中央與地方的均衡。這是一個聯合的帝國，元老院仍存在，開始所謂「羅馬和平」（Pax Romana），亦羅馬文化登峰造極的時代，維吉爾（Virgilius）、賀拉斯（Horatius）、西賽羅（W. T. Cicero）、李維（Titus-Livius）、塞納加（Seneca）等，相繼輩出，形成古典文學。帝國如日中天，自羅馬吹向四方「拉丁風」，到處接受它的影響[096]，質樸、簡練，處處表現拉丁文化的特徵：現實的美。羅馬為首都，成為大理石城市，其建築物，悉皆表現莊嚴，有容量。文化隨政治傳播，帝國繁榮，各省享受和平。

094　西元前 47 年，凱撒寄元老院：「Veni, Vidi, Vici。」
095　係 Horatius 詩。
096　如 Seville、Tolède、Lisbonna、Lyon、Nimes、York、Caerleon 受羅馬影響。

繼十二凱撒之後[097]，為安東尼王朝，賢王輩出，為羅馬史上昇平時代。帝王承繼，非由父子相傳，於名將中，選任賢能，立之為嗣，然後由元老院批準。限制武人實力，發揚法治精神。哈德良（Hadrien）規定：凡中央與地方財務，須由受過訓練的自由公民充任，不是帝王僕役，而是大眾公務員。帝王只是行政最高的長官，行政組織由騎士充當，效率特增。圖拉真（Trajan）、馬可·奧理略（Marcus Aurelius Antonius）為古代帝王表率。

這時羅馬帝國的版圖，東起幼發拉底河，西到不列顛，南起埃及，北至萊茵與多瑙兩河，全境分四十八省，有便捷的交通，完善的管理，公平的法律，居民享受和平，誠如荷馬所言：「地球為人民所共有的。」

唯須注意者，所謂羅馬帝國，非如埃及、中國與波斯之帝國，它是城邦與大陸的綜合，它的基礎是經濟，而不是文化。就其效率言，它須借交通與行政組織始能推行；必須邊防駐重軍，內部始安全。在運用上是以拉丁文為工具，但是他們的思想與知識，卻是受希臘支配，而希臘思想在衰弱之時，基督教很快地便取而代之。這也是為何羅馬帝國始終不能跨過萊茵河，那裡是日耳曼世界，西元前9年，奧古斯都慘敗；又不能跨過幼發拉底河，那裡是波斯世界；圖拉真深入，退卻；哈德良根本放棄[098]的原故。

‖ 基督教的心靈 ‖

基督教興起，係西方歷史中的重大事實，它是希伯來精神的賡續，將古代文化結束；也是西方精神的教育者，與古文化配合，創立歐洲。

當閃種向兩河流域移居時，亞伯拉罕（Abraham）向西退，止於約旦河，以

097　Suétone 有十二凱撒，其名如次：1.Caesar；2.Augustus（前 31 ～ 14）；3.Tiberius（14 ～ 37）；4.Caligula（37 ～ 41）；5.Claudius（41 ～ 54）；6.Nero（54 ～ 68）；7.Galba（68）；8.Othon（68）；9.Vitellius（68）；10.Vespasienus（69 ～ 79）；11.Titus（79 ～ 81）；12.Domitienus（81 ～ 96）。

098　圖拉真征四新區（Armenia, Mesopotamia, Assyria, Babylonia），達伊朗山地，安息懼，將邊界縮至（Zagros）山內。時埃及、多瑙河亂，圖拉真速返，病死於西西里島，哈德良即位，放棄新徵服四區，將邊界縮至幼發拉底河。

游牧為生，居民呼之為希伯來（Hebreux），意為外來者。不奉偶像，虔侍耶和華，自信為上帝特殊選民。

巴勒斯坦為甬道，地卻貧瘠，相傳約瑟率其民，移居埃及東境，漸次握有政治實權。埃及人忌，加以迫害。於西元前 13 世紀中葉，摩西率希伯來人，退至西奈山，受十誡，創立宗教，借此組織民眾。由游牧轉為定居，經歷長期混亂[099]，終推掃羅（Saul）為王[100]，不能作戰，舉大衛（David）組織軍隊，定都耶路撒冷。

繼大衛之後，而為所羅門（Solomon，前 975～前 935），經濟繁榮，國勢造極，然死後，希伯來分裂為二：北部為以色列王國，定都撒瑪利亞（Samaria），於西元前 722 年為亞述滅亡；南部為猶太王國，以耶路撒冷為都城，受宗教影響，西元前 587 年，為尼布甲尼撒滅亡，虜其民，囚於巴比倫者凡五十年。

希伯來人國亡，信守摩西律典，建樹精神價值，上帝非特是義，而且是愛，教西方人了解永恆唯一的真理[101]。

羅馬帝國繁榮，腐蝕舊日健全的倫理，道德墮落。羅馬變為乞丐城，寄食者有三十萬之眾。潔身自好，不甘沉溺者，內心感到急迫的需要，求之宗教，羅馬宗教是實利的；求之希臘思想，希臘思想導人懷疑；便是流行的禁欲派，亦只少數人理解，須有特殊的意志，非一般人所能為力的。

便在羅馬統治的巴勒斯坦，耶穌降生，他以淺顯的語言，教人博愛，沒有畛域，無分種族，貴賤貧富，一律平等。凡人都是兄弟，應當相愛，不當相恨。那些安貧、嗜義、淡泊、謙和等美德，西方古人從未言及者，耶穌光大之。他提高人的尊嚴及精神價值。此種新思想，與希伯來選民觀念相違，結果釘於十字架上。因為羅馬倫理思想轉變，造成一種煩悶，十二年後，羅馬已有基督教組織[102]。

基督教將上帝與帝王劃分，不能混而為一，此與古代傳統的觀念相違。支配

099　《聖經》中說：「以色列人無王，各憑己意行事。」
100　掃羅好戰，與腓力斯坦、亞摩尼人、亞馬來脫人戰，撒姆耳告之：「汝抗上帝，去汝王職。」
101　Deus est justitia 乃真理，Deus est Amor 乃生命。
102　基督教迅速發展原因：甲，羅馬公民平等觀念，取消種族界限，與新宗教人皆兄弟相合，弱者皈依。乙，希伯來一神教義與希臘哲學思想，給新宗教奠立基礎。丙，彼得與保羅等宗徒，摩頂放踵，捨身就道，故壓迫愈烈，傳播愈速。

人類行為最高律為良心；既不能以祀上帝之禮，以祀帝王，亦不能參加不義戰爭，服務軍營。這樣將宗教與政治，劃分為二，截然不同。此耶穌名言：「是凱撒的還給凱撒，是上帝的還給上帝。」

羅馬政教不分，自難容納此種思想，加以壓迫與摧殘，其著者有尼祿（Nero）、多米西安（Domitienus）、圖拉真、奧勒良，特別是戴克里先（Diocletienus）[103]，將基督教友，不分男女老幼，施以極刑[104]。殉道者祥靜就義，信友倍增，此尤斯丁（Justin）所言：「人家愈壓迫我們，苦痛我們，我們的信友愈增。」

基督教取得政治地位，是西方歷史發展必然的結果。只有剷除了那些荊棘，始能使新芽成長。康茂德（Commodus）死後，帝國為武人割據，趨於分裂。君士坦丁大帝（Constantin）於西元 313 年，宣布米蘭赦令：「我們決定還給基督徒們自由，為著使上帝保護他們，如同保護我們一樣。」西元 324 年，帝國統一，政治中心東移，次年舉行尼西亞（Nicea）宗教會議，定基督教為國教，從此新宗教有了法律基礎，啟西方歷史新局面。

而禁欲派倫理思想，與基督教「良心」至上相配合，化知識為信仰，大眾易於接受。

‖ 羅馬帝國解體 ‖

羅馬帝國的解體，係西方歷史最重大的史事。

自 192 年後，武人支配政治，造成紊亂局面，在十四年間（254 ～ 268），帝王更易者有二十九人。禁衛軍長（Praetorians）成了製造皇帝者。舊有的「好公民與好士兵」的精神，因內外戰爭，已失掉了。代之而起者，是一群無歸的遊民，純粹在私利，所謂「贈禮」（Donatium）實支配政治有力的因素[105]。

伊利利帝王立，雖能防禦邊患，卻不能控制時代。戴克里先四人制（Tétra-

103　迫害最烈者，係 64 ～ 68，95，106，165 ～ 177，303 年。

104　鞭撻、梟首、磔死、火燒、釘十字架、鬥獸場鬥獸、迫行違良心……用極刑迫人改變信仰。

105　因贈禮不足，Pertinax 只做八十七日帝王；Didius julianus 做了六十六日，並喪命。

chie），亦僅幻想，與實際無補，不能挽回分裂局面。君士坦丁（306～337）深悉帝國的趨向；利用基督教新力，恢復統一，可是改拜占庭（Byzance）為君士坦丁堡，與希臘政治、經濟及文化一有力的據點；同時他也樹立起君主政治，係希臘與中亞的混合，亦馬其頓帝國的賡續。

羅馬經濟發生危機，中產階級消滅，形成了不平均，富者阡陌相連，揮金如土，貧者淪為奴隸，自君士坦丁大帝后，奴隸屬於土地，不得移動。而稅重，貨幣貶值，結果經濟崩潰，社會活動停滯，外族侵入進來，羅馬帝國解體更迅速了。羅馬城漸次失掉政治重要性；地中海邊岸的繁榮，已淪為次要的地位。以故帝國分裂為二：395 年，狄奧多西（Théodose）將東方賜與長子阿卡迪烏斯（Arcadius），以君士坦丁堡為都城；西方與次子霍諾里烏斯（Honorius），以米蘭為都城。

羅馬帝國所以分為東西者，地中海為中心，東西長而南北短，繼後，凱撒征高盧，逐漸向大陸發展，帝國實質亦轉變城邦特徵，走向集權途路，復因東北兩面，外族侵來，雖非毀滅羅馬，卻造成一種不安，政治向東北移動，便於處理：米蘭、特來夫（Trèves）、尼哥米底亞（Nicomédie），最後至君士坦丁堡。是時希臘文化仍有極大的潛力，故東西分裂，實必然的。

西羅馬殘喘八十一年，奧多亞克廢小奧古斯都（Romulus Augustule），寄書與東羅馬皇帝說：「一人統治兩地便夠了。」從此西羅馬滅亡。

第五章　歐洲轉型時代

自西羅馬滅亡（476）至神聖羅馬日耳曼帝國成立（962），是歐洲歷史轉型的時代。所謂「轉型」，即是說由地中海的歐洲，轉入大陸的歐洲；由希臘羅馬的文化，轉入基督教的文化。它們演進的程式，基於一種環境自然的要求，那便是日耳曼氏侵入所造成紊亂的局面，皈依基督教造成的新意識[106]。

羅馬帝國，從戴克里先、君士坦丁以及狄奧多西等，企圖建立君主專制政

106　至 16 世紀，所謂宗教改革，是宗教復古的運動，文藝復興是思想復古的運動。這在歐洲史發展上，不是突然的。

治，先後失敗，因為城邦形雖消逝，實力猶存。千年來地中海締造成的思想與生活方式，堅不可破；然而他特殊與實利的觀念，不能見容於陸地的歐洲，日耳曼新民族，必須羅馬帝國滅亡，新的歐洲始能肇生，這件巨大的事件，經歷五百年的時間，並非太長。

習慣上言此時期是「黑暗的」。這是一種形容，羅馬文化與政治實力，始終未越過萊茵與多瑙兩河，便是高盧區，雖受羅馬支配，實是帝國邊緣上強有力的離心力，故西方政治文化北移後，高盧成為決定歐洲動向的指標[107]。

若以時代言，所謂「黑暗」，乃對希臘羅馬古代而言，它並不是倒退，根本上萊茵河以北是一片荒地，以南是培植生機，它之粗陋、幼稚與原始自是當然的。就西方歷史言，它是轉型的；就現在歐洲史言，它始開始生命，雖然接受了古代豐富的遺產，卻與古代截然不同。

故羅馬帝國的潛力，仍支配西方的人心；新興的基督教，倡導普遍與獨立的理論，保持人的尊嚴；而日耳曼民族的活力，作成了大陸歐洲的主體。這三種主力衝擊，弛張與平衡，以求離心與向心的均勢，歐洲向著新途徑發展[108]。

‖ 日耳曼民族的遷移 ‖

中國秦漢統一，於朔漠游牧民族不利。近黃河流域者，漸趨同化；漠北者受漢族壓迫，如波推浪，匈奴逐漸西移。漢武帝進據塔里木河，匈奴步月氏之後[109]，向西發展，散居烏拉山與裏海之間，其西為阿蘭人（Alans），即西元前65年龐培所攻擊者[110]。

匈奴不能定居，越頓河西進，與哥德人接觸，哥德人為日耳曼民族之一，向

107　後期羅馬帝國史，有人稱為高盧羅馬史。法國為高盧中心，故特別重要。
　　　Rowse（A. L.）：「The character of the middle Age is given by the fact that the centre of gravity of civilisation had shifted away from the mediterranean, northwards to Franceand the Rhine.」—— The Spirit of English history。
108　此東羅馬被歐洲人視為東方歷史，不與以重要的位置。
109　月氏受漢壓迫，越崑崙，入雅利安人居地，與大夏混合，形成大月氏，復南下至印度。
110　即雅利安蒙古族。

西遷移成了自然的發展。

　　日耳曼[111]民族包含不同的種族。1世紀時，其分布概況：薩利克法蘭克人（Saliens Francs）據荷蘭，濱海法蘭克（Ripariens Francs）沿萊茵河直至馬因（Mayence），蘇埃夫（Suèves）據多瑙河，布爾貢（Burgonds）與汪達爾（Vandals）據曼因河，阿拉曼（Alamans）據亞爾薩斯對面，東哥德（Ostrogoths）據頓河與第聶伯河之間，西哥德（Wisig-oths）在黑海北岸，第聶伯河西，盎格魯與薩克遜沿北海，據丹麥至萊茵河濱海地帶，而龍巴多族漸向南移動。

　　日耳曼民族西侵，並非一件新事實[112]。但是羅馬趨向分裂途徑，民族遷入成為嚴重問題。自236年，法蘭克人突破萊茵河，雖有克勞狄（Claudius）[113]與普洛比斯（Probus）[114]勝利，羅馬失其主動的力量，以故亞拉利克（Alaric）為西哥德領袖，由馬其頓，希臘至義大利，於410年，羅馬淪陷[115]。繼後，阿提拉（Attila）組織匈奴，與羅馬對立。由東北西侵，與埃西爾斯（Aetius）戰[116]，並未失敗。西元452年入義大利。隨即逝世，匈奴無人領導，同化於他族。是時汪達爾人已入據非洲，其領袖任塞利克（Genseric）由北非劫羅馬（455），復進攻希臘。便在此時，東哥德領袖狄奧利克（Theodoric）有政治眼光，從東羅馬境中，移向義大利，時476年。奧多亞克廢西羅馬帝，傾力建設，企圖建立政權，與狄奧利克戰於維宏納（Verona），敗（489），繼為暗殺。東哥德遂取義大利，定都拉維納（Ravenna）。東哥德施政賢明，注意民眾苦痛，企圖恢復西羅馬，不幸狄氏去世（526）[117]，三十年後，為拜占庭滅亡。

111　日耳曼（Germany）意為森林人，亦為好戰者。生活力很強，有力的開殖者。團體高於一切，善作戰，實權操於軍事領袖手中。

112　西元前390年，高盧人入寇羅馬；西元前102年，羅馬執政官馬略敗日爾曼軍。9年，瓦洛斯（Varus）帶三軍出征，全軍覆沒。

113　Claudius 敗哥德人於 Nish（270）。

114　Probus 於276年，逐法郎與阿拉曼於萊茵以北。

115　亞拉利剋死，Ataulf 率軍退高盧，娶 Galla·Placidia，如漢之和親政策，419年，在亞桂登（Aquitaine）建西哥德王國。

116　所謂 Champs catalauniques 戰爭，地近法國北部 Troyes。埃西雨斯為羅馬大將，受 St.Aignan 主教請。西人渲染此戰，實阿提拉未敗。

117　參看 Avitus：Lettres 83～84。

　　阿提拉侵入後，法蘭克人協助羅馬軍隊，拒抗異族。殆至 480 年，合高盧北部與東北部，建立高盧王國，羅馬已無實力，鞭長莫及。次年克洛維即位，與基督教合作，皈依新宗教（496）[118]，有群眾，這是個集團，並非國家[119]。至克洛維晚年（死於 511 年），法蘭克實力南伸，達比利牛斯山，南部漸趨羅馬化，北部仍保持原有風俗習慣。經一百五十年後，法蘭克集團裂為二：一為納斯脫利（Neustria），操拉丁語，為法國雛形；一為奧斯脫拉西亞（Austrasia），操日耳曼語，別成一系統。

　　民族移植，並非要毀滅羅馬帝國，相反的，他們讚賞羅馬文化與生活。393 年，亞拉利克為斯地利共（Stilicon）擊敗，著羅馬衣，不敢組織政權，他講和，他所夢想者，只「哥德文化的羅馬帝國」而已。至亞地拉來時，451 年戰事，並非軍事失利，證據是他仍能安然撤退。既至義大利，教皇利奧（Leon）講和，究其所求，亦無具體目的。任塞利克已無滅亡羅馬雄心，唯將歐非割斷，羅馬退到布匿戰前的邊疆，地中海成了帝國的邊緣。羅馬實力已去，所餘者，心理的統一與歷史的潛力[120]。

　　日耳曼民族的移入，為數並不多[121]，可是他的影響是不可猜想的。第一，這種移動，攪亂了舊社會秩序，除修道院外，幾無文化可言，彬彬羅馬臣民，亦變為蠻人矣[122]。第二，歐洲歷史向大陸移動，造成許多新國家，給基督教發展的機會，兩者配合，形成今日歐洲的基礎。第三，新民族侵入，造成所謂黑暗時代，卻帶來一種活力，新的情緒，封建與騎士制度率皆受其影響。

118　Clovis 娶補爾恭王（Burgonds）Gondebaud 女克洛地德（Clotilde），她是基督教友。當克洛維戰勝後，在 Reims 集體受洗禮。

119　史稱此時為墨羅溫王朝（Merovingiens），法國國史開始，這只能說是較有組織集團，並非一個國家。

120　476 年，Odoacre 廢西羅馬幼帝小奧古斯都，給東羅馬帝王信中說：「西方不需要特殊的帝王，你一人統治兩方便夠了。」

121　在義大利的東哥德人，五百萬居民中，東哥德人僅有兩萬戰士；西哥德人在西班牙亦不多；汪達爾人在非洲，六百萬居民中，約有八萬；補爾恭人在虹河流域，約有二萬五千人，五千為士兵。全羅馬帝國，約有五千萬居民，日爾曼人不能超過一百萬，便在省區，亦僅占百分之五。

122　法郎時代，沒有作家，僅可舉者為 Gregoire de Tour，著有《法郎史》（*HistoriaFrancorum*）。

‖拜占庭帝國‖

羅馬政治重心東移，君士坦丁堡重要性突增。451 年加塞東（Chalcédoine）會議，宣布「政府與元老院蒞臨，與古羅馬享受同等特權；即在宗教也要同樣熱忱……」處此民族移動時代，較羅馬善於防禦，無論軍事與政治，皆有獨特的成就。承襲希臘羅馬的遺力，屹立千年，在西歐尚未形成實力後，拜占庭成了東方防守的前哨。

查士丁尼（Justinien）即位（527 年），蓄有大志，對內要恢復秩序，釐訂法令[123]，對外要收復土地，恢復羅馬帝國統一。得狄奧朵拉（Théodora）之助，度過尼加（Nika）危機[124]。狄氏出自民間[125]，富於現實，深知中亞的重要，竭力同情原有的宗教，普洛告樸攻擊她行為猥褻者亦正以此。

查帝信任貝利沙（Bélisaire），率軍收復失地，首先攻非洲（532），毀汪達爾人實力，轉向義大利半島，536 年至羅馬，需時二十年，毀東哥德王國。西哥德聞風震懾，獻南部地帶。拜占庭西方成就，非實力過強，乃對敵太弱，其在多瑙河流域，受斯拉夫人壓迫，如普洛告樸所言：「從此之後，斯拉夫人逍遙在帝國境內……」

拜占庭帝國接受羅馬帝國任務，本質上卻是希臘的，它不能控制時代，常受中亞外力的支配，查帝一生政績，除法典與聖索非亞教堂外[126]，失敗強於成功，因為他不能把握那個重要史事：西方千年史是受波斯帝國發展支配的。

薩珊王朝興起，得科斯洛埃斯（Chosroes I, 531 ～ 579）領導，國富軍強，

123　查士丁尼組織法典編纂委員會，將 2 ～ 6 世紀雜亂無章的條文與命令，成為四部巨著：一、《法典》，共五十卷，摘錄兩千餘種著作。二、《令典》，共十卷，收集帝王旨諭。三、《法學導論》，一卷，以供學生學習。四、《查帝新諭》，一卷。

124　532 年發生，係由賽馬引起，查帝準備逃去，狄氏向他說：「帝王，假如你要走，很好，有錢有船，海道大開，任君遠去！至於我，我不走，我愛舊日格言：『皇服是最好的葬禮。』」查帝信心恢復，戡定叛亂。

125　狄氏生於 501 年，父為鬥獸者，527 年與查帝結婚，死於 548 年。

126　聖索非亞大教堂，兩萬工人，建築五年（532 ～ 537），落成之日，查帝言：「承天之恩，願天接受此種作品，所羅門，你敗了！」

爭奪亞美尼亞，須納貢請和（562），政治不能找出一條新路。宮廷鬥爭，如佛哥斯（Phocas）與埃哈克利（Héraclius），各有派別；宗教上玩弄抽象概念，樹黨對立；只有人民忠於傳統，效死勿去，拒抗斯拉夫人與匈奴侵入。拜占庭在叛亂與外敵壓迫中，成了維持現狀。這時候，除李唐外，西方沉入黑暗中，舊羅馬無法復活，拜占庭也在轉變中。

‖伊斯蘭教興起與阿拉伯帝國建立‖

西亞阿拉伯半島，係孤立的高原[127]，有不毛的沙漠、枯燥的草原及肥沃的沙田。沿海皆山，酷熱，雨量很少。海地牙（Hadjaz）產寶石，也門產咖啡與香料，故富有誘惑力與刺激性。因為這種環境，居民度游牧與商旅隊的生活，到處景色相同，使人易於沉思，趨於反省，深感到人力渺小，不能改變沙漠單調的環境，感到失掉自由的可怖。介乎能與不能之間，無所選擇，只有行動來決定一切。在伊斯蘭教興起前，阿拉伯人有國家的要求，並未組織成一個國家。想像力強，崇拜喀巴（Kaaba），5 世紀時，高洛伊契（Koraichites）族守護，阿拉伯人相率朝拜，麥加由是形成，居民約兩萬。

穆罕默德於 571 年生於麥加，六歲喪父，家貧，寄寓孀婦喀地亞（Khadija）家，協助經商，喀氏雖長穆十五歲，終結婚，生活有著落，潛思默想，創立伊斯蘭教：「世上只有一個阿拉，穆氏為最偉大的先知。」誠如史克斯（Sir. M. Sykes）說：「此新宗教非常優美，仁慈寬愛，簡單明瞭，有沙漠間豪俠之風。」方新宗教創立，信者甚少，約五十二人[128]，時人多譏其愚妄，謀刺殺之，622 年 9 月，穆氏逃往麥地納，發動戰爭，八年後，勝利地還麥加，632 年逝世[129]，其言行載於《古蘭經》（Koran）中，為祕書查伊德（Zaïd）收集。

穆氏曾言：「誰要不相信真至與其先知，便與誰戰爭，一直到他們屈服與臣

127　亞歷山大曾想征阿拉伯。前此，《聖經》中言及沙巴（Sabaea）後至耶路撒冷。

128　Ali, Othman, Abou-Bekr, Oman 為忠實信徒。

129　穆氏死，Abou-Bekr 為教主，遜尼派領袖。什葉派推阿利。

貢為止。」基於此，有的學者將回教發展與阿拉伯征伐，混而為一，我們覺著是錯誤的。伊斯蘭宗教，刺激阿拉伯人軍事情緒，這是無疑義的。但是阿拉伯武力所及，率皆沙漠田及沃州地帶，含有流動性，土地觀念薄弱，從 634 年至 661 年定都大馬士革（Domascus），其帝國如奧古斯都時代[130]，是時，波斯與拜占庭積弱，在波斯建立阿拔斯（Abbassides）王朝，承薩珊王朝餘業，走向繁榮的道路。在宗教方面，於 661 年後，阿里（Ali）為莫維亞（Moawiah）所殺，分裂為二：一為遜尼派（Sunites），一為什葉派（Shiites），兩派鬥爭，阿拉伯在不安中。

東羅馬內政紊亂，建立伊若利（Isaurien）世系，利奧取積極政策，要保持小亞細亞實力，與保加利亞聯合，取西銳克（Cyzique）勝利（717），在宗教上，思與回教妥協。伊亥納（Irène）攝政，走希臘路線，放棄亞洲，將重心退縮至地中海，威尼斯肇生。拜占庭精神動向，既不能收拾西歐局面，又不能與伊斯蘭競爭，但他教育斯拉夫人，構成回教向西發展的屏障。阿拉伯至西班牙（711），繼向北進展，查理馬太（Charles Martel）敗之於波紀（Poitiers, 732）。歐人特重此役，就事實言，拜占庭的勳績[131]實超過萬倍。

750 年，巴格達代替大馬士革，阿拔斯代替奧米亞（Ommyades），帝國東西分裂，有如羅馬帝國。回教主變帝王，聖戰變為劫掠。故史克斯說：「睹阿拔斯帝國強富……外表雖美，內容實含死亡文化之塵埃與灰燼也。」阿拉伯帝國逐漸衰弱，兩百年後，突厥曼西遷，伊斯蘭更趨積極，與基督教爭衡。反觀歐洲，拜占庭自成系統，而西歐在混亂中。

阿拉伯努力所達地帶，文化發達，蔚然壯觀，綜合希臘、希伯來與中國思想，構成科學、文學與應用。「零」的發現[132]，《天方夜譚》，造紙廠的設

130　634 ～ 636 年，取 Syria；639 年，取埃及；642 年，滅波斯；661 年，奧米亞王朝定都多馬色；711 年，渡直布羅陀海峽；732 年，波紀戰爭；750 ～ 1258 年，阿拔斯王朝建立，都巴格達。756 ～ 1031 年，Cordova 成為西方阿拉伯中心。

131　678 年，717 年，阿拉伯兩次攻君士坦丁堡，Constant Pogonat 與 Léon Isaurien 擊退，將歐洲救出，並非 732 年波紀戰爭所可及。

132　零的發現者為 Muhammad Ibn-musa。

立 [133]，皆表現了阿拉伯文化動向。其文學富於幻想；其建築，色調奇離，輕盈飄渺，哈康二世（Hakam II）圖書館，尤為世人稱道，藏書有四十萬卷。

‖ 基督教教會 ‖

歐洲歷史發展初期，在羅馬沉淪時，基督教的教會決定了歐洲的大動向。這件事，係君士坦丁大帝無意中奠基的。君士坦丁並不認識基督教的偉大，他看教堂與寺廟並沒有分別，他只利用新宗教實力，締造自己的事業，並未猜想到後果如何。

當外族侵入羅馬後，羅馬凋零。「到處是喪衣與嘆氣，往昔景象，不堪回首，何處是元老院，何處是民眾？光榮毀棄，只餘蠻人劍下嘆氣……」[134] 當此動亂轉變時期，教會負起雙重任務：它負起教育外族的任務，也負起被征服者保護的責任。

因為聖彼德死在羅馬，羅馬成為教會的中心 [135]。羅馬區的主教，隨著政治的演變，逐漸提高地位，由神權演向世權發展，約在 3 世紀初，成立宗教會議，第一次羅馬主教表現特殊地位，係沙地加（Sardica）議會（343），即是說別區主教的決議，須經羅馬主教認可。因為教會必須統一，始能有積極作用。同時，教會自身係安定時局的力量。亞拉利克與亞地拉至羅馬，係教皇救出的。加察東會議（451）即由羅馬主教主持。526 年，教皇若望一世去君士坦丁堡，皇帝親迎，由於奧古斯丁（Augustin）《上帝之城》一書，帝王不與教會合作，其錯當由帝王負擔 [136]。

此時教會名人輩出 [137]，伽山（Mont-Cassin）修院由本篤建立，成為復興的基礎。東哥德亡後，義大利雖屬拜占庭，事實上完全獨立，教皇成為政治的領袖。

133　唐天寶十年（751），節度使高仙芝征伐石國（即現之塔什干），與大食戰於怛邏斯（Talas R.），指附近 Aulie-Ata。所俘國人，有製紙工人，巴格達即設紙工廠，以故西傳。

134　係教皇額我略一世語。

135　「Thou art π Γpos，and upon this π γρα will I build my church.」matt.XVI.18.

136　聖保羅說：「The powers that be are ordained of God.」

137　St. Ambroise, St Jerome, St. Augustin, St Jean Chrysostom, St Paulin de Nôle, Innocent I, Leon I, Gregoire de Nazianse, Gregoire de Nyssa, St Hilaire, Pelagius, Nestorius……

額我略（Grégoire I, 590 ～ 604 年在位）拒抗倫巴多（Lombards），遣教士至英國，不列顛皈依基督教，其實力已深不可撼了。至額我略二世（715 ～ 731 年在位），羅馬已為教皇統治，構成世權起源 [138]，他不只是教皇，而且是帝王 [139]。

教皇與拜占庭關係，非常微妙，理論上合作，事實上背道而馳，至「神像問題」出，介乎利奧與額我略二世之間，已無法團結，關係以之斷絕。此時基督教教會得法蘭克王國支助，西方實力穩固，至 751 年，丕平（Pepin le Bref）得教皇查加利（Zacharias）同意，篡位，教會取直接行動。迨至 800 年，教皇給查理曼舉行加冕典禮，時人認為是羅馬帝國的復活 [140]，實則啟教會統治西方雄心。教會的任務發生了本質轉變，成了西方政治的發動力，今後的歷史動向，直接間接，都有密切的關係。

教會與加羅林王朝的結合，為歐洲史轉型中最重大的事實。

‖ 查理曼帝國 ‖

771 年，查理曼正式即位，承其父志，繼續傳統策略，加強與教會合作。「祭臺與寶座」統治的理想，實為當時環境的產物，並非是古羅馬帝國的復活。在位四十五年 [141]，戰爭約有六十餘次，究其原因，都有宗教成分。773 年，征龍巴多，以教皇阿德利安（Hadrien I）受困故；繼征薩拉森，前後二十年，累經艱辛，不與伊斯蘭並立。778 年，軍至隆塞瓦克斯（Roncevaux），勇將羅蘭犧牲，後人念其忠貞，作為詩歌 [142]。其征日耳曼，亦以宗教，危地康得（Vitikind）皈依，於 804 年始平息。教皇利奧三世，於 800 年聖誕節夜，在羅馬彼得大堂，舉行加冕典禮，群眾雲集於廣場，歡呼：「查理奧古斯都萬歲！」時人意識上以為古羅馬的再現。

138　教皇統治羅馬，稱 Respublica，南北八十英里，東西四十英里。
139　此係指其地位，教皇皇冠係自 Jean XIII 始。
140　所謂「Renovatio imperii Romani」。
141　768 年，Pepin 將帝國分給二子：查理曼與卡洛曼（Carloman）。771 年，卡洛曼死，帝國統一。
142　《羅蘭之歌》（Chanson de Roland），係中古重要文學作品，影響甚巨。

查理曼大帝所以重要者，並非以他是個英雄[143]，而是他所達到時代的任務。西方在極度紊亂中，無法與東羅馬統一──往昔聯邦式的羅馬帝國亦已解體。查理曼抓住教會與政治家的心理，與拜占庭對抗，他的措施，如最使人稱讚者，監察使（Missi Dominici）及「五月會」[144]，與羅馬傳統精神不同。他是轉型中有力的推動，這個帝國是新時代的開始，並非是舊時代的尾聲。

查理曼帝國的本質是日耳曼的，他注重文化，設立學校[145]，其目的不是保存希臘羅馬文物，而是要教育這大批的新主人，以「人」為本，建立人支配一切的新動向。首先他反對羅馬「何地屬何法」[146]的原則，這樣始能容納日耳曼的習慣（即特殊化）與基督教的理論（即普遍化）。也是為此，政治中心向北移動，萊茵河兩岸成為活動的基點，定都亞克斯（Aix-La-Chapelle），而他簽署文件為「查理，法蘭克與龍巴多王」[147]。

查理曼死（814）後三十年，帝國便分裂了。這說明帝國如何脆弱[148]，因為建立帝國的文化與經濟條件尚未成熟，缺乏共同的基礎。基督教在日耳曼區域是表面的，經濟陷入停頓，封建制度加速度的演進，新民族強烈離心的因素，結果產生《凡爾登條約》（843），帝國分裂為三：羅退爾（Lothaire）路易與查理，各主一方，此時，已顯示新歐洲的動向，傳統派如瓦拉（Wala）強烈反抗[149]，終不能阻止自然的趨向。高盧境中受拉丁薰染較深者，漸轉為法蘭西。萊茵右岸與斯拉夫之間，形成日耳曼集團。中部羅退爾所承受，擁有帝王尊號，不久便分

143　Eginhard《查理曼傳》中說查理曼「身體強壯，高而寬，眼大，鼻少長，頭頂很圓，有美麗的白髮。……聲音洪亮，精通拉丁文，虔誠，愛好知識」。查理曼死後，即刻演變成神奇人物，《羅蘭之歌》中薩拉森王說：「驚讚查理曼，其壽似有兩百餘齡，滿身傷痕漫遊，永遠勝利，擊敗了多少帝王，征伐何時終！」

144　監察使由兩人構成，一為主教，一為公爵，巡查各處。五月會，凡帝國內文武官員，宗教人物皆參加，借此與民間接觸，真知實情，議會彙集，稱 Capitulum，現存六十四種。

145　紐奧良主教說：「教友子弟，必須去求學，修院不得拒絕，亦不得徵收費用，完全是義務的。」

146　「Cujus regio, Ejus Lex」，以區域為準，查理曼反之，日耳曼法代替羅馬法。

147　Caros, Rex Francorum et Lombardum。

148　阿拔斯王朝至 1060 年亡，拜占庭 1453 亡，查理曼帝國僅四十三年。

149　瓦拉為羅德參謀，反對分裂。

裂，義大利成為獨立區，洛林成為德法爭奪地。

嚴格地說，查理曼帝國並不是一個帝國，那是羅馬潛勢力[150]，基督教理想的實施在新民族身上，創造新歐洲的起點，唯一具體的結果，便是羅馬教皇的地位提高。

第六章　基督教統一時代

從《凡爾登條約》至十字軍結束，四百二十七年間，歐洲在基督教的孕育下，逐漸確立了它的面目。這個封建制度發展的時代，個人與地方因素特重，羅馬教皇積極推展精神的統一，使倫理與意識具確定的標準。這種力量異常強烈，在它的運用上，發生極度的困難，致使弱點暴露，此所以有政教衝突，有十字軍，有以後的宗教改革。

這不是黑暗時代，這是地中海的遺產，基督教的動向，與新民族結合的反映，形成一種個人與社會的新概念。這是一個創造的時代，教會地位，自額我略七世（Gregoire VII）後，取得政治領導權，形成西方中古國際聯盟的盟主，柔化封建與騎士的橫蠻，樹立崇高的倫理，哥德式的建築，大學成立[151]，士林哲學[152]奠基，歐羅巴始有了它的生命。基督教對人類的觀念是統一的。由宗教激起的殘殺與戰爭，不是基督教自身的錯過，而是借宗教之名，西方人追逐私利，便是說基督教的理想與現實，相距甚遠的。由於十字軍與蒙古帝國西侵，各民族接近，世界的統一性，逐漸證實，蒙古馬蹄，踏破了歐人睥睨的幻夢。此時歐洲歷史，各大國相繼成立，國家觀念 —— 主權屬於民 —— 開始推動，普遍與個別支配歐洲歷史，今日歐洲史上的種種，仍可追溯至 13 世紀。

基督教的統一不是徒然的，在新民族與舊文化融合時，由地中海演進到大

150　Florus 說：「每人只管自己，忘掉大眾利益，國家如牆倒，石灰剝落，一齊倒下來了⋯⋯」

151　見《歐洲文化史論要》第八章。

152　士林哲學（Scholastique），即經院派，以聖多默（St Thomas d』Aquin）為集大成，著有：Somme Théologique。

陸，基督教盡了它時代上的任務，非常有益。時過境遷，它必須守其職位，退出實際政治，於是有宗教改革。

‖封建社會‖

城邦政治解體，新民族侵入，造成長久紊亂。西方社會演進的結果，形成封建制度，「無系統意味，僅略具組織之混亂」。故各地發展不同，土地統制社會，構成「人格的依附」。

為了保證生命的安全，生活有著落，人民將土地獻出，依附貴族。貴族不只是地主，而且是軍事領袖，以戰爭為職業。因 9 世紀後，戰術改進，騎兵居要位，有錢者始可勝任 [153]，「miles」與騎士無分別，造成主臣的關係，采邑的制度，使地位不平等。整個社會為之一變。

封建臣屬關係，創於墨羅溫晚年。查理曼時，需要軍力，加強關係賜與土地。上下相分，別為許多階層 [154]，於 10 世紀，確定采邑制度，有規定，舉行公開儀式，建立法律關係，權利與義務確定了。此種采邑，臣屬無自由處分權。因而，在封建社會內，有自由處分者，稱「亞洛」（Alleu）。

臣屬跪在主人前面，雙手置於主人手中，自稱係他的「人」（Homo），亦稱係他的「忠實人」（Hommo Ligius），主人將之扶起，與以「和平的吻」。這種儀式是必須的，卻是非宗教的。

但是，這個宗教極盛時代，宗教儀式隨即加添，於《聖經》或聖物上，置放雙手，以明忠貞，主人賜予土地，並劍、矛、棍等物，以象徵土地轉移，所轉移者，非所有權，而為享受權 [155]。

所確定義務 [156]，必須謹守，設有改變，又須雙方同意，這種動向是倫理的，

153　一匹馬等於六頭牛的價值。

154　帝王為最上層。次為公爵、伯爵，擁有許多村莊，可以自由徵集軍隊。再次為子爵，擁有幾個村莊，一隊騎士。最後為騎士，有一個或半個村莊，隨主人作戰，到 13 世紀，騎士也有隨從。

155　設雙方有死亡，繼承者須重申獻禮。臣屬變為世襲，非法律的，乃習慣的。

156　臣屬義務：甲，兵役服務，隨主人作戰；乙，每年四十天勞動服役；丙，納兩種稅，繼承稅與四

並非法律的。倫理基礎，係基督教發展使然，英法關係至密，諾曼為封建核心，至 12 世紀，兩者已走向統一路徑。而德國方面，由於薩克遜系統，受基督教支配，時起政教衝突，地方勢力形成，封建制度在日耳曼擴張，形成許多封國。

從政治言，封建制度是形成國家的過渡，沒有國家，沒有官吏，它是羅馬政權崩潰後的結果，一種氏族與土地的結合；從社會言，所有權失去作用，與古代對土地的觀念相違。這是羅馬所遺的社會與日耳曼社會的混合，它是歐洲史的開始，是自然演進的結果。

對此，我們不當評其優劣，它富有創造形式，時間與程度不同，歐洲卻經過同樣的階段。為此，西方進入君主時代，政治演進時，經濟隨著發展，改變歐洲史的局面。

‖ 神聖羅馬與日耳曼帝國 ‖

《凡爾登條約》後，德國意識覺醒。但天然環境不利，政治上無重心，承襲查理曼策略，與教會合作。此種動向，使教會樹植基礎，非特德人接受基督教倫理，波希米亞皈依，特別教廷政治地位提高；而且基督教統一西方思想，恢復往昔羅馬帝國，幾乎是每個有為的教皇必趨的動向。

結束龍巴多戰爭後，962 年奧托一世（Otto I）加冕，形成「神聖羅馬日耳曼帝國」，教會與日耳曼人的結合，完全是悲劇的。教會所重者軍事，德人所求者向義大利的侵略[157]，理論與事實不協調，遂產生政教的衝突。

日耳曼民族非常注重實利。由教皇加冕，乃是帝王合法的手續，並非由教皇提出，即他們的關係是平等的，不是上下的。此時德國為歐洲北部的邊緣，普魯士一帶尚未開發。由教會關係，向東南推進，它的政治演變，漸由薩克遜移至奧地利[158]。

種稅。主人對臣屬予以保護。

157　義大利不統一，德國為實利，向南發展，所謂「抵抗極小，利益極大」。

158　教會與薩克遜合作，距離至遠，於是帝國政治中心向東南移：Saxon, Franconia, Souabia-Autriche。

德國要在地中海有出口，吸取地中海與東方財富，威尼斯成了最富的商場，其事並非偶然的。迨至諾曼人侵入西西里島（1038）[159]，西方局面為之一變，即教皇南北有強力，聯南拒北，自為羅馬教廷必取的策略，在亨利三世時任命教皇者四次，每次皆以德人充任。1059 年後，教皇與諾曼人妥協，為獨立而奮鬥，額我略七世（Gregoire Ⅶ）立，教皇與帝王的決鬥開始了。

克呂尼（Cluny）[160] 發揚基督教精神，非特恢復教皇尊嚴，而且拯救出歐洲。額我略出自這個改革的修院，任教皇后，即著手進行：第一，教廷要絕對獨立，不受外力壓迫；第二，禁止出賣聖爵，只有教會有敘爵權；第三，各主教服從教皇，只有教皇可召開宗教會議。

際此封建時代，主教擁有武力與資產，帝王利用與教皇對立，於是教皇選舉權，移入樞機主教手中，位尊勢弱，不易為外力操縱。這些改革，確矯正時弊，人民浸漬在基督教內，自願俯首聽從，而教會體制，由共和轉為專制，在當時視為一種進步[161]，非常自然。

亨利四世立，不願教皇過問德國教會[162]，額我略正式宣布：一、無論何人任命主教，教皇將之驅逐出教；二、神職者如受教皇外敘爵，其職無效。亨利四世召開沃爾姆斯（Worms）會議，否認教皇，教皇對抗，將之驅逐出教。

此事在德影響甚大，亨利反對者藉機作亂，內外被壓迫，反抗即毀其政權，妥協，尚可爭取時間，結果產生卡諾沙（Canossa）事件（1077），帝王向教皇屈服。

腓特烈大帝即位（1152），結束內部鬥爭[163]，他大膽，有力，步前人遺業，南下義大利。此時義大利為危險區，教皇國、自由市、西西里王國、東羅馬、伊

159　1038 年，諾曼人至西西里島；1071 年，取 Palermo；1077 年，羅馬教廷與之結約；1097 年，建 Messina 教堂。

160　910 年，克呂尼修院建立，屬於本篤會。

161　此時，教會擁有兩種有力工具，一為宗教法，一為各地為教廷捐款。

162　不只德國不願，英國亦不願，威廉侵略者說：「我很願向教廷獻款，只要教皇不視為臣屬的呈貢。」

163　因德國有 Welf 與 Weiblingen 衝突，Conrard 與 Henri le superbe 爭，腓特烈以其母故，綜合兩者。

斯蘭等各種勢力，交織成一種微妙的關係。腓特烈所賴者教皇，教皇有倫理與心理實力，卻缺乏經濟與軍事，當教廷獨立威脅時，即轉向他方。亞歷山大三世，得法國之助，敗腓特烈於洛尼納（Legnano）（1176），次年，結威尼斯條約。

亨利六世、奧托四世仍與教皇對抗，1211 年，教皇英諾森三世（Innocent III）舉腓特烈二世。英法鬥爭，英助奧托，法助腓特烈，教皇額我略九世，以佛羅倫薩為中心，又啟政教鬥爭。1250 年腓特烈死，德國又在混亂中，神聖羅馬日耳曼帝國，就它成立的意義上完結了它的生命。

教會與帝國三百年的關係中，是理想與現實的決鬥，是基督教的世界觀念與日耳曼封建個人主義的矛盾。帝國完結，並非國家分裂[164]，而是歐洲肇生後第一次自覺的運動。即，歐洲有共同的意識，卻不能有共同的組織，無論是教會戰勝帝國，或者帝國控制教會，都只是曇花一現，遭受歐洲人拒絕的。帝國以統一為條件，故在此三百年中，它能夠發動十字軍，卻也隱伏了宗教改革，沒有時間與勢力能夠破壞自然形成的事實。

‖ 歐洲向東發展：十字軍 ‖

古代西方歷史，受波斯支配，迨至西羅馬滅亡，阿拉伯興起，西歐沉入混亂狀態。中世紀整個動向，締造西方統一，求之教會，教會缺乏經濟與軍事實力；求之日耳曼帝國，封建勢力倔強，初生歐洲，羽毛尚未豐滿。以故歷一百七十五年之十字軍，全歐參加，是新生歐洲統一的表現，政治意味遠超過宗教，它是宗教政治化後神祕的結果，非常危險[165]。

伊斯蘭東西分裂，給塞爾柱人崛起的機會，中亞脆弱，巴格達與莫蘇爾淪陷，阿拔斯採取婚姻政策，緩和危機。多克魯（Togroul Beg）攻亞美尼亞，拜占庭感到深的不安。1071 年，塞爾柱進攻敘利亞，取耶路撒冷，馬利克（Malik

---

164 德史學家 J. Haller 言：「帝國完結，便是國家分裂。」又言：「這種分裂，由諸侯強盛，帝王不能支配。」實則德國從未成一國家，亦未統一，神聖羅馬日爾曼帝國，只是日爾曼割據的力，披基督教理想的外衣，建立大陸歐洲的動向。

165 民眾十字軍，由彼得領導，兩萬五千人，能渡海峽者只三千，隨即被殘殺。

Shah）[166] 為一世雄傑，使西方震懾。

政教衝突，亨利四世失敗後，教廷以西西里島諾曼實力，領導西方，烏爾班二世（Urbain II）召集宗教會議，應拜占庭之請，倡導十字軍：「捨開自己，背起你們的十字架，跟我來……」[167]

歐洲有基督教共同的意識，以聖地號召，必然成功；拜占庭與西歐利害相同，今日戒懼塞爾柱，亦猶往昔對抗阿拉伯，理當取共同步驟。但是，探究內幕，即有不可彌補破綻。西歐政教鬥爭，英法衝突；東西羅馬宗教分裂；西西里與拜占庭爭奪地中海，威尼斯受拜占庭卵翼，變為西方不安的因素。於是十字軍的命運，便看拉丁與希臘能否統一，而西方自身又是否可以合作，確實受教廷支配？

十字軍為歐洲向外發展，高德伏（Godefroy de Bouillon）建「耶路撒冷拉丁王國」，西方勝利。拜占庭、十字軍與塞爾柱形成一種均勢，維持小亞細亞局面。拜占庭徘徊於東進與西向政策，趨而中立，結果十字軍與塞爾柱對抗。東西羅馬疑懼，洛哲（Roger de Sicile）欲控制地中海，雷諾（Renaud）奪取賽普勒斯，曼紐伊（Manuel Comnes）停止協助，傾向亞洲，以抗西歐，薩拉丁（Saladin）出，於 1187 年復取耶路撒冷。

耶路撒冷喪失，使西方團結，十字軍失掉宗教的彩色，轉為政治鬥爭與財富的劫奪。1204 年毀柴拉（Zara），攻君士坦丁堡，建立王國，實為歐洲暴力的出軌。兩者皆為基督教統治地，這說明教皇是無法控制的[168]。經五十七年，米哲爾（Michel Paleologue）恢復東羅馬，實質衰弱，所得利者為塞爾柱，宗教問題，已無人過問了。

蒙古帝國興起，使西方國際局面改變，埃爾馬來克（Elmalek）深感不安，

166　馬利克為塞爾柱最強者，1071 年為人暗殺，年僅三十八歲。

167　1095 年 11 月 27 日，在克萊蒙（Clermont）議會完結時所言。

168　威尼斯王公 Dandolo 以取柴拉為條件，始建十字軍，教皇英諾森三世逐威尼斯人出教，既取拜占庭後，大行劫掠，舉 Baudouin de Flandre 為王，威尼斯取希臘，Boniface de Montferrat 取色雷斯。

改變其與基督教敵視態度，與腓特烈二世簽和約[169]，他要保全埃及，又要抵抗蒙古，蒙古指馬西向，所向無敵，往昔東西羅馬戒懼塞爾柱人者，今擴為伊斯蘭與基督教合懼蒙古，歐洲遂裂為二：第一個集團為聯蒙制塞，以宗教為重心，教皇英諾森四世、法王路易九世為代表；第二個集團為聯塞制蒙，以實利為重心，腓特烈二世為領導。此乃國際政治演變劇烈之時，沒有文化與經濟為背景，三種盲力的激盪。

1251 年，旭烈兀（Houlagou）取巴格達，八十萬回教人士死難；路易九世進行第七次十字軍，攻埃及，路易被俘虜。迨至第八次時，路易九世死，歐洲人士再不願提及了[170]。

根本上，十字軍是披著宗教衣服，一種對東方政治的活動，並不純潔[171]。十字軍是新生的歐洲與世界第一次的會面，它看到老而更老的中亞、新而更新的蒙古，這使它心理上起劇烈的變化。便在路易九世死的次年，馬可・波羅出遊，仕遊元朝，世界由他向西方人提出，麥哲倫證明，蒙古人為歐洲布置未來的行程。至於地中海經濟恢復，東方文物西傳，那是副產物，雖然重要，尚須時間始見功能的。

‖蒙古西侵‖

成吉思汗組織漠北部落，發動西侵，征喀什噶爾、撒馬爾罕至裏海，南下者至拉哈爾（Lahore），北上者與基輔大公相遇，俘之，進至黑海之濱，拜占庭大震。1227 年，成吉思汗死，窩闊臺繼之，得南宋之助，平金，西進毀基輔，入波蘭，腓特烈二世與之戰於列尼池（Liegnitz），大潰，歐洲沉入恐怖中。匈牙利遭受最慘，三年後，羅馬教廷使臣柏郎嘉賓（Jean de Plans Carpini）過其地，「旅行半月，不見人煙」，基輔所留房屋，僅兩百餘所。

169　係 1229 年 2 月 18 日，所謂第六次十字軍。

170　1479 年，教皇 Pius II 又倡十字軍，無任何迴響。

171　「西方基督徒心理不一：虔誠者要去致命，貪婪者要去致富，商人要購置貨物，貴族要封侯，英雄要戰鬥，好奇者去旅行。」每次動向，要以歐洲內部團結為條件，統一是不可能，結果雖八次十字軍，都是徒然的。

蒙古組織嚴密[172]，行軍至確[173]，政略與策略有合理配合，「初非僅以兵多而勝也」[174]。是時，歐洲疲於十字軍，教皇英諾森四世即位（1243），舉行里昂宗教會議，遣使蒙古，英國史家巴黎（MathieuParis）推定：「蒙古人也是基督教徒，係猶太人十支中之一，許久散亡而僅存者。」蒙古人改變西方局面，形成一種國際政治，即聯合蒙古，東西夾擊回教。

柏郎嘉賓奉命出使，自里昂至和林，需時約兩年七月，途路艱辛，入中亞北部，「草木凋零，枯骨暴露，群山靜立，深夜可聞鬼哭」[175]。1246年，由丞相鎮海領導，覲見定宗，覆書譯為拉丁文，雙方既無結盟之意，亦無皈依之心，以上國自居，視羅馬教皇為臣屬。

柏郎未成功，卻帶回蒙古消息；法王路易九世，發動第七次十字軍，於賽普勒斯遇蒙古戍將宴只吉帶使臣[176]，遣郎友漠（André de Longjumeau）東行。至蒙古，定宗逝世，覲見皇后，覆書傲慢，1251年無結果而還。

是時，流言頗多，如拔都之子沙爾達克皈依基督教、讓神長與蒙古領袖會見。次年（1252），二次遣呂柏克（Guillaume de Rubrick）。呂氏善言辭，善觀察，取道克里米，經鹹海北，渡媯水，至和林。1254年1月3日覲見蒙哥。蒙哥對法王所提，甚為冷淡。次年5月5日，呂柏克返至地中海濱，向法王覆命，著有旅程行紀，從此路易拋棄了聯合蒙古的策略。

威尼斯波羅一族，善經商，於布加拉（Bokara）遇蒙古使臣，使臣堅請波羅兄弟去北京。忽必烈即位，優遇波羅兄弟，予以護照，充其使臣，至元六年（1269），返抵地中海濱。是時，教皇克萊芒四世崩，未能覆命，歸故里，尼克拉妻已死，子馬可·波羅已十五歲。

172　Leon Cahum 說：「不是蒙古無紀律的可怕，相反的，正因為太有組織，使人可怕，所到之處有三字：條例，公事房，驛站。」

173　進攻波蘭，兩軍需時三十日，華沙會師，未差一時。

174　Bury 注 Gibbon 史：「1241年春，蒙古軍之蹂躪波蘭及入據匈牙利，蓋軍略優長有以至之，初不僅以兵多勝也。」

175　所經路：里昂，葡拉克，波希米，克拉哥唯，Astrakan，鹹海，阿爾泰山，和林。

176　1248年12月20日，路易九世遇波斯蒙古使臣二人：David 與 Marcus。

額我略十世（Gregoire X）即位，隨即付以回信，1271 年攜馬可·波羅東行，1275 年 5 月抵上都，忽必烈非常喜歡，尤愛馬可·波羅，以其善解人意故。至元二十九年（1292），伴送科克清公主，取道海路，至波斯，受合贊汗知遇，住九月，含淚別公主，於 1295 年返威尼斯，馬可·波羅已四十二歲矣。

1299 年，威尼斯與日納戰，波羅被俘，幽禁期間，向同伴魯斯梯謙（Rusticien de Pisa）敘述，遂成不朽的行紀，聖伯丹（St Bertin）修士 [177] 將之收在《奇聞錄》內，其影響於後世者，不可猜想，哥倫布航行決心，是書為有力推動。

蒙古崛起，給亞歐兩洲一種破壞，在舊意識上給予有益的刺激。這是游牧民族需要統一的表現，是一種動力配合馬與炮向舊世界的挑鬥，它喚醒了潛在力，直接受益者，一為俄羅斯，自基輔陷落（1240）至伊凡三世（Ivan III）獨立（1480），此兩百四十年間，俄人理解政治的重要，失去自由的可怕。一為塞爾柱，使伊斯蘭教發展，十字軍無結果的退出，拜占庭滅亡的命運，已決定了。

蒙古西侵確定了近代史的動向，歐洲為此深深地反省。

第七章　歐洲之自覺

十字軍無結果的結束，說明歐洲基礎的動搖。基督教統一歐洲的企圖，隨政治的發展，漸次失敗，而神聖羅馬日耳曼帝國，轉入哈布斯堡（Habsbourg）手中。封建社會動搖，思想已露曙光 [178]，啟國家意識，每個國家需要有其相稱的君主，說自己的語言。這是一種自覺，卻需兩百年的時間，在混亂中賺紮，始脫離舊時代的羈絆。

14 世紀的百年中，守舊者尚有強力，不肯採取溫和策略，保尼法八世（Boniface VIII）對教會權力加強，前所未有；路易五世（LouisV）又想到義大

177　修士名 Jean le Long d'Ypres。

178　多瑪斯·阿奎那（Thomas d'Aquin, 1225 ～ 1274）建立士林哲學。羅傑·培根（Roger Bacon, 1210 ～ 1293）倡導實驗與綜合。喬托（Giotto, 1266 ～ 1336）擅繪畫。但丁（Dante Alighieri, 1265 ～ 1321）著《神曲》。

利，演腓特烈故事；而英法百年戰爭及封建勢力，阻止兩國正常的發展。多年戰爭，經濟瀕於危境；西亞奧斯曼（Ottomans）實力，向拜占庭壓迫，至 15 世紀，這個防禦歐洲的堡壘，已被摧毀了。

在不幸中，健壯的歐洲發生一種自覺，短短的三十九年中（1453 ～ 1492），歐洲已確定它的基礎。海外發展，緩和了當時歐洲的矛盾，同時也種下海外的爭奪，形成國家至上，此時代表國家者不是民眾，而是帝王。就精神方面言，佩脫拉克（Pétrague）提出人文主義，培根開經驗的先河，瓦拉（Valla）對宗教、政治與哲學坦率地批評。這便是說要從古今思維中，自然與社會內，用自己的意識去理解心理與物理的世界。這便是為何藝術走上寫實的途徑。威克里夫（Wycliff）與胡斯（Jean Huss）所提出宗教改革，並不次於今馬丁·路德，只以德國環境複雜，路德更重要了。

所謂文藝復興與宗教改革，實此兩百年歐洲自覺的成果[179]。

‖ 教會衰落 ‖

教會企圖統一歐洲，發動十字軍，漸捨本逐末，儼然為帝王。精神與道德的威嚴，遭受摧折。克呂尼院長外出，有騎兵衛護，奢侈之風，漫彌西歐。此方濟各（St François）[180] 與聖道明（Saint Dominic）[181]，肩負重任，以苦行挽救頹風，予當時社會與人心，影響至大。這是一場復興運動，對現行教會是一種批評。李可多（Ricardo）說：「即在蒙古人侵來與殘殺時，天主復活了聖道明與方濟各兩修會，以鞏固與傳播基督的信仰。」證據是 1260 年時，方濟各修院總數有一千八百零八處；1277 年，道明會共有四百一七處。

因為十字軍與蒙古人造成的新局面，宗教僅具外形，這種改革係遁世與悲觀的混合。負實責者，只求全力擴張，保尼法第八，以陰謀奪取教皇地位。復起政

179　自 1270 至 1492 年，近世歐洲輪廓由此時形成。
180　方濟各生於 1182 年，死於 1226 年。有《小花集》（Fioletti）。
181　聖道明生於 1170 年，死於 1221 年。

教鬥爭，所不同者，與教皇對峙者由德國移至法國了。

卡佩王朝的政治，是穩紮穩打，腓力（Philippe le bel）、得納加來（G. de Nogaret）為加強王權，與保尼法衝突。1296 年，保尼法函告法王：「汝靜聆父言，毋以無長工不受教王支配。」法國民眾支持腓力，抗拒教會，1300 年，保尼法又宣布：「教會獨一無二，教會為一種團體，只有一領袖，即彼得繼承者……」

政教鬥爭劇烈，腓力舉克萊芒五世（Clément V），移蹕亞維農（Avignon）（1209），教會進入黯淡時代。至 1377 年，額我略十一世，受加脫靈（Catherine de Sienne）請，始返羅馬，從此教會受政治支配，形成大分裂[182]，歐洲基督教，第一次分門別戶。法國、西班牙、蘇格蘭宗亞維農教皇，義大利、德意志、英國即趨向羅馬。這種分裂，不是信仰消滅，而是教會自身發生問題，走入歧途，懷疑、煩悶、麻木成為一種普遍的現象。威克李維與胡斯的改革，不介意出教令，以國家觀點，反對義大利的獨霸。

威氏係牛津大學教授，他認為神權與世權劃分。教皇不得過問國事，教士須服從國家法令。教皇制是反基督精神的，不見於《聖經》者不為真理。將《聖經》譯為英文，提議沒收教會財產。英王查理二世（Charles II）傾力支持，聲勢甚大。亨利四世即位，復與舊派相結，改革終止，傳入波希米亞。

胡斯亦為教授，承威氏遺志，倡導改革。唯此時宗教問題，雜有種族仇恨，緣日耳曼人侵入捷克，奪取優越位置。捷克借宗教問題，咸欲脫離教會羈絆。羅馬召開君士坦丁宗教議會，以異教罪，焚死胡斯（1416），戰爭遂起。經三十年戰爭，始妥協，德捷間仇恨，至今仍不能泯滅。

教會自身腐化，使人失掉信仰。宗教改革，勢在必行。不是反對宗教，而是反對教會不能盡職，降低了精神生活。教會鋪張，荒淫，不斷的爭鬥，使誠實者，失掉希望的信念。中古教會締造的成績，必須有一次徹底的澄清，始能發揮

182　教會大分裂時，羅馬、亞維農、比沙三地各選教皇。

它的效用[183]。

‖英法形成與百年戰爭‖

諾曼人入侵英國後（1066），與薩克遜人混合，英國史由此開始，最初無確定動向。威廉為諾曼公爵，同時又為英王，從此英法關係，日趨複雜。在封建社會中，所謂主臣關係，由婚姻所得土地，構成最難解決的問題。

法國自卡佩王朝立（967），施以集權傾向。由於十字軍，法國居領導地位。至腓力・奧古斯都（Philippe Auguste）[184] 時，採取分化英國政策，摧毀英國在大陸上的勢力。英王約翰（John Lackland）聯合日耳曼與反法封建實力[185]，阻止法國統一，1214 年保維（Bouvines）之戰，使法國皇室與人民結而為一，樹路易九世（Louis IX）光榮的基礎。

路易九世，忠貞英勇，為中古奇特人物，坐於芬森（Vincennes）橡樹下，與民同樂。他嗜好正義，痛絕戰爭，1259 年簽《巴黎條約》，與英王亨利三世解決兩國糾紛，雖勝利，將所得土地還英[186]。至腓力四世，著手經濟組織，與教皇保尼法八世鬥爭，追求政治獨立，開三級會議。

時英國演進，陷於王室與貴族矛盾。唯英國貴族，普遍而富有。社會地位並不特殊，鮮有排外性。當英國擁有大陸領土，與法國統一相違，戰爭不能停止，於是英人乘約翰失敗時，1215 年提出請求，尊重人民所有權：一，非得國民同意，不得取其財貨；二，非依法審判，不得懲罰，以尊重人民身體自由……共

183　君士坦丁宗教會議（1414～1418），其參加者，教皇若望與六百隨從，三十三位樞機主教，四十七位總主教，一百四十五位主教，九十三位副主教，三十七個大學代表，約兩千人，三百六十一法學博士，一百七十一位醫生，一千四百個文學碩士，五千三百修士與學生，三十九位公爵，三十二位太子，一百一十四位伯爵，七十一個男爵，一千五百騎士。因會議，這個小城市增加七萬兩千人，其中有七百娼妓，這是知道的，不知者尚有許多。這說明其如何鋪張與荒淫。見 Ulrich de Richenthal 所記。

184　腓力・奧古斯都（1180～1223）「有力，虔誠，判斷很快，對有力者苛刻，分化諸侯團結……」Historien de France，t. XVIII。

185　聯合抗法者，有英王約翰、奧東皇帝、佛蘭德伯爵、布洛尼伯爵、荷蘭等。

186　路易九世還英王：Limousin 與 Perigord。

六十三條，史稱為「大憲章」。

1337 年，英法百年戰爭開始，對兩國發展有確定的力量。法國是初生歐洲的靈魂，其文化與財富，使英人趨向。昔日諾曼爭奪，今即更為擴大，英人以承繼問題，自佛朗德（Flandre）與波爾多（Bordeaux）發動南北鉗形攻勢，法國受此威脅，反發生一種自覺心，雖 1346 年克來西（Crécy）與阿讓庫爾（Azincourt）挫敗。1420 年特瓦（Troyes）條約[187]，法人仍能維持信心，加強國家觀念。

貞德（Jeanne d'Arc）出，弱不禁風，不悉國事所趨，突然率軍解救奧爾良（Orléans）（1429），使查理七世加冕，奠定法人信心。1431 年，英法人將之焚死，罪以女巫，但是她救出了英法兩國。即法國受其激動，民眾意識上起一種髮酵作用，開路易十一（Louis XI）富強基礎，推動歐洲大陸之發展。至於英國，自 1453 年後，拋棄大陸領土，轉向海洋方面發展。它孤獨的演進，承襲地中海傳統潛力，將變為海上的帝國。

‖ 拜占庭的滅亡 ‖

拜占庭有悠久的歷史，又善運用外交技巧，先後度過波斯、保加利亞與威尼斯[188]壓迫的危機，但是十字軍起，拉丁與希臘不能統一，互相猜忌，結果遭受 1204 年慘禍。西方雖統治拜占庭，沒有政治與文化基礎，保加利亞攻其北，希臘襲其東，米歇爾（Michel Paléologue）恢復山河（1261），可是實力削弱，面目已非，只刺激起憎恨的情緒。為此，拜占庭與羅馬決鬥，寧願毀滅，不願與西歐合作，更不願投降。在迴光返照中，東羅馬帝王舉棋不定，更增加了他的苦悶，當杜桑（Etienne Douchan）組織帝國[189]，須著眼中亞，拒抗巴爾幹的新勢力，1355 年杜桑之死，不只救出拜占庭，而且緩和了歐洲緊張局面。

187　查理六世將其女凱薩琳（Catherine）嫁與英王亨利五世。將由此為法王。由此約，法國變為英國之附屬國。

188　拜占庭採取以夷制夷之策，Heraclius 時，利用塞爾柱反薩珊王朝；馬其頓帝王時，利用斯拉夫反保加利亞；又使日納與威尼斯對立。

189　杜桑（1331～1355）取馬其頓與亞爾班尼，1346 年擁有皇帝尊號，所謂「希臘與塞爾維亞皇帝」。

奧斯曼[190]西來，臣侍塞爾柱，取尼可麥地（Nicomédie），拜占庭遂有親奧與拒奧[191]之分。親奧者扶植新勢力，踏入歐洲，拜占庭的命運已注定，如土耳其人，有伊斯蘭熱忱，忠勇善戰，非常寬容，對宗教與文化，並沒有那種頑固的偏見。拜占庭人歡迎他們，因為沒有歐洲人那種貪婪；威尼斯人也歡迎他們，因為沒有熱那亞（Genoa）那種陰險。莫哈德（Mourad）立，拜占庭的命運僅只一時間問題耳。莫哈德利用西方矛盾，樹建自己的海軍。

1387 年土耳其與塞爾彼戰爭，拜占庭與歐洲袖手旁觀，巴濟縈得（Bajazet）取科索沃（Kosove）勝利，實已開「近東問題」。拜占庭無定見，悔前時錯誤，大聲疾呼，要歐洲合力拒抗。1396 年，產生尼科堡（Nicopolis）戰爭，巴濟縈得雖損失六萬，卻取得統治巴爾幹的實權。其所以不直下君士坦丁堡者，以帖木耳（Timour）故，歐洲又一次遭受蒙古威脅。騎士損失，失掉自信。

拜占庭又改變它的策略。它自定安全性原則，既不肯與羅馬和好，又不肯遷就土耳其。它將自己的命運，寄託在俄羅斯身上，此時俄尚為蒙古統治，迨君士坦丁堡陷落（1453）後，蘇菲（Sophie Paléologue）與伊凡三世（Ivan III）結婚，可以說拜占庭的後事，完全託付與俄羅斯了。

1453 年，穆罕默德二世（Mahomet II）由海路進襲拜占庭，僅五十四日，將之攻下[192]，大肆劫掠，文物棄地[193]。君士坦丁（ConstantinPaléologue）英勇拒抗，與城偕亡。羅馬震驚，教皇尼古拉五世（Nicolas V）、庇護二世（Pius II）知事實嚴重，欲組織十字軍。但是教會統治時代已過，無人響應。庇護二世處於孤立地位，鬱鬱而死，這也夠淒涼了。

拜占庭滅亡，初非一國之幸與不幸，實世界劇烈轉變時，政治上重要一環，近東問題由是正式提出，使歐洲陷於混亂，幸賴匈牙利王若望（Jean Hamyade）防

190　Osman 係 Ertogrul 子，來自花剌子模，侍塞爾柱人，Orcan 取尼可麥地，又進占 Gallipoli。

191　拜占庭拒奧斯曼者為 Jean Cantacuzène，親奧斯曼者為 Jean Paléologue，兩者鬥爭，結果 Jean Cantacuzène 入修院。

192　4 月 5 日至 5 月 29 日。

193　柏拉圖與亞里斯多德十本巨著，僅售一元。（Hammer：Histoire de l'empireOttoman. II .12）

守，西歐僅免於難，地中海上的威尼斯亦壽終正寢，完結它海上的使命。自土耳其言，君士坦丁堡陷，實為致命，誠如斯凱所言：「……君士坦丁堡改為蘇丹之都，已非舊物，市場凋零，文化遠颺……而舊日之腐敗如故，官僚、閹寺、特務、賄賂，奧斯曼承而有之，雜於淫靡逸樂中，奪取是城，乃棄學宮而就病院也。」[194]

‖ 精神自覺 ‖

政教衝突。羅馬教廷移至亞維農，義大利成為戰爭場所，形成混戰的局面。然十字軍取道地中海，恢復昔年繁榮，義大利城市復興，宛如古代希臘，光耀奪目。它能忍受寂寞與遺棄，追懷往事，造成一種復古運動，但是這種運動是誇大懷古與商人實利精神的混合，含有戲劇性。里恩佐（Cola di Rienzo）為衝動者，1347 年，登羅馬加彼多（Capitole）神殿，如慶祝勝利，宣布為羅馬領袖，以恢復古代共和制，對保尼法八世是一種報復，卻遭受貴族們的打擊。

但是，復古運動不可能，卻加強地方的情感，自士林哲學確定理性為知識基礎後，波羅尼的法學運動，蒙特白耶（Montpellier）的醫學倡導，形成一種經驗的個人主義，這是人文主義的本質，對古代發生一種憧憬。1396 年，希臘學者克利若洛拉（Manuel Chrysoloras）來佛羅倫薩講學，多少少年隨從，以期獲見曙光。

與復古運動並行者為方言的倡導。中古教會統治時，以拉丁為知識的工具，拚絕方言，教會中人不思改善，致使拉丁文退化，深受語言學者指摘。但丁具有民族意識，要用自己的話，表現深心複雜的情緒。他在《方言雄辯論》[195] 中，說明方言可為文學的語言，最適宜表現國民性的。他的《神曲》便是證明。

這是一種民族的自覺，對封建的歐洲是強有力的離心因素。它加強了對自己的認識，要從歷史上尋找自己的生命，由是產生以語言定國界，構成國家統一的動力，政治鬥爭的因素。威克李維、丁達爾（Tyndal）、路德等翻譯《聖經》，

---

194 Sir Mark Sykes：The Caliph's Last Heritage.
195 Dante：De vulgari eloquentia.

但丁、喬叟（Chaucer）、維永（François Villon）的文學作品，都在政治上發生作用。

復古促進～種收藏的風氣，義大利爭相竟奪，獵獲古代的珍本。當孛洛齊利尼（Poggio Bracciolini）出席宗教會議，在聖加爾（St. Gall）修院發現《昆體良（Quintilien）全集》，克呂尼得到西賽羅演講稿，教皇尼古拉五世於巴塞爾會議發現《德爾圖良（Tertullien）全集》，這都使好古者狂喜，增強他們的信念。對希臘作品，更是不肯放鬆。

奧利斯拔（Aurispa）環行希臘，收羅珍本，1423 年返威尼斯，帶回兩百三十八卷稿本，水城引為無上的光榮。15 世紀，孛留尼（Leonardo Bruni）譯柏拉圖、亞里斯多德著述，西人始識兩位大師的真面目。威尼斯聖馬可圖書館，藏有七百四十六種希臘珍本。佛羅倫薩自 1434 年後，組織柏拉圖學會，使白沙利奧（Bessarion）與美第奇（Médicis）芳名，永垂不朽。

瓦拉（Lorenzo Della Valla）於巴羅亞教授修辭學，運用語言學方法，批評傳統思想。得那不勒斯王阿爾豐斯之助，抨擊教會偏狹的思想，對歐洲思想運動，仍有有力的推動。

復古與方言兩種運動，造成重視古物與地方的情感。便是代表傳統的羅馬教會，亦捲入其中。

尼古拉五世即位（1447），不顧環境，要將梵蒂岡變為藝術城，創立圖書館，環集學者與藝人[196]。到亞歷山大六世，肆力鋪張，競賽豪華，在石刻上，他說：「羅馬因凱撒光榮，現以亞歷山大登到光榮的峰頂，前者是人，後者是神。」

這種自覺，便是文藝復興。其由來並非偶然，而是陰暗時代苦痛的產物。一種個人主義的運動，要撤銷智慧發展的障礙，是基督教統一西方喪失效力後的結果。思想與文藝有獨特的發展[197]。

196　到教皇 Sixte IV 時，有天文學者 Regio Montanus，史學家 Sigismond dei conti，畫家 Cosimo Rosselli、Sandro Botticelli、Domenico Ghirlandaio、Pérugin、Melozzo da Forli。

197　思想方面：Pétraque（1304 ～ 1374），Boccace（1313 ～ 1375），Bessarion（1393 ～ 1472），Alde Manuce（1449 ～ 1515），Rodolphe Agricola（1442 ～ 1495），Erasme（1446 ～

‖ 歐洲國家奠基 ‖

從羅馬帝國分裂至十字軍結束，歐洲民族移殖，基督教欲予以組織。然以世界觀念，地中海城邦潛力，未能形成一強固的國家。迨至 13 世紀，封建制度崩潰，歐洲開始分化，宛如中央高原，江河從此分流。1291 年，瑞士三州同盟（Schwyz、Uri、Unterwald），抗拒奧國官吏。揭自由旗幟，表現民族意識。繼而鬥爭擴大，呂森（Luzerne）加入（1332），周近響應，形成十三州。1476 年取得莫哈（Morat）勝利，布告尼軍潰敗，奠定瑞士獨立與自由基礎，開政治的新局面。

拜占庭滅亡至義大利戰爭揭開，短短四十一年間，歐洲變化至巨，奠立了歐洲三百年歷史的演變，近世國家的政治與結構率皆導源於此。由於空間擴大，往日地中海世界，基督教世界觀念，率皆擊破，由種族團結，經濟利益，代替了宗教優越與封建特殊的利益。此國家統一，成為必要的條件，「法」與「勢」成為統一的原動力。以故文化較高者，國家結構愈堅固，統一的程度愈高。法蘭西、英吉利、西班牙深受希臘羅馬文化的浸漬、基督教的陶冶，故勢力龐大，政治野心也劇烈。只有義大利為例外。

義大利文物智慧發展，深受日耳曼摧殘，迨帝國勢衰後，受地中海影響，義大利造成一種繁榮，15 世紀後半期有穩定的和平，但是此種和平異常脆弱，一方面羅馬教廷所行政治，不能脫離，另一方面和平基礎，繫於複雜的外交與奇妙的陰謀，以故義大利成為各國爭奪之地。

法國正與義大利相反。1461 年，路易十一即位，破除割據勢力，與布告尼對抗，與瑞士相聯，經十年奮鬥，敗於南錫（Nancy）。法國不念舊惡，慨然與英締約，樹立君主政權，推進東境安全政策，與奧爭雄，歷三世紀始告平息。此時，西班牙半島，以費迪南與伊莎白（Isabelle）結婚（1469），西班牙統一，忠

1536），Guillaume Budé（1467～1540）；藝術方面：Brunelleschi（1377～1446），Ghiberti（1378～1455），Donatello（1383～1466），Fra Angelico（1387～1455），Massacio（1402～1428），Botticelli（1447～1515），L. Di vinci（1452～1519），Michel-Ange（1475～1564），Raphaël（1 1483～1520），Titian（1477～1526）……

於舊教，賡續十字軍精神，1492 年，逐退阿拉伯人。西班牙承襲地中海傳統精神，向外發展，發現新大陸，海上重心移至大西洋；又承襲基督教統一觀念，希圖團結歐洲，結果產生法西爭奪主權的糾紛。

德國分裂，含有三百六十多單位，有七個候選國、自由市與封建的諸侯國。他們沒有確定製度，又有偏狹地域觀念，結果反對任何中央集權。「寧願做個有勢力的公爵，不願做個無力的帝王」[198]，國王淪為沒人要的地步。德國人是愛國的，但是愛國卻成了分離的護身符，布告尼的失敗，德國極度分裂愈顯露出來。便是在這苦痛中，德國在奧德河與易北河間，推行移民政策，開發東北兩方面，波羅的海與波蘭問題從此提出，而德國的注意力，由南邊移到北邊。普魯士的興起，不是偶然的。

1438 年哈斯堡擁有帝位，繼承神聖羅馬的理想，他推行一種世界政策，其實力卻建立在機智的婚姻政策上[199]。1479 年，馬西米（Maximilieu）與布告尼瑪結婚，取得佛蘭德（Flandre）、尼德蘭、布拉班（Braban）、盧森堡、阿圖瓦（Artois）、法朗施～孔戴（Franche-Comté），其子腓力與西班牙嗣女結婚，繼承廣大領土，造成一種獨霸歐洲的野心。法奧在大陸上對峙，自是必然的。

15 世紀末歐洲史事的推進，當時雖未能解答，然今日重大問題悉已隱伏。凡宗教與民族不同者，如東歐，將有劇烈的爭奪；爭奪者，穩固自己利益，樹植勢力，以武力決定取捨勝負，是乃封建崩潰之餘波，文化程度不同，國家制度尚未確使然也。以故歐洲戰爭特多，大陸均勢為自然傾向，端賴技巧、繼承問題、多瑙河航行、宗教自由，漸次支配政治，每個努力造成優越地位者，先後失敗。16 世紀真正獲取實利者，厥為英吉利。

貞德使英國放棄大陸野心；玫瑰戰爭[200]雖使英國蒙受損失，卻也使它的封建

198　此為 Frederic le sage 語。亦如席勒詠威廉退爾：「為了不要君主，所以把皇帝當作君主。」

199　二：「Bella gerant Alii, tu felix Austria nube, Namquae mars aliis dat tibi regnavenus.」譯其意：「任別國陷於戰爭，奧地利幸運地運用婚姻；別人以戰神奪取者，汝以愛神而獲焉。」

200　玫瑰戰爭（1455 ～ 1485）經三十年，為英國最殘酷的內戰，得杜多爾（Tudor）領導，英國國家漸次穩固。

殘力不能復燃。英國孤立海中，易使內部團結，不捲入大陸風雲之中。承襲地中海與諾曼人之傳統，趨於實利，無形中獲取平衡糾紛的特殊地位，其取捨成為勝負的決定。

第八章　歐洲發軔

自義大利戰爭（1494）至《西伐利亞（Westphalie）條約》的簽訂（1648），此一世紀半時間，歐洲充滿了革命。所謂文藝復興與宗教改革，在最初只是兩種不同的復古，前者要追尋希臘羅馬，後者要復現原始基督教，兩者卻長期接受基督教的訓練。新航線的發現，致使改革轉化為革命，對自然與社會的認識，起了質的變化：即弱肉強食。生存競爭的思想，初不待達爾文之證[201]。歐洲與世界接觸，與自身演進，已充分表現此種特徵。

個體對抗集體，每個人要有他自己的意識；在政治上，基督教放棄統一後，理想的共和國亦無法生存，每個國家要以自己利益為前提，無論從哪一方面看，都將走向個人主義與帝國主義。正因為歐洲明白只是世界一部分，於是有了世界如何支配的問題；基督教是世界宗教之一，並非唯我獨尊，於是有了人類將有何命運的問題。這兩種可怕的問題，迫歐洲人不得不解答。以故經濟成為近代支配一切的動力，以最小的力收最大的效果。實用與組織，成為歐洲的新動向。獲得燦爛的成績，為人驚嘆。它帶來繁榮與福利，也帶來革命戰爭，這是西方歷史演進使然，並非何人與何國的錯過。

歐洲不是自然的，而是人為的。為此此編名為歐洲發軔。

‖ 法奧鬥爭 ‖

法王查理八世（Charles VIII）進攻義大利（1494），是法國傳統政治的破裂。因安茹系統（Anjou），法國要繼承西西里王國；又因路易十二系維斯貢地（Vis-

---

201　達爾文《物種起源》刊於 1859 年。

conti）之甥，要統治米蘭。前者與西班牙衝突，後者與奧地利衝突，以故義大利戰爭，實歐洲近代史的楔子。

義大利文物昌隆，光耀奪目，無政治，賴陰謀結盟，查理八世須退出米蘭（1495）。路易十二即位（1498），不惜犧牲，以保義大利優勢，西班牙初欲與法分治，然兩雄難並，戰爭又起。教皇亞歷山大六世，聯法制西；儒略二世（Jules II）繼位（1503），又作驅逐「外人」戰爭，西班牙奪取優勢。羅馬教廷已降為義大利城邦，隨局勢發展，定其趨向。克萊芒七世立，反西與英法同盟，然查理五世（CharlesQuint）被舉為皇帝（1519），舉兵直趨羅馬，除威尼斯外，義大利悉為西班牙統治。義大利戰爭結束。法奧鬥爭，更趨劇烈。因查理形成一大包圍圈，法國隨時有被毀滅的危險。

法蘭索瓦一世（François I）欲衝破此包圍，義大利為西奧兩地之連接線，就策略言，異常重要，但是義大利深謀狡變，動向無定，以故巴維（Pavia）一役（1525），法軍慘敗，簽《馬德里條約》，法王始獲自由。

法蘭索瓦為本國利益計，破壞傳統政策，一方面與回教蘇里曼（Soliman）結約，來攻義大利（1534）；另一方面與路德派聯合，助以士兵與軍火，製造帝國內亂。這說明政治利益優於宗教利益，與十字軍時代相較，相去天淵。

土耳其海陸進攻，奧國東西受敵，意西海岸時為土海軍劫掠；德境宗教革命，受法國資助，日漸擴大，查理處境困難，不得已簽《奧格斯堡和約》（1555）[202]，次年查理退位，帝國分裂為二：長子腓力二世，取西班牙、義大利、荷蘭等地，次子斐迪南擁帝號與奧地利。神聖羅馬僅只一空名！

法王亨利二世立（1547），承其父志，與奧對抗。他有現實政治才能，棄義大利而推進東北政策，提出法國「天然邊界」。他注意亞爾沙斯，開法國今後動向，至今仍為強力作用。他以敏捷手腕，1559 年 4 月，結《卡托 - 康布雷西（Cateau-Cambrésis）約》，義大利仍為西班牙所有。

202　《奧格斯堡和約》中，主要成就，為「統治者信仰，確定被統治者信仰」（Cujusregio, Ejus religio）。

法奧決鬥，摧毀了基督教統一的幻夢。查理五世，方其十九歲踐祚時，夢想與教廷合作，建立有秩序的歐洲，法國為其自身利益，德國進行宗教戰爭（實質上是政治的），形成一種有意識的分裂，是足證明民族主義之強力。民族與國家混而為一，不能分割。

歐洲統一不可能，而歐洲在新世界中，實又為不可分裂之單位，以宗教與文化意識相同故，如是，即歐洲均勢建立，實為必然途徑。法國聯絡土耳其與路德派，實圖存中權力均衡的發展，此均勢乃歐洲史中新的特徵。

‖ 東北歐興起 ‖

1453 年，拜占庭陷落，東羅馬實力移於奧斯曼之手。1520 年，巴格達回教所統治主權，亦為其合併。1569 年，匈牙利須讓三分之二，巴爾幹半島悉入其掌握，維也納震動。法國利用此新勢力，對抗哈斯堡；而奧斯曼即向西開拓，1543 年，凱爾埃丁（Kheir-ed-Din）率艦隊停泊杜侖（Toulon），予查理五世艦隊有力打擊。誠如芬來（Finlay）所言：「奧斯曼乃眾王國之共主，三洲首領，兩海居神。」[203] 其對歐洲發生兩種作用：一方面使歐洲感到壓力，須團結抵抗；另一方面，土為游牧民族，為拜占庭腐化，啟歐洲人覬覦，維持此病夫。以故近東問題至今未能解決，正說明歐洲政治分裂的理由。

烏拉爾山西，有深厚幽閉的森林，有單純無障礙的草原，故地理反映在歷史上，一方面缺少凝聚力，另一方面又易接受外來的影響，其出現於歷史甚晚，在 9 世紀時，始有基輔王國。基輔受東羅馬影響，貴族統治，不能持久，而為蒙古所控制，薩來（Sarai）成欽察汗國首都。俄人以金賄可汗臣妾，競鬥陰謀，唯一係維俄人者，即宗教權力，俄國教會與莫斯科結為同盟，以鞏固自身實力，莫斯科大公瓦西里二世（Vasili II），利用教會力量，樹立主權，這是 1453 年拜占庭完結的那一年。

203　奧斯曼版圖涵蓋紅海、伊朗、裏海、黑海、多瑙河一部、巴爾幹、希臘、小亞細亞、敘利亞、巴勒斯坦、埃及、北非。

　　伊凡三世立，驅逐蒙古人，1480 宣告獨立，擴張西境至第聶伯河，舉行加冕，創立君主政治，結束了封建時代，完全取東羅馬為法，配合宗教的理想。時歐洲劇變，教會分裂，俄羅斯教會獨立。迨至與索菲婭（Sophia Paleologue）婚，以繼承希臘自任。他反抗羅馬的歐洲，反抗伊斯蘭的土耳其，更反抗喇嘛的蒙古。他要建樹自己的文化。伊凡四世立，取沙皇尊號（1574），征窩瓦河中部，取裏海門戶亞斯脫拉幹（Astrakan），向外擴張。歐洲東北邊，有此新國，波蘭與波羅的海的問題，與巴爾幹及韃靼海峽受土支配，同樣嚴重。1613 年建羅曼納夫朝。

　　俄人西進，第一個接觸者為波蘭王國，以維斯杜拉河為中心，橫跨東歐，若雅侖（Jagellon）[204] 王朝，矢忠羅馬舊教，成歐洲東部的堤防。1572 年，若雅侖世系斷，波蘭成了無政府共和國，卻受貴族與教會剝削，無政治，無組織。然以俄人西進，土人北上，普魯士興起，波蘭為廣大平原，無險可據，結果波蘭為矛盾的焦點，其以後不幸的遭遇，並非偶然。

　　不僅只此，波羅的海亦起變化。瑞典、挪威與丹麥聯合（1397），由丹麥統治。繼至 1523 年，古斯塔夫（Gustave Vasa）發動革命，反抗丹麥，建立瑞典王國 [205]。有一世紀半為歐洲北部的強力。是時宗教改革發生，羅馬支持丹麥，瑞典變為路德派；宗教鬥爭變為政治競奪，丹麥捲入潮流，於 1559 年，同傾向新教。至三十年戰爭時，古斯道夫阿多夫（Gustave-Adolphe）[206]，超絕群倫，擢瑞典為一等強國。呂忱（Luzern）之役，損此奇人，瑞典淪為次要地位。

‖ 地理發現 ‖

　　由於地理知識的進步，航海工具的改良 [207]，葡萄牙亨利（Henri leNavigateur）設航海局（1416），經七十二年努力，迪亞士（Diaz）發現「風波角」。這

204　源於立陶宛，其統治波蘭、波希米亞與匈牙利，自 1386 年至 1572 年。
205　時丹麥王 Christian II 以暴力統治，激起瑞典反抗。
206　1611 年即位，維護新教，稱彼為「北方奇人」。
207　葡人改良船，如 Caravelle，每小時走十公里。

是衝破埃及與威尼斯封鎖政策努力的結果，西班牙自不能忽視。

1492 年，西班牙與葡國對抗，接受哥倫布（Christophe Colomb）建議，受馬可·波羅影響，西行達到香料地帶。8 月 3 日由巴羅斯（Palos）起程，經三十三天努力，發現新大陸，地圓學者斯姆來（Waldseemüller）將參加四次航行者亞美利加（Amerigo Vespucci）之名，賜予新地，美洲由是降生（1507）。

葡人繼續努力，1498 年伽馬（Vasco di Gama）抵印度，「經過多少恐懼」，始達到香料地帶，次年伽馬返葡京，雖犧牲三分之二同伴，卻獲利六十倍，葡王授予他「印度洋上將銜」。從此，香料集聚地，移至葡京，1503 年，威尼斯至埃及運香料者，空船返回，緣里斯本市價，較低五倍 [208]。

阿布該克（Albuquerque）繼向東推進，構成五千海里航線，1510 年取臥亞，次年劫馬六甲（《明史》作滿拉加），是地為我藩屬，不能援助，遂亡 [209]。馬六甲為葡人東進基地，至香料地安孛納，《明史》中說：「地有香山，雨後香墜，沿流滿地，居民拾取不竭。」1517 年，葡人至廣州。

西班牙人至巴西與中美後，印加（Incas）有文化，社會有組織。1512 年，巴爾包亞（Balboa）穿達利英（Darien）土腰，證明哥侖布所發現者，純為新大陸。忌好望角海路，麥哲倫（Fernao de Magalhaes）深信「不經葡人航線，亦可至香料地帶」，因彼確知海洋統一性。1519 年，偕兩百三十九人，渡「太平洋」，喜其無風波，遂以「太平」為名，次年至關島，推進，抵菲律賓，以志發現，遂以西太子菲律賓為名。1521 年（正德十六年）4 月，與土人衝突，麥氏犧牲，其船勝利號，由加納（Sebastian del Cano）西還，僅餘十八人。

由於新航路與新大陸的發現，舊世界觀念逐漸動搖，許多「新事件」不能以《聖經》解決，《聖經》是信仰的寶庫，並非知識的典籍，這在西方悠久基督教陶冶下，構成一種堅強的革命。

208　自 1504 年後，葡國經常有十二艘船東航，購買香料，地中海商場停滯。1506 年，Priuli 寫道：「近年來失掉對德國商業市場，造成威尼斯的不幸，完全係葡萄牙所致……」

209　《明史》說：「後法郎機強舉兵奪其地，王蘇端媽末出奔，遣使告難。時世宗嗣位，敕責法郎機，令還其故土。諭暹羅諸國王以救災恤鄰之義，迄無應者，滿拉加竟為所滅。」

　　因為發現新地，產生主權問題，求羅馬教皇仲裁。1493 年 9 月 26 日，亞歷山大六世宣布，自維德（Verde）島向西一千一百一十里為線，東者屬於葡，西者屬於西。羅馬教皇統治世界，這是最後的一次。從此後海權載入歷史，國與國之間，海的爭奪成為主要的對象。

　　西方人憑藉武力，向海外發展，以劫掠方式，奪取財富[210]，其至東方完全侵略，平時課以重稅，變時加以屠殺[211]，禦史龐尚鵬論西方人：「喜則人而怒則獸，其素性然也。」

　　世界整體發現，經濟起變化，推動知識的進步。可怖的爭奪，不在獅心王理查（Richard Coeur de Lion）式的勇敢，而在可怖的知識，由人心推出，有組織，有效率，以輕微的代價，換取最大的利益。英國為最成功者，伊麗莎白女皇，保障航海公司，大西洋成為商業中心，霍金斯（Sir John Hawkins）以販賣奴隸起家，在中國販賣鴉片以經營印度，隨著科學技術發展，構成一種奇異的時代。

　　在驚心動魄發現的時代，詩人詠葡國航海者：

他們駕輕舟，
在無把握的大海上，
尋找那從未走過的海路。
靜觀天上新的星星，
那是他們國人從未見過的。

‖ 資本主義降生 ‖

葡西兩國地理的發現，歐洲經濟突入革命狀態，形成資本主義。

　　政治的發展，須以經濟為前提，政府與金融家結合，構成近代化特徵之一。當經濟重心移至大西洋初，安維爾（Anvers）為商業中心。

210　1531 年，西人 Pizarro 取祕魯，帶回現金三百五十萬磅，而現銀尚不計。1545 年開發 Potosi 銀礦，大量銀流入歐洲。

211　西班牙人到呂宋，萬曆三十一年（1603）屠殺華僑兩萬兩千人，崇禎十二年（1639）又屠殺兩萬餘人。

　　德國金融家經常住此。其著者有富若（Fugger）、魏爾斯（Welser）、來令若（Rehlinger）、高生普洛（Gossemprot）、伊莫夫（Imhoff），他們的組織，可與葡王對抗。

　　查理五世並荷蘭後，魏爾斯為西班牙財政中心，1516 年，查理向其借款兩萬七千鎊，出百分之十利息，以安維爾城擔保。富若與魏爾斯成了政治上的重要人物，選舉的策動者[212]。法國向義大利進攻，完全由里昂銀行家支持。金融政治家，是最活躍者，杜其（GasporeDucci）為代表。

　　經濟轉變，首先產生者，為「信用貸款」。原始「信用」只是一種工具，現在他本身具有價值，金融交易成為主要的商業，與貨物交易分道揚鑣了。舊日商業機構已逐漸淘汰，1531 年，安維爾建交易所，門上刻著：「此處為各國與各種語言交易而用。」[213]

　　16 世紀經濟轉變別一種特色，為吸收遊資，產生存款制度。1526 年，霍赫施泰特（Ambroise Hochstetter）要囤積酒、麥與木材，運用存款方式，吸收資金。「王公們，侯爵們，貴族們，資產階級男女，都向霍赫施泰特投資，收到百分之五利息。……有個時候，霍赫施泰特付出利息在百萬法郎以上。」[214] 教會反對這種制度，造成不義，而金融家又以此為慈善事業，藉以維持平民生活。

　　從此時起，銀行為必要機構，控制大量現金。美第奇、斯脫落銳（Straggi）、富若、魏爾斯都成了普遍人物。富若為查理五世債權者，查理五世對十九萬八千一百二十一杜加債務，不能償還，須將皇家田莊抵押。他們放大款，囤集貨物，如香料、銅、水銀、棉花，壟斷市場。這樣，生活高漲、物價提高。杜莫林（du Moulin）在 1524 年說：「從這年起，一切物價提高。那種高漲不是偶然的，而是經常的。」

　　物價高漲，貨幣論者，以籌碼缺少故，各國凍結現金，交易入停滯狀態。

212　直到腓力二世時，富若以經濟支配西班牙政治。

213　Rogers：「說著各種語言，穿著雜色衣服，這是世界縮影。」

214　見 Augsbourg 編年史學者 Saude 所言。

證據是 16 世紀初，各國改革幣制，以利交易的活動。事實上，並非如此，物價高，正因現金多的原故。金融家操縱商場，1541 年至 1544 年新大陸輸入歐洲現金，有一千七百萬金法郎，這樣刺激物價。1568 年波丹（Jean Bodin）說：「自從六十年來，物價提高十倍以上。」

由商業到投資，造成無產者的恐慌，勞資問題發生。愛爾伏（Erfurt）、烏爾姆（Ulm）、科隆（Cologne）、里昂迭次發生罷工。教會宣道，竭力指摘資本家：「……他們囤積酒，任意規定價錢，還說非此價不售，他們將窮人生活，置放在困難中。」經濟統制，成為國家的趨向。胡椒一項，為葡王獨有的專利。在安維爾，葡王派有半官半商代表，有如領事（1499）。1510 年西班牙有同樣措施[215]。

16 世紀經濟革命，走向資本主義的道路，誠如亞來（Ashley）說：「這是文藝復興時的個人主義。」這種趨向，由地理髮現促成，同時又推動向海外的擴展。爭奪原料地，爭取市場，衛護國家利益，空間擴大，使歐經濟統一，加強每個國家財政，稅關設立，成為國與國之間爭鬥工具，這促進國家的統一。人為的歐洲，更無法團結了。

‖宗教改革與反改革‖

基督教過度發展，捲入政潮，締盟結約，漸失宗教目的。15 世紀末，至必須改革地步。以故宗教改革並非反宗教，而欲恢復原始基督教精神，使宗教更嚴肅。教會不能解決民眾苦痛，政治領導者利用臣民反抗教皇，而教會領袖，不能把握事實，信賴帝王與權貴，結果宗教改革必然發生，其所失者非王公卿相，而是虔誠的人民。

哈斯堡世界主義與日耳曼民族利益相違，這是日耳曼民族精神的動向，只是

215　「安維爾如是繁榮，始於 1503 年，葡萄牙得到加利古王特許，將印度香料與藥品運回，復從葡國轉還於此。」見 Ludovico Guicciardini 所言。

借特策爾（Jean Tetzel）推行贖罪券、不知名的馬丁‧路德[216] 說出而已。當時知識分子，如伊拉斯莫（Erasmes），在《狂之頌言》中，譏笑當時神職者，較之路德有過之無不及，只是路德所激起者，實德國人反西班牙問題耳。

羅馬教廷，初不以路德重要，深為忽視，奧格斯堡會議，路德以《聖經》為據，要教會還給民眾。他不願離開教會，有腓特烈一世擁護，故在沃爾姆斯（Worms）會議中，不肯貶值，倘然說：「便是如此，不能修改 —— 願上帝助我！」

宗教改革，如潮怒湧，路德譯《聖經》，聚集許多名士，如麥郎克頓（Melancthon），慈溫利（Zwingli），胡吞（Ulrich von Hutten）等。查理五世著重義大利，忽視德國。與羅馬教廷和好，態度卻猶豫，及至發現他的利益時，改革實力已穩固。黑塞（Philippe de Hesse）、阿爾伯特（Albert de Brandebourg）、薩克遜（Saxon）公國兄弟，都以民族利益為藉口，獵取教會財富，創「主治者決定被治信仰」（Cujus Regio, EjusReligio）。由是，諸侯與帝王對峙，斯馬加登（Schmalkalden）成為有力的團結，德國在混亂中。德國借宗教反抗西班牙，但它自身無政治定策。1555 年《奧格斯堡合約》，諸侯勝利，卻沒有中央集權制，德國的行動，完全受外力的影響，德國仍在分裂中。

宗教改革是歐洲的，是對基督教統一歐洲的一種反抗。它不是否認耶穌的真理，它是基督教的一種復興。教皇必須退出政治，恢復他倫理與道德的地位。宗教要國家化，每個國家以民族與語言為基礎，即是說每個人，要用他的言語，直接向上帝禱告。喀爾文發動改革後（1534），以嚴密的邏輯，闡揚《聖經》的真理，不重視傳統，以法律與紀律，建設政教合一的理論。他在日內瓦獨樹一幟，與路德不同。他不願走中古那種理論，神權支配世權，也不願將宗教為國家俘虜，然他求於人者過苛，群眾無法接受。

法國初忠於舊教，其態度也與路易九世時不同。他以實力為皈依，並不關

216　1517 年 10 月 31 日，在威丁堡教堂，貼九十五條，反對贖券，如：「要知以金錢贖罪，雖得教皇赦免，卻得上帝憎惡。」

心羅馬教會[217]。處此巨變中，羅馬教廷必須有改革，始能復興，故耶穌會成立
（1534）。這個團體為人類組織中最完備與有力者。服從理性與良心，發揮人類
價值，擴大智慧範圍，不囿於偏見，羅耀拉（Ignace de Loyola）實挽救狂潮的最
有力的支柱。1545 年，羅馬教廷召開特倫托（Trent）宗教會議[218]。改革當時的弱
點，欲納之於正規。是乃梵蒂岡會議（1869）前最大的宗教集會。

舊教信心恢復，與腓力二世[219]同盟，促進反宗教改革。是乃違犯時代趨勢。
外有土耳其，內有新教。致使海外事業停頓，威廉沉默者（Guillaume le Taci-
turne）聯合十七省，樹信仰自由基礎，脫離西班牙，終於 1609 年，荷蘭獨立。這
與反宗教改革最大打擊，證明宗教不是一信仰問題，而是一政治問題。

法國宗教改革，雖亨利三世被刺（1589），仍不能解決矛盾。是時，法國國
家觀念至強，既不願西班牙干涉，培植居茲（Guise）實力，以維持舊教；又憎
宗教戰爭，不能拋棄往昔宗教途徑，以故迎亨利四世，改信舊教（1593），以與
西班牙對抗。

亨利四世是軍人兼政治家，他握著時代動向，1598 年 4 月 13 日，頒《南特
諭》。這是法國史上的大事，實行開明政策，保證信仰自由，新舊教平等，皆得
參預國會，結束百年來由宗教引起的波動，是乃歐洲政治新動向。基於國家利
益，不問其信仰，只以民族為前提，由是創立君主集權，權術運用，一切定於終
結，公德異於私德。

羅馬教廷在改革後，自不願放棄往昔政治地位，所譴責者，紀律散失，信心
動搖，並非政策錯誤，幹預政治。但是宗教改革本質，實民族運動。英國亨利八
世，自詡守護傳統，突然置教會於國家之下[220]，烏爾汗（Warham）會議，宣布英

217　1516 年，弗朗士一世與教皇利奧十世，簽訂《波羅尼（Bologne）條約》，法國教會由法王支配，
　　　有大主教區十處，主教區八十三處，修院五百二十七所，這樣巨大財富，落於帝王手中，對君主政
　　　治為有力保障。

218　特倫托會議，因事停止兩次，第一次 1547 ～ 1551 年，第二次 1551 ～ 1562 年，1563 始完結。

219　Philippe II（1556 ～ 1598）在位四十二年，足跡未出西班牙，領土廣大：荷、比、義大利南北兩
　　　端，海外領地，雜哈斯堡系統。

220　亨利八世（1491 ～ 1547）以婚姻問題，與教廷衝突，威尼斯大使說：「英人生活與信仰完全以君

王為教會領袖，從此宗教鬥爭，只是國與國之間糾紛的藉口，千年來企圖統一歐洲的基督教，反變成分裂的因素，可是當時歐洲人，天真地期待一個查理曼或路易九世。

三十年戰爭（1618～1648）並非突然的，這是民族鬥爭，均勢建立，以宗教為口實，即宗教的決鬥，深藏著可怖的政治野心。西班牙世界主義，引起新教國家反抗，英國為代表；同時法國懼西奧包圍，黎希留（Richelieu）力主幹預德國事件。方華倫斯坦（Wallenstein）壓碎新教同盟，達至波羅的海，法國與瑞典結約（1631），古斯塔夫（Gustave-Adolphe）以驚人才智，迭奏奇功，摧翻帝王所獲戰績，挽救德國的生命。但呂忱（Lutzen）一役，古斯多夫死，宛若北喪失，法懼西班牙再起，黎希留布置大的聯盟，以破壞反宗教改革企圖，不與小國為難，專心擊破西奧團結。《西伐利亞條約》締結（1648），除宗教平等外，法國取得東北部利益，推進自然邊界，德國淪為法之保護國。德國有民族意識，無民族政治，法奧爭霸，以德國為鬥爭場所，毀其道德與知識，破其生產與經濟。它的復興，須向後移兩百年，這是路德沒有想到的。

第九章　歐洲集權：舊制度

三十年戰爭，結束古老的歐洲，它摧毀了封建制度，也摧毀了基督教的企圖，從此後，國家代替教會，君主代替教皇，建立所謂「典範系統」。

大陸歐洲，樹立均勢，法國得天獨厚，承路易十一與亨利四世的傳統，經黎希留勢力，如眾星拱衛，締造路易十四大時代，即政教合一，以民族與文化為基調，追逐「秩序」與「光榮」。一方面完成查理曼之努力，另一方面啟近代政治的波動，即 17 世紀之歐洲，本質已變，「群眾」爭取政治，在英德兩國境內，為勢尤烈。

主定，絕對服從，並非由於義務，而是由於恐懼，假如領袖相信回教與猶太教，他們必然跟著去相信。」

　　歐洲自覺，實古希臘羅馬思想，復活於英德兩民族心中，形成一種個人主義，個人主義實權利與義務的根源，英德以地理環境故，遂構成不同的發展。德國經宗教戰爭後，陷於絕境，瑞典與俄爭奪波羅的海，奧土衝突於巴爾幹，自身無中心可依，交織於帝王與諸侯陰謀之間。普魯士者，發奮圖強，模仿法國，志雖雄壯，羽毛未豐，倘俄法未有土耳其之矛盾，即普魯士立即變為波蘭，雖有費希特，也無法起死回生。

　　不列顛即反是，它受海保護，不違傳統，接受海上任務。它有獨特「海」的觀念，與葡、西、荷、法完全不同。後者視海為陸，必爭航線與港灣，即視海為私有，屬於國家的財富。英人訓練海員，建造船艦，不在空間的占有，而在航行的無阻，以它能渡過革命的危機，擊退聯合的艦隊。法國原來平衡歐洲的任務，漸移在英人的手中。七年戰爭，便是英國內外合一的成熟，它將依此力應付拿破崙。

　　路易十四晚年，「秩序」變為「專制」，「光榮」近乎「戲劇」，要做歐洲的統治者，卻拋棄裁判者的任務，集權一身，自戕其身。所以，那時貴族、教會信賴武力，不肯放棄特權，而在民族與人權思想發展時，法之布爾奔（Bourbons）、奧之哈斯堡、普之荷亨曹隆、俄之羅曼納夫、土之奧斯曼，競相爭奪，各為自己利益。結果所引起者為「革命」。革命非反對集權，乃反對此權隸於一人一家之手。舊制度由封建時代蛻變而成，倘若以法國革命，摧毀舊制度，即將矇蔽現實。無解以後歐洲之帝國侵略也。

　　是時，勢力成為立國至高目的。策動史事者，由宗教糾紛，演為經濟爭奪。富強之道，便在堅甲利兵；實用與技術，係立國必備條件。此種訓練，必以民眾為後盾。國王視人民為產業，人民隨思想演進，起而鬥爭，繼美國獨立，法國革命的產生，實路易十四使然。

‖英國改革‖

　　17世紀的英國，並非保守的。短短的不到五十年間，有過兩次革命，兩次內戰，一王處死刑，一王被逐走，政體改革，軍事獨裁，這些事件，在當時至為

新奇，影響至巨，促成法國革命。為此，英人外形的遲滯，類似保守，實際內在實力，知有所不為，不斷演進。

1603 年，都鐸王朝（Tudors）無嗣，迎詹姆士（James Stuart）為王，這個含有滑稽性的君王，不敢正視出鞘的劍，卻要樹立神權政治。舊教因此欲有所為，卻以「炸藥事件」[221]，使舊教失勢，至 1829 年始恢復。詹姆士亦不能與清教徒合作，自 1620 年後，集隊至北美，奠立殖民地基礎。

查理一世立（1625），受法國影響，趨專制途路，洛德（Land）與斯特拉福（Strafford），狼狽為奸，於十一年間（1629～1640），英人不堪專制，向美移居者兩萬人，此皆國之精英，革命必然接踵而至。

英國國會有民權宣言，非得國會同意不得支配人民財產。從 1642 年後，內戰已起，克倫威爾率勁軍，馬爾頓（Marston-Moor）之捷，奠定勝利基礎，查理不明所處環境，且有雙重人格，仍欲恢復專制，結果被判處死刑。其罪為「國家敵人」。英國宣布共和，廢除專制，這是歷史上大事，其早於法國革命者將近一百五十年。

1660 年，查理二世被迎為帝，他善於應付環境，與路易十四結約，取得財富，以度豪華生活。是時荷蘭海軍稱霸，發動海戰，英艦失利，拜碧說：「方吾英艦被焚之時，國王正與賈士脫曼（Lady Castlemaine）晚膳，歡聲笑語。」繼而法軍侵入荷蘭，荷人決堤抵抗，查理二世又與荷蘭、瑞典結約，以阻止法國勢力的膨脹。

1685 年，詹姆士二世繼立，新教的英國，擁有一舊教的國王，與民相齟齬。1688 年，生加來太子（Prince de Galles）[222]，英人絕望，不得不借荷蘭實力，王婿威廉蒞英，革命成功。國會代表人民的意志，政府不能與民願相違。即國王如施行政策，須由國會同意。1689 年，威廉及其妻接受國家至上原則，與臣民協

221　1605 年，國會地窖中，藏有幾桶炸藥，當發現後，新教徒起恐怖。

222　詹姆士生二女，長瑪麗與威廉奧蘭治結婚，次安娜與喬治（丹麥）婚，至 1688 年 6 月 22 日，其第二夫人生一子，即加來太子，其母為舊教，英人懼，迎荷蘭威廉為王。

定，守護信約。英國走向代議制，根絕政治與宗教糾紛，開繁榮的道路[223]。

自 1695 年後，人民授權內閣，創立新制度，是乃歷史上新事件。國王臨御而不統治，即政治上責任，由國會與首相負之。國會有立法與課稅之權，須國王批準，方能實現。國會由黨組織內閣，由王委首相，推選同僚，首相以內閣名義出席國會，內閣以首相名名之。共同進退，得國會信任。內閣可求國王解散國會，新國會不信任現內閣，內閣必須辭去，因選民意志高於一切。

英國政治進步，以人民實利為皈依，不囿於成見，不泥於新奇，所以他能改善人民生活，使工商業發展，形成「產業革命」。這是敏感的法國人不能望其項背的。此時英國與荷蘭團結，形成歐洲強力。其文化亦迅速成熟，莎士比亞之後，繼之而起者，有洛克、柏克萊（Berkeley）、休謨、吉朋、亞當·斯密、斯格特，這些人創造了許多新精神，誠如《仲夏夜之夢》中，所演的《暴風雨》。

‖路易十四‖

自路易十一以後，法國已走上集權與專制的道路，民族主義披著新教外衣發展時，法國有黎希留、馬薩林等努力，擊破哈斯堡統一歐洲野心，造成法國優勢。是時，歐洲自覺，法人於藝術與知識，登峰造極，形成典範時代，成為文化的中心，無論在哪一方面，法國成為安定歐洲主要的力量，它的動向，異常重要。

路易十四幼年，由於兩次「弗侖德」（Fronde）內亂[224]，心靈起變化，明白了須有自主的實力，始能行其所為。弗侖德內亂，乃貴族反集權的戰爭，其時貴族漸感勢去，要做最後賺縶，不諳時代所趨，只圖私人利祿。其結果反加強集權，路易得到臣民的擁護。

路易內心憎恨貴族，憎恨巴黎。貴族與巴黎市民相結，將必為王權致命傷，

223　重要信約：
　　國王未得國會同意，廢止法律為非法。
　　未得國會同意，不得增加賦稅。
　　和平時代，未得國會同意不得創立軍隊。
　　不得干涉國會選舉議員與言論自由。

224　Fronde 內亂有二次，一為國會的（1649），一為貴族的（1650～1652）。

以故 1661 年 3 月 8 日，他宣布「要執行他首相的任務」，使貴族變為豪華的寄生；他不惜以四千萬鎊，建立凡爾賽。他所追求者，為如日中天的「光榮」。[225] 光榮那只是強力的別名，對內，彼之命令即法令，亦即國家；對外，各邦聽從，如星拱衛，彼乃歐洲的統治者，有如額我略七世、查理五世所為。路易重用科貝爾（Colbert），發展工商業，使財富增加；彼信託盧瓦（Louvois），樹立軍事基礎[226]，擁有強力，建國建軍，都有獨特的進展，只是路易誤用這種實力，造成了法國的不幸。

路易十四初即位，「到處安靜如恆」，反奧企圖統一，達到自然邊疆，接連發動四次戰爭[227]，1681 年，取得斯特拉斯堡（Strasbourg）、拉蒂斯邦（Ratisbonne）休戰（1684），為路易權力達到飽和點，那種謹慎的保固政策下，隱藏著一種可怕的侵略，使全歐恐懼。1672 年，荷蘭決堤，人們在失望中求助海神，保障民族的獨立與自由，法國的失敗已注定了。

1685 年，路易十四下令撤銷南特令，即法國仍以舊教為本，排除異端。新教國家視路易所為，將必摧毀信仰自由，一百五十年的奮鬥成果，將必毀棄，而與法國無妥協的餘地。當時法國新教徒，約五十萬，此巨數臣民，將無法律保障，迫擯絕於國境之外。同時，土耳其威脅解除，奧格斯堡聯盟恢復（1686），雖是一種防衛，卻已說出奧德的動向，迨至英人迎威廉為王，英荷團結，衛護海上與宗教利益。路易十四款待逃走的詹姆斯二世（1688），啟英人疑懼，於是法國被孤立起來，盧瓦說：「陛下，如果成語是正確的，單獨對全體便是你了。」終於戰爭又起，經十年奮鬥（1688 ～ 1697），締結《里斯維克（Ryswick）條約》。法國的實力停止了，操縱歐洲權力者移在英人手中。

225　「L'Amour de la Gloire va assurément devant tous les autres dans mon âme.」（愛光榮在我靈魂中超過一切。）

226　路易十四的軍備是經常的，1661 年有三十二旅步兵；1672 年，增至六十旅；1688 年，增至九十八旅；到 1701 年，增至兩百五十旅。在和平時，平均有步兵十二萬五千人，騎兵四萬七千人。

227　甲，遺產戰爭（1667 ～ 1668）；乙，荷蘭戰爭（1672 ～ 1678）；丙，奧格斯堡同盟戰爭（1688 ～ 1697）；丁，西班牙繼承戰爭（1701 ～ 1714）。

　　1700 年，西班牙王查理二世逝世。西班牙為了帝國完整，決定由安汝公爵（Duke d'Anjou）承繼。這是一件極難處理的事件，接受與拒絕同樣發生戰爭。就法國言，設不獨霸歐洲，拒絕強於接受，可是路易十四向他孫兒說：「第一個任務，你要做個好西班牙人。要記得你生在法國，維持兩國合作，這是唯一的方法，使兩國幸福，保障歐洲的和平。」

　　安汝公爵成為西班牙王腓力五世，有一日也許法西兩國合併，那歐洲的均勢便毀滅了。馬爾索洛（Marlborough） 與尤金親王（Prince Eugène）奮力決鬥，1713 年，簽訂《烏特來克（Utrecht）和約》，法國外形勝利，實際人財兩空，法國毀了海上事業，致使人民苦痛，而真正的得利者是英國。

　　1715 年，路易十四逝世，享年七十七歲，統治了七十二年。他死後，聖西蒙說人民感到「一種狂歡，感謝上帝的解放」。他最後向繼承者說：「孩子，你不要像我大興土木，也不要像我連年戰爭，要努力減輕人民負擔。這是我不幸沒有做到的。」人之將死，其言也善，假使我們問，誰是舊制度的破壞者，最正確的答覆是路易十四。他有稀世的光榮，他統治期間名人輩出[228]，但是他的人民卻是苦痛的。拉封丹（La Fontaine）在《樵夫》中說：「生活有何快樂？誰能苦痛如我？妻子、兒女、軍隊迫我工作，我從來沒有自由過……」

　　路易十四刺激起批評精神，人民要納稅平等，參加政府，再過七十五年，便是大革命。

‖ 彼得大帝的改革 ‖

　　蒙古勢力退出俄國後，羅曼納夫掌握政權（1613），侵略與改革，雙方並進，形成歐洲的強力，使這個「歐亞」的國家，走上歐洲的道路，有三百年之久，歐洲史事都與它有密切的關係。

228　將相：Colbert, Louvois, Condé, Turenne, Luxembourg, Villars, Vauban；文人：Molière, Boileau, Racine, La Fontaine, De sevigne, Bossuet, La Bruyère, Pascal, St -Simon, Fénelon, La Rochefoucauld；藝人：Le Brun, Miquard, Girardon, Coysevox, ClaudePerrault, Bruant, Mansart, Le Notre, Rigaud, Poussin, Claude Lorraine。

艾利克斯（Alexis）時代（1645～1676），俄國即向西推進，從瑞典與波蘭身上，擴張實力。瑞典強，不便侵入立沃尼亞（Livonie），但波蘭有叛亂，烏克蘭卻為俄國取得。這是 1667 年事件，兩年後，馬特維夫（Artamon Matveyev）改革，確定歐化。

1689 年，彼得大帝推翻其姐蘇菲亞，執行政權，因他結識瑞士人洛弗（Lefort）、愛哥斯人高爾敦（Gordon），深感到俄國必須歐化，對內反傳統的宗教與習俗，對外，須摧毀瑞典、波蘭與土耳其的障礙，使俄羅斯與歐洲強國結而為一。誠如他說的「開窗政策」。由他，俄羅斯成為歐亞的橋梁。

彼得大帝有很好的身體，晶明的聰慧含有蠻性，有計劃，有忍耐。在不停止動中，他可以靜賞曼德農夫人（Mme de Maintenon）[229] 的美，盤算如何支配路易十四；也可在刑房中，用鐵鞭擊斃他的兒子[230]。機智、憤怒、大膽，他有蒙古人的性格，拜占庭的頭腦，以故他所眷戀者，不肯放手。

彼得改革最成功處，是新式軍隊，其他都是外形的。外形亦很重要，對那些服從與無知的民眾，只有用形式宣傳。剃鬚、著西服、放浪的使刺激滿足，道德混亂是必然的，但是沒有關係，只要能從外獲得土地，聲威遠播，那便夠了。1695 年，彼得攻頓河口要塞阿佐夫（Azov），土人失敗，彼得加強信念，維新途路是正確的。

彼得幻夢，要建俄國為海軍國家，由是與瑞典衝突。瑞典王查理十二，年幼英勇，挫敗俄軍於納爾瓦（Narva）。是時，查理不直入俄境，反捲入波蘭問題內。彼得堅忍，重整軍隊，於 1709 年取得波爾達瓦（Poltava）勝利[231]。彼得聲威遠播，瑞典淪為北歐次要的國家。查理遁入土境，使土宣戰，俄軍失利，退還阿

---

229 1717 年，彼得大帝至巴黎，欲晉謁路易十四寵人曼德農夫人，聖西門與 Mme de Louvigny 皆有記述，最可靠的是曼德農自述：「……他的訪問很短……他曾揭門帳幕看我，你想他可滿足了。」見《曼德農夫人回憶錄》第三卷。

230 關於艾利克斯之死，有許多傳說，按刑房記錄，1718 年 6 月 14、19、24、26 日共四日審判，每次甚長，用刑很殘酷。見 Waliszewski 所著《彼得大帝傳》。

231 在決戰時，彼得大帝向士兵說：「時候到了，祖國的命要決定了。你們不要想是為彼得作戰，不是，是為了帝國！……彼得準備為祖國犧牲。」Rembrandt，俄國史。

佐夫（1711），可是東北歐問題，俄國成為主角。

　　彼得改革，使俄國社會趨向極端，工業化提高實業階級地位，在那些舊貴族群中，又增加新貴族，隨著 17 世紀潮流，貧窮階級與統治者相去更遠，不能融洽，結果俄國的問題，基本是社會問題而不是政治問題。便是說政治受社會問題支配，所爭者不是自由，而是如何維持生命。為此，俄國的措施，不在合法與否，而在有無效果。此果所繫，乃在階層利益的奪獲，支持彼得改革者是那接受歐化的服役民眾，與其他人民分離，形成一種特殊階級。這要在三百年後，始見它的作用，便是說要用歐洲人的技巧，實現拜占庭的理想，完成蒙古帝國的事業，科學、宗教與侵略混而為一，這不是新的，而是一種蠻力的復活。祕密裁判所，便是最有效的武器，在 1696 年彼得創立，最主要的犧牲者是他兒子艾利克斯（Tsarévitch Alexis）。

　　俄羅斯興起，就歐洲歷史言，是一種離心力。歐洲的發展，從此後與俄羅斯有深切關係。它在歐洲大陸的地位，等於英國在海上，此巴爾幹問題成了歐洲的煩惱，沒有人可以放棄。

‖中歐局勢與普魯士興起‖

　　從 16 世紀，法奧鬥爭，誰也不能獨霸歐洲。到查理六世時，為了女兒瑪麗亞・特蕾莎繼承問題，18 世紀引起歐洲的變化：即法國勢力的衰弱，使舊制度趨於崩潰；奧斯曼進展停止，普魯士興起，使中歐與東歐起新變化；大不列顛向海外發展，成為平衡歐洲有力的因素，同時也掠獲廣大的殖民地。法國大革命以前，英法戰爭有五次，相距時間未及百年 [232]，這說明歐洲舊時代已去，革命必然降臨。

　　卡倫堡（Kahlenberg）戰爭（1683），奧斯曼武力腐化，「驅逐奧斯曼」的口號，遍及中歐，終於收復匈牙利。這在歐洲史中，第一次啟露出「東進政策」，日耳曼與斯拉夫的爭奪，已不可避免。波蘭原不可一世，然以貴族不放棄利益，

232　甲，奧格斯堡戰爭（1689 ～ 1697）；乙，西班牙繼承戰爭（1702 ～ 1713）；丙，奧地利繼承戰爭（1740 ～ 1748）；丁，七年戰爭（1756 ～ 1763）；戊，美洲獨立戰爭（1776 ～ 1783）。

國王不能控制，結果走向不能自主的途路。俄羅斯、普魯士，東西夾擊，南與奧斯曼衝突，繼而奧國代之，波蘭為舊教，環之者為正教、新教與回教，其唯一希望繫於法，以法波相結，可以制普奧，但是到法國實力衰弱時，波蘭變為俎上之肉，此俄普奧瓜分波蘭（1772～1795），用會議方式滅人之國，其兇殘不可思議。斯拉夫專制的恐怖，使每個國家不得不考慮用何種方式迎納此暴力，這樣維持奧斯曼帝國完整，成為必要的策略。

《西伐利亞條約》簽訂後，諸侯領導德國，路易十四推行政策，俄羅斯興起，使普魯士感到他的任務，放棄傳統政策，樹立統一的基礎。這完全是腓特烈一世（Frederic William I）用意志創造成功的。普魯士臨波羅的海，東西受敵，在俄法壓力之下，他要「廢止特權」，「用自己的錢養自己的兵」，不要寄食，實行國庫主義，到1740年，普魯士已立下穩固軍事的基礎[233]，這是古斯巴達的復活，「不為人滅亡，便為人模仿」。

腓特烈二世（1712～1786）繼位，首即向瑪麗亞·特蕾莎挑戰，兵進西里西亞（Silesia），須有所獲始承認繼承奧室權利。七年戰爭起，與英同盟，證明普魯士為強國，英國在印度與加拿大獲得不可猜想的利益；普魯士卻成為日耳曼民族的領導者，與奧國對峙，構成南北的分裂，所謂德國未統一前的二元政治。此時，俄國從東侵入，奧普不能聯合，結果產生了波蘭分贓的事件，在此「可恥的事件」上，俄仍居領導地位。

普魯士成為日耳曼民族的中心，伏爾德信札集中，保存著腓特烈二世的名句「這是改變舊日政治體系的時候」，他以開明策略，獲取信任，這時候，普魯士成了大日耳曼的支持者，在民族主義上，表現一種新感覺。

經四十六年統治，普魯士由十二萬平方公里擴張到二十萬平方公里，軍隊由八萬增至十八萬，它的財富、聲譽、文化與英法平等。雖然拿破崙捲起狂風，普魯士有如香草，在藝術與科學上，放出強烈的芬芳，所謂「狂飆與突進」（Sturm und Drang）。不久德意志同盟代替了神聖羅馬日耳曼帝國。

233　到1740年，普軍隊由四萬五千人增至八萬三千人，凡生於普魯士者，都有兵役義務。

‖ 殖民地與美國獨立 ‖

　　世界逐漸擴大，歐洲濱海國家，承襲古地中海傳統，葡、西、荷、英、法向外發展，奪取市場，掠獲財富，視為是一種專利，先後創立公司，政府委託私人經營，其著名者有：荷人設立「印度公司」（1602），英人設「北美公司」、「麻薩諸塞公司」（Massachusset Bay Company）、「哈得遜公司」（Hudson Bay company），法人創立「東印度公司」（1604）、「西印度公司」（1626）、「美洲群島公司」[234]……歐洲國家向海外發展，無形中構成歐洲的擴大。

　　殖民地發展，須以國力為後盾，始能控制海上利益。是時，法國困於歐洲大陸，路易十四戰爭，不能維持強大艦隊，繼任者，多鄙視異域；而英國彼得大臣（William Pitt）[235]，知殖民地的重要，必須與工商業求一出路，集全國力量，與法國決鬥，結果於 1763 年簽訂《巴黎條約》，法國放棄加拿大與印度。英國成為海上的霸權，這是古代腓尼基、希臘、迦太基的復活。

　　英國繁榮，自是當然的，試舉幾種數字，便知當時經濟變化。1700 年，英國出口貨物數為三十一萬七千噸，到 1781 年增至七十一萬一千噸。迨至 1800，增至一百九十二萬四千噸。1715 年，英國進口貨總值，約四百萬至六百萬鎊；至 1800 年，增至四千一百八十七萬七千鎊。法國亦然，1716 年出口貨物總值為一千五百萬法郎，至 1787 年，增至一億五千兩百萬法郎。

　　七年戰爭便是美洲獨立的原因。英國軍費龐大，欲從殖民地榨取，但是，英國非常重實利，認為「無代表的納稅是苛政」，於是 1765 年所提出之印花稅，遭激烈反抗，次年 3 月 18 日宣布廢止。從此，美洲人士，知團結拒抗，始能解脫英之剝奪。法國思想發展，倡導人權與自由，又忌英擴張，欲毀海上英人勢力，1773 年，波士頓反抗茶稅，投三百四十二箱茶於海中，美洲獨立戰爭遂起。

234　此外，尚有：St christopher and Barbadoes Company, Cafie verde Company, Guinea Company, White cape Company, Orient and madagascar Company, Northern Company, Levant Company, Senegal Company.

235　係 Madras 總督 Thomas, Pitt 之子。

1776 年，傑佛遜（Jefferson）領導，宣布美洲獨立，「These unitedstates are，and have the right to be，free and independent」，美利堅合眾國由是降生。華盛頓領導，得法國贊助[236]，終於獲得自由，這是第一個海外的歐洲國家。1783 年 9 月 3 日，簽訂《巴黎條約》，英國承認美國的獨立。

但是法國大革命又加速了一步。哲人們所言的新政治，不是幻想，而是一種現實。

第十章　新歐洲：均勢建立

法國革命並非突然爆發的。自三十年戰爭結束以後，歐洲走向君主集權，此權當屬何人，論議紛紜。王受命於天，臣民服從；私人自由無保障，僅少數貴族為所欲為。如審檢制，非法搜捕。教會與政治有密切關係，雖然兩者本質不同，但是，「要達到攻擊國家制度的目的，必先破壞為其基礎的教會制度」[237]。這便是說，宗教改革後所發生的作用：個人主義，實為強有力的革命的推動。

基於民族的思想，以求國家統一，形成集權。此權操於人民，不受任何傳統（反宗教與反君主的）外力（反帝國與反資本的）支配。於是歐洲自身產生許多問題：每個國家如何從不自由中爭取自由？既得自由又如何保障？既有保障又如何去擴大，使自己的人民豐衣足食，變為地上的樂園？一切是進步的，在此過程中，弱肉強食，須有組織，始有效率。組織物的功能，使技術進步；組織人的結果，每個人須有政治的意識。兩者都是實用的，結果精神為物質控制，個體為團體毀滅，從法國革命起，歐洲歷史便踏上這條奇險的途路，如鵬怒飛，不知止於何方。

但是，這種動向，遭遇兩種困難：歐洲有其歷史遺傳，它用革命劇烈方法，僅能毀其表面，不能戕其本質；次之，歐洲是世界的一部分，不能孤立，於是，

236　法國在未正式參加前，由 Beaumarchais 主持商務，接濟大砲兩百門，帳四千頂，制服三萬套，兩百萬現金，完全是政府借私人機關，從 1776 年便開始。

237　Tocqueville（Alexis de）：L'ancien Régime et la Révolution, 1856.

歐洲的糾紛與矛盾，擴大到世界。那種海陸的對峙，政治與經濟的恐怖，波及到全世界。歐洲財富增加，文物進步，可是歐洲歷史的動盪更為劇烈。這是新歐洲地中海與大陸尋求平衡，歐洲與世界的衝突；尋求生的均勢，產生許多的革命。

‖ 法國革命 ‖

歐洲歷史沒有比法國革命更重要的。它的重要性不在於改變政府的形式，而是在每個人意識中，因革命引起了對人生與社會種種新的認識，即是說文藝復興後孕育成的批評精神。哲人推崇理性，《民約論》刊於 1762 年，英國政治開明、中國六部組織、美國獨立，刺激起法人解放的情緒，而財政危機便成了革命的導火線。大革命前，收支不平衡已成一種慣例，美國革命，耗費法國五萬萬法郎，唯一辦法，即舉債彌補。至 1787 年，收支相差一億九千八百萬法郎。到革命發動時，國庫存款不及五十萬，甚至無法應付最急迫的需要。

一切不幸，來自特權階級的頑固，不肯放棄權利，而要利用政府弱點，加以支配。1789 年召開三級會議，貴族與教士聯合，拒抗平民。平民脫離會議，自行開「國民會議」與特權階級衝突。巴黎袒護平民，國王讓步，但是國王有武力可以解散。反政府漸次擴大，巴黎災民攻巴士底獄（Bastille），瞬息焚燬，人民舞於廢墟上，路易十六俯就民意，拉法夷（La Fayette）為領袖。

自是而後，法國政府瓦解，秩序混亂，農人起，反抗地主，各地響應。8 月4 日夜，國民會議合組委員會，草法案維持國內安寧，結束封建制度的賡續，舊制度滅亡 [238]。立憲會議成立，十月發表《人權宣言》，開新政治，主權在民，實行制憲，1791 年公布，國王宣誓遵守，依三權分立學理，中央與地方，勢力懸殊，幾至無政府狀態。1793 年，盧梭門徒建立「國民會議」，巴黎饑荒，婦女徒步至凡爾賽，迫王與後返巴黎，以期解決，王與後立刻發現被監視，形如俘虜。

法國革命雖受英國革命刺激，卻與英國革命不同。法國革命乃在追求一種理

238　舊制度特點有三：一、國王握全權，為專制元首；二、國民有階級，權利不平等；三、政府任意處理庶政。

想，取宗教運動形式，憲法中所列之人權，乃人人之權利。英國則反是，其所求者僅不列顛民眾，並不要求普遍化。歐洲各國，恐法國革命蔓延，摧毀皇室，奧皇為法後之兄，舉兵入法，法人怒創《馬賽曲》，於 1792 年 9 月 20 日取瓦拉米（Valmy）勝利，共和國成立。法王偕後欲逃，被捕，次年正月，路易十六上斷頭臺，法後隨之。戰爭蔓延，全歐除瑞士、丹麥與威尼斯外，無不與法國作戰。

共和成立，政權落於激進者手中，海碧（Hébert）、丹東（Danton）、羅伯斯庇爾（Robespierre）領導，入恐怖時代。巴黎成為死城，互相攻擊，羅氏握實權後，恐怖達到頂點。1794 年 6 月 10 日至 7 月 27 日，七星期內死一千三百七十六人。法國激起國際的反感。

從 1795 年至 1813 年，拿破崙統治了歐洲。

拿破崙有許多神話，聰明有決斷，並且有豐富的想像，他有缺點，卻具有一種特殊的「魔力」，他人不知所以地追逐他。司湯達（Stendhal）敘述一個女子對他的印象：「拿破崙是她平生遇到的最瘦與最古怪的人，散髮垂肩，視線含有種陰暗，與髮不相稱。他是一個有趣味者，卻引起反感：在傍晚的林中，沒人願碰著他。……好說話，充滿熱情，臉上表現出幽暗的沉靜。不像是個武人。」這是一個行動的浪漫主義者，別人要敘述，他卻要生活，他有高貴的智慧，如對教育的設施，法典的創立，文藝的保護，接受革命的遺產，處處有獨特的成就。只是他要做「西方的天神」[239]，他忘掉了西方強有力的民族思想，忽視了海上，英俄兩國，東西夾擊，如現今納粹所遭遇者。

義大利勝利後（1797），次年攻埃及，成金字塔的霸王，納爾遜敗法海軍於亞布克爾（Aboukir），被圍困。1799 年，返法，任督理政府，制憲法，以 3011007 對 1562 票透過。他成為時代人物，私願不足，漸次為專制元首。1804 年，加冕巴黎聖母大堂。他是天真的守舊者，以為古代復活，王政建立，只不過家族更換耳。拿氏憎英，1805 年攻之，忍耐的納爾遜毀法軍於脫拉法加（Trafal-

---

239　拿氏言：「歐洲應有一帝王出，各國君王為其官吏，否則永無和平之日。」

gar），救出英國。次年轉攻德，取耶拿勝利，神聖羅馬日耳曼帝國滅亡，再過七十年，德意志帝國取而代之。1812 年，拿氏率十二軍侵俄，內有六軍係義、德、波、普人。既入莫斯科，天寒無法作戰，同盟者棄法，法軍潰退。英俄普奧聯合抵抗，聲言「非反法蘭西，乃反對拿氏於法帝國外之統治」，即 1793 年法之民族戰爭，今為其對敵採用，以拒抗法國。1814 年 3 月 13 日，聯軍陷巴黎，拿破崙退位，退居埃爾巴（Elba）島。

拿破崙停居在島上，築路種樹，雖說：「這是退休島，此後，我要做和平的裁判者，皇帝死了，我還算得什麼？」他深心卻禁不住寂寞。

他曉得法人不愛路易十八，他也明白維也納會議對他不利。便是「在和平，正義，均勢與賠款聲中」，於 1815 年 3 月 1 日抵法境，只有七百人，兩紙宣言，向法國人民說：「我回來了！」3 月 20 日到巴黎。

英俄普奧再結盟抗法：「拿氏為破壞世界的公敵，同盟國，要協力剿滅之。」威靈頓任總司令，布呂希（Blücher）率軍攻擊，敗拿氏於滑鐵盧。放之聖赫勒拿島，於 1821 年 5 月 5 日逝世。移約翰遜詠查理十二詩，為拿氏墓銘：

其事業在海外戰爭，
他有使人變色的威名，
法律由他規定，
他的遺蹟在詩歌中找尋。

‖ 法國與義大利統一 ‖

歐洲國家形成，實始於拿破崙，他是舊時代的破壞者。從維也納會議以後，梅特涅（Metternich）竭全力摧毀新思潮，他眷戀革命前的舊時代，同時他怕民族主義發展，匈牙利、德意志、波蘭將各自獨立。因而，俄皇亞歷山大一世發動神聖同盟後，奧普贊助，借「和平」與「均勢」，俄國向西南發展，侵奧斯曼帝國。於是，拿破崙的夢移在克里姆林宮，民族與憲法成了危險的思想。梅特涅自1623 年，利用此同盟與潮流對抗，終 1848 年奧國革命，所造系統瓦解。

　　時代不同了，德國經過拿破崙掃蕩後，由三百六十個單位，變為三十九個小國，趨向統一的道路；在奧斯曼帝國內，希臘為獨立鬥爭（1821～1829），英俄法出而干涉，保證希臘獨立；比利時不願為荷統治，起而奮鬥，由《倫敦條約》（1839）保證比利時為永久中立國。法國自身仍在革命演進中，1830年7月革命，查理十世退位，舉路易～菲力浦（Louis-philippe），承認主權在民，然皇黨未根絕，產生二月革命，退二次共和，舉路易拿破崙為總統，1852年，經上院擁護，帝國恢復，是為拿破崙三世，1870年敗於普，次年建第三共和國。法國文化較為統一與悠久，經此巨變，一方面建設帝國，與歐洲列強爭雄；另一方面倡導政治思想，適於全民，樹立人類政治生活的楷模，個別與集權、強力與公理形成一種矛盾。美國獨立，希臘獨立，比利時獨立，義大利統一，都受到法國的贊助，它是海陸歐洲的連接線，古代文化的綜合。

　　拿破崙在義大利的行動，摧毀舊日組織；民族思想，日益擴張。從那分裂的局面，由西班牙、奧地利教皇統治下，力謀解放，構成統一交點者，為西北部彼耶夢撒丁王室。

　　由於羅馬教廷普遍的思想，由於地中海城邦市府的遺傳，義大利交織在歐洲問題內，成為強力角逐場所，變成了一個犧牲品。這種錯誤不完全是義大利人低能與墮落，而是歷史遺傳使然，政治失掉積極作用。

　　從拿破崙失敗後，義大利民眾發生政治運動，初尚無統一目標，只覺著義大利不能忍受奧國割裂，須反抗。馬志尼與薩丁尼亞王通信，請其發動反奧國的運動。馬志尼年僅二十六歲，組成「青年義大利黨」，這是浪漫主義時代，熱情，有理想，狂烈地追逐人類幸福的夢。他的影響很大：「愛你們的故鄉，上帝賜予你們的土地……」教皇庇護九世（Pius IX）即位，政治開明，贊助群眾所趨，於是奧國在梅特涅反動下，發兵攻伏拉哈（Ferrara）。薩丁尼亞王請教皇協助，加里波得自意南出兵，加富爾主編「Il Risorgimento」，成為最有力的宣傳，教皇不許奧人經其地，那不勒斯動亂，1848年兩西西里王國，發動反革命，結果退位。北義大利響應，米蘭被圍攻，奧國捲土重來，獨立運動失敗。究其原因，乃在義

大利內部不能合作，亦建立中心，而將實力分散，但是義大利統一，又近一步，因薩丁尼亞王室拒抗奧室，成為義大利革命者逋逃地，也成為愛國者夢的寄託。

　　加富爾是一個現實的政治家，他擁護薩丁尼亞王室，推進義大利統一。當時流行的口號是：「獨立、統一薩丁尼亞王室。」他爭取歐洲的同情，特別是法國，因為法國是革命的發祥地，而又是奧皇室仇視者。他知道拿破崙三世同情義大利統一運動，1858 年，加富爾祕密會見法王，得到法王軍隊贊助，薩丁尼亞王朝取得馬進答與索非利納（Solferino）勝利。奧國退出倫巴多以外。1860 年，加里波底率一千多人，取西西里島，繼至那不勒斯，以埃曼紐（Victor Emmanuel）名義統治，方準備進攻教皇國，加富爾謹慎，阻其進行。1861 年 3 月 17 日薩丁尼亞王更為義大利國王，除羅馬與威尼斯外，義大利統一告成。加富爾深知羅馬重要，臨死時（1861）說：「沒有羅馬，義大利統一是不堅固的。」

　　1866 年，普奧戰爭起，義大利助普，取得威尼斯，又得力於拿破崙三世的援助，固奧國不肯直接與意，而由拿破崙轉與。當教廷感到獨立受威脅，法國駐兵，加里波底欲以武力取得，礙於法國，不能如願。1870 年，普法戰爭起，法撤兵，義大利武力進攻，教皇庇護九世不與妥協，自視為暴力俘虜，支配歐洲的教廷，從此停止，迨至 1929 年，拉特蘭（Latran）條約立，梵蒂岡教廷始恢復。

　　義大利統一是時代的產物。它的內部尚未健全起來，政治不能與人民配合。它的統一是外形的。羅馬不是一天造成的，國家的統一也如是。

‖ 德意志統一 ‖

　　拿破崙是民族主義的支持者，耶拿戰役，德國放棄舊路，開創民族的自覺，這是路德宗教改革後的成果，只交付普魯士執行而已。哲人費希特時四十三歲（1807），大聲疾呼：「我所言者，唯德意志人而已，不問其為何種何類何黨之人……」又三年，呂登應歌德之聘，至耶拿大學講德國史：「我的精神與心靈最大部分放在德國廢墟之下，只有把一件事放在人民與祖國身上。」一群大學生，

感於時勢所趨，名人輩出[240]，終於獲得滑鐵盧勝利。

新局勢創造了德國，1815 年德意志同盟代替了神聖羅馬帝國，但是兩者性質不同：支持德意志同盟的神髓是民族主義，其方法是經濟的；而神聖羅馬帝國，卻含有基督教世界觀念，其方法是倫理的。因此，德國歷史所趨，首在尋找它的「祖國」。何處是德意志？凡是說德語的地方，便是它的領土，這樣要在散漫與矛盾中，德意志民眾要創造他們的國家。

經濟統一為政治統一的前驅，普魯士領導，創設關稅同盟，這與德意志無特殊關係，因為每個會員國不損它的主權，期滿可以宣告廢止，決議不經本國同意，不生拘束力，但是因為歐洲在強力演變中，經濟擴大範圍，自成為政治統一的因素，至 1834 年，除漢堡、不來梅、呂拜克外，餘皆加入關稅同盟。這時候，德國雖在分裂中，卻走上統一的道路，一方面交通與工商業建設，爭奪經濟獨立；另一方面樹立官吏階級，不受政潮影響。這種局面，演進到 1848 年，梅特涅下野，俾斯麥開始他的工作。

普魯士重整武力，含有幾分蠻性，形成軍國主義，以一邦降伏他邦，完全為了民族的利益。民族不是生物的，而是心理與政治的，它處在流動的環境中，東西夾擊，普魯士要用人力，創造成固定的力量，這不只是統一的方法，而是一種生活的方式[241]。為此，俾斯麥與自由主義為敵，他著手便看到：第一要有軍事的勝利，始能於群邦中取得信威；第二要防止俄奧與俄法協定成功，否則自己將處於孤立的地位。

1861 年威廉為普王，著手改編軍隊，自四萬增至七萬，後備軍役為四年，有事立即招集四十萬人，自己養此龐大數目，不舉外債。1864 至 1870 年，連獲普丹、普奧與普法三次勝利，拿破崙三世為俘虜，1871 年威廉在凡爾賽為日耳曼皇帝，路易十四所取之亞爾沙斯、洛林兩省，今復為德國取回，從此，德國為

240　如 Klopstock, Kant, Goethe, Schelling, Stein, Hardenberg, Niebur, Eichhorn, Blüchev, Scharnhorst, Gneisenau, Clausewitz, Fichette。

241　N. Henderson：「具著高度發展牧人本能的德國人，到他穿了制服，步伐整齊向前進，成隊齊聲唱歌，那是十分幸福的。」

世界強國，它的問題不只是歐洲的，而且是世界的。

　　只是德國統一，並無基礎，俾斯麥以其英智，以武力為後盾，創立國家，自使人戒懼，然而法國唸唸不忘，兩年後（1872）法國發行五十億公債，應者超過十四倍。俾斯麥懼，欲以外交維護得到的利益與地位。1888 年，威廉二世即位，欲獨攬大權，兩年後使鐵血首相退職，德國承襲工業發展，向外開拓，追逐一種幻覺，產生 1914 年戰爭。德國的歷史又起一次巨變。

‖ 奧斯曼與歐洲 ‖

　　歐洲意識覺醒後，均勢運動成為主潮，法學者格勞修斯（HugoGrotius）刊行《戰爭與和平法律》（*De jure Belli et Pacis, 1625*），主張國與國之關係，亦猶人與人之關係，處理國際問題者，悉準是以行，後之學者視此為國際公法濫觴。唯土耳其在歐發展，以民族、宗教與文化問題故，歐人採取一種敵視，不與國際公法的保護。

　　巴爾幹問題，始於 1699 年，匈牙利獨立，奧國東進；俄取阿佐夫，啟南下野心，黑海成為爭奪目標，托宗教與民族口號，以求利益增長，於是有大斯拉夫與大日耳曼的衝突；到 1763 年，英法衝突告終，英取印度，於是奧斯曼帝國問題，變得更為複雜。英人不願俄人南下，正猶普奧拒絕俄人西進，當法在大陸孤立時，即聯俄拒抗，於此複雜關係中，求均勢安定，可能時奪取一點實利，或增加自己的影響。

　　奧斯曼政治與軍事腐化後，俄羅斯野心勃勃，借保護宗教（亦猶今日借政治思想），使土耳其變為波蘭第二。法國革命起，民族問題成為政治上實際問題，到拿破崙事業完結後，土耳其必然瓦解，以其自身無實力，必借外力維持，生存於列強矛盾之間，它已失掉自主，以故塞爾維亞與希臘相繼獨立。

　　從 1854 年至 1918 年，因奧斯曼歐洲而發生嚴重問題者有四次：第一為克里米亞戰爭，俄皇尼古拉推行大斯拉夫主義，視土為「垂死」病夫，南下進攻，英法聯合薩丁尼亞王室，保存土耳其，衛護地中海利益，1856 年簽《巴黎條

約》，黑海變為中立，多瑙河自由航行，英法奧保障領土之完整。

次之，俄未能出黑海，壯志未酬，不能默受。為援助波黑（Bosinia-Herze-govina）二省，拒抗雜稅，產生俄土戰爭（1875～1878）。由英之反對，馬其頓歸土；保加利亞自治；奧匈帝國代管波黑二省；蒙德內哥洛、塞爾維亞與羅馬尼亞獨立。這種處理，沒有顧及民意，使歐洲近東問題更加複雜。

再次，1908 年，土耳其革命起，馬其頓問題產生，德國在巴爾幹影響突增，斯拉夫主義與日耳曼主義決鬥。塞爾維亞向俄，反奧，對波黑二省受奧匈統治，深為不滿，至保加利亞獨立，戰爭幾起，俄在遠東失敗，深感武力不足，認此為一種侮辱。少年土耳其興起，壓迫馬其頓，巴爾幹締結同盟，思解放馬其頓，1912 年 9 月擊土軍勝利，俄又擴張實力，與奧匈帝國一打擊，1913 年 8 月簽訂《布加勒斯特（Bucarest）條約》，說明奧斯曼帝國崩潰。由於外交平衡的牽引，協商與同盟，假技巧維持，偶一失調，必然變為全面的波動，此第一次世界大戰，從塞爾維亞發動也。

最後，經四年大戰，奧匈瓦解，巴爾幹局面依舊，奧斯曼只保存君士坦丁堡了。土在凱末爾領導下復興，圖謀獨立自主，俄即自身起革命，暫放棄了舊日政策，但是這塊歐亞橋梁，海陸銜接地帶，自然環境，歷史遺傳，又不能建樹強力，奧斯曼退出歐洲後，蘇聯必取而代之。但是北部日耳曼衝突，南部與英吉利衝突，法國以時勢演變，決其取予。土耳其仍然有支配近東的力量，那便看它自身如何了。

‖產業革命與機械‖

歐洲自覺，實歐人思維的成果，放棄了未來，重視現在，將自然當作研究的對象，運用純理的方法，構成了革命，數學成為一切知識的基礎。人再不是神的僕役，也不是自然的俘虜，他採取一種挑逗的態度，將那些「神祕」、「超人」、「無窮」、「奇幻」等概念，加以一種解釋，施以一種組織，每個人都要有他的意識，要支配宇宙與人生。這不是反宗教或者世界變為天堂，這是人類愚昧與貧

乏，生存推動所創的途路。便是在宗教改革狂熱的時候，我們看到多少人致力於抽象的數理工作，產生了科學，到科學與工業結合，運用在實際中，機械逐漸應運而生，在自然科學發展時，應用科學亦隨之進展，單就英國言，在 18 世紀末，已有紡紗機、織布機、汽機、制金壓薄機、壓榨機、製紙機。產業革命產生於英國，並非偶然。

史蒂文生（Stephenson, 1803 ～ 1859）創立第一個火車頭（1814），伏爾頓（Fulton，1765 ～ 1815）裝置汽船在哈德森河（Hudson R.）航行（1807），空間縮小，昔之需要十八小時的路，今則一小時可達[242]。到伏特（Volta），法拉第（Faraday, 1791 ～ 1857）創立電學，電報（1835）、海底電報（1852）、電話（1876）、無線電（1893），人類思想，迅速傳播，一地發生事件，當日便傳至全球。1897 年，蘭萊（Prof. Langley）發明飛行機，1910 年已可越阿爾卑斯山，1927 年飛渡太平洋，十年後越過北極，人類控制空間，達到快速專精地步，勞力與時間節省許多。

人類不能分割，世界不能分割，為著繁榮，世界建立許多重要的工程，如蘇伊士運河（1869）、巴拿馬運河（1881 ～ 1914）、聖高達隧道（1882）、聖伯侖隧道（1906）、西伯利亞鐵路（1891 ～ 1901）等，都使思想與物質有迅速的交流。它影響到人類生活，非常巨大。

生產機械化，使工廠集中，各部門分工，以期達到巨大的產量；工人問題，勞資糾紛，生產與分配，逐漸成為急切的問題；資本主義演進至高度，社會主義步法國革命後塵，圖謀改善勞動者地位，1867 年馬克思《資本論》出，確定勞動者的信念，將人也如物一樣組織起來，劃出鴻溝，發動無情的鬥爭，產生 1917 年俄國革命。

論至產業革命，威爾斯說：「機械革命，為人類經驗中新事物，方其進行，初未知後日社會、政治、經濟與工業之結果……」一切要組織，要經濟，走向進

242　拿破崙自 Vilna 至巴黎長一千四百公里，需三百二十小時，今四十八小時已足。

化的大路 —— 達爾文物種原始刊於 1859 年。生存競爭，物競天擇，學理上雖有破綻，西方人的心理上卻仍然受它支配。

這種輝煌的成就，陷人類於苦悶的地步，人統治自然，同時也脫離自然，人與自然脫離所遭受的苦痛，遠超過魚脫離水。但那絕對不是人類的毀滅，那是一個新時代的降臨，舊路已完了，須有正確的目標，踏上新的途程。

結論

德奧義三國同盟，英法俄三國協約，外形上維持一種均衡，實質上經濟與軍事的競賽，隨時有戰爭的可能。1914 年 8 月，第一次世界大戰爆發，德國在急切與恐懼之下，利用技術與軍事的優越，它要獨霸歐洲，走上百年前拿破崙的道路，結果失敗，1919 年，締結《凡爾賽條約》。

《凡爾賽條約》是休戰的，但並沒有贏得和平，便是說領導和會的英法，只企圖懲罰德國及其盟邦，要求再倒退到 19 世紀帝國的繁榮內。國際聯盟雖成立，那只是英法等強國保證分贓的機構，亦無實力執行它的任務，雖然它只有十九年的壽命，簽定四千五百六十八種條約，但最終，和平毀棄，形成第二次大戰。

國際聯盟的產生是現實的，世界進而為一，聯合保證和平，亦猶百年前拿破崙所遺殘局，維也納會議後所產生的神聖同盟是一樣的。只是時代不同了，19 世紀的民族主義，必然產生資本主義，而 20 世紀的國際主義，其結果必演進到社會主義。事實上亦如此演進，1917 年俄國革命，由列寧領導成功，由史達林發動五年建設（1928 ～ 1932）；生產、工業、文化與教育都吸收人類知識最後的成就。1922 年，墨索里尼創立法西斯，以集體的福利為皈依；到 1933 年，希特勒在德國取得政權，建立納粹政治。俄意德三者雖不同，其反資本主義，卻是一樣的。

在戰後巨變中，土耳其意識覺醒，1922 年宣布穆罕默德六世退位，凱末爾領導，新土耳其降生，它夾在俄英德強力間，採取獨立自主策略，終能免於浩

劫，土耳其的復興，實歐洲和平的保證。

西歐劇烈的矛盾，反映到遠東，致使日本特殊有利的發展，中國受世界潮流激動，1927 年統一告成，使日本侵略政策遭受戒懼。1931 年，便發動「九一八」事件。列強圍於 19 世紀實利觀念，不與中國支助，軸心萌芽在列強沃土上成長。1937 年，「盧溝橋事變」便宣示新時代的降生。中國始終信託國際聯盟，因為中國信賴世界整體，結果贏得 1945 年聯合國的勝利，世界整體以之加強，而人類歷史又向前邁一步。

歷史把「希望」留給我們，現在散播未來的種子，因為歷史是一種「賡續」，任何人都受過去潛力的支配；更因為生活是一種「合作」，任何國家，特別是世界傾向於一體的今日，絕對不能孤立。沒有人能夠挽回過去，未來的演變交集在如何避免人類的分割，歐洲歷史，其特點不是自然的發展，而是歐人意志的努力，其科學的發展，生活的改進，都有輝煌的成就。空間已不能規範文化的不同，日本近五十年的史事，有類希臘的斯巴達；而美利堅雖為後起之秀，卻是一個經濟的獨裁者 —— 英吉利的擴大。

羅馬帝國分裂後，西方政治中心轉移，由南向北，止於萊茵河。迨至神聖羅馬帝國成立（962），歐洲肇生，配合基督教普遍思想，受阿拉伯與蒙古推動，意識覺醒，在內求均勢，在外求沖脫自然障礙，其所賴者，不是自然的財富，而是人類智慧的組織，以故對內求平等（政治的與宗教的），對外求掠獲（經濟的與軍事的），以故隨自然地理的趨勢，開拓美洲與非洲，而地中海經濟與文化的重心，自然的移到大西洋了。

德國與蘇聯，從歐洲史發展言，屬於大陸系統，它們的合作在未來是異常重要的。既有「時間」與「空間」，任何人力要統治世界是絕對不可能的，現在德國崩潰，蘇聯獨力支撐，就歐洲歷史言，有類普法戰爭後的局面。在兩大實力衝擊中，尋求合作，我們所處的環境特別困難，亦特別重要。誰能安定人民，使之康樂，即誰在未來中可以生存，未來的努力，乃在破除政治、文化、經濟種種成見，那有待於優秀者為國家與人類共同的努力。

歐洲史稿

帕斯卡傳略

第一章　帕斯卡思想發生的歷史條件

‖一‖

今年[243] 是帕斯卡（1623～1662）逝世的三百週年。世界和平理事會決定紀念他，以表彰他對科學與文化的各種貢獻，這是十分有意義的。為了理解這位法國的世界文化名人，我們首先應該了解他思想發生的歷史條件。

人們提到法國 17 世紀，總是把笛卡兒與帕斯卡聯繫在一起的。

他們像兩座燈塔，照耀著法國的古典文化，他們同是反封建的，對資本主義初期的發展，起了促進的作用。

帕斯卡的家庭是普通的公務人員，家道小康，沒有什麼特殊的社會地位。帕斯卡的天資十分聰慧，意外地早熟，有驚人的成就。十二歲獨自發明了幾何學上的基本原理；十六歲發表了圓錐截形論，引起全歐洲數學界的重視；二十歲創造成數學計算器，減輕計算工作的辛苦；二十四歲研究真空，驗證了托里切利關於空氣壓力的假設。他同名數學家費馬長久通訊，奠定了或然計算率的原理。繼後與詹森派接觸，住到鄉間皇港修道院，過著極簡樸的生活。於 1656 年，因為與耶穌會爭論，寫出《致外省人書》，開了普通人議論神學問題的先例，起了反宗教的作用。

帕斯卡一生體弱多病，常在苦痛之中，在 1662 年，年僅三十九歲便與世永別了。在死的前幾年，他常好沉思默想，記錄下閃光似的片段思想。1670 年，經皇港朋友們的整理，題為《思想錄》，出版了這部未完成的作品，樹立起法國散文的典範。帕斯卡是法國資本主義形成過程中的知識分子。他是一位科學工作者，觀察事物，分析現象，一切是從懷疑態度出發的。他重視經驗，在那封建意識籠罩的時代，起著進步的作用。但是，他受時代的限制，傳統勢力的影響，他的思想中有濃厚的唯心因素。

243　指 1962 年。《巴斯加爾傳略》，商務印書館 1962 年出版。現據通用譯名，「巴斯加爾」改為「帕斯卡」。

‖二‖

　　帕斯卡的時代，法國仍是受封建殘餘勢力的統治。可是在城市中，市民階級開始掌握生產資料，有了資本主義的萌芽，其發展是十分緩慢的。

　　17世紀，法國尚未真正統一，經濟卻發生了重要的變化。封建行會制度解體後，新興的企業主們感到發展的困難，要求廢除不合理的制度。地方封建割據仍是嚴重的，各地設立關卡，貨物運輸感到十分困難。由盧昂到巴黎距離很近，卻徵收賦稅十五次；由奧爾良到南特，徵收到二十八次之多。城市有產者支持君主政治的理由，便是為了掃除封建的障礙。

　　17世紀初期，在亨利四世統治的時候，法國已是一個君主集權的國家。當時，國內外的形勢對法國是十分有利的。西班牙與奧國，由於長期戰爭，過度耗費人力與物力，使國家處於衰弱的境地。荷蘭與英國向海外擴張，無暇顧及歐洲大陸。法國是一個農業國家，確立君主政權後，執行反貴族統治與封建割據的政策，城市工商業得到發展，法國的國民經濟有繁榮的景象。

　　亨利四世統治的十六年間（1594～1610），積極發展工商業，開始了新經濟的動向。法國建立呢絨絲織物工場，實行保護關稅政策，獎勵農作物，積極向加拿大發展，設立東印度公司，這些經濟措施，有利於資本主義的形成。路易十三時代（1610～1643），黎希留繼續執行亨利四世的政策，保護工商業的發展，占據加拿大的新法蘭西，不斷地向海外移民。國王經營帶有特權的工場，給企業主們帶來很大的利潤。路易十四繼位（1643～1715），年歲尚幼，政權為馬薩林所掌握，繼續執行發展工商業、堅決反對貴族的政策。科爾培掌握財政，為人精明能幹，協助搜刮黃金，劫奪土地，並允許有產者創設工場，設立商業公司，猛烈地破壞了行會制度。有名的亞眠工場，專織軍用布匹，規模宏大，有五千多工人。這時候法國的經濟雖不及荷蘭與英國進展得快，毫無疑問卻是向資本主義過渡了。

‖三‖

16 世紀末，法國君主政權的加強是政治上的特點。當封建貴族趨於衰亡，資產階級開始形成的過程中，貴族與市民雙方勢均力敵，鬥爭無已，君主制度便是這兩種實力妥協的表現。君主制度是封建國家的一種形式。可是 17 世紀的法國的君主制度，在某種程度上，卻起了保護資產階級初期發展的作用。同時促進了工商業的繁榮，掃清了封建的障礙。黎希留建議路易十三，賜予商業家某些特權，以示優待。法國變為一個強大的國家，伏爾泰以「路易十四」與「17 世紀」為同意語是有深刻的含義的。工商業者需要有強大的國家，有力的君主，執行關稅保護政策，不使荷蘭與英國危害本國工商業的成長。

17 世紀君主政權的加強，積極執行反封建貴族的割據，以保護海外的安全，維持國內的治安，這是新興的工商業者所迫切需要的。

黎希留與馬薩林兩人在政治上重要的措施，最可稱讚的是反貴族的割據。對瑪琍皇后、奧爾良的客斯頓、蒙摩朗西公爵、投石黨運動等，經過殘酷的鬥爭，始鎮壓了封建貴族的割據。當時新興的資產階級要求有一種合理的社會制度。封建貴族的特權是不平等的，因而也就是不合理的。帕斯卡反對貴族的特權，他以諷刺的語調說：「貴族得到多麼多的便宜。十八歲的貴族已成名，受到人的尊重，別人也許到五十歲，始能達到。貴族沒有費什麼力量已贏了三十年！」君主政治的確立是法國 17 世紀的要求，其發展形成了君主專政，即路易十四的「朕即國家」。路易十四是一個封建統治者，醉心於富麗的宴樂，豪華的宮殿。事實上他的繼承者將為前進的人民所推翻。

‖四‖

君主政治的發展使財政感受到困難，宮廷的開支，軍隊與外交的需要，每年國家要支付大量的金錢。只有增加捐稅，始能彌補財政上的虧空。黎希留執政

時期，只人頭稅一項便增長了四倍[244]。農民借債納稅，包稅者將利息附加在土地上，稱為「指定地租」。承包捐稅者為官紳與資本家，利潤豐厚，任用的許多稅吏，真是橫徵暴斂，欺壓人民，其苦痛是十分慘重的。拉封丹敘述樵夫時說：「生活有什麼樂趣呢？誰能像我這樣的苦痛？妻子、兒女、軍隊強迫我工作，我從來沒有自由生活過。……」[245] 這是當時勞動人民的實況，因而常掀起人民的暴動，反對陷害他們於破產境地的君主政治。

17 世紀的前半期，法國各地發生了多次的暴動。1637 年，諾曼底農民掀起暴動，殺死稅吏。政府看到事態嚴重，派了四千多軍隊始鎮壓下去。1639 年，法國各地發生「赤足者」起義，很快傳播開，震撼了法國政府，經久始「平定」下來。1648 年，巴黎發生投石黨運動。議會向國王提出要求，凡增加賦稅，事先必須取得議會的同意。法國議會與英國不同，英國的議會為代議機構，而法國的議會卻是法院。法國有產者購買議員位置，形成一種強大的力量，組織軍隊與國王對抗。他們武裝市民，圖謀奪取政權。有些地方農民行動起來，響應投石黨的運動。

但是，新興的有產者是軟弱的，充分表現出他們的兩面性。當他們看到人民行動起來後，又恐懼人民。他們即刻與貴族妥協，反對革命，擁護君主政權。這並不奇怪，因為資產階級是從封建經濟制度內發展起來的。新興的有產者與貴族雖有矛盾，但在擁護君主政權這一點上，卻是一致的。正因為如此，1640 年代，法國仍有強大的封建殘餘勢力，君主政權又延續了一百四十多年。

法國是一個農業為主的國家，在帕斯卡少年時期，天災與瘟疫給人民帶來許多苦痛。1636 年是災年，只能下種，不能收穫。1637 年，又是特大災年，一個職員寫道：「人們吃園子里和田間的雜草。……死牲畜為極珍貴的東西。路上躺著許多垂死的人……有賣人肉者。」也是在 1636 年，政府軍隊侵入布爾告尼後發生了瘟疫，居民死亡甚多。經過調查，「只在伏拉西一村內，死亡男女老幼

244　1610 年的人頭稅平均為 1150 萬里弗爾。到 1643 年便達到 4400 萬里弗爾。

245　拉封丹：《寓言中的樵夫》。

一百六十人，留下的還不到二十人」[246]。路易十四時代，因投石黨引起的內戰，「在盧昂發生瘟疫，一年內死了一萬七千多人」[247]。因為有這些情況，法國的精神動向走上享樂與悲觀的道路，給帕斯卡少年時期留下深刻的印象。

‖ 五 ‖

17 世紀法國的反封建者，有許多主張是空想的，帶有宗教的色彩。他們常以宗教家的姿態出現，進行宗教改革運動。詹森派的發生與發展，反映了群眾的願望，以期有一種較好的社會風尚。這便是帕斯卡參加詹森派的理由，這一活動占據了他的晚年生活。

從 16 世紀起，法國傳統的信仰動搖了。1598 年，亨利四世頒布的「南特敕令」，規定天主教為國教，胡格諾派有信仰的自由，這是破天荒的大事，也是長久宗教鬥爭的結果。

17 世紀初，法國人口有一千五百多萬。根據 1626 年的回憶錄，法國有一百個教區，一千四百多修道院，一萬三千兩百多小修道院，六百六十七所女修道院，這些數字是十分驚人的[248]。教會有廣大的土地，大量的財富，卻不重視教育，僧侶們幾乎都是愚昧無知，過著腐朽的生活。聖西蘭為詹森派的中堅人物，他曾感慨地說：「自從五六百年以來，教會是一片爛泥灘。」[249]17 世紀初期的群眾，對宗教是淡漠的。1618 年，巴都的群眾對新舊教都不相信。法國新起的知識分子，感於貴族生活的腐化，僧侶道德的墮落，為了復興宗教，企圖恢復原始的基督教。詹森派正是在這樣的思想基礎上建立起來的。詹森派是禁欲思想的發展，其目的在表彰道德生活的偉大，它的理論是與喀爾文派相類似的。為此，耶穌會刻薄他們，稱之為「喀爾文主義的再沸騰」。

17 世紀前半期，詹森派在法國的發展，吸引了許多知識分子，帕斯卡即為其

246　魯樸奈爾：《十七世紀第戎城市與鄉間的居民》。

247　佛伊：《投石黨時期的苦難》。

248　阿維奈爾：《黎希留與君主專制政府》。

249　馬來：《十七與十八世紀史》。

中之一。詹森派否認意志自由的理論，含有宿命論的成分。這種宿命論的思想反映出當時企業主們的認識，他們認為工商業上的成功與破產，不決定於個人的能力，而決定於客觀的各種情況。否定主觀能動性的力量，當然成為機械的宿命論了。

詹森派與代表政府的耶穌會處於對立的地位，雙方的矛盾是十分尖銳的。1638 年，詹森派遭遇到不幸。領導皇港修道院的聖西蘭為法國政府逮捕。黎希留說：「聖西蘭比六支軍隊還危險。」從此開始了對詹森派的壓迫，一直延續了七十多年。

詹森派與耶穌會的鬥爭，表面上是在宗教理論上的分歧，實質上是思想主導權的爭奪。當 1656 年雙方鬥爭劇烈的時候，帕斯卡發表《致外省人書》，揭露耶穌會道德的腐化。在政府的壓迫下，詹森派是失敗了；在社會輿論前卻得到意外的成功。

在執政者馬薩林的心目中，詹森派是宗教的異端，也是政治上的強敵，因為詹森派與其政敵雷池是有聯繫的，1660 年，經國家法庭審判，刑警焚燒了《致外省人書》，封閉皇港修道院及所辦的學校。便在這樣的暴風雨中，帕斯卡去世了。但是，鬥爭繼續到 1710 年。詹森派儘管為君主專制政府所不容，對法國 17 世紀的影響卻是十分巨大的。

｜六｜

17 世紀新興的資產階級迫切需要科學，不再求助於宗教了。自然科學的成就，可以促進工商業的發展，如遠程的航海，殖民地的開拓，決定於科學技術的改進。如何提高天文、物理、機械等學科的水準，成為先進知識分子的中心問題。17 世紀前半期，開普勒、伽利略、托里切利等在科學上的貢獻，給新時代帶來強烈的信念：社會制度是可以改變的。

帕斯卡是這時期的傑出人物。在科學與文學上都有出色的貢獻。在這個過渡時期，他表達了資產階級的意圖，促進了資產階級的形成。儘管如此，在他的思想上仍脫離不了唯心的觀點，但是，帕斯卡善於觀察事物的變化，分析變化的原

因，他在科學上的成就，對當時科學技術發展起了積極的作用。

帕斯卡是一位實行者，一生在疾病與苦痛之中。他受到歷史條件的限制，常與他的環境作鬥爭，更強烈地與自己作鬥爭。因之，他的作品與他的生活是分不開的。我們試從他的生活中，進一步了解他的作品。

第二章　少年時期的帕斯卡

於 1623 年 6 月 19 日[250]，布萊斯·帕斯卡生在法國烏勿尼省的克萊蒙城。

這座古城的位置在傾斜的山下，蒼黑的屋頂聳入天空。街道曲折而狹窄，起伏不平，有許多精緻的水泉。氣候變化較為劇烈，冬天嚴寒，夏天卻很炎熱。當春天來到的時候，旅人越過多爾山，可看見古城的周近，有許多栗子樹、胡桃樹，間雜著嫩綠的大麥。這種景象與四十多個火山遺蹟相映照，形成一種壯麗的景色，喚起一種強烈矛盾的感覺。

克萊蒙古城是愛國史學家格力高利（538～594）的故鄉，他著有《法蘭克人史》，為研究墨羅溫王朝重要的史料，反映了西羅馬帝國崩潰後，封建制度開始形成的實況。克萊蒙古城也是十字軍侵略戰爭發動的地方。11 世紀末，法國封建勢力達到強大的時期，教皇烏爾班二世於 1095 年秋，在克萊蒙召開了人數眾多的會議，藉著向「異教徒」的戰爭，可以徵收大量的捐稅，掠奪東方的財富。這種不義的戰爭，經歷了一百七十多年。

克萊蒙是一座老而更老、新而更新的城市，充滿了熱烈與戰鬥的精神。帕斯卡秉受著這樣自然與歷史環境的影響，一直生活到 1631 年，培育了狂熱的心情和戰鬥的活力。吉羅德說帕斯卡具有「火山般的天才」。

帕斯卡的家庭是古老封建的，受到地方上的敬重。從路易十一時代（1461～1483）起，便定居在克萊蒙。他的曾祖父若望·帕斯卡，以經商為業，為人十分

250　關於帕斯卡出生的日期，有兩種說法：一種是 6 月 19 日，係他出世的日期；一種是 6 月 27 日，是在教堂登記的日期。

正直。祖父馬丁·帕斯卡曾為克萊蒙的稅吏，繼後做了里奧姆地方的會計。父親艾蒂安·帕斯卡，生於 1588 年，係兄弟十人中的最長者，承受了法國傳統的教育，愛體面，能吃苦，興趣多端，特別長於數學。當帕斯卡出世的時候，艾蒂安為烏勿尼省的議員，為人勤慎，善於經營，累積了約有六十萬法郎的資產[251]。他關心子女的教育、愛好工作，在盧昂時，他寫道：「有四個月了，只有六次不在夜間兩點鐘後睡覺。」1614 年，艾蒂安與安朵奈特·拜貢女士結婚。

帕斯卡的母親儀表很莊嚴，虔誠而仁慈，言談間表現出高貴的風度。帕斯卡的外祖父維克多·拜貢，亦以經商為業，有作為，很早便住在克萊蒙，逐步發展，1606 年被舉為地方的職官。可是不幸得很，帕斯卡的母親在他三歲時便去世了。

帕斯卡的家庭沒有封建貴族的色彩，卻有古老傳統的風味，自認為是有教養的。在封建社會解體的時候，帕斯卡的家庭屬於市民有產者的類型，有進步與軟弱的兩種性質，經常搖擺不定，很容易與傳統勢力妥協。

帕斯卡有比他大三歲的姐姐吉爾貝特（1620～1687），長得十分大方。1641年，嫁給她表兄佛羅朗·佩里埃，係克萊蒙福利委員會的委員。又有比他小兩歲的妹妹雅克琳（1625～1661），賢而多慧，性格十分頑強，到二十六歲上，便入皇港女修道院出家了。

帕斯卡有中常的身材，體質多病，他說：「自從十歲以來，每日在苦痛之中。」從尚白尼（1602～1674）繪的像來看，帕斯卡髮長而亂，額寬，鼻高，腮瘦，面色蒼白，卻表現出沉思的神態[252]。他有特殊的記憶力，愛分析複雜的現象，忘我地工作，當他製造數學計算器時，因工作過度，損傷了他的健康。

17 世紀初，法國經過胡格諾戰爭（1562～1598）後，知識分子的思想意識起了深刻的變化。對中世紀的傳統事物，常以懷疑的精神，分析研究，以發揮理性的作用。帕斯卡從幼年時候起，接受了新的時代精神，吉爾貝特回憶她弟弟帕

251　保略拜爾：《帕斯卡及其在盧昂的家庭》。

252　關於帕斯卡的相貌，有四種材料：一為名畫家尚白尼所繪的，二為多瑪特以紅鉛筆在書皮上所繪的，三為愛德林克的銅版像，四為帕斯卡死後脫下的石膏像。

帕斯卡傳略

斯卡的幼年說：「只能接受他（指帕斯卡）所認為是正確的，如果別人不給他說出充足的理由，他自己去尋找，一直到滿足而後止。他做其他事情也是如此。」

事實正是這樣。帕斯卡十一歲時，有人在廚房內用刀敲擊磁盤，發出聲音。可是，當人將手放在盤邊，聲音便立刻停止了。他看到這種現象，始而驚奇，繼而探索，尋找其中的原因，終於得到聲學上震動的理論。

不僅只此，當笛卡兒（1596～1650）與其父爭論數學問題時，帕斯卡雖然年歲尚幼，卻已懂得爭論的原則，在數學與物理學上，應該如何去實證。帕斯卡認為爭論最高的原則是思想與事實的符合，而不是思想與精神的符合。也只有這樣，事物的真相始能顯示出來。帕斯卡寫給數學家巴伊的信，也重複了這種意念。他說：「只能判斷顯明的事實，禁止承認不顯明的事實。出乎這句格言外，人們是不會獲得真理的。便是在這樣恰如其分的當中，你勝利地生活著，寄託著你的幸福。」[253]

帕斯卡的母親去世後，他父親艾蒂安辭烏勿尼省議員的職務，帶著他的三個兒女，移居到巴黎，專心培育他的子女。他決定在帕斯卡十二歲前，不讓他學習希臘文與拉丁文；十六歲前，不讓他學習數學。但是，艾蒂安深知帕斯卡有數學的天資與愛好，為了不影響學好語文，不在他面前談論數學問題，並將數學書籍隱藏起來。

吉爾貝特寫的《帕斯卡傳》中，敘述了這樣一件事情：有一天，帕斯卡問他父親，什麼是幾何學，如何學習幾何學。他父親回答，一般說，幾何是作圖正確的一種方法。介乎這些圖與圖之間，尋找它們相互的正確比例。接著不讓他再往下追問，並且勸他不要去思索。但是，關於幾何學的幾句話，啟發了帕斯卡的思想。他回到別的房間內，用炭在地板上畫圖。將線叫做「棍」，將圓叫做「圈」，自己創造了些定理，獨自發現了歐幾里德幾何中的定理。他父親看不見他，到各處去尋找。及至到了這間房內，看到帕斯卡正在地板上計算。他父親問

253　《帕斯卡全集》第 3 卷。

他做什麼，帕斯卡恐懼地說明棍與圈的事。艾蒂安深為感動，一言未發，跑到他朋友巴伊的家中，含著眼淚說：「你知道我多麼關心孩子的教育，不讓他學習幾何，生怕妨礙了其他的功課，誰想他獨自發明了幾何學。」這時候，帕斯卡僅只十二歲。

幾年後，青年吉爾貝特已擔任家庭的任務，管理弟弟妹妹的生活。1641 年，她二十一歲了，與她表兄佩里埃結婚，過著極為簡樸的生活，受到克萊蒙居民的敬重。伏來西野回憶烏勿尼省時，曾提到吉爾貝特，說她是最合理的人。她女兒瑪格麗特也寫道：「自從兩三歲以後，我沒有戴過金銀的裝飾品，也沒有在髮上結過絲條與花帶。」

雅克琳別具一種風格。吉爾貝特說她妹妹從會說話時起，即表現出意外的聰明。雅克琳愛詩，喜歡詩韻的節奏。在初認字的時候，她問吉爾貝特：「什麼時候你教我讀詩呢？你讓我念些詩吧，我能做出你要我所做的功課。」當庫贊研究雅克琳時，說她在八歲上曾作過一本五幕的喜劇，係同桑島夫人的女兒合寫的。兒童的劇本引起了巴黎文壇的重視 [254]。雅克琳十三歲時出版了她的詩集，受到名劇作家高乃依的推重。她的詩很自然，不修飾，得過 1638 年詩的特等獎金，她不肯出席受獎，只好由高乃依代表她向大會致謝。也是在這一年，雅克琳和桑島夫人的女兒，在黎希留面前，表演過《專制的愛情》喜劇，獲得意外的成功。

艾蒂安在巴黎的物質生活是簡樸的，精神生活卻是豐富的。他有許多科學界的朋友，經常在家中討論，這已打破教會壟斷科學的藩籬。有時，他帶著帕斯卡去麥爾斯納家中，聽科學上的專題報告。

經常遇到魯白瓦爾、巴伊、加爾加維、哈爾地等。帕斯卡從少年時候起，就了解到歐洲科學發展的情況，這對他的知識成長上起了很重要的作用。他們尊重培根，但是對伽利略更為尊重。這是一個學術開始繁榮的時期，1637 年，笛卡兒發表他的《方法論》，得到歐洲學者們的讚賞，帕斯卡只有十四歲，已能理解笛卡兒的論證。

254　庫贊：《雅克琳·帕斯卡》。

帕斯卡語言的知識是豐富的，他能用希臘文與拉丁文寫作，又懂得義大利文。帕斯卡並不重視文學，也沒有系統地研究過那種專門學問，掌握大量的資料。但是，他善於獨立思考，能從實際出發，提出不可推翻的論證。

1639 年，帕斯卡十六歲了。艾蒂安接受黎希留的任命，充任諾曼底省的總監察官，帕斯卡全家移居在盧昂城，這是一次重要的變化。這年，諾曼底省的農民掀起暴動，社會經濟受到嚴重的破壞，產生了尖銳的階級鬥爭。「赤足者」與政府的鬥爭雖未獲得勝利，卻給諾曼底的社會留下陰暗的景象。帕斯卡青年的心理上，並不理解這種變化的實質，卻感到問題的嚴重，他認為是社會道德的墮落，這同他以後接近詹森派是有密切關係的。

第三章　帕斯卡的科學工作

16 世紀的歐洲，經過地理的發現，宗教改革，它的社會變化是劇烈的。封建貴族的統治被市民階級代替，最初出現於荷蘭，繼後實現於英國。這種新的力量是十分強大的，卻不為法國統治者所理解，黎希留與馬薩林的政策，實質上還是維護君主政權，即舊政權的賡續。但是，對中世紀所形成的各種概念，引起新興知識分子的懷疑，因為這些概念逐漸喪失了現實意義。如何理解自然，如何了解社會，什麼是理智，什麼是道德，這些問題經常使人感到困惑。所以蒙達尼自問：「我懂得什麼？」笛卡兒經過長期的研究後，始知「我思，故我在」。帕斯卡不斷地沉思默想，最後認識到：「我是可恨的！」縱使如此困惑，可是這些傑出的思想家們有種雄心壯志，企圖從實際出發，不再為經院學派所糾纏了。

中世紀一切以宗教為中心，雖然經過宗教改革，到 17 世紀依舊占重要的地位，可是那種精神上的獨裁，卻被擊破了。由於資本主義的發生，對遠程的航行，採礦冶鐵的需要，科學技術的提高成為發展生產的決定條件。自然科學再不是好奇，而是要解決現實問題。所以科學工作者不斷地實驗，尋找規律，形成了時代的精神。1666 年，法國國家自然科學學會的成立象徵著這種偉大的精神。

　　17 世紀初，亞里斯多德學派，代表傳統，為政府所支持，仍居學術界重要的地位。他們的科學工作中仍含有迷信，脫離現實的需要。

　　瓦尼尼倡導無神論，主張事物的和諧，被視為異端，於 1610 年焚死在杜魯斯，為他的主張殉道了。培根重視經驗，用分析方法，探究事物的實質。1620 年，培根發表《新工具》，給予新的科學分類，置自然科學於首要的地位。當時最偉大的科學家為伽利略，不顧教會的摧殘，堅持哥白尼的理論。在歐洲，這真是一個科學上百花初放的時代，哈維宣布血液的循環，笛卡兒建立解析幾何，伽桑狄傳播唯物思想。便在這樣科學發展的時候，十六歲的帕斯卡開始了他的科學工作。

　　封德奈爾寫道：「研究哲學的興趣很普遍地發展起來。在這些學者之間，很願意交換他們的意見。有五十多年了，在巴黎麥爾斯納的家裡，聯繫著一批歐洲知名的學者：伽桑狄、笛卡兒、霍布士、魯白瓦爾、帕斯卡父子、孛侖德爾，還有別人也常去他那裡。他們經常研究數學問題，做某些實驗，從來沒有見過那樣關心科學，把幾何與物理結合起來」[255]。帕斯卡受到這樣環境的影響，發明了「圓錐截形」的理論，便是說複雜的圖形是簡單圖形的結合。

　　1640 年，帕斯卡寫成《圓錐截形》論文，麥爾斯納十分重視少年科學家驚人的創造，將論文就正於笛卡兒，笛卡兒卻不敢置信，認為抄襲了笛沙爾克的理論。帕斯卡對此深為惱怒，他說：「在這方面，我承認很少接觸到笛沙爾克的著作；以後，我努力模仿他的方法好了！」

　　帕斯卡「圓錐截形」理論，形成了幾何學中有名的帕斯卡定理：

　　「對於任意內接於二階曲線的六點形，它的對邊的交點落在一條直線上。」[256]約在 1676 年，哲人萊布尼茲看到這篇論文，深為感動。吉爾貝特寫的《帕斯卡傳》中說：「自從阿基米德以來，未見如是有力的作品。」又過了一百多年，白

255　碧特朗：《帕斯卡》，21 頁。

256　葉菲莫夫：《高等幾何學》，下冊，定理 59。

良松始作了帕斯卡定理的補充[257]。

帕斯卡的科學工作是從經驗出發的。他認為「經驗是真理的導師」，應從經驗中尋找普遍的原則。帕斯卡自信心很強，圓錐截形論文結尾時說：「如果人們以為這事值得繼續時，我們將要研究到這種地步，便是說神給我們力量來繼續它。」

在盧昂住的時候，帕斯卡看到他父親計算工作的辛苦，他設計了一部計算器，以減輕勞動量。他堅信如果數學不能解決現實問題，那就是空想。帕斯卡取算術的各種可能的變化，物理與機械的運動知識，尋找各種規律，成為有規則的運動，實現齒輪的機械計算。

17 世紀法國的計算器僅有納比式，以乘法變為加法，用籤來計算。關鍵為操算者，由人操演，始能取得答數，有如我國的珠算。帕斯卡計劃製作的計算器是自動的，其模型現在仍陳列在巴黎博物館中。用了兩年的時間設計這部計算器，卻用了十年的時間將計劃變為現實，製造成功。在製造的過程中，遇到了許多困難。帕斯卡親自動手，身兼數職，自己是設計師，又是工程師，是工人，又是採購，一直做了五十多種模型。1645 年，計算器初製成時，獻給司法大臣塞桂伊。

1652 年，計算器最後定型，獻給瑞典皇后克莉絲蒂娜。在獻辭中，帕斯卡熱烈地讚揚她對科學工作的支持與愛護。

1646 年 10 月是帕斯卡生活上重要的時刻。法國防禦工程總管拜蒂，他係帕斯卡父親的朋友，來到盧昂，談到托里切利對真空的實驗，帕斯卡受到感染，即刻著手研究真空問題。

17 世紀，無論是物理學上或是哲學上，真空問題是十分引人注意的。傳統的哲人們，以形而上學的推論，視真空為「虛無」，「虛無」

是不存在的，因為與「實有」相矛盾。如果認為「虛無」存在，那麼是誰創造了「虛無」？創造「虛無」者自身必然是虛無，始符合因果律的要求。其結論是虛無創造「虛無」，這又是顯然不合理的。有人說真空與實有並不矛盾。問題

257　白良松舉出：「對於任意外切於二階曲線的六邊形，連接它的對面頂點的直線透過一個點。」見前著，葉菲莫夫：《高等幾何學》，下冊，定理 60。

是自然本身有怕真空的性能，客觀上真空是不存在的。至於原子論者主張的真空，亦僅是一種推論，介乎原子與原子之間，要實驗真空是不可能的。

但是，在 1644 年，義大利科學家托里切利，為了解決佛羅倫薩的噴泉，他實驗真空成功，推翻了當時流行的主張，這是一種很重要的發現。其法取一玻璃管，一端封閉，一端開著，管內滿盛水銀，塞住，倒豎在半水與半水銀的盆中。隨著提起試管，管口仍留在水銀內，打開塞子，則水銀下降，管內上方露出了真空，下麵仍滿裝水銀。

如果將試管提到水面，水即刻侵入，管內兩種液體排擠，水銀終於下落，試管被水充滿了。法國知道這個實驗很遲，只有麥爾斯納知道得較早一點，因為那時候他住在羅馬。當法國科學界知道後，對實驗所發生的現象，卻不能有正確的解釋。

拜蒂視察底野樸防禦工程後，回到盧昂已見帕斯卡做真空的實驗。為了置信於人，難以提出任何反證，帕斯卡用各式各樣的試管，如排氣筒、抽氣筒、風箱等，又用各種液體，如水、水銀、油、酒等，面對著五百多群眾，進行真空實驗，其結果是十分完美的。試管中的空間是「真的真空，排出去一切物質」[258]。從實驗中，帕斯卡得出這樣的結論：任何理論不及經驗，任何概念不及事實。帕斯卡宣布他的實驗，1647 年 10 月，出版了他寫的《關於真空的新實驗》，對當時的學術界起了推動作用。認為真空不能存在的舊說法，在實驗前面，不攻自破了。由於真空實驗的成功，無神論者有了最可靠的武器，如解釋運動等現象，不像過去歸之於虛無或不可知了。

耶穌會士納埃反對帕斯卡證實的真空。他提出這樣的意見：真空既然具有「物」的作用，那它便是物體了。這樣似真空的物體何以能進入試管中？他又說，空氣是由兩種東西組合成的，一種是細微的，一種是粗陋的。當水銀下降時，空氣受到壓力，擠出粗陋的部分，留下細微的部分。納埃認為真空就是空氣細微的部分，有如試紙上濾下去的水似的。

258　《帕斯卡全集》，第 2 卷。

帕斯卡傳略

　　納埃的意見是唯心的，他的論證是經院學派的默想。帕斯卡答覆說：「在科學上只能相信感覺與理智。……凡是感覺與理智不能有任何懷疑的原理，這才叫做原理。凡是根據原理得出的結果，這才叫做結果。」關於真空實驗的結果與納埃的假設是矛盾的，這證明納埃的假設是錯誤的。納埃在物理學上屈服了，但是在哲學上堅持他的意見，著了本《實的真空》。真空的爭論是新舊社會的鬥爭，是先進與落後的鬥爭，帕斯卡勝利了，起了進步的作用。

　　帕斯卡證實了真空的存在，進一步研究真空形成的原因。帕斯卡認為真空係物體的重量與空氣的壓力所形成的。為了證實這種假設，帕斯卡採用兩種不同的方法進行實驗。第一種方法是求異法：用兩根粗細不同的玻璃管，互相套起來。如果粗管中充滿了空氣，則細管中的水銀保持原來的高度。反之，如果粗管中成為真空，細管中的水銀便降落下來。那麼，空氣的壓力係液體升降的原因。第二種方法是同異相交法，即用同樣的管子與水銀，在同一時間內與不同的地點，或在最高的山頂，或在平地，以觀察水銀升降的情況。如果試管的水銀在山頂較平地低，那是山頂空氣稀薄的原故。1648 年 9 月 19 日，帕斯卡的姐丈佩里埃在多姆高山做實驗的結果，與其所預期者完全相同。繼後，又在巴黎聖傑克教堂與有九十六級臺階的高屋，做過多次的試驗，帕斯卡觀察到往高處漸漸上升時，管中的水銀便徐徐下降，與多姆山的實驗是完全相同的。

　　由於對真空的實驗，帕斯卡加深了流體力學的知識。他說：「如果流體在兩個管中，將管連接起來，互相溝通，即兩管的流體互相平衡。」又說：「如果一隻船裝滿水，將門緊密封住。只開兩孔，一個孔較別個孔大一百倍。每個孔子裝上合適的唧筒。一個人推動那個小的，等於百個人推動那個大的，便是說要超過九十九倍。」物理學上的帕斯卡定律，即「加在密閉的液體或氣體上的壓強，能夠按照它原來的大小由液體或氣體向各方向轉遞」。以後水壓機便是根據這個原理製造的。

　　1654 年前，帕斯卡總結他的實驗，寫了兩篇論文：一為《空氣的重力》，一為《流體的平衡》。兩篇論文的刊行卻在他死後，1663 年。

　　由於過度的工作，帕斯卡病了，身體受到嚴重的損傷。他在科學上的成就也

引起些不愉快的糾紛。1647 年 9 月 23 與 24 日，笛卡兒連續來探望帕斯卡。雖病得很沉重，但是他們也談了些科學。1649 年 6 月關於真空的實驗，笛卡兒寫給加爾加維說：「我比你的期待更合適些。有兩年了，是我勸他（指帕斯卡）做這些實驗。我雖然沒有做，可是我深信是可以成功的。」巴伊特寫《笛卡兒傳》時提到此事，以為帕斯卡不能專享他的發明，笛卡兒似應有一份的。但是，實驗是帕斯卡做的。法國國家自然科學院的創立者麥爾斯納，寫信給荷蘭、義大利、波蘭及瑞典的科學家們，讚美帕斯卡的實驗，引為科學上重要的發現，既沒有提到笛卡兒，也沒有否定帕斯卡的功績。

帕斯卡的科學工作是他生活的一部分，十分豐富的。他有強烈的情感，需要擴大他的生活知識，認識古老的社會，以滿足他的要求。

第四章　帕斯卡思想的轉變

17 世紀的法國，在外表上，像是中古文化傳統的繼承者，生活與思想沒有起什麼重大的變化。但是，深入這個時期的社會實際，便發現時代精神是紊亂的，有強烈的反宗教的動向。

反宗教的動向的形成不是偶然的。歐洲經過宗教改革後，法國反封建貴族的割據，資產階級開始得到發展，許多優秀的知識分子，沉醉於理性的發展，關心工商業實際的需要，用盡各種方法，透過君主政治的形式，建立一個強大的國家。因之，法國的反宗教運動出現了兩種形式，有的是按照自己的認識，衝破清規戒律，以求得到思想的解放；有的是以宗教反對宗教，樹立嚴謹的道德紀律。兩種途徑雖然不同，而反對當時的傳統宗教卻是一致的。

路易十三時期的哲人們屬於前一種類型。加桑狄倡導享樂主義，要人掌握現實，不要幻想飄渺的未來；瓦耶爾主張不能迷信，一切要保持懷疑的態度。風行一時的笛卡兒派，從神學統治下解放哲學，表面上雖與傳統妥協，承認上帝的存在與靈魂的不滅，實質上卻認識到理智為最高的權威。因而對靈與肉，現實與理

帕斯卡傳略

想的認識，需要有新的概念。當時的復古運動，特別是如何理解希臘與羅馬的文化，重新建立人與人的關係，就成為每個新知識分子的要求了。這樣，在文藝復興後形成了人文主義。禮節、和諧、完美等特點成了時代的風尚，洩露出啟蒙運動的曙光，這是十分寶貴的。

後一種類型為詹森派。他們主張以嚴格的紀律，樹立道德的尊嚴，類似喀爾文的主張。法國的宗教掌握在耶穌會的手中，對皇室是阿諛，對群眾是壓迫與放縱。詹森派既反對耶穌會的權貴路線，將宗教變為一種形式，成為君主統治的工具；又反對追逐逸樂，降低了人的尊嚴。這已體現出新興資產階級初期的理想，一方面蔑視貴族與僧侶的特權，另一方面鄙視勞苦大眾，覺得他們愚昧與庸俗。詹森派有種抱負，要以禁欲的思想，挽救將要沉淪的人類。

詹森（1585～1638）是荷蘭有名的學者，曾任魯汶大學的教授，伊普爾城的主教。感於時代精神的衰退，精研聖奧古斯丁的作品，要以嚴肅的生活，樹立精神的紀律，振興道德，恢復原始基督教的簡樸作風。在 17 世紀的法國社會，占重要的地位，有廣泛的影響。

巴黎近郊石弗洛茲山谷中，有所 1204 年建立的女修道院，成為詹森派活動的場所。塞維尼夫人寫道：「皇港修道院是埃及的隱居處，是天堂，是一塊荒地。」久已荒廢的修道院，在 1608 年，安傑利克·阿爾納出任院長，進行改革。1626 年，皇港女修道院移入巴黎聖傑克區。繼後受聖西蘭指導，接受了詹森派的理論，發展禁欲派思想，度著一種嚴肅刻苦的生活。

鄉間皇港修道院，在詹森派的發展下，成為愛好沉靜的知識分子隱居的地方。皇港隱居者不是僧侶，也不屬於修會，他們有理想，以倫理道德反對中世紀的迷信。詹森派的學者們，如蘭塞洛、勒麥特、尼古拉、阿爾納以及後來的帕斯卡等，他們堅信人類精神的價值，科學的真理，以為普通人可以體現出宗教家的生活。這種思想反映出宗教改革後的過渡時期的精神，奠立了個人理性的權力，成為人文主義的基礎。他們辦的一所學校是法國教育史上的奇葩。他們教兒童首先要學好祖國的語言，其次是古典語言，特別是希臘文，最後是自然科學知識，逐步加寬加深。

拉辛在皇港學校學習，是他們教養成功的，後來成了著名的戲劇作家。

由於詹森派特殊的成功，領導了法國的知識界，耶穌會利用政府的權力，竭力加以摧殘。法國執政者是仇視詹森派的。為了避免政治的分裂，必須鎮壓詹森派。1638 年，首先逮捕了聖西蘭；1656 年，禁止詹森派活動，封閉了所辦的學校，放棄鄉間的皇港修道院。此後鬥爭十分激烈，起伏不平，終於在 1709 年，解散了皇港女修道院，次年又剷平了皇港修道院，路易十四不允許有不服從的表現。詹森派是法國 17 世紀精神動向的主潮，影響很深，當時人們敬仰的鄉間皇港修道院，現在成為潮溼與荒涼的山谷，除獵人外，很少有人的蹤跡。

帕斯卡思想的轉變，並非如布魯特或謝瓦里埃等所說的「皈依」，而僅只是與詹森派的接觸，樹立一種新型的道德，其過程是十分曲折的。

1646 年正月，為了阻止野蠻的決鬥，帕斯卡的父親艾蒂安在冰上跌傷，在德斯蘭的家中調養。德斯蘭為聖西蘭的朋友，堅信詹森派的主張。這樣，艾蒂安在病中，透過德斯蘭的關係，也便接觸到詹森派的理論。他認識到每個人應該有正確的歸宿；榮譽與財富為身外之物，是暫時的，不能滿足精神的要求。

1646 年，帕斯卡二十三歲了。雖然體弱多病，卻已成為歐洲知名的科學家。看到父親思想所起的變化，帕斯卡也受到感動，亦接觸到詹森派的著作。他還向他妹妹雅克琳宣傳，那時候，她二十歲了，正在考慮婚姻問題，因為帕斯卡的勸說，她放棄了。我們覺得這時候的帕斯卡，並未深刻理解詹森派，他只是好奇地擁護這種理論而已。

1647 年 9 月，帕斯卡由盧昂回到巴黎，不久便病了，醫生禁止他工作。在養病期間，笛卡兒帶著孩子來看他。笛卡兒比他長二十七歲，卻像是老朋友，勸他多喝水，靜睡在床上。他們的談話常涉及科學問題，管中的水銀不上升的地方，笛卡兒以為不是真空，而是有種玄妙的物質。帕斯卡正相反，堅持是真空。他們開始有禮貌地爭論起來。因為爭論得很深刻，竟至帕斯卡忘掉了頭痛。巴黎深秋的陽光，無力地照在窗上，室內分外沉靜，談論的聲調時起時伏。正午的鐘響了，笛卡兒停住談話，站起來告辭，因為有人請他午餐，須趕赴聖日耳曼的約會。

帕斯卡傳略

雷布爾與聖克蘭亦常來看帕斯卡，他們是詹森派的擁護者，有深厚的友誼。帕斯卡很坦白，承認對詹森派有好感，是比較接近的，對耶穌會卻是有距離。雷布爾認為詹森派是正確的，應當以道德為主。耶穌會依附權門，使用權術是使人憎惡的。帕斯卡同意這種看法。

艾蒂安·帕斯卡病癒後，辭脫了盧昂的職務，於 1648 年 5 月回到巴黎，看到他的孩子們，察覺出孩子們思想上有了變化，而變化劇烈的是雅克琳。艾蒂安的摯友桂洛白爾，係詹森派的篤信者，與皇港修道院隱居者過從甚密。由於這種關係，雅克琳接近皇港女修道院，動了出家的意念。艾蒂安贊成詹森派的主張，卻不願他女兒出家，因而父女間的思想鬥爭，或顯或隱，卻是十分劇烈的。1648 年 11 月，雅克琳寫信給她姐姐說：「你知道因為出家這件事，怎樣地擾亂了家中的安靜呵！」

17 世紀法國所謂有教養的家庭，子女出家認為是光榮的。事實上，卻是違反自然的。1649 年 5 月，為了改變環境，以期轉變女兒的思想，艾蒂安帶著他的兒女回到克萊蒙。雅克琳住在故鄉，思想未起什麼變化。她過著簡樸的生活，剪短長髮，著低跟鞋，穿暗色的衣服。

這些瑣事卻表現出她的決心。艾蒂安看著女兒的這種情況，苦痛地說：「我的生命不會久遠了，你忍耐著些吧！」[259]

過了一年後，1650 年 5 月，艾蒂安帶著兩個孩子回到巴黎。生活是安靜的，思想卻是沉重的。到 1651 年 9 月，艾蒂安病了，雅克琳盡心看護，十分勞累。吉爾貝特因為臨近分娩時期，不能離開克萊蒙。在這年 9 月 24 日，艾蒂安病勢沉重，挽救無術，便與世永別了。

帕斯卡心情十分苦悶，精神疲累，既感到喪父的苦痛，又受到雅克琳出家的威脅。吉爾貝特分娩後，於 1651 年 12 月底來到巴黎，看護她的弟弟妹妹，但是雅克琳決心離開家庭，到巴黎皇港女修道院出家。

吉爾貝特以簡樸的筆調，敘述雅克琳離開家庭的情形。她說雅克琳離開的

259　吉羅德：《偉人們的姊妹》，28 頁。

那一天，「要我在晚上向我弟弟（指帕斯卡）說清楚，不至使他感到意外。盡我所能，我慎重地告知他，只說去住幾天，稍微了解點那裡的生活。可是弟弟不能不感動，悲哀地回到他的房中，也沒有去看妹妹。那時候，妹妹躲在別間房子內，不敢出來，怕傷著他的心。弟弟走開後，妹妹出來，我告知她那些最動人的談話。以後，我倆都睡覺去了。雖然我滿心讚許她的行動，我相信這是一件好事。可是，這樣重大的決定，如是感動我，精神被侵襲，竟至通夜失眠。早上七點鐘，妹妹尚未起來，我想她也沒有睡著，又怕她是病了。我到她床邊時，她還睡著。聲音將她驚醒，她問我什麼時候。我告知她，並問她的身體怎樣，睡得怎樣。她說身體很好，睡得很好。她起來，穿好衣服，便走了。也如平時一樣，她的動作表現出從容的態度與安靜的精神。怕我們難受，她也沒有告別。當我看到她要出門時，我將臉掉轉過去。便是在這樣的情形下，她離開了家庭。這是在1652 年 1 月 4 日，那時候，她二十六歲又三個月」[260]。

　　17 世紀法國的知識分子，反抗封建的傳統是廣泛的，只是態度有所不同。莫里哀所諷刺的人物與拉辛所讚美的人物，處理不同，反映時代的要求，卻是一致的。雅克琳的行動教育了帕斯卡。她的行動是時代現實的反映，走出家門到皇港修道院說明了她的選擇，是以自己的生活對傳統生活的一種反抗。在這一點上，帕斯卡並不理解雅克琳的行動，希望她在家再停留兩年，雅克琳拒絕了。1652 年 3 月 7 日，雅克琳寫信給帕斯卡說：「你不要奪掉我那你不能給我的東西！……我盡心請求你的同意，並非因為這件事非得到你的同意不行，而是你同意了，這件事做得愉快些與安靜些！」

　　最後，帕斯卡屈服了。帕斯卡理解現實的真實是從實驗中所得的真實。從接觸詹森派後，透過雅克琳的行動，帕斯卡思想起了變化，接觸到精神的動向常受「心」的支配。如何理解這個「心」的真實，首先要深入社會，分析現象，累積經驗，最後他發現「心有它的理智，而理智是不能了解它的」[261]。

260　佩里埃夫人：《關於雅克琳的回憶》。
261　帕斯卡：《思想錄》，277 條。

第五章　帕斯卡生活範圍的擴大

帕斯卡做科學工作的精神是十分嚴肅的。1648 年 2 月，他寫給巴伊說：「要想一個假設是正確的，只是與所認識的各種現象不矛盾，那還不夠。因為，如果假設與一個現像有矛盾，而這個現像是我們不認識的，那這個假設便是錯誤的。」因此，深入了解事物，說明事物發展的必然性，這是他工作中的要求，也是當時科學工作者共同遵守的法則。

自從帕斯卡的家庭起了劇烈的變化，他感到生離死別的苦痛。

由此，他認識到「物」的世界之外，還有「心」的世界，而他在這方面的知識是十分貧乏的，須要擴大他的生活的範圍。事實上，從克萊蒙回到巴黎後，帕斯卡已經開始了這種轉變，只是尚未意識到這種轉變的重要性。

《烏特萊克雜記》中說：「因帕斯卡傑出的天才和精湛的科學知識，有兩個人同他親密地往來，一個是洛奈茲公爵，一個是多瑪。」[262] 洛奈茲公爵約生於 1630 年，雖是知名的貴族，卻沒有封建傳統的習尚。他父親死於戰爭，母親又不大關心家事與子女的教育，所以洛奈茲從幼年起，便任性所欲，興趣多端，有種豪放的氣概。他住在巴黎聖麥利區，與帕斯卡住的聖傑克區只隔著兩條小路。由於愛好科學，於 1651 年他們結為朋友。帕斯卡的甥女馬克里特·佩里埃說：「在我舅父與公爵（指洛奈茲）之間，有一種深厚的友誼。……科學成為他們的快樂和談資。」[263]

是在 1652 年 6 月裡，洛奈茲要回他治理的領地巴都，約帕斯卡與麥來騎士去巴都旅行。麥來年歲較長（生於 1610 年），熟悉當時的風尚，他笑帕斯卡脫離社會實際。麥來說：「洛奈茲是個有數學修養的人。為了旅途不寂寞，邀請了一人做他精神的食糧，那人是大數學家，他所知道的僅只數學而已。」[264]

在旅行中，帕斯卡感到不協調，他所認識的現實是單純的，又不善於同他們

262　《烏特萊克雜記》，272 頁。

263　見馬克里特·佩里埃所寫的回憶。

264　麥來：《論精神》，100 頁。

談論，但是他能運用科學方法來觀察現實，分析現實。深入到社會的內部，他的認識逐漸起了變化。麥來告訴帕斯卡說：「數學法則不能認識社會的真實。慧眼所見到的東西，實證是無法說明的。所以有兩種方法認識真實，一種是實證，一種是感覺。」但是，帕斯卡並不能理解麥來的意思，相反的，他認為一切以理智為主。他說：「理智比權力更強固地統治著我們。不服從權力的後果是不幸，不服從理智的後果卻是個蠢貨。」

帕斯卡深入社會，感到自己社會知識的缺乏。麥來寫信給他，說：「你要盡心傾聽人們給你敘述宮廷與軍隊，豐富你的精神世界。」[265] 麥來有淵博的知識，自負是有教養的。他懂得希臘與拉丁古典語言，也懂得義大利與西班牙語言，他喜歡遊歷，到過英國、德國與美洲等地。他有許多獨特的主張，推崇古希臘的演說家德摩斯梯尼，認為其價值在荷馬之上。他交遊很廣，往來的朋友又很複雜，如米敦。米敦受了蒙達尼學派的影響，以期做一個正人君子，實質上有時是古怪的，有時又是虛偽的。米敦與帕斯卡接近後，啟發了他對「我」的認識。帕斯卡用邏輯式的語言，表達對「我」的理解：「我是可恨的，米敦，你常站在我之上，所以你是可恨的。」

在巴都旅行生活的鍛鍊中，帕斯卡受麥來的影響，感到細微的事物也含有不可捉摸的真理。楓德奈宮收藏的兩幅畫的背面，有帕斯卡寫的詩，係感謝一位婦人，其中有一節這樣說：

在此勝地，可愛的年輕主人，
你給我繪出了一幅肖像，
我要隨著你那纖纖的手，
到你所繪的地方。
天空中繪出了這些天神，
為了使仙女更可愛而美麗，
為何不將你的容顏給了她？[266]

265　麥來：《通訊集》，107 頁。
266　引自布魯特著《帕斯卡》，57 頁。

帕斯卡傳略

這首詩可以說是帕斯卡所作的唯一的詩，是十分寶貴的，因為反映出他內心的激動與含蓄，這是一反帕斯卡往日的性格的。事實正是這樣，在巴都的旅行中，帕斯卡的思想起了變化。麥來之後寫道：「自從這次旅行後，他（指帕斯卡）再不去想數學問題了。」[267]17 世紀，哲學仍受神學的支配，是沒有獨立地位的。可是新興的知識分子要求哲學脫離神學的羈絆，獨立成為一種科學，特別著重在倫理方面。在此時期，帕斯卡開始研究禁欲派的思想，強調意志的重要，靈魂的偉大，這是一方面；另一方面，卻要深入社會，理解現實生活的意義，使自己的知識豐富起來。為此，帕斯卡對社會持一種深思好奇的態度，有急切體驗現實生活的要求。1652 年底，帕斯卡回到克萊蒙，按照伏來西伊的記述，帕斯卡認識一位女學者，別號為莎弗。當時的習尚，莎弗自視為風雅人物，憎惡粗陋，帕斯卡能符合她的風趣，說明他已不是純粹的數學家了。

帕斯卡逐漸認識社會，對這方面，他思想上重視起來。「善於生活」是 17 世紀的時代精神。麥來有豐富的生活經驗，懂得如何滿足人的要求。他寫給帕斯卡說：「除去我們感覺到的自然世界外，還有一個看不到的世界，在那裡你能找到最高深的科學。沉醉現實世界的人，往往不善於判斷，落在粗陋習俗之中，如你所推重的笛卡兒……你曉得在看不見的世界內，深藏著真理，可以找著事物的原理、理智、妥貼、公正、相稱……」[268]毫無疑問，這些思想啟發了帕斯卡對事物的觀察。帕斯卡認為人有兩種精神，一種是幾何的，以原理衡量各種現象，屬於理智的；另一種是精緻的，直接概括各種現象，深入事物的本質，屬於感情的。

不僅如此，麥來深入到社會，接觸到人的現實。對中古那種玄虛的、技巧的理想，常引起一種憎惡與苦惱，而想解脫。他在《通訊集》中說：「在巴黎，我時常尋找孤獨！」[269] 他又說：「一個美的白晝與溫和的夜都使我快活。」[270] 這種醉心於孤獨與自然的意識，已超出古典主義的範圍。或者說，這是古典主義中的

267　吉羅德：《帕斯卡英雄的生活》，73 頁。
268　吉羅德：《帕斯卡英雄的生活》，74 頁。
269　麥來：《通訊集》，78 頁。
270　同上，163 頁。

浪漫主義。帕斯卡與麥來等往來，閱歷既多，觀察又深，使他感到人心的複雜，常在不安與恐懼之中。他對自然所持的態度，已失掉自然科學工作者的那種冷靜，表現出詩人熱情的驚讚。他說：「無盡空間永久的沉靜使我恐怖。」[271] 宇宙是沉默的，人心是敏感的。宇宙的不變，人事的幻變，使帕斯卡感到苦痛。所以他又說：「覺著所有的東西消逝了，那是最可怕的。」[272] 帕斯卡的這種思想反映出資產階級初期的意識形態。在渺茫的大海上，帶著許多幻想向外開拓。到不認識的地方後，忽然致富，轉眼又失敗，這種變化使人感到深刻的苦悶。

　　帕斯卡生活範圍的擴大，理解到「真」不是唯一的，因為如果將「真「絕對起來，它會使人感到疲倦與煩惱。為此，人們所找的不是真，而是愛，因為愛是生命的躍進，常在動盪之中。但是，他又認識到動與靜不是絕對的，而是統一的，問題是如何統一起來，對此，帕斯卡並未得到正確的解決。由於同麥來的接觸，帕斯卡受到很深的教益。麥來的思想，已超出古典主義的範圍，他說：「現在我另有一種快樂安慰我的缺陷。我愛叢林中歌唱的小鳥，我愛清澈與流動的溪水，我愛草地上叫喊的家畜，這些都使我感到自然的端莊的美。」[273] 麥來雖生在17 世紀，卻已啟示出盧梭對自然的憧憬，並希望有良好的社會制度，改變那些束縛人的法令。的確，對傳統的權威與秩序，需要重新估價。麥來敘述一件事實，已反映出新的意識形態。在一位高貴的婦人家中，有許多賓客談心。忽然有一位穿破衣的窮人來了，舉動粗陋，要求會見主婦。主婦出去，知道是遠方的親戚，親熱地擁抱，邀請到室內，介紹給那些客人。她坐在他旁邊，問他家中的情形。麥來在敘述完後說：「她從來沒有比這次更可愛。」[274] 帕斯卡深入到生活實際後，擴大了生活知識的領域。但是，他與麥來的思想有所不同。麥來理解的生活是外形的，有中古騎士的風格，充滿了修飾與學究的氣味。帕斯卡繼承了優良的傳統，勇於正視人的弱點與殘缺，不將人美化，這又是人的可愛與偉大的地方。

271　帕斯卡：《思想錄》，206 條。

272　帕斯卡：《思想錄》，212 條。

273　麥來：《通訊集》，107 頁。

274　麥來：《論愉快》，53 頁。

第六章　帕斯卡艱苦的摸索

17世紀，法國的文學已開始了光輝的一頁，形成了古典文學。

1634年，法國國家學會建立，進行純潔法國語言的工作。吳若拉刊行了《關於法國的語言》。1636年，高乃依的《瑞德》在馬萊劇院上演，標誌著戲劇的革命。1637年，笛卡兒發表《方法論》，是思想方法上的一次躍進。1646至1658年，莫里哀在鄉間巡迴演出，不久成為巴黎人喜聞樂見的劇作家，至今人們仍欣賞他在藝術上的成功。

1656年，帕斯卡發表〈致外省人書〉，成為散文的典範。這些變化，表面上趨於完美與和諧，實質上卻表現出劇烈的轉變，即是說由封建制度向資本主義的過渡。路易十四（1643～1715）開始統治之時，年歲尚幼，馬薩林執掌政權，加強「朕即國家」的專制政治。1648年與1651年兩次投石黨運動，說明新舊派所擁護的君主政治，已開始失掉「妥協」的意義，不只羅馬教會與貴族受到猛烈的攻擊，便是當時法國的耶穌會與君主政權，亦受到反抗。帕斯卡為詹森派的中堅分子，反抗耶穌會，受到政府的鎮壓，那是完全可以理解的。17世紀經濟文化的發展，給啟蒙運動準備了改革的各種條件，資產階級又向前發展了一步。因此，在17世紀後半期的動向，社會制度成為分析與研究的對象，反映出新舊勢力矛盾的加劇。法國的君主政權像建立在一座壯麗的橋上，奔騰澎湃的時代思潮，有如洪水從橋孔中湧過去，再過一世紀，經過1789年的革命，這座大橋便摧毀了。多少人視帕斯卡為封建制度的衛護者，以為他衛護了基督教，殊不知羅馬教皇視他為異端，帕斯卡的主張，代表了詹森派的主張，法國政府禁止他們的活動，因為他們阻礙了君主專制政權的發展。事實上，帕斯卡是被人誤解的，他有侷限性，放鬆科學的研究，以宗教來反對傳統的宗教，但是他不是封建制度的衛護者，不能因為他談基督教，便說他是這樣或那樣，而要看談怎樣的基督教。帕斯卡所談的基督教是原始的、奴隸時代晚期窮苦大眾所信仰的基督教，也就是說西元4世紀聖奧古斯丁以前的基督教。因而他的主張不能見容於當時的政府與

教會。這在他的〈致外省人書〉中表現得十分清楚。他首先是一個科學工作者，他反對盲目地服從傳統，他要人克制情慾的衝動，以彰倫理道德的偉大。

　　大約在1652至1653年間，帕斯卡寫了一篇〈愛的情慾論〉，內容十分新奇，卻沒有引起當時人的注意，這是很可惜的。1843年，庫贊發現了原稿後，做了精確的考證，發表在這年的《兩個世界雜誌》上，引起了許多爭論。這篇論文開始說：「以愛情開始，以雄心終結，這種生活是最幸福的生活。倘若我要選擇，我便選擇這種生活。」帕斯卡認為偉大的靈魂，不是自我的陶醉，常沉溺在愛中，而是在強烈的愛中，不要自私，卻要泛濫出去，震撼或填滿了別人的靈魂。

　　帕斯卡為何寫這篇論文？是否有切實的對象？論文中反映出實際的體驗，如：「不敢說出愛的幸福是苦痛的，但是也有些美味。」又如：「有時去她那裡，情緒高漲，超過在自己的家中，可是不敢告知她。」那麼，誰是帕斯卡所愛的對象，至今仍是個謎。米肖是研究帕斯卡的專家，他引用哈瓦特的話說：「帕斯卡真愛過一個女子。很顯明，他受到感動，才寫出這篇文章來。可能她沒有看到這篇文章，但帕斯卡寫出就像是她已看到了。因為在那裡邊，他可寫出當面不敢說的話。至於要猜這個女子是誰是不可能的，而我也不願去猜。」[275] 以後，馬克里特說到她舅父帕斯卡，有一個時期想結婚，曾找尋過對象。

　　法國17世紀的婚姻是不自由的。父親有絕對的權力，女兒的責任是服從。沙夏說：「沒有愛情，一樣可以愛他的女人。」帕斯卡的家庭屬於中上層類型，自然受當時習尚的約束。相反的，他的〈愛的情慾論〉是衝破封建的藩籬，是對傳統愛情的一種挑戰，要求解放人的情感。帕斯卡認為人的特點是思想，思想又支配了人的行為。但是在現實生活中，事物變化無窮，抗拒我們的思想是困難的，卻又是必須的。變與不變是不能對立的，而要統一起來。要有愛的情慾，我們始能有滿足，因為愛的情慾是動的思想，能夠滿足人心的需要，而這種需要又非理智所能控制。

275　米肖：《愛的情慾論》的序言。

帕斯卡傳略

按照帕斯卡的思想，愛情的對像是美，而美須寄寓在似自己而又非自己之中，那只有異性者始具備這個條件。帕斯卡說：「各個人有特殊的美，在世間人們尋找自己的類型。婦女們具有特殊的美，對男子的精神領域有特殊的力量。」[276]在愛情上是變化無常的，這沒有什麼重要，因為「真的或假的愉快，一樣可以滿足了精神」。但是，帕斯卡又說：「因為怕失掉一切，在愛情中不能僥倖，應該前進。然而誰能說出前進到哪里？」[277]17 世紀的轉變中，即使是進步學者，仍然脫離不了封建思想的束縛。帕斯卡經過實際生活的鍛鍊後，認識到很難用數學來解釋情感與理智的矛盾，這對他是十分新奇的。

帕斯卡認識洛奈茲公爵後，同時也認識了他妹妹洛奈茲女士。

當庫贊發現〈愛的情慾論〉手稿後，經過他的研究，便斷定是為洛奈茲女士所作的。法國的學者們對庫讚的意見有不同的看法，卻不能否定帕斯卡和她的關係及給她所寫的九封信。從那遺留的九封信內，也可看出帕斯卡同她的關係，即使沒有愛情，至少也有深厚的友誼。

洛奈茲女士和她哥哥一樣，沒有受過嚴謹的教育。她很急躁，有時卻又憂悶。她二十三歲時認識了帕斯卡，待之如長兄，她曾徵求他的意見，以解決深心的煩悶。

帕斯卡寫信給她說：「沒有受苦痛是擺不脫現實的。聖奧古斯丁說得好：當人願為別人牽連時，不會感到鐐鏈的苦痛；可是，如果開始反抗和離棄時，苦痛變得分外沉重。」[278]他關心洛奈茲女士內心的發展，真是體貼入微。帕斯卡告訴她說：「盡我的所能幫助你不去苦惱，要把眼光放遠些，我相信這是一種責任。

不這樣做，那便是犯罪的。」[279]洛奈茲女士很理解這種心情，而她的心情隨著平靜下來。帕斯卡愉快地寫給她：「對於你，我十分放心，我有種意外的希

276　帕斯卡：《愛的情慾論》。

277　同上。

278　見 1656 年 9 月 24 日帕斯卡寫給洛奈茲女士的信。

279　見 1656 年 10 月帕斯卡給洛奈茲女士的信。

望。」[280] 有時候，她埋怨帕斯卡不寫信，他回答說：「我不清楚你對我不寫信為何苦痛？我同你和你哥哥是永遠不分開的，我經常想念你倆。你看已往的信，還有這一封，我是如何關心你啊。」[281] 他們這種純潔的友愛，是十分珍貴的。那時候，帕斯卡正寫《致外省人書》，為了正義，反對虛偽的耶穌會，在暴風雨般的鬥爭中，這種友誼是一種力量，是一種高貴的安慰。

洛奈茲女士受到帕斯卡的影響，成為詹森派的堅信者。於 1657 年 7 月，沒有告知她母親，便離開家庭，進入巴黎皇港女修道院。耶穌會忌妒詹森派的成功，利用政府的權力，打擊詹森派的威信。他們壓迫洛奈茲女士返回巴都。在離開修道院的前夕，1657 年 11 月 2 日，她將頭髮剪去，發了出家的誓願。既回巴都後，她穿著樸素的衣服，完全與鄉人一樣，過著簡樸的生活。帕斯卡死後，她自行取消前願，嫁給伏亞德公爵。婚後的生活是不幸福的，她生了四個孩子，常在疾病與痛苦中。自 1671 年起，她又與詹森派的舊朋友們接觸，往事不堪回想，這時帕斯卡去世已九年了。1683 年，她五十四歲，在這年，她含著悲憤與悔恨的心情與世永別了。

在 1652 年以後，帕斯卡深入社會後，並未放棄數學的研究，他發現了「數學三角形」——前此四百多年，我國宋朝楊輝著的《詳解九章演算法》已有數學三角了。帕斯卡的「數學三角形」為「或然計算」

的基礎，這種方法是「既具體而又普遍的」。帕斯卡經常與費馬通訊討論。那時候，費馬住在杜魯斯，寫給加爾維說：「我將我的原理與初次的論證，一齊寄給帕斯卡先生，我先告訴你：從那些上面，他會發現不只是新的事實，而且是驚人的事實。」[282] 在法國，這時是數學與物理創始的時代，數學三角形用處很廣，可用於或然計算與微積分中。

以後統計學中高斯定律，亦可以此解釋。帕斯卡將成就告知麥來，麥來謙遜

280　見 1656 年 10 月帕斯卡給洛奈茲女士的信。

281　見 1656 年 11 月 5 日帕斯卡寫給洛奈茲女士的信。

282　摩里亞克：《帕斯卡與其妹妹雅克琳》第 10 章。

地回答：「我坦白地說，這些知識超出我的能力，我只能讚賞，請你抽時間完成它。」[283]

帕斯卡在科學上的成就，原應使他得到滿足，達到幸福的境地。

但是，事實並不如此，所謂幸福，又能增加什麼？雅克琳在寫給她姐姐的信中說到帕斯卡：「自從一年以來，他（指帕斯卡）憎惡這個世界，尤其憎惡住在里邊的人們。」[284] 是在兩年前吧，雅克琳要離開家庭時，帕斯卡阻止過這種行動。當時，法國有地位的家庭是鼓勵子女入修道院的。雅克琳以一種倔強的言辭向帕斯卡說：「你不要拒絕這種光明，你不要阻止別人做好事，而要你自己也去做。如果你沒有力量來追隨我，至少你不要阻擋我！」[285]

人總是要發展的，相距兩年多的時間，帕斯卡變了，深心感到空虛與不安，對科學與世界，他覺著不是眷戀的對象，「要從情慾的對象上，逐步解脫」。[286] 他覺著人是偉大的，卻又是脆弱的。帕斯卡在摸索中，以實證的方法，對理想與現實，永久與暫時，理智與感情，做了嚴肅的分析。在 1654 年 11 月 23 日深夜，他發現了他所應遵循的道路，找著了他的上帝，「不是那些哲人與鴻儒的上帝」。

他所要堅持的是真理，而這個真理不是傳統所說的，更不是教會所宣傳的，他需要解脫情慾的束縛，拋棄心上的一切。「經驗是物理學中唯一的原理」，他用這個原則，解決人的問題。幾年的經驗，強者壓迫弱者，權貴撲滅真理，耶穌會利用政治地位，打擊詹森派，1653 年 5 月 31 日，羅馬教皇英諾森十世，為了討好法國的政府與教會，宣判詹森派為異端，而詹森派的主張，正是帕斯卡所要走的道路。這種轉變，實質上是脫離了封建思想，進入一個新的歷史時期，縱使如此，帕斯卡仍然是屬於唯心的。

也是在 1654 年，帕斯卡經過長期的鬥爭後，發現了他所摸索的真理。他說：「既然沒有比你（指真理）更永久的，也就沒有哪種愛抵得過你。」他覺著

283　摩里亞克：《帕斯卡與其妹妹雅克琳》第 10 章。
284　見 1654 年 12 月 8 日雅克琳寫給吉爾貝特的信。
285　見 1652 年 3 月 7 日雅克琳寫給吉爾貝特的信。
286　《烏特來克集》，258 頁。

他所眷戀的都是些偶像，應該毀滅掉。

　　家庭、財富、聲譽等都是偶像，自1655年初，帕斯卡要從這些羈絆中逃脫。1655年1月7日，他接受了聖克蘭的勸告，與呂伊奈斯公爵走上詹森派的道路，他們不是出家，也不是入會，他們在鄉間皇港修道院中，只是愛好沉思默想，度著簡樸的生活。親自收拾自己的房間，取送自己的飲食，一切由自己料理。這種劇烈的轉變，吉爾貝特說她弟弟「取消了生活上一切無用的東西」[287]。雅克琳經多次接觸後，看她哥哥變得十分謙虛，說帕斯卡藐視自己，想毀掉人們對他的敬重。事實正是如此，簡樸與謙虛永遠是人類靈魂偉大的標誌。他不是說過嗎？「在一個偉大的靈魂中，一切都是偉大的」[288]。這就是為何詹森派雖受政府與教會的摧殘，卻得到當時廣大群眾的擁護。道德的威力戰勝了傳統的信仰。

　　關於此，在《思想錄》中帕斯卡舉「人之子」耶穌為例：耶穌在最後的夜間，苦痛在橄欖園中。在這個可怕的時刻，據傳說他的三個弟子卻在那裡睡覺。帕斯卡說：「耶穌至少想在他最愛的三個朋友中，尋找點安慰，可是他們睡覺了。他請他們幫助，而他們卻毫不關心，沒有一點同情心阻止他們睡覺……在這樣可怕的夜中，他忍受這種苦痛與這種遺棄……」

　　這樣一幕悲劇，帕斯卡以「火山似的情感」尋找他的真理。仍是在《思想錄》533條中，帕斯卡似乎覺著耶穌對他這樣說：「我在痛苦中想你，我為你流了那麼些血。……你想不流點眼淚而常耗費我人類的血嗎……」

　　帕斯卡的摸索，最後他所找到的是「人之子」，而這個「人之子」的「靈魂悲哀得要死」。這裡可看出17世紀過渡時期中，像帕斯卡那樣頑強探討真理者，他所追求的是個體解放，他所得到的是深刻的悲觀。他沉醉在渺茫的傳說內，摸索到「人心」的幻變，增加了他悲觀思想的發展。

287　佩里埃夫人：《帕斯卡傳》。
288　帕斯卡：《愛的情慾論》。

═══ 第七章　《致外省人書》═══

　　1656 年 1 月 27 日，巴黎街上叫賣著八頁的小冊子，題為《致外省人書》，獲得意外的成功。這種形式的信，陸續發表了十八封。第十九封方開始便中止了。作者帕斯卡，化名蒙達爾脫，將詹森派與耶穌會的鬥爭，向社會公開，要求群眾來判斷，這種做法是不尋常的。

　　這次劇烈的鬥爭，是法國宗教改革的繼續。耶穌會衛護君主政府的利益，隨其所好，使社會道德日趨墮落。詹森派鑑於道德的崩潰，生活已走向不健康的道路，失掉意志與理智的支配，詹森派認為這是法國的危機。17 世紀新興的資產階級，反對粗暴的決鬥、對婦女的輕佻行為、自私的高利貸，迫切要求新的道德來振奮人心。為此，對詹森派的申理智、重意志、樹立嚴肅的生活紀律，是十分需要的，而且也是有益的。正因為如此，耶穌會忌妒詹森派的威信，憎惡他們的嚴肅生活。詹森去世後，他的朋友們於 1640 年刊其所著《奧古斯丁》一書，耶穌會懼其影響，利用巴黎大學，即刻採取反對的態度。阿爾納為詹森的擁護者，發表兩種著作為詹森辯護，得到社會的同情。耶穌會將《奧古斯丁》一書歸納成五條罪名，利用羅馬教皇的權力，限制此書的流傳。詹森派認為這是耶穌會的陷害，不能從書中逐字逐句找出來的。因此羅馬教廷處罰五條的罪行，不能涉及詹森本身，因為他是沒有這樣說過的。

　　阿爾納為詹森派的領袖，任教巴黎大學，有很高的資望。根據這種論證，與耶穌會正面衝突起來。耶穌會千方百計羅織罪名，欲打擊阿爾納的威信。利用宮廷權力，於 1656 年 1 月 14 日撤銷阿爾納巴黎大學的職位，並宣判阿爾納為異教徒。阿爾納回到鄉間皇港修道院，向朋友們申訴，朋友們為之不平，並說：「你讓他們如對待小孩似的隨便處罰你嗎？你不該站出來辯護嗎？」

　　阿爾納的自尊心受到創傷，當朋友們這樣鼓動他時，他便用三天的時間，寫出他的辯論，向皇港諸友宣讀，帕斯卡亦在座。大家聽完後，空氣沉悶，默然無聲。阿爾納傷感地說：「我清楚，你們以為這篇東西寫得不好，我相信你們是對的。」

　　阿爾納在苦悶之餘，轉頭看到帕斯卡，懇切地向他說：「你年少而好奇，你應當寫點東西！」帕斯卡在沉默中接受了這樣的重託，潛心著作。因為他不是神學家，所以他不去爭論神學上特定的概念。他以一個普通人的姿態，根據常識來論證神學上的問題，運用如劍的利筆，解剖爭論問題的實質。這在當時是一件破天荒的大事。自從一千多年來，神學的問題只有神職者可以議論，而今普通人亦可提出自己的意見。這種變化不是為了教會，而是為了社會；不是為了宗教，而是為了倫理；不是為了信仰，而是為了理智。因此，維爾曼說：「皇港的隱修者，表面上討論經院哲學的玄妙。實質上，他們仍是自由意識、實踐精神、愛好正義與真理的代表。」

　　事實正是這樣，皇港隱修者所關心的是道德墮落，帕斯卡揭露耶穌會的罪惡對當時社會惡劣的影響。寫成第一封《致外省人書》，他向大家宣讀，阿爾納驚喜地說：「寫得十分好，這才值得讀，快些印出來！」

　　十八封《致外省人書》的內容，概括起來，前四封是討論阿爾納的問題，並分析反對阿爾納的理由。他指出，耶穌會所以反對阿爾納，不是為了真理，而是為了忌妒。從第五封到第十六封，談道德問題。道德是社會的反映，帕斯卡申述原始基督教的倫理思想，意識到與封建時代不同，即反對中世紀的迷信，痛斥耶穌會的虛偽。最後兩封轉到神學問題上，辯論詹森派是否為異端，應該如何處理所存在的問題。

　　帕斯卡不懂得神學，卻成了有利的條件，因為沒有受經院學派的束縛。當時辯論神學與哲學問題者，咬文嚼字，糾纏在玄虛的概念上。帕斯卡一反這種方法，從現實生活著手，以嚴謹的邏輯，生動的語言，向群眾說明問題的真相，同時也便有力地發動群眾，要群眾關心這次的辯論，所以第一封信便得到意外的成功。

　　《致外省人書》出版後，得到文學家夏伯蘭與侖克維爾夫人的支持，認為詹森派的主張是正確的，壓迫阿爾納是不義的，帕斯卡爽直地說：「這不是神學問題，這是人的問題。如果阿爾納離開巴黎大學，一切問題便解決了。」

帕斯卡傳略

帕斯卡的寫作是十分認真的。他研究各種資料，對證引用的原文，反覆修改寫作。第十八封信，修改了十三次。這種嚴肅認真寫作的態度，運用現實生活中所反映的資料，帕斯卡無情地揭露言行不符的耶穌會士的罪行。他說：「你們穿上僧侶衣服，向人民說道，而自己心上卻充滿了仇恨！」

耶穌會在初期感到驚奇，束手無策，只好抱著沉默的態度。繼後出來辯駁，僅只詰難引用原文的不準確，空洞叫喊瀆神，卻又舉不出實證。帕斯卡憤怒地說：「為何說我瀆神呢？難道不該譏笑假道學者嗎，誰能禁止攻擊錯誤而用諷刺的手法呢？你們想要例子嗎？看看你們的著作，你們會得到無數的證據。你們是強者，我是弱者；你們人多，我只一個；你們用武力，我只有真理！奇怪的爭論！武力要消滅真理！」

第十四封寫得最為尖銳。耶穌會首長納埃特讀後，竟至暈倒，喪失了知覺。第十七封信，揭發了耶穌會的虛偽，說他們不敢攻擊聖奧古斯丁，卻攻擊阿爾納。耶穌會緘默，不敢出來辯論，卻利用羅馬教皇來壓制。帕斯卡並不屈服，他說：「你們使羅馬將我問罪，但是上天將向你們問罪！」

1656 年 4 月，法國政府解散了皇港修道院，取消附設的小學校。

帕斯卡在憤怒中，毫不退讓，他靜待著大屠殺。1658 年《致外省人書》譯為拉丁文後，注釋中偶然涉及路易十三，借不敬的罪名，將書焚燬，逮捕譯者尼可洛。在暴力壓迫之下，詹森派失敗了。可是在群眾面前，帕斯卡的著作卻是勝利了。耶穌會從創立以來，從未受過這樣慘痛的打擊。帕斯卡很明白他的行動，也明白他所寫的價值。在他死的前一年（1661），他正在病中，有人和他談起《致外省人書》，並問他是否追悔寫了這些東西。帕斯卡勝利地說：「追悔？遠些吧！如果我再寫，我要寫得更強硬些！」這不是高傲與負氣，而是意識到他的寫作對耶穌會的揭露是有深遠意義的。

啟蒙運動時期的反對耶穌會，是帕斯卡精神的繼續。伏爾泰不喜歡帕斯卡，卻繼續了反耶穌會的活動，這從他的《路易十四的世紀》中得到證明。為了政治的目的，耶穌會用各種方法取悅於人，使人感到輕鬆，滋長了享受與自私的思

想。生活嚴肅者在當時的風向中必然是同情帕斯卡的。事實正是如此，17 世紀的法國避免了走上西班牙精神衰落的道路，詹森派的運動是主要的力量，《致外省人書》起了決定性的作用。1656 年，盧昂神職界集會反對耶穌會，巴黎也有同樣的舉動，提出 38 條罪狀。1658 年，巴黎神職者受《致外省人書》的影響，向議會控訴耶穌會，反對道德的墮落。這證實帕斯卡所起的作用。耶穌會較有價值的答覆，係 1694 年達尼耶所寫的，可是已經晚了四十年，這說明了《致外省人書》的正確性。推翻耶穌會的活動繼續進行著。1773 年，解散了耶穌會，彷彿搬掉了人民身上的一座大山。其理由之一，就是耶穌會使道德墮落，即百年前帕斯卡所指責的。

《致外省人書》的寫作是客觀的，文體簡樸，立論嚴謹，堅持說理的風格。有原則，又必須有充實的證例，否則，帕斯卡是不提出的。他的方法是數學的，以數學方法解決神學問題，今天讀起來依然感到作品的美麗與新鮮。他堅持了說理，有情感而又詼諧，樹立起古典散文的典範。他不談作者，而只談所討論的題目，不雜幻想，以清楚為首，使人能理解。帕斯卡爭取到了當時廣大的正直者。《致外省人書》

的語言，是馬來爾孛理論的實踐，馬來爾孛主張語言「要來自群眾」，帕斯卡是法國散文中第一個表現出質樸、單純、精確、清楚，特別是合理的特點的人。朗松認為帕斯卡的散文在希臘德摩斯梯尼之上。[289] 當 1657 年 3 月對詹森派禁令發表後，皇港隱修者感到苦痛。帕斯卡正執筆寫第十九封信，才開始向耶穌會神長安那特說：「你安慰吧！你恨的人在苦痛中。」這封信就這樣停止了。《致外省人書》也便這樣結束了。帕斯卡的作品從來沒有寫完，無論是科學的還是哲學的，都是中途而輟，留下斷簡殘篇。多少人曾推測帕斯卡放棄戰鬥的原因，我想是徒然的。聖佩韋評論《思想錄》時，以為沒有完成比完成更為偉大。對《致外省人書》也應當如聖佩韋對《思想錄》的看法。

---

289 朗松：《法國文學史》，463 頁。

第八章　帕斯卡最後的生活

　　1657 年 3 月底，帕斯卡剛開始寫第十九封《致外省人書》便停止了。他感到苦痛，同時也感到乏味。他覺著這個世界是虛偽的。他希望得到安靜，可是事與願違，他只感到混亂。他多病，身體衰弱，牙痛使他不能成眠。有一天夜間，帕斯卡牙痛，坐臥不寧，為了減輕痛苦，思想專注在轉跡線（亦稱旋輪線）上，這個深奧的問題是麥爾斯納提出的，任何人尚未解決，而帕斯卡用立體幾何的方法在病中解決了，得出不少的積分變換公式，隨著牙痛也便停止了。

　　帕斯卡接受洛奈茲公爵的建議，1658 年 6 月公布了轉跡線問題，廣泛徵求解答，期限為一年半，並附有獎金。一年半過去了，沒有得到任何答案，只好公布了自己的解法，以獎金印了他的作品。1660 年，他寫信給費馬說：「數學可以做試驗，費力則不必。」這並不是輕視數學，而是數學不能作為人的歸宿。他很謙虛，稱讚費馬是當代科學界的第一人。

　　帕斯卡是微積分學的建立者之一。萊布尼茲微積分學的成就與帕斯卡的轉跡線是分不開的。17 世紀，數學仍然是哲學的一部分。

　　帕斯卡認為一個連續的變量中，有無盡不同的蘊度，其中蘊含關係，相互影響，有如點和線一樣。在有盡的量中，可看出是無儘量的合成，而每個無儘量又可以當作初量是有盡的。他把這種關係歸納到一句名言：「一切是一，一切是變。」

　　自從 1657 年的暴風雨後，皇港修道院又恢復了正常的狀態。政治上他們處於劣勢，社會上卻得到信任。耶穌會掌握實權，得到政府的支援，懷著忌妒的心情，必置詹森派於死地。到 1661 年，也就是帕斯卡死的前一年，詹森的舊問題又重新提出，因馬薩林視皇港修道院與其政敵雷池有聯繫，須予以徹底的打擊，因而要求皇港有名望者簽名承認自己的錯誤。

　　帕斯卡的妹妹雅克琳是一個叛逆的女性。現在要她簽名，否認她所追求的真理，她的思想是通不過的。她反對這種虛偽與欺騙，她不能向當權者屈服。她憤怒地說：「我們怕什麼？解散、放逐、充公、監獄以至於死，要怎麼辦便怎麼

辦！這不是我們的光榮嗎？這不是我們的快樂嗎？」人們以她是出家人，應當服從。她聽了這種論調，更為憤怒。她說：「我很清楚，幾個女子是不能保衛真理的。但是，主教們既然有女子們的勇敢，女子們也應該有主教們的勇敢。如果我們不能保衛真理，那麼我們也要為真理死去！」[290]

雅克琳的倔強性格，使她反抗法國古老的社會。聖佩韋讚美她說：「她不允許人們譏笑她。」[291]她勇敢地反抗，但是她失敗了。她周圍的人們屈服，她很明白可以反抗敵人，卻不能反抗她的同伴。因而她為同伴被迫簽名。但是，她也明白簽名就是死亡。簽名後，她苦痛了三個月，於1661年10月4日，死在鄉間皇港修道院，活了三十六歲。

我們不知道雅克琳病的情形。她死的時候，帕斯卡亦在病中。再過十個月，他也要與世分別了。當他聽到妹妹的死，態度十分鎮靜，簡單地說：「好，她死了。」自從雅克琳死後，帕斯卡不肯提到她，因為語言不能形容他的苦痛。當他看到阿爾納與尼可洛等妥協，他也感到憤怒。阿爾納採取妥協的態度，想挽救他們的組織與財產，而帕斯卡卻要衛護真理，不使失掉社會的同情。他內心苦痛，看不起這些怯弱的人們，他說：「如果皇港的人們緘默，石頭要起來說話！」[292]帕斯卡與他的朋友們展開了鬥爭。

他甥女瑪格麗特說：「帕斯卡愛真理，許久以來患著頭痛病，當他要皇港先生們了解他的主張時，一種劇烈的苦痛侵襲進來，竟至失掉了語言與知覺，人們驚慌起來，急速救護，恢復知覺後，大家便退出去了。……我母親問他怎樣產生了這種變故，他回答說：『當我見這些人既然懂得真理，就應該保護真理，誰想他們動搖與妥協，我感到一種不能支持的苦痛，便暈倒了。』」[293]雅克琳的死，與朋友們的決裂，這些劇烈的苦痛給他精神上深刻的創傷。1661年10月以後，帕斯卡與皇港的朋友們斷絕了關係。

290　見雅克琳於1661年6月22日寫給安吉利克的信。
291　原文為摩里亞克所引用，見其所著《帕斯卡及其妹妹雅克琳》。
292　原文為摩里亞克所引用，見其所著《帕斯卡及其妹妹雅克琳》。
293　《帕斯卡全集》，第1卷，《馬克里特的回憶》。

從此，他的生活變得更孤獨，更簡樸，而他的健康已至絕望的境地。

有時，由於禁欲思想的發展，竟至有意識地損毀自己的健康。

四五年以來，帕斯卡經常在病中。吉爾貝特關心弟弟的健康，注意他的飲食，使口味合適，增進他的食量。但是帕斯卡從來沒有說過對飲食的意見。每到新水果上市時，吉爾貝特給他買來，他吃完後，也不說一句話。偶然吉爾貝特問他：「你喜歡這種水果嗎？」他簡單地回答：「你該早點問我，現在我想不起來了。實在說，我一點也沒有留心。」[294]

帕斯卡的家庭是克萊蒙中等富有的家庭，生活簡樸，沒有浮華的習尚，他的家庭承襲了尊敬窮人的傳統。那個時代，人們認為貧富是命定的，還沒有認識到是階級壓迫的產物。富而不驕是難能可貴的，至於熱愛貧窮，那更是稀有的了。在最後的幾年中，帕斯卡認識到貧窮是鍛鍊道德品質最好的方法。生活上非必需的東西，一概取消了。他常說：「倘使我的心也如我的精神貧窮時，我是何等的幸福！因為我確實認為：貧窮是解救自己唯一的辦法！」他覺著窮人的靈魂是偉大的，也是純潔的。他勸他姐姐吉爾貝特，傭人以貧窮者為最好。當時的習俗視施捨為美德，帕斯卡無止境地施捨，錢不夠了，將他甥女的衣服也送給窮人。

帕斯卡在死前，同洛奈茲公爵和克來南侯爵發起公用馬車，成為巴黎交通運輸重要的企業，第一條路線，自聖安東門至盧森堡，1662 年 3 月 18 日試車，每張票 25 生丁，解決了交通的困難。這件事，說明帕斯卡的精神時刻聯繫著現實，反映出新型知識分子的動向，從他的數學計算器起，這種現實的精神是一貫的。[295] 他曾借支過一千法郎送給亨洛哇窮人。

帕斯卡熱愛窮人不是虛偽的慈善，如以後的傳教士，施以小恩小惠，而實行更強的掠奪。帕斯卡認識貧富的懸殊，不是天然的，而是社會的。1660 年，呂奈斯公爵的長子十四歲了，受帕斯卡的監護。

有一次，帕斯卡對這個青年說：「你所有的財富是偶然得來的。就你和你的

294　見吉爾貝特著的《帕斯卡傳》。

295　佩里埃夫人於 1662 年 3 月 21 日寫給般保納先生的信。

實質而言，你無權利占有這些財富。財產是你祖先們遺留給你的，那是一種制度。船伕和公爵的靈魂與肉體並沒有什麼區別。你的自然情況與別人一樣。」帕斯卡藐視貴族，在一百多年前已啟示出盧梭的思想，是十分可貴的。

帕斯卡死前的三個月，做了一件讓人想不到的事情，他精神上得到很深刻的安慰。一個早上，帕斯卡在街上走著，遇到一個約有十五六歲的女子，舉動活潑而端莊，向他要錢。帕斯卡問她的情況，知道她來自鄉間，父親死了，母親病著，住在病院中，家中無法維持生活。帕斯卡怕這女子受騙，送她到一所修道院內，留下錢，囑託院長照顧她。以後，派去傭人給她做衣服，將這個流浪的女子嫁給一位誠實的青年。帕斯卡始終未向她說出姓名。帕斯卡死後，傭人和院長始告訴她，將這件事宣布出來。

帕斯卡晚年的生活變得很拘謹，有時幾乎是不近人情的。他的甥女馬克里特幼時，對她母親親暱一點，帕斯卡看著便感到苦痛。他認為愛的方式很多，何苦要親暱撫摩呢？雅克琳死後，吉爾貝特提及她時，帕斯卡覺得是多餘的，不應該眷戀死者。有時候，吉爾貝特從街上次來，無意中說：「我看到一個美麗的女子。」

帕斯卡聽著便發怒起來，並向他姐姐說：「在雜人與青年面前，你不應該說這些話，因為你不知道在他們思想上起什麼作用。」在日常生活中，他們的認識逐漸有距離了。吉爾貝特不理解她弟弟的思想的變化，有時便疑惑起來，以為帕斯卡不愛她。她感到十分的苦惱，卻又無可奈何，只好忍耐著。

帕斯卡的病一天一天地加重了。舊病之上又加膀胱症。他意識到死的來臨，有如一匹灰色馬在他眼前奔馳。他覺著個人是無足輕重的。他不眷戀別人，也不願別人眷戀他。他說：「縱使別人眷戀我，那是很不對的。因為對眷戀我的人，我將欺騙了他們！我不是人的歸宿，我不能滿足他們，我不是快死了麼？他們眷戀的對像要死去的！」

帕斯卡的這種思想是消極的，他不敢正視現實，或者說已無能力理解現實了。他放棄了往昔科學的實證態度，而想逃脫現實，這正是往後 19 世紀初年浪

帕斯卡傳略

漫主義的萌芽。對人無所眷戀，亦即對人無恩怨，帕斯卡喪失了與耶穌會戰鬥的精神。有時候，朋友們偶然提及別人的流言蜚語，他一笑置之，並不申辯。他說：「你們不要奇怪，這不是由於道德，而是由於遺忘，我什麼都想不起來了！」果真想不起來嗎？不是的。在 17 世紀的轉變中，個人對舊社會的實力的鬥爭太微小了。他同耶穌會的鬥爭，雖然取得社會的同情，可是皇港的朋友們並不能堅持下去，由於時代的侷限性，他也不能堅持下去，他們失敗了。

帕斯卡多年在病中，睡在床上，不能動，成為孤獨者，在死的前幾個月，為了減少孤獨，常時希望有窮朋友在旁邊，他接待了一家窮夫婦住在他的寓所，不收房租，供給他們燃料。可是住了不久，新居者的孩子出天花，病勢很重，吉爾貝特感到十分為難。她既要常來看她弟弟，予以照護；她卻又有孩子，怕天花傳染。如果要新居者移走，孩子的生命必然要有危險。在這樣困難的情形下，帕斯卡決定離開住所，向吉爾貝特說：「移動住址，對我是沒有危險的，我應該離開。」

1662 年 6 月 22 日，帕斯卡移居在他姐姐吉爾貝特的家中，一直住到死的時候。帕斯卡住在他姐姐家中，病勢嚴重起來。他以極度的忍耐，勇敢地與病魔鬥爭。朋友們看到他賺紮的苦痛，不能幫助他，他微笑地說：「你們不要同情我！」

帕斯卡守著中世紀的傳統，窮人是高尚的（這是封建統治者虛偽的道德），他想找個窮苦的病人，同住在一起，死在窮兄弟的身旁。這當然是一種幻想，絕對不能實現的。當帕斯卡知道不能實現時，他想移住到醫院中，實現死在窮人身旁的理想。醫生堅絕不準移動，帕斯卡感到惱怒。

帕斯卡的病勢變得分外沉重。8 月 14 日增加了頭痛。17 日病勢急轉，到了半夜，死去，又還復過來，語言已不清了，只是等時間而已。又苦痛了一日半，在 1662 年 8 月 19 日上午一時，帕斯卡結束了戰鬥的與苦痛的行程，活了三十九歲又兩個月。過了兩日，帕斯卡埋葬在巴黎聖艾蒂安教堂中 [296]。

296　1699 年，名劇作家拉辛死後，也葬在這所教堂內帕斯卡的旁邊。

══ 第九章　餘論 ── 寫在《思想錄》之後 ══

　　17 世紀，歐洲在資產階級形成的時候，個人主義得到迅速的發展。每個人要求脫離中世紀傳統的理論，從現實出發，解決自己的問題，支配自己的行動。如何尊重理智的獨立，如何解脫信仰的迷信，如何恢復人的本來面目，成為當時急切需要解決的問題。那時候的法國在經濟與政治上有特殊的地位，其偉大來自生產力得到發展，並非來自被人譽為太陽的路易十四。因為這個封建王室已臨近黃昏的時候了！另一方面，法國的偉大，在於那一群古典的作家，如笛卡兒、帕斯卡、莫里哀、拉辛、拉封丹、波舒哀等，他們勇於反抗封建的傳統，大膽地懷疑，形成一種新的精神，帕斯卡便是這種精神體現者之一。

　　帕斯卡的壽命不永，活了三十九歲。他是世界上最智慧的人之一，他有科學的天才，在數學與物理學上有獨特的貢獻；他是一個思想家，他證明純粹的科學不能消除漠視道德的悲痛；他是一個傑出的作家，用人民的語言，準確的言辭，表達出情感最深刻的要求。總之，帕斯卡是一個不平凡的人，他既反抗封建的迷信，又揭露耶穌會的虛偽。在法國資產階級發展的初期，他認為信仰與理智並不是矛盾的，這對於啟蒙運動是一個有益的啟示。帕斯卡承襲了文藝復興時期的精神，一切須從理智出發，分析現實，將倫理生活置放在首要的地位。《致外省人書》便是對當時倫理思想的一種批判，從而開創了反耶穌會的運動，起了決定性的作用。1764 年，法國統治者被迫解散耶穌會的論證，基本上是帕斯卡所提出的。耶穌會的解散是法國近代史上的一件大事，距 1789 年的法國革命，僅只有二十五年了。

　　帕斯卡死的前幾年，經常思索有關人的問題，隨時散亂地記錄下來，內容非常複雜，也沒有組織系統。1670 年，皇港的朋友們及其家屬，為了整理出版，不致引起風波，將原文修改，致使許多地方，散失了作者的原意，題名為《思想錄》，冠以他外甥拜利伊的一篇序文。

　　在 1776 年與 1779 年，《思想錄》相繼再版，並未校正內容，對理解帕斯卡

起了阻礙的作用。到了 1842 年，庫贊提出異議，認為流行的《思想錄》與原稿不同，應該重新研究，根據原手稿，反映出帕斯卡真實的思想。從 1844 年起至 1899 年止，許多學者竭盡心力，有的傾畢生的精力，如米肖等，認真校對，恢復作品的原狀。從此研究帕斯卡者有了可靠的版本。

帕斯卡曾說，《思想錄》一書，需要有十年的時間始能完成，不幸事與願違，帕斯卡壽不永年，僅留此殘缺的作品。但是僅此作品已足見作者的才華與作品的奇特了。

《思想錄》表現了 17 世紀的新精神，帕斯卡認為信仰和理智是沒有矛盾的。他深入研究蒙田的著作，特別是《雷蒙·德·斯本的辯護學》，認為一切的理智都須以感覺為基礎。帕斯卡首先是一個科學工作者，經驗與分析起著重要作用，形成了他的思想方法。因此，帕斯卡企圖解決宗教問題，證明宗教是可愛的，與理智是和合的。可是，帕斯卡的這種企圖失敗了，並沒有解決了宗教問題。他所運用的資料是陳腐的，他的論證是薄弱的。但是《思想錄》的重要處，是在對人作了深刻的分析，推動了思想的解放。這樣，說明人是可以研究的，不能盲目地當作神的僕役，帕斯卡急切地希望解決人的問題。

根據帕斯卡的手稿，按照每條的內容，布倫士維格最後編定十四類，924 條，成為現在習見的《思想錄》。這部名著有如一座森林，歷來見仁見智，認識非常不同。既然帕斯卡與薩西的對話中，涉及對人的分析，也便是《思想錄》的提綱，我們試想從這座散亂與無盡的思想森林中，尋找出他對人分析的要點，也可看出法國的古典文化是如何開始的。

解決人的問題，帕斯卡認為是最重要的。他這樣說：「每個人應當懂得自己。懂得自己，即使找不到真理，至少可以確定自己的生活，再沒有比這個更真實的。」（66）[297] 真正懂得自己是不容易的。唯心者視人披著神祕的外衣，將人的真實性隱蔽起來，自古是如此的。所以，希臘最早的哲學家說：「你要認識你

---

297 文中括號內的阿拉伯數字，係指布倫士維格所編《思想錄》中的條數。下同。

自己。」對著這個問題，帕斯卡自然脫離不了唯心的範疇，因而在他分析這個問題時，遇到難以克服的困難。他說：「我不清楚誰把我送到世間，也不清楚這個世界是什麼，我自己是什麼。對一切事物，我是在可怕的無知之中。」（194）他又說：「我所曉得的東西是我不久要死去。但是，我所最不清楚的是這個不能避免的死。」（194）

　　帕斯卡對人的問題，果真是這樣無知嗎？不是的。帕斯卡根據他的思想方法，認為了解人的首要條件，是從人的身體著手。他這樣推斷：我的身體便是我自己。我的身體的存在是真實的，不能置疑的，因為身體是一個實體，非常具體的。既然是一個實體，它便占有一個位置。這樣的位置，我們便認為是宇宙的中心。但是，將視線放到無盡的天空，人的「視線停止住了，想像已到無盡的空間」（72）。於無數星體之間，我們所見的太陽，也僅只是微弱的一點，那麼我們所住的地球，更是小到無可形容了。既然在宇宙的深心，「有形的世界只是一條看不見的線」（72），那麼我們的身體所占的地位，真是微不足道了。如果我們的身體與地球相比較，不過是「一個微弱的小點」；如果與宇宙相比較，幾乎是一個虛無而已。這樣，我們很難認識自己的身體，身體變成了一個難解的謎。事實上正是如此，在無垠的空間，宇宙是無盡的。如果我們的身體與宇宙相比較，真是成了「虛無對無窮」（72）。但是，從另一方面看卻又相反，成了「無窮對虛無」（72）。誰都知道我們的身體是由無數原子構成的，而每個原子又含有無數的電子，每個電子又含有無數的世界，每個身體的複雜性並不亞於我們現實的世界。那麼，我們的身體又成了「一個世界或一個萬物」（72）。由此可見，我們的身體一方面小至無窮，另一方面又大至無窮。我們的身體兼有兩種並存的無窮，不是相互堆砌，而是渾然為一、不可分割的整體。於是，我們的身體成為一個不可思議的怪物。

　　除過物質之外，人是否還有別的東西？對於這個問題，帕斯卡覺著很難解答。儘管如此，可是帕斯卡又追問：為何我們會意識到自己的身體呢？更難理解的是為何我們會判斷這個或那個的是非呢？這些問題迫使我們必須理解現象與

實質的關係，也就是「量」和「質」的關係。

人是一種物體，可是與其他物體不同。帕斯卡說：「我可以想像一個沒有手、沒有腳、沒有頭的人，卻不能想像一個沒有思想的人。

如果不是，那將是一塊石頭或者是一隻野獸。」（339）笛卡兒說：「我思，故我在。」人能思想，這是十分真實的。但是，人是為思想嗎？思想是人的實質嗎？對於這些問題，帕斯卡保持了慎重的態度，需要深刻地觀察。

當帕斯卡觀察人的特點時，他發現人是變的，複雜的，根本上是矛盾的。人希望幸福，得到的卻是不幸；人要求快樂，得到的卻是苦痛；人愛好動，卻又要靜。為了滿足自己的欲望，人有種種要求所設想的各種方法來工作，轉瞬間卻又被別一種欲望代替，永無止境地糾纏在矛盾之中。為什麼會有這些矛盾呢？帕斯卡是唯心地理解矛盾的，並不認識到矛盾是事物發展的法則，而認為是想像所構成的。

想像使我們要求幸福，而我們卻得不到幸福。想像有強大的力量，不僅能製造出美、正義與幸福，而且「能將虛無擴大變成一座高山」（85）。

當帕斯卡深入分析後，他又認識到想像的作用是局部的，不能解決矛盾的問題。如果探究矛盾的由來，人們會認為是來自天性。但是，帕斯卡又指出：「習慣是第二天性，第二天性可以毀滅了第一天性。」（93）他又要我們知道，習慣來自模仿，其實質是偶然的。倘如人的實質是「思想」，思想自身是非物質的，那麼有誰能說明精神的模仿是來自偶然呢？這樣，人的實質問題並未得到解決。

笛卡兒的「我思，故我在」對人實質的解釋，帕斯卡是不同意的。

帕斯卡認為「人是一莖有思想的蘆葦」（347），人是脆弱的，卻又是偉大的。但是，當人們觀察時，常放棄了思想的本身，而只談思想所起的作用，當然這是不能解決問題的。比如為了衛護正義，國家制訂了法律。如果考察正義本身，所得到的結果卻正相反，執行的法律卻是非正義的。人民相信法律，那是很正確的。但人民看到法律執行下去，卻又是非正義的，或者是武力的變相。由此而得到認識：人間是沒有正義的，而僅有暴力。因此，所謂正義實現後的和平，

那只是武力的成功。帕斯卡說：「當強的軍隊占有它的財富時，它所占有的在和平之中。」（300）帕斯卡自然不理解法律是階級鬥爭的武器，他卻說出在階級專政中，法律所起的作用。

帕斯卡根據這樣的認識，認為道德同法律一樣。如果人們不盲從，深究善是什麼，道德家們是禁不住追問的。他們只能引用古人的理論，作為他們主張的論證，其結果他們會認為：「真正與唯一的道德是恨，因為情慾是可恨的。」（485）

感覺也不是人的實質，因為感覺常是欺騙我們。為此，帕斯卡理解為「人是充滿錯誤的東西」（83）。笛卡兒的「我思，故我在」，帕斯卡認為正相反，應當是「我在，故我思」。當笛卡兒說：「我們是些思想的東西」時，他丟掉了物質，便是說他只看到普遍的一面，卻沒有看到特殊的另一面。關於人的問題的爭論是很古老的，帕斯卡將爭論歸納為兩派：一為懷疑派，一為定理派。

懷疑派認為世間只有一個真理，可是這個真理是靠不住的。因為認識真理是思想能力的體現，而人是沒有這種能力的。當我們說這是一尺長，同時附帶著個條件，要假定尺的存在。要判斷這個事物，首先要假定那個事物。事物是相互關聯著，正如石子投入大海，必然要波動全面。如果要真懂得一粒小砂，需要有全部宇宙的知識。

但是有誰能具備全宇宙的知識呢？又有誰能依靠思想而能認識真理呢？

定理派反對這種懷疑的態度。他們主張：「人不能懷疑自然的原則。」（343）懷疑派的主張是沒有基礎的。懷疑一切嗎？「如果燒你或鉗你，你感到苦痛，那也是做夢嗎？」（434）世間有許多事是不能證明的，而它本身也不需要證明。懷疑可以引人探討問題，卻不能解決問題。懷疑多久，問題不能解決，世間果真沒有解決過一個問題嗎？

那又是不可能的。

對這兩派的主張，帕斯卡認為「他們的原則是對的，他們的結論是錯了」（394）。一切不能證明與一切不能懷疑，這種矛盾正好說明了人的本質。這兩

種理論雖然不同，卻有共同的地方，即共同認為是思想的表現。但是，思想的活動是理智的體現。那麼，我們為何要思想？為何我們要受思想的控制，即要這樣或那樣運用理智呢？對於這些問題，帕斯卡覺得很難回答。可是有一事實是很明確的，即我們時時刻刻在運用理智，有時是自發的，有時又是有意識的。這種強力迫使我們自然與不自然地運用理智，帕斯卡認為是「我們的意志，要我們如此而不如彼」（99）。理智是受意志的支配，如果喪失了意志，人類行為也便停止了。

意志的實現是一種運動，因為「人的本性是在動，純粹的休息便是死亡」（129）。動是有目的的，因此人的行動常在追求目的的實現，又想脫離開自己的現實，轉入新的境地內。人究竟在追逐什麼呢？帕斯卡認為「想跳舞，吹笛子，歌唱，作詩，划船，做皇帝」（146）。每個人有他追逐的對象，爭取成功。可是意志的領域是廣泛的，滿足意志的要求也是困難的。

這樣，我們的生活常是複雜迷離的變化，使人感到苦惱。帕斯卡說：「在各種情況中，我們的本性使我們苦痛。欲望所要求的幸福，即刻便感到達不到幸福的苦痛。當我們得到幸福時，我們不愉快了，因為又有別的欲望提出我們新的要求」（109）。不能滿足意志的要求是苦痛的，因之，我們的行動常是錯誤的。帕斯卡分析到這裡，感到無所依存，似乎走入絕境。一方面他覺得「我是可恨的」（455），他方面又覺得「無盡空間永久的沉靜使我恐怖」（206）！當帕斯卡感到無能為力之時，不可避免地踏上經院學派的舊路。他認為善是意志的對象，獨立長存，含宏萬有，永久不變的。這個善是事物的本體，是經院學派所稱的「上帝」。

關於上帝存在的問題，帕斯卡認為應該打個賭。在這兩種肯定認識的前面，不能採取旁觀的態度，必須選擇其一，含有強制性的。

賭博中要計算勝負的次數及得失的代價。帕斯卡運用或然計算方式來推算，創造了「賭的論證」，以證明上帝的存在。帕斯卡認為賭上帝的存在，便是賭永久幸福的有無。假使賭上帝存在所贏次數少至一次，而所得的代價卻是無窮的，

其方程式為：$1 \times \infty$；假使賭上帝的不存在所贏的次數，多至若干次，作為 n，而所得的代價是有限的，作為 a，即其方程式為：$n \times a$。兩式相較，應該賭上帝的存在，因為所得的代價是無窮的。

帕斯卡深知這樣的論證是不能服人的。人們依然不肯賭上帝的存在。他分析這種現象的原因，以為要贏得永久的幸福，必須放置賭金，即使這點賭金是微不足道的。賭上帝存在的賭金，不是金錢，而是要去掉阻止道德進步的情慾。帕斯卡認為去掉情慾，信仰便能產生了。由此可見，帕斯卡的宗教論證是傳統的。以或然計算的推論，實質上是一種懷疑。當理智拒絕所懷疑的對象後，又不能從傳統勢力中自拔，其行動採取了禁欲態度，這種方式是完全可以理解的。但是，像帕斯卡情感那樣豐富的人，由禁欲思想引起的自我摧殘是十分劇烈的。所以，蒲魯東說：「帕斯卡的信仰僅只是一種奇特的苦痛。」所謂奇特的苦痛，是懷疑的折磨，其方式是禁欲的。

《思想錄》的內容是複雜的，各個學者對它有不同的認識。有的看帕斯卡是虔誠的基督教徒，守著傳統的風尚；有的看他是懷疑者，運用科學的實證，揭露出深心的矛盾。17 世紀的思想家，不可能理解矛盾是事物發展的法則，總是唯心主義的。但是，帕斯卡以生動簡潔的言辭，準確地分析人心，給事物做了綜合，說出深入細微的、卻又是劇烈的苦痛，樹立起法國散文不朽的典範。夏多布里昂語之為：「可怕的天才。」[298]

帕斯卡死後，他的影響擴大起來，萊布尼茲與拉布呂耶爾等，尖銳地刻畫社會的苦難，大膽地反對傳統的教會。伏爾泰認識帕斯卡很深，只覺著過早生了一百年，錯誤地理解了人的本性。在法國革命的前夕，1776 年《思想錄》再版後，孔多塞責備帕斯卡著作中的迷信，有損良知。盧梭正相反，他讚揚帕斯卡對人心深刻的理解，將感情置放在重要的地位，給浪漫主義者起了有益的影響。

法國革命進行的時候，夏多布里昂視帕斯卡為浪漫的，因為他要衝破紀律的約束。又視他為悲劇的，因為理智與情感經常是矛盾的。夏氏在《基督教的特

298　夏多勃利昂：《基督教的特點》，第 3 卷，第 6 章。

點》一書中，備極推重帕斯卡，並非因為帕斯卡對宗教的衛護，而是因為那樣偉大的天才，受疾病的折磨，卻疾惡如仇地戰鬥，對事物抱著懷疑的態度，內心永久在苦痛之中。

　　不只夏氏如此，1862 年，蒲魯東讀完《思想錄》後，在他日記上寫著：「帕斯卡，你屬於我了！我愛你，我深入到你心里，我在你思想上思想。如暗夜深沉的悲哀，由於你充滿了微光，請你指導我，我有無窮的苦痛……」[299] 蒲魯東視帕斯卡是戰鬥的，從他的《思想錄》中，找到摸索真理的途徑。勒麥脫卻是另一種情況，對事物持著陰暗憂悶的態度，也有戰鬥，卻是悲觀的。勒麥脫說：「在埋著你（指帕斯卡）的理智、光榮與天才的墓中，你樹立了一個十字架。但是，在這些活的殘骸堆下，充滿了恐怖的深淵揭開了，救主的十字架像蘆葦那樣發抖。」[300]

　　1840 年代，庫贊研究帕斯卡手稿，揭露出許多錯誤，恢復帕斯卡的面目。許多學者，如：阿韋（M.Havet）、拉維松、米肖（Michamd）與吉羅德（J.Giraud）等，對帕斯卡做了認真的研究，一致予以最高的評價。帕斯卡受到時代的限制，他是唯心的，卻也是前進的，反中世紀迷信的。他有科學的天才，在數學與物理學上做出不朽的貢獻，但是他又證明科學不能解決漠視道德的悲痛。他堅信詹森派的理論，狂烈地反對耶穌會，建立新的道德，這正是法國資本主義興起時所需要的。他是一個哲學家，他又認為不重視哲學者才是一個真正的哲人；他是一個傑出的作家，他又認為舞文弄墨會使讀者厭倦。他理解人不是神祕的，人是一切的中心，是無限大與無限小的連接線。但是也要明白：無窮與虛無是物的兩個極端，是邏輯的推論，卻不是現實的。帕斯卡相信人類是前進的，偉大的靈魂使人類事業不斷地前進。在前進的過程中，有退，也有進。前進不是循環的，帕斯卡又說：「前進的事業仍為前進所代替。」

299　埃撕太扶：《蒲魯東》，59 頁。
300　布魯特：《帕斯卡》，199 頁。

後記

帕斯卡是法國文化史上傑出的人物。在 17 世紀，他對自然科學與社會科學都做出了有益的貢獻。今年是他逝世的三百週年，世界和平理事會舉他為今年紀念的世界文化名人之一。

我將舊日蒐集的資料，試寫這本《帕斯卡傳略》，想透過他的生平事蹟，說明在法國資本主義形成初期，他對科學與文化的發展的積極意義。在寫作的過程中，關於數學上的問題，鄭廣盛同志給予了有益的幫助。商務印書館編輯部的同志們，對初稿提供了不少寶貴的意見，使本書得到修改，謹此深為致謝。書中所用的資料，多係法國所習見的，參考書中，僅舉出幾種主要的作品。譯文力求通俗，以期不失原意。當執筆之時，原想深入淺出，介紹帕斯卡的面貌。既寫完之後，又覺得自己的唯物主義水準有限，難於做到深入，亦難於做到淺出，其間有錯誤是難免的。倘使讀者糾正其中謬誤，作者是萬分感激的。

閻宗臨

1962 年 9 月 2 日

帕斯卡傳略

參考書舉要

一、《帕斯卡全集》，14 卷，哈石特書局。

Œuvres de Blaise Pascal, 14 vol. Hachette.

二、聖佩韋：《皇港》，7 卷，哈石特書局。

Sainte-Beuve：Port-Royal, 7 vol, Hachette.

三、布魯特：《帕斯卡》，哈石特書局。

Emile Boutroux：Pascal, Hachette.

四、謝瓦里埃：《帕斯卡》，布隆書局。

J. Chevalier：Pascal, Plon.

五、吉羅德：《帕斯卡英雄的生活》，克來書局。

Victor Giraud：La vie héroïque de Blaise Pascal, Crès.

六、米肖：《帕斯卡各時期的思想》，封特蒙書局。

Gustave Michaut：les époques de la Pensée de Pascal, Fontemoing.

七、斯特羅斯基：《帕斯卡及其時代》，3 卷，布隆書局。

M. F. Strowski：Pascal et son temps, 3 vol. Plon.

八、布倫士維格：《帕斯卡〈思想集〉校注》，哈石特書局。

L. Brunschvicg：Blaise Pascal, Pensées.Hachette.

閻宗臨的歐洲文化史論：

征服異邦 × 種族清洗 × 階級革命，文明的開始是戰爭！自血腥中誕生的歐陸文明傳承史

作　　者：閻宗臨

發 行 人：黃振庭

出 版 者：崧燁文化事業有限公司

發 行 者：崧燁文化事業有限公司

E-mail：sonbookservice@gmail.com

粉 絲 頁：https://www.facebook.com/
　　　　　sonbookss/

網　　址：https://sonbook.net/

地　　址：台北市中正區重慶南路一段六十一號八
　　　　　樓 815 室

Rm. 815, 8F., No.61, Sec. 1, Chongqing S. Rd.,
Zhongzheng Dist., Taipei City 100, Taiwan

電　　話：(02)2370-3310

傳　　真：(02)2388-1990

印　　刷：京峯彩色印刷有限公司（京峰數位）

律師顧問：廣華律師事務所 張珮琦律師

定　　價：520 元

發行日期：2023 年 01 月第一版

◎本書以 POD 印製

國家圖書館出版品預行編目資料

閻宗臨的歐洲文化史論：征服異邦
× 種族清洗 × 階級革命，文明的
開始是戰爭！自血腥中誕生的歐陸
文明傳承史 / 閻宗臨著 . -- 第一版 .
-- 臺北市：崧燁文化事業有限公司，
2023.01
　　面；　公分
POD 版
ISBN 978-626-332-918-8（平裝）
1.CST: 文化史 2.CST: 歐洲
740.3　　111018645

電子書購買

臉書